Verlängerungsoption und bedingte Vertragsgestaltung

Europäische Hochschulschriften Recht

European University Studies in Law

Publications Universitaires Européennes de Droit

Band/Volume 6736

Maximilian Wüterich

Verlängerungsoption und bedingte Vertragsgestaltung

– Flexibilität durch Kompensation –

PETER LANG

Bibliografische Information der Deutschen Nationalbibliothek
Die Deutsche Nationalbibliothek verzeichnet diese Publikation in der Deutschen Nationalbibliografie; detaillierte bibliografische Daten sind im Internet über http://dnb.d-nb.de abrufbar.

Zugl.: Mannheim, Univ., Diss., 2022

D 180
ISSN 0531-7312
ISBN 978-3-631-89902-1 (Print)
E-ISBN 978-3-631-89995-3 (E-PDF)
E-ISBN 978-3-631-89996-0 (EPUB)
DOI 10.3726/b20706

Diese Publikation wurde begutachtet.

www.peterlang.com

Für Mareike

Vorwort

Die vorliegende Arbeit betreute Herr Prof. Dr. Philipp S. Fischinger und wurde im Wintersemester 2022/2023 von der Fakultät Rechtswissenschaften und Volkswirtschaftslehre der Universität Mannheim als Inauguraldissertation angenommen. Die Arbeit berücksichtigt Literatur und Rechtsprechung bis Juli 2022.

Herzlich bedanken möchte ich mich bei meinem Doktorvater, Herrn Prof. Dr. Philipp S. Fischinger, der die Arbeit mit größtem Engagement unterstützt und begleitet hat. Ich danke Herr Prof. Ulrich Tödtmann für die schnelle Erstellung des Zweitgutachtens.

Danken möchte ich meinen Kollegen aus der Kanzlei, „die noch nie einen Fall verloren hat", für die anregende Atmosphäre im Büro und dafür, dass sie immer für Inhaltliches zur Verfügung standen.

Außerdem danke ich meiner Familie, die mich ermuntert hat, nicht aufzugeben. Mein größter Dank gilt meiner Frau Mareike, die mir den Rücken freigehalten und diese Arbeit neben Beruf und Familie erst ermöglicht hat.

Stuttgart, im Dezember 2022
Maximilian Wüterich

Inhaltsübersicht

Inhaltsverzeichnis

Literatur

Adolphsen, Jens; Nolte, Martin; Lehner, Michael; Gerlinger, Michael: Sportrecht in der Praxis, 2011 (zit.: Adolphsen/Nolte/Lehner/Gerlinger/*Bearbeiter*, Sportrecht in der Praxis)

Adolphsen, Jens: Internationale Dopingstrafen, 2003

Alberts, Hans: Öffentliches Recht: Der bestechliche Fußballspieler – Der praktische Fall, JuS 1972, 590–594

Andersen, Jack: Leading Cases in Sports Law, 2013 (zit.: Andersen/*Bearbeiter*)

Annen, Reto T.; Grunder, Daniel: Aktuelle Betrachtungen zu Optionsklauseln in Arbeitsverträgen von Sportlern, Causa Sport 2012, 326–335

Annuß, Georg: AGB-Kontrolle im Arbeitsrecht: Wo geht die Reise hin?, BB 2002, 458–463

Annuß, Georg: Der Arbeitnehmer als solcher ist kein Verbraucher!, NJW 2002, 2844–2846

Arens, Wolfgang: Der Fall Bosman – Bewertung und Folgerungen aus der Sicht des nationalen Rechts, SpuRt 1996, 39–43

Arens, Wolfgang; Jacques, Chris: Rechtliche Überlegungen zu § 11 der Spielerverträge im Berufsfußball, SpuRt 1997, 41–45

Ascheid, Reiner; Preis, Ulrich; Schmidt, Ingrid: Kündigungsrecht, 6. Aufl. 2021 (zit.: Ascheid/Preis/Schmidt/*Bearbeiter*, Kündigungsrecht)

Baecker, Philipp N.; Hommel, Ulrich; Lehmann, Hanna: Marktorientierte Investitionsrechnung bei Unsicherheit, Flexibilität und Irreversibilität. Eine Systematik der Bewertungsverfahren, in: Hommel, Baecker, Lehmann (Hrsg.) Reale Optionen, Konzepte, Praxis und Perspektiven strategischer Unternehmensfinanzierung, 2003, 15–35

Ballerstedt, Kurt: Arbeitskampf und Lohnrisiko, AuR 1966, 225

Bartz, Alexander: „AGB“-Kontrolle nun auch im Arbeitsrecht, AuA 2002, 62 ff.

Bauer, Jobst-Hubertus; Diller, Martin: Wettbewerbsverbote, 9. Aufl. 2022

Bauer, Jobst-Hubertus; Romero, Sibylle: Reichweite und AGB-Kontrolle von Verzichtsklauseln, RdA 2017, 200–202

Becker, Michael-Nikolaus: Verfassungsrechtliche Schranken für die Regelung des Lizenzfußballsports in der Bundesrepublik Deutschland, 1982

Becker, Thomas: Die Auslegung des § 9 Abs. 2 AGB-Gesetz – Eine systematische Darstellung der Grundlagen des Rechts der Inhaltskontrolle Allgemeiner Geschäftsbedingungen, 1986

Bepler, Klaus: Lizenzfußballer: Arbeitnehmer mit Beschäftigungsanspruch?, in: Bepler, Sportler, Arbeit und Statuten – Herbert Fenn zum 65. Geburtstag, 2000, 43–84

Berenstein, Alexandre: La protection paritaire contre le congé dans le contrat du travail, SJZ 1984, 108–113

Berger, Wolfgang; Hattenberger, Doris; Kietaibl, Christoph: Optionsverträge für Fußballer, in: RECHT SPORTlich, 2017, S. 47–57 (zit.: Berger/Hattenberger/Kietaibl/*Bearbeiter*)

Berkowsky, Wilfried: Schuldrecht – Was ändert die Reform im Arbeitsrecht?, AuA 2002, 11–16

Bieder Marcus: Arbeitsvertragliche Instrumente zur Flexibilisierung der Dauer und Lage der Arbeitszeit – Regulierungsprobleme und übergeordnete Wertungskriterien der AGB-Kontrolle, ZfA 2019, 172–195

Bieder, Marcus: Kompensatorische Vertragsgestaltungen im Arbeits- und Wirtschaftsrecht, 2015

Bieder, Marcus: Der Nullstundenvertrag – zulässiges Flexibilisierungsinstrument oder Wegbereiter für ein modernes Tagelöhnertum?, RdA 2015, 388–399

Black, Fischer; Scholes, Myron: The Pricing of Options and Corporate Liabilities, in: Journal of Political Economy, 1973, 623–654

Boecken, Winfried; Jousen, Jacob: Teilzeit- und Befristungsgesetz, 6. Aufl. 2019 (zit.: HK-TzBfG/*Bearbeiter*)

Böckenförde, Ernst-Wolfgang: Grundrechte als Grundsatznormen – Zur gegenwärtigen Lage der Grundrechtsdogmatik, Der Staat 1990, 1–31

Boemke-Albrecht, Burkhard: Rechtsfolgen unangemessener Bestimmungen in Allgemeinen Geschäftsbedingungen, 1988

Böhr, Richard: Verbraucher und Unternehmer in der notariellen Praxis, RNotZ 2003, 277–292

Börner, Lothar: Berufssportler als Arbeitnehmer, 1969

Böttcher, Mathis: Der Null-Stunden-Vertrag – Arbeitszeitflexibilisierung nach deutschem und britischem Recht, 2020

Breethold, Gerit: Rechtsstellung der Elite-Schiedsrichter des Fußballs in Deutschland, 2022

Breucker, Niklas: Der Schiedsrichter im deutschen Profifußball als Arbeitnehmer, 2021

Brodil, Wolfgang; Dullinger, Thomas: Optionsverträge im Berufsfußballsport, ecolex 2016, 511–514

Brudermüller, Gerd; Ellenberger, Jürgen; Götz, Isabell; Grüneberg, Christian;

Herrler, Sebastian; Sprau, Hartwig; Thorn, Karsten; Weidenkaff, Walter; Weidlich, Dietmar; Wicke, Hartmut: Grüneberg, Bürgerliches Gesetzbuch mit Nebengesetzen, 81. Aufl. 2022 (zit.: Grüneberg/*Bearbeiter*)

Brugger, Fabian: Die Befristung von Arbeitsverträgen im Sport, NZA-RR 2021, 113–119

Buchner, Herbert: Die Rechtsverhältnisse im deutschen Lizenzfußball, RdA 1982, 1–13

Buchner, Herbert: Die Rechtsstellung der Lizenzspieler, NJW 1976, 2242–2246

Burmeister, Joachim: Sportverbandswesen und Verfassungsrecht, DÖV 1978, 1–11

Buschmann, Rafael; Wulzinger, Michael: Football Leaks – Die schmutzigen Geschäfte im Profifußball, 6. Aufl. 2019

Buschmann, Rudolf: Geschichte der Beschäftigungsförderungsgesetze, ArbuR 2017, Nr. 8–9, G17–G20

Buschmann, Rudolf; Dieball, Heike; Stevens-Bartol, Eckart: Das Recht der Teilzeitarbeit – Kommentar für die Praxis, 2001

Buschmann, Rudolf: Rahmenvereinbarung mit Tagelöhnern – Abrufarbeitsverhältnis; Anmerkung zu BAG, 31.07.2002, 7 AZR 181/01

Calliess, Christian; Ruffert, Matthias: EUV • AEUV, 6. Aufl. 2022 (zit.: Callies/Ruffert/*Bearbeiter*)

Canaris, Claus-Wilhelm: Vertragliche Wettbewerbsverbote mit nicht kaufmännischen Angestellten, SAE 1971, 111–114

Canaris, Claus-Wilhelm: Die Verbindlichkeit von Optionsscheingeschäften, WM 1988, Sonderbeilage Nr. 10, 3–20

Casper, Matthias: Der Optionsvertrag, 2005

Clemenz, Susanne; Kreft Burghard; Krause, Rüdiger: AGB-Arbeitsrecht, 2. Aufl. 2019 (zit.: Clemenz/Kreft/Krause/*Bearbeiter*)

Colucci, Michele; Hendrickx, Frank: Regulating Employment Relationships in Professional Football. A Comparative Analysis, European Sports Law and Policy Bulletin 1/2014, 201 u. 254

Cox, John C.; Ross, Stephen;

Rubinstein, Mark: Option Pricing: A Simplified Approach, in: Journal of Financial Economics, 1979, 229–263

Leuba, Jean-Samuel; Fox, Robert,; de Dios Crespo Pérez, Juan; Luis Acosta Perez, Gerardo; de Weger, Frans M.: Contractual Stability: Unilateral Options, in: Wild, CAS and Football: Landmark Cases, 2012, 107–142.

Dahl, Holger: Vorzeitige Beendigung eines befristeten Vertragsverhältnisses im Berufsfußball, jurisPR-ArbR 44/2013 Anm. 2

Dalinger, Andrej: Der Vertragsbruch des Berufsfußballspielers und die Rechtsfolgen nach Art. 17 FIFA-RSTS, 2017

Däubler, Wolfgang; Deinert, Olaf; Zwanziger, Bertram: KSchR – Kündigungsschutzrecht, 11. Aufl. 2020 (zit.: Däubler/Deinert/Zwanziger/*Bearbeiter*, KSchR)

Deinert, Olaf: Kompensatorische Vertragsgestaltung, Rezension zu Marcus Bieder, Kompensatorische Vertragsgestaltung im Arbeits- und Wirtschaftsrecht, Rechtswissenschaft 2016, 671–678

de Weger, Frans: The Jurisprudence of the FIFA Dispute Resolution Chamber, Asser Press, 2016, 166–191

Diepold, Markus: Die leistungsbezogene Vergütung, 2004

Dinkelmeier, Bernd: Das Bosman-Urteil; Das Bosman-Urteil des EuGH und seine Auswirkungen auf den Profifußball in Europa, 1999

Dullinger, Thomas; Schwertner, Sophie: Der Kollektivvertrag der österreichischen Fußball-Bundesliga, SpuRt 2019, 156–160

Dürig, Günter: Grundrechte und Privatrechtsprechung, in: Vom Bonner Grundgesetz zur Gesamtdeutschen Verfassung, Festschrift zum 75. Geburtstag von Hans Nawiasky, 1956, 157–190

Dury, Ralph; Fischer, Christoph: Rhein Zeitung vom 12.06.1998, Fall Kienaß lässt „Paragraph 11" wackeln

Egger, Michael: Anmerkung zu öOGH, Beschl. v. 28.10.2016, Einseitige Opt-in Verlängerungsoption im Arbeitsvertrag eines Berufsfußballers, SpuRt 2017, 62–64

Eilers, Götz: Die Regelungen der Fußballverbände im Amateur- und Berufsfußball auf nationaler und internationaler Ebene, in: Württembergischer Fußballverband (Hrsg.), Rechtsprobleme beim Vereinswechsel eines Fußballspielers, Schriftenreihe, Heft 18, 1983, 7–39

Fastrich, Lorenz: Richterliche Inhaltskontrolle im Privatrecht, 1992

Fenn, Herbert: Formulararbeitsverträge, gesamteinheitliche Arbeitsbedingungen und das AGBG, in: Europas universale rechtsordnungspolitische Aufgabe im Recht des dritten Jahrtausends, Festschrift für Alfred Söllner zum 70. Geburtstag, 2000, 333–365

Fikentscher, Wolfgang: Methoden des Rechts in vergleichender Darstellung, Bände 1–5, 1975 ff.

Fikentscher, Wolfgang: Die Geschäftsgrundlage als Frage des Vertragsrisikos, 1971

Fischer, Hans-Georg: EG-Freizügigkeit und bezahlter Sport – Inhalt und Auswirkungen des Bosman-Urteils des EuGH, SpuRt 1996, 34–38

Fischinger, Philipp S.: Arbeitsrecht, 2. Aufl. 2021

Fischinger, Philipp S.: Anmerkung zu einer Entscheidung des BAG, Urteil vom 16.01.2018 (7 AZR 312/16) – Zur Zulässigkeit der Befristung des Arbeitsvertrages eines Fußballprofis, NJW 2018, 1996–1997

Fischinger, Philipp S.: Befristung der Arbeitsverträge von Sportdirektoren? NZA 2020, 218–222

Fischinger, Philipp S.: Die Auswirkungen der Coronakrise auf Arbeitsverhältnisse im Profisport, SpuRt 2020, 112–118 (Teil 1) und 158–162 (Teil 2)

Fischinger, Philipp S.: Zweiseitige Opt-out Verlängerungen in Arbeitsverträgen des professionellen Mannschaftssports, in: Festschrift für Wilhelm Moll, 2019, S. 117–132

Fischinger, Philipp S.: Anmerkung zur Entscheidung des ArbG Offenbach am Main, Urteil vom 09.12.2020 (4 Ca 270/20) – Anpassung einer vertraglich vereinbarten Verlängerungsoption bei pandemiebedingtem Saisonabbruch, SpuRt 2021, 109

Fischinger, Philipp S.; Hengstenberger, Silas: Lohnanspruch bei pandemiebedingten behördlichen Betriebsschließungen?!, NZA 2020, 559–664

Fischinger, Philipp S.; Kainer, Friedemann: Gehaltsobergrenzen für Profifußballspieler, SpoPrax 2021, 6–11 (Teil 1) und 56–63 (Teil 2)

Fischinger Philipp S.; Orth, Jan F.: Covid-19 und Sport (zit.: Fischinger/Orth/*Bearbeiter*)

Fischinger Philipp S.; Reiter, Heiko.: Das Arbeitsrecht des Profisports, 2021 (zit.: Fischinger/Reiter/*Bearbeiter*)

Fischinger Philipp S.; Reiter, Heiko: K.O. für den Befristungsschutz in der Fußball-Bundesliga?, NZA 2016, 661–665

Fischinger, Philipp S.; Unger Stefan: Arbeitsrechtliche Probleme von Einsatzverboten für Leihspieler, SpuRt 2019, 202–210

Flume, Werner: Allgemeiner Teil des Bürgerlichen Rechts, Zweiter Band, Das Rechtsgeschäft, 4. Aufl. 1992

Franzen, Martin; Gallner, Inken; Oetker, Hartmut: Kommentar zum europäischen Arbeitsrecht, 4. Aufl. 2022 (zit.: Franzen/Gallner/Oetker/*Bearbeiter*)

Freyberg, Burkhard von: Transfergeschäft der Fußballbundesliga – Preisfindung und Spielerwertbestimmung, 2005

Friedrich, Michael: Einseitige Optionsrechte – Die Causa Onisiwo, in: Grundei/Karollus, Berufssportrecht VIII, Aktuelle Rechtsfragen des Berufssports, 2017, S. 73–101

Frick, Bernd; Wagner, Gert: Bosman und die Folgen. Das Fußballurteil des Europäischen Gerichtshofs aus ökonomischer Sicht, WiSt 1996, 611–615

Fritzweiler, Jochen; Pfister, Bernhard; Summerer, Thomas: Praxishandbuch Sportrecht. 4. Aufl., 2020 (zit.: Fritzweiler/Pfister/Summerer/*Bearbeiter*, Praxishandbuch Sportrecht)

Fuhlrott, Michael: Kündigung im Profifußball – Anmerkungen zu ArbG Rosenheim, Urteil vom. 23.07.2013, 1 Ca 621/13; SpuRt 2014, 38–39

Füllgraf, Lutz: Der Lizenzfußball – Eine vertragliche Dreierbeziehung im Arbeitsrecht, 1981

Galli, Albert: Marktgestützte finanzielle Spielerbewertung im Teamsport, in: Galli Albert/Elter/Beraa-Carina/Gömmel/Rainer/Holzhäuser/Straub (Hrsg.) Sportmanagement, 2. Aufl. 2012, 675–689

Gaul, Björn: Die Geltendmachung des Annahmeverzugslohnanspruchs, NZA 2000, 793

Gallner, Inken; Mestwerdt, Wilhelm; Nägele, Stefan: Kündigungsschutzrecht, 7. Aufl. 2021 (zit.: HaKo-KSchR/*Bearbeiter*)

Gehrlein, Markus: Vorvertrag und Option in der Insolvenz, WM 2020, 1–7

Gersing, Alexander; Metz, Magnus; Gutman, Raphael: Das Bosman-Urteil – Ökonomische Konsequenzen, https://de.slideshare.net/MagnusMetz/das-bosman-urteil, 2010

Geyer, Hannah; Dilger, Alexander: Folgen des Bosman-Urteils für die 1. Fußball-Bundesliga, IÖB-Diskussionspapier 2/09, https://www.wiwi.uni-muenster.de/ioeb/sites/ioeb/files/downloads/IOEB_Diskussionspapiere/ioeb_2-09.pdf

Giesler, Jan Patrick; Nauschütt, Jürgen: Franchiserecht, 3. Aufl. 2015 (zit.: Giesler/Nauschütt/*Bearbeiter*)

Gotthardt, Michael: Arbeitsrecht nach der Schuldrechtsreform, 2002

Götz, Jan: Realoptionsbasierte Bewertung von Investitionen im Profifußball, in: Sigloch/Klimmer, Unternehmen Profifußball – Vom Sportverein zum Kapitalmarktunternehmen, 2001, 103–35

Grabitz, Eberhard; Hilf, Meinhard; Nettesheim, Martin: Das Recht der Europäischen Union: EUV/AEUV, 75. Aufl. 2022 (zit.: Grabitz/Hilf/Nettesheim/*Bearbeiter*)

Grimm, Detlef; Gehrke, Arne: Aktuelles aus dem (Fußball-)Sportarbeitsrecht – Vom Beschäftigtenanspruch über die einseitige Verlängerung bis zur Kündigung, ArbRB 2014, 189–192

Grodde, Meinhard: Der Einfluss des Europarechts auf die Vertragsfreiheit autonomer Sportverbände in Deutschland – Ausgleich zwischen nationalem Verfassungsrecht und europäischem Freizügigkeitsrecht, 2006

Grünitz, Martin; von Arndt, Martin: Der Fußballcrash – Fußball-Marketing – Die Chronik eines angekündigten Untergangs, 2002

Grundmann, Stefan: Europäisches Arbeitsrecht, 2. Aufl. 2021 (zit.: Grundmann/*Bearbeiter*)

Gsell, Beate; Krüger, Wolfgang; Lorenz, Stephan; Reymann, Christoph; (Hrsg.): beck-online.GROSSKOMMENTAR zum Zivilrecht (zit.: BeckOGK/*Bearbeiter*)

Haas, Ulrich: Die Rechtsprechung des CAS zur Vertragsstabilität im Verhältnis zwischen Fußballspielern und Clubs, Causa Sport 2008, 235–250

Hahn, Claudia: Flexible Arbeitszeit, 2. Aufl. 2014

Heink, Peter; Hemmeter Theresa: Gesetzliche und tarifvertragliche Spielräume für die Befristung von Sportarbeitsverhältnissen, SpuRt 2015, 192–197

Hellwege, Phillip: Allgemeine Geschäftsbedingungen, einseitig gestellte Vertragsbedingungen und die allgemeine Rechtsgeschäftslehre, 2010

Henrich, Dieter: Vorvertrag, Optionsvertrag, Vorrechtsvertrag: eine dogmatisch-systematische Untersuchung der vertraglichen Bindungen vor und zu einem Vertragsschluss, 1965

Herberger, Michael; Martinek, Michael; Rüßmann, Helmut; Weth, Stephan; Würdinger, Markus: jurisPK-BGB (zit.: jurisPK-BGB/*Bearbeiter*)

Hermann, Roger: Rechtliche Begutachtung von KAPOVAZ-Verträgen – Unter besonderer Berücksichtigung der Regelung des Art. 1, § 4 BeschFG 1985, AnwBl 1990, 537 ff., 605 ff.

Herrler, Sebastian: Regelbindungsfrist von vier Wochen auch beim Bauträgervertrag – zugleich Anmerkung zum Urteil des BGH vom 27.09.2013, V ZR 52/12, MittBayNot 2014, 109–114

Herrler, Sebastian: Formularmäßige Fristen beim Immobilienkaufvertrag, DNotZ 2013, 887–923

Herrler, Sebastian; Suttmann, Christoph: Bindungs- und Annahmefristen beim Immobilienkaufvertrag im Anwendungsbereich von § 308 Nr. 1 BGB, DNotZ 2010, 883–902

Heyer, Jörg: Diskriminierungs- und Beschränkungsverbot im Rahmen der gemeinschaftsrechtlichen Arbeitnehmerfreizügigkeit, 1996

Hilf, Meinhard; Pache, Eckhard: Das Bosman-Urteil des EuGH – Zur Geltung der EG-Grundfreiheiten für den Berufsfußball, NJW 1996, 1169–1177

Hobe, Stephan; Tietje, Christian: Europäische Grundrechte auch für Profisportler, JuS 1996, 486–493

Hofelich, Andreas: Von der Bereichsausnahme zur Bereichseinschränkung – Grundfragen der dogmatischen Integration des Individualarbeitsrechts in das Recht der Allgemeinen Geschäftsbedingungen, 2013

Hoffmann, Michael: Grundfreiheiten des EG-Vertrages als koordinationsrechtliche und gleichheitsrechtliche Abwehrrechte, Baden-Baden 2000

Holzer, Wolfgang: Arbeitsrecht und Sport, ZAS 2015, 148–158

Hommel, Ulrich; Lehmann, Hanna: Die Bewertung von Investitionsprojekten mit dem Realoptionsansatz – Ein Methodenüberblick, in: Hommel, U./Scholich, M. (Hrsg.), Realoptionen in der Unternehmenspraxis: Wert schaffen durch Flexibilität, 2001, 113–129

Honsell, Heinrich; Vogt, Nedim Peter; Wiegand, Wolfgang: Kommentar zum Zehnten Titel des Schweizerischen Obligationenrechts: Der Arbeitsvertrag, Art. 319–362 OR, Basler Kommentar, 5. Aufl. 2016 (zit.: BasK/*Bearbeiter)*

Hopt, Klaus J.: Handelsgesetzbuch: HGB, 41. Aufl. 2022 (zit.: Hopt/*Bearbeiter)*

v. Hoyningen-Huene,; Gerrit: Die Inhaltskontrolle nach § 9 AGB-Gesetz, 1991

v. Hoyningen-Huene,; Gerrit: Die Billigkeit im Arbeitsrecht, 1978

Hueck, Alfred; Nipperdey, Hans Carl: Lehrbuch des Arbeitsrechts, 7. Aufl. 1963

Hümmerich, Klaus; Holthausen, Joachim: Der Arbeitnehmer als Verbraucher, NZA 2002, 173–181

Hunold, Wolf: Beschäftigung in zahlreichen kurzzeitig befristeten oder Dauerteilzeitarbeitsverhältnissen, NZA 2007, 238

Hunold, Wolf: Bedarfsgerechter Personaleinsatz: Aktuelle Probleme bei sog. Pool-Lösungen und Arbeit auf Abruf, NZA 2003, 896–899

Hüttemann, Rainer: Transferentschädigungen im Lizenzfußball als Anschaffungskosten eines immateriellen Wirtschaftsguts, DStR 1994, 490–495

Imping, Andreas: Die arbeitsrechtliche Stellung des Fussballspielers zwischen Verein und Verbänden, 1995

Ittmann, Erasmus Benjamin: Pflichten des Sportlers im Arbeitsverhältnis, 2004

Isensee, Josef: Subsidiaritätsprinzip und Verfassungsrecht, 1968

Jansen, Rudolf: Zur Aktivierung von Transferentschädigungen nach den Vorschriften des Lizenzspielerstatuts des Deutschen Fußball-Bundes – Anmerkungen zum BFH-Urteil v. 26.08.1992, I R 24/91, DStR 1992, 1785–1788

Joost, Detlev: Allgemeine Geschäftsbedingungen und Arbeitsvertrag – Ein Beispiel für missglückte Gesetzgebung, in: Festschrift für Peter Ulmer zum 70. Geburtstag am 2. Januar 2013, 2003, 1199–1210

Jung, Florian: Das internationale Sportverbandsrecht im Geltungsbereich des europäischen Unions- und Assoziierungsrechts – Von Bosman über Meca-Medina zu Bernard, 2017

Jungheim, Stephanie: Vertragsbeendigung bei Arbeitsverträgen von Lizenzfußballspielern, RdA 2008, 222–232

Junker, Martin: Bewertung von Fußballspielern – ein realoptionsbasiertes Modell von Ablösesummen, 2004

Kainer, Friedemann: Die Gewährleistung von Privatautonomie im Spannungsfeld horizontaler Wirkung von Grundfreiheiten und Grundrechten in der Europäischen Union: eine Skizze, in: Festschrift für Peter-Christian Müller-Graff, 2015, 484–492

Kainer, Friedemann; Halkenhäuser, Nico: Altersgrenze für Schiedsrichter – Der DFB und das AGG, NJW 2021, 3223–3228

Kleinebrink, Wolfgang: Arbeitsrechtliche Möglichkeiten einer Bindung von Auszubildenden und Ausgebildeten an das Unternehmen, DB 2020, 170–173

Immenga, Ulrich; Mestmäcker, Ernst-Joachim: GWB, 6. Aufl. 2019 (zit.: Immenga/Mestmäcker/*Bearbeiter*)

Kaiser, Thomas: Die Behandlung von Spielerwerten in der Handelsbilanz und im Überschuldungsstatus im Profifußball, DB 2004, 1109–1112

Kalb, Heinz-Jürgen: Rechtsgrundlage und Reichweite der Betriebsrisikolehre, 1977

Kallrath, Jürgen: Die Inhaltskontrolle von Wertpapierbedingungen von Wandel- und Optionsanleihen, Gewinnschuldverschreibungen und Genußscheinen, 1993

Kempf, Udo: Anmerkung zur Entscheidung des BAG vom 25.04.2013 (8 AZR 453/12; NZA 2013, 1206) – Zur vergleichsweisen Aufhebung eines Spielervertrages mit einem Jugendlichen, SpuRt 2014, 35–36

Kindler, Peter: Die Opt-in Verlängerungsoption im Arbeitsvertrag des Berufsfußballers, NZA 2000, 744–749

Kingreen, Thorsten: Die Struktur der Grundfreiheiten des Europäischen Gemeinschaftsrechts, 1999

Kirchhof, Paul: Der Vertrag als Ausdruck grundrechtlicher Freiheiten, in: Festschrift für Peter Ulmer zum 70. Geburtstag am 2. Januar 2013, 2003, 1211–1230

Klatt, Helmut: Die arbeitsrechtliche Stellung des Berufsfußballspielers, 1976

Kleiner, Jan: Der Spielervertrag im Berufsfussball, 2013

Koch, Jens: Das nachvertragliche Wettbewerbsverbot im einseitig vorformulierten Arbeitsvertrag, RdA 2006, 28–33

Köhn, Kai: Betriebsführungsverträge über die technische Betriebsführung von Windenergieanlagen in der AGB-Klauselkontrolle, EnWZ 2019, 64–72

Krebber, Sebastian: Anm. zu BAG, Urteil vom 23.05.2018, 7 AZR 16/17, AP TzBfG § 14 Nr. 171

Kreißig, Wolfgang: Der Sportverein in Krise und Insolvenz, 2004

Krieger, Steffen: Anmerkung zu BAG, Urt. v. 25.04.2018, 8 AZR 453/12, ArbR 2013, 526

Krogmann, Mario: Grundrechte im Sport, 1998

Kroll, Oliver: Arbeitszeitkonten und ihre Abwicklung, 2004

Kruhl, Alfred: Ist das FIFA-Reglement zur Ausbildungsentschädigung mit Entscheidungen ordentlicher nationaler Gerichte und des EuGH vereinbar?, StBW 2014, 515–520

Kuhn, Thomas S.: Struktur wissenschaftlicher Revolutionen, 1. Aufl. 1973

Küttner, Wolfdieter: Personalbuch, 29. Aufl. 2022 (zit.: Küttner/*Bearbeiter*)

Lackhoff, Klaus: Die Niederlassungsfreiheit des EGV – nur ein Gleichheits- oder auch ein Freiheitsrecht? Berlin 2000

Lakies, Thomas: Vertragsgestaltung und AGB im Arbeitsrecht, 2. Aufl. 2011

Lange, Björn: Einseitige Opt-in Verlängerungsoptionen in Lizenzspielerverträgen und Handlungsoptionen, SpuRt 2011, 98–102

Larenz, Karl: Methodenlehre der Rechtswissenschaft, 6. Aufl. 1991

Larenz, Karl; Canaris Claus-Wilhelm: Methodenlehre der Rechtswissenschaft, 3. Aufl. 1999

Laux, Helga; Schlachter, Monika: Teilzeit- und Befristungsgesetz, 2. Aufl. 2011 (zit.: *Bearbeiter*, in: Laux/Schlachter/*Bearbeiter*)

Lenz Carl Otto; Borchardt Klaus-Dieter: EU-Verträge, 2013

Lieb, Manfred: AGB-Recht und Arbeitsrecht nach der Schuldrechtsmodernisierung, in: Festschrift für Peter Ulmer zum 70. Geburtstag am 2. Januar 2013, 2003, 1231–1244

Lindemann, Viola: Eine Rahmenvereinbarung für Tagesaushilfen ist kein Arbeitsvertrag, BB 2003, 527–528

Lindhorst, Hermann: Anmerkung zur Entscheidung des Arbeitsgerichts Nürnberg vom 04.06.2007 *(Mijatovic)*, SpuRt 2007, 215

Littkemann, Jörg; Fietz, Axel; Krechel, Sandra: Instrumente zum Controlling von Spielerinvestitionen im Profifußball, in: Schewe, Littkemann, Sportmanagement, Der Profi-Fußball aus ökonomischer Perspektive, 3. Aufl. 2012, 165–186

Loewe Walter; Westphalen, Friedrich Graf von; Trinkner, Reinhold: Großkommentar zum AGB-Gesetz, 2. Aufl. 1983 (zit.: Loewe/ Westphalen v./Trinkner/ *Bearbeiter*, AGBG)

Madeja, Felix: Bilanzierung von „Spielervermögen" nach HGB und IAS/IFRS, 2007

Malatos, Andreas: Berufsfußball im europäischen Rechtsvergleich, 1988

Mayer-Maly, Theo: Beobachtungen und Gedanken zum Wiederkauf, in: Festschrift für Wieacker, 1978, 424–443

Meinel, Gernod; Heyn, Judith;

Herms, Sascha: Teilzeit- und Befristungsgesetz, 6. Aufl. 2021 (zit.: Meinel/Heyn/ Herms/*Bearbeiter*/TzBfG)

Menke, Johan-Michel: Profisportler zwischen Arbeitsrecht und Unternehmertum, 2006

Menke, Johan-Michel: Zulässigkeit einseitiger Opt-in Verlängerungsoptionen in Arbeitsverträgen von Berufsfußballern – Warum Mijatovic kein neuer Bosman ist, NJW 2007, 2820–2823

Menke, Johan-Michel: Berufsfußball – einseitige Opt-in Verlängerungsoption in einem befristeten Arbeitsvertrag, BB 2014, 448

Müller, Florian: Vertragsverlängerung durch einseitige Erklärung, ZAS 2007, 213–218

Müller, Hans-Friedrich; Schmitt, Florian: Zweiseitige Opt-out Verlängerungen in der AGB-Kontrolle, NJW 2017, 1991–1995

Müller, Michael: Der deutsche Berufsfußball – vom Idealverein zur Kapitalgesellschaft, 2000

Müller, Philipp; Klühs, Hannes: Bindung durch Angebot, Bedingung und Rücktrittsrecht bei Grundstücksgeschäften, RnotZ 2013, 81–99

Müller-Glöge, Rudi; Preis, Ulrich; Schmidt, Ingrid: Erfurter Kommentar zum Arbeitsrecht, 22. Aufl. 2022 (zit.: ErfK/*Bearbeiter*)

Mümmler, Werner G.: Der Spielertransfer im Bundesligafußball, 1982

Nasse, Norbert K.H.: Wirksamkeit des § 11 der Fußballprofiverträge hinsichtlich Art. 48 EGV, Art. 12 GG und AGBG analog, SpuRt 1997, 45–49

Nesemann, Tim: Arbeitsvertragliche Grenzen im professionellen Jugendfußball, 2012

O'Leary, Leanne: Employment and Labour Relations Law in the Premier League, NBA and International Rugby Union, T.M.C. Asser Press, 2017, 204

Oberthür, Nathalie: Das Transfersystem im Lizenzfußball: Untersuchung der Zulässigkeit internationaler Transfer- und Entschädigungsregelungen nach arbeits-, verfassungs- und europarechtlichen Aspekten und deren Umsetzbarkeit im deutschen Lizenzfußball, 2002

Oberthür, Nathalie: Die Entschädigungsregelung im internationalen Spielertransfer – Eine europarechtliche und nationalrechtliche Bestandsaufnahme, NZA 2003, 462–468

Oetker, Hartmut: Das Dauerschuldverhältnis und seine Beendigung, 1994

Pechstein, Matthias; Nowak, Carsten; Häde, Ulrich: Frankfurter Kommentar EUV⊠GRC⊠AEUV, 1. Aufl. 2017 (zit.: FrankfK/*Bearbeiter*)

Plath, Kai-Uwe: Individualrechtsbeschränkungen im Berufsfußball, 1999

Pletke, Matthias; Schrader, Peter; Siebert, Jens; Thoms, Tina; Klagges, Rhea-Christina;

Teubert, René: Rechtshandbuch Flexible Arbeit, 2. Aufl. 2022

Picker, Eduard: Betriebsrisikolehre und Arbeitskampf – Thesen zu einer Rückbesinnung, JZ 1979, 285–294

Poelzig, Dörte: Nachrangdarlehen als Kapitalanlage – Im „Bermuda-Dreieck" von Bankaufsichtsrecht, Kapitalmarktrecht und AGB-Recht, WM 2014, 917–927

Portmann, Wolfgang: Einseitige Optionsklauseln in Arbeitsverträgen von Fußballspielern – Eine Beurteilung aus der Sicht der internationalen Schiedsgerichtsbarkeit im Sport, Causa Sport 2006, 200–213

Portmann, Wolfgang: Unilateral option clauses in footballers' contracts of employment: an assessment from the perspective of international sports arbitration, Sweet Maxwell Int Sports Law Rev, 2007, 7 (1): 6–16

Poschenrieder, Franz-Joachim: Sport als Arbeit – Konsequenzen aus arbeitsrechtlicher Sicht unter Einbeziehung der Grundrechte, 1977

Preis, Berndt: Die Lizenzspieler im Bundesligafußball. Rechtsprobleme eines atypischen beruflichen Abhängigkeitsverhältnisses, 1973

Preis, Ulrich: Grundfragen der Vertragsgestaltung im Arbeitsrecht, 1992

Preis, Ulrich: Der Arbeitsvertrag, Handbuch der Vertragsgestaltung, 6. Aufl. 2020, (zit. Preis/*Bearbeiter*, Arbeitsvertrag)

Preis, Ulrich: 15 Jahre AGB-Kontrolle in den Händen von zehn Senaten des BAG, SR 2019, 153

Preis, Ulrich; Bender, Wolfgang: Die Befristung einzelner Arbeitsbedingungen – Kontrolle durch Gesetz oder Richterrecht, NZA-RR 2005, 337–345

Preis, Ulrich; Roloff, Sebastian: Die neueste Entwicklung der Vertragsinhaltskontrolle im Arbeitsrecht – Zwischenbilanz und Ausblick –, ZfA 2007, 43–86

Raiser, Ludwig: Das Recht der allgemeinen Geschäftsbedingungen, 1935 (Nachdruck von 1961)

Rein, Michael: Kontrolle einseitiger Opt-in Verlängerungsoptionen in einem Spielervertrag, NZA-RR 2009, 462–465

Reinecke, Gerhard: Flexible Beschäftigung aufgrund von Rahmenvereinbarungen, in: Recht und soziale Arbeitswelt: Festschrift für Wolfgang Däubler zum 60. Geburtstag, 1999, 117–127

Reinecke, Gerhard: Kontrolle Allgemeiner Arbeitsbedingungen nach dem Schuldrechtsmodernisierungsgesetz, DB 2002, 583–588

Reisinger, Johannes: Musterarbeitsvertrag für FußballspielerInnen der Österreichischen Fußball-Bundesliga DrdA 2011, 112–114

Renner, Moritz: Die „Natur des Vertrages" nach § 307 Abs. 2 Nr. 2 BGB, AcP 213, 677–717

Reuter, Dieter: Probleme der Transferentschädigung im Fußballsport, NJW 1983, 649–656

Richter, Alexander: Das „Bosman-Urteil", Entstehung, Entwicklung und Konsequenzen im Fußballsport, 1998, Diplomarbeit Bochum

Richtsfeld, Stefan: Einmal mehr: Die Krux mit Arbeitsvertrags-Opt-in Verlängerungsoptionen, Causa Sport 2017, 98–109

Riehm, Thomas; Quirin, Thomas: Das Leistungsstörungsrecht und seine Grenzen in Zeiten von COVID 19 – Am Beispiel des Werkvertrags, JURA 2020, 1046–1057

Riehm, Thomas; Quirin, Thomas: Das Leistungsstörungsrecht und seine Grenzen in Zeiten von COVID 19 – Am Beispiel des freien Dienstvertrages, JURA 2020, 1164–1171

Ring, Gerhard: Lohn ohne Arbeit nach der Lehre vom Betriebsrisiko, BuW 2000, 555–562

Rolfs, Christian; Giesen, Richard; Meßling, Miriam; Udsching Peter: BeckOK Arbeitsrecht (zit.: BeckOK ArbR/*Bearbeiter*)

Roloff, Sebastian: Das Beschränkungsverbot des Art. 39 EG (Freizügigkeit) und seine Auswirkungen auf das nationale Arbeitsrecht, 2003

Rudnik, Tanja: Die Gesetzesumgehung in der Rechtsprechung des Bundesarbeitsgerichts – Vom Sachgrunderfordernis zum Rechtsmissbrauchsverbot, 2019

Rückert, Otto: Die Rechtsgrundlagen der Sportgerichtsbarkeit des DFB, in: Schröder/Kaufmann, Sport und Recht, 1972, 175–194

Rüthers, Bernd; Fischer, Christian; Birk, Axel: Rechtstheorie – mit juristischer Methodenlehre, 12. Aufl. 2022

Rybak, Frank: Das Rechtsverhältnis zwischen dem Lizenzfußballspieler und seinem Verein, 1999

Rybak, Frank: Das „Kleingedruckte“: Herausforderungen in der Vertragsgestaltung, Causa Sport 2013, 104–108

Sachs: Grundgesetz, 9. Aufl. 2021 (zit.: Sachs/*Bearbeiter*)

Säcker, Franz Jürgen; Rixecker, Roland; Oetker, Hartmut; Limperg, Bettina: Münchener Kommentar zum Bürgerlichen Gesetzbuch, Bd. 1–Bd. 3, 9. Aufl. 2021, alle anderen 8. Aufl. (zit.: Müko/*Bearbeiter*)

Schaub, Günter: Arbeitsrechtshandbuch, 19. Aufl. 2021 (zit. Schaub/*Bearbeiter*)

Schellhaaß, Horst: Die Funktion der Transferentschädigung im Fußballsport, RdA 1984, 218–223

Schennen, Detlef: Die Verfassungsmäßigkeit von Ablösesummen im Berufsfußball, 1984

Schewiola, Sascha: Berufsfußball – Vorzeitige Beendigung eines befristeten Vertrags gegen Ablöse, ArbRB 2014, 74–75

Schiffers, Joachim; Feldgen, Rene: Bilanzierung des exklusiven Nutzungsrechts an einem Lizenzspieler im Profisport – Aktuelle Rechtsfragen zur Abgrenzung der Anschaffungskosten und zum Einkunftstatbestand, StuB 2015, 500–507

Schimke, Martin; Menke, Johan-Michel: Vertragstypen-Freiheit im Profi-Mannschaftssport SpuRt 2007, 182–184

Schlewing, Anja: Geltungserhaltende Reduktion und/oder ergänzende Vertragsauslegung im Rahmen der AGB-Kontrolle arbeitsvertraglicher Abreden?, RdA 2011, 92–99

Schneider, Gustav: Anmerkung zum Beschluss des Obersten Gerichtshofs Österreichs vom 28.110.2016, 9 ObA 88/16f; Höchstrichterliche Absage an einseitige Opt-in Verlängerungsoptionen, Causa Sport 2016, 386–391

Schröder, Jan: Recht als Wissenschaft, 3. Aufl. 2022

Schuller, Gert; Schmitz, Anja; Janzen, Jan: Ökonomische Analyse der Auswirkungen des Bosman-Urteils, Seminararbeit 2005

Schulze, Reiner; Schreiber, Christoph; Schulte-Nölke, Hans; Staudinger, Ansgar; Wiese, Volker; Dörner, Heinrich; Ebert, Ina; Fries, Martin; Himmen, Andreas-Alexander; Hoeren, Thomas; Kemper, Rainer; Saenger, Ingo; Scheuch, Alexander; Friesen, Siegfried: BGB Handkommentar, 11. Aufl. 2022 (zit.: HK-BGB/*Bearbeiter*)

Schultze-Marmeling, Dietrich: Fußball – Zur Geschichte eines globalen Sports, 2000

Schurig, Klaus: Das Vorkaufsrecht im Privatrecht: Geschichte, Dogmatik, ausgewählte Fragen, 1975

Schweizer, Michael: Die Freizügigkeit des Berufssportlers in der Europäischen Gemeinschaft, in: Reuter, Dieter, Einbindung des nationalen Sportrechts in internationale Bezüge, Recht und Sport, Band 7, 71–88

Seitz, Walter: Hexenjagd auf Dopingsünder? Ein bundeseinheitliches Schiedsgericht für Sportdopingsachen muss her! NJW 2002, 2838–2840

Siegmann, Gerhard: Gewährleistungsansprüche beim Spielertransfer?, in: WFV (Hrsg.) Rechtsprobleme beim Vereinswechsel eines Fußballspielers, 40–49

Siekmann, Robert C. R.: Introduction to international and European sports law, 2012

Sievers, Jochen: Teilzeit- und Befristungsgesetz, 7. Aufl. 2022

Söffing, Andreas: Bilanzierung und Abschreibung von Transferzahlungen im Lizenzfußball – Zu den Konsequenzen der sog. „Bosman"-Entscheidung des EuGH, BB 1996, 523–526

Spera, Saverio: The Validity of Unilateral Extension Options in Football, Part 1 and 2, in: www.asser.nl/SportsLaw/Blog/

Spinler, Stefan; Huchzermeier, Arnd: Realoptionen: Eine marktbasierte Bewertungsmethodik für dynamische Investitionsentscheidungen unter Unsicherheit, in: Zeitschrift für Controlling & Management, Sonderheft 1, 2004, 66–71

Staudinger: Bürgerliches Gesetzbuch mit Nebengesetzen, Kommentar zum Bürgerlichen Gesetzbuch (zit.: Staudinger/*Bearbeiter*)

Stern, Klaus: Grundrechte der Sportler, in: Schröder/Kaufmann, Sport und Recht, 1972, S. 142–157

Stoffels, Markus: AGB-Recht, 4. Aufl. 2021

Stoffels, Markus: Laufzeitkontrolle von Franchiseverträgen, DB 2004, 1871–1875

Stopper, Martin; Lentze, Gregor; (Hrsg.): Handbuch Fußballrecht, 2. Aufl. 2018 (zit.: *Bearbeiter*, in: Stopper/Lenze)

Strasser, Karsten; Melf, Andreas: Studierende als Tagelöhner? Flexibler Einsatz studentischer Arbeitskräfte im sog. Poolsystem, ArbuR 2006, 342–347.

Strauf, Hendrik: Ablösesummen sind keine Transferentschädigungen; Anmerkungen zum Urteil des Bundesarbeitsgerichts vom 25.04.2013, Causa Sport 2014, 66–67

Streinz, Rudolf: EUV/AEUV, 3. Aufl. 2018 (zit.: *Bearbeiter* in: Streinz)

Streinz, Rudolf: Der Fall Bosman: Bilanz und neue Fragen, ZeuP 2005, 340–364

Stürner, Rolf: Jauernig, Bürgerliches Gesetzbuch, 18. Aufl. 2021 (zit.: Jauernig/*Bearbeiter*)

Sutter, Thomas: Rechtsfragen des organisierten Sports, unter besonderer Berücksichtigung des Einzelarbeitsvertrages, 1984

Suttmann, Christoph: Anmerkung zur Entscheidung des BGH, Urteil vom 07.06.2013, V ZR 10/21 – Zur Vereinbarkeit von AGB-Fortgeltungs-Klauseln mit § 308 Nr. 1 BGB bei Angebotserklärungen, MittBayNot 2014, 46–47

Teubel, Jan Peter: Rücktrittsrecht und AGB-Kontrolle nach der Schuldrechtsreform, Schriften zum Bürgerlichen Recht, 2018

Thaler, Daniel: Rechtsprechungsübersicht zum nationalen Sportrecht, Leading Cases 2006–2008, Causa Sport 2008, 452–462

Thaurer, Franz: Arbeitsrechtliche Probleme beim Berufsfußballer in Österreich, 1998

Thode, Reinhold: AGB eines Bauträgervertrages: Dreimonatige Bindungsfrist an ein Angebot mit einem Lösungsrecht des Antragenden, juris PR-PrivBauR 9/2016 Anm. 1

Triponez, Pierre Antoine: Ungleiche Kündigungsfristen und einseitige Kündigungsbeschränkungen, 1975

Trommer, Hans-Ralph: Die Transferregelungen im Lichte des „Bosman-Urteils" im Vergleich zu den Mechanismen im bezahlten amerikanischen Sport, 1999

Thüsing Gregor: Angemessenheit durch Konsens – Zu den Grenzen der Richtigkeitsgewähr arbeitsvertraglicher Vereinbarungen, RdA 2005, 257–270

Thüsing, Gregor; Leder, Tobias: Gestaltungsspielräume bei der Verwendung vorformulierter Arbeitsvertragsbedingungen – Allgemeine Grundsätze, BB 2005, 938–945

Ulmer, Peter; Brandner, Hans E.; Hensen, Horst-Diether: AGB-Recht, Kommentar zu den §§ 305–310 BGB und zum UKlaG, 13. Aufl. 2022 (zit.: Ulmer/Brandner/Hensen/*Bearbeiter*)

Vogt, Aegidius: Befristungs- und Optionsvereinbarungen im professionellen Mannschaftssport: Unter besonderer Berücksichtigung des Berufsfußballs, 2013

Vonplon, Martin: Kündigungsschutz im Arbeitsrecht – Rechtsvergleich (Schweiz, BRD, Frankreich IAO) und Diskussionsvorschläge zur Verbesserung des schweizerischen Kündigungsschutzes, 1986

Voßkuhle, Andreas: Das Kompensationsprinzip, 1999

Wais, Hannes: Gesetzlicher Schutz vor ungewollten Vertragsverlängerungen, NJW 2018, 1777–1781

Weber, Christian: Rechnungslegung und Bilanzierung im deutschen Profifußball, 2012

Weber, Christian: Bilanzierung von Ablösezahlungen für Trainer im deutschen Profifußball, SpuRt 2019, 115–119

Weber, Lars: Rechtliche Strukturen und Beschäftigungsverhältnisse im Fußballsport, 2008

Weingarth, Markus: Entgeltregelung und Wirtschaftsrisiko, 2010

Weiland, Bernd: Die Rechtsstellung des Lizenzspielers in der Fußball-Bundesliga – zugleich ein Beitrag zur allgemeinen Verbände-Diskussion, 1980

Weiß, Wolfgang: Die Personenverkehrsfreiheiten von Staatsangehörigen assoziierter Staaten in der EU, 1998

Weiß, Wolfgang: Gibt es eine EU-Inländerdiskriminierung? Zur Kollision von Gemeinschaftsrecht und Welthandelsrecht und Assoziationsrecht, EuR 1999, 499–516

Wertenbruch, Johannes: Einsatzabhängige Verlängerungsbedingungen in Lizenzspielerverträgen, SpuRt 2004, 134–137

Westerkamp, Georg: Ablöseentschädigungen im bezahlten Sport, 1980

Westermann, Harm-Peter: Der Sportler als „Arbeitnehmer besonderer Art" – Zur Durchdringung von arbeitsrechtlichen Regelungen durch vereins- und verbandsautonome Bestimmungen in: Reschke (Hrsg.) Recht und Sport Nr. 4 – Sport als Arbeit, 1985

Westermann, Harm-Peter: Erste praktische Folgen des „Bosman"-Urteils für die Organisation des Berufsfußballs – Zugleich eine Anmerkung zu dem Urteil des EuGH vom 15.12.1995 – C-415/93, DZWir 1996, 82–86

Westphalen, Friedrich Graf von

Thüsing, Gregor: Arbeitsverträge, in: Vertragsrecht und AGB-Klauselwerke, Bearbeitung April 2019 (zit.: v. Westphalen/Thüsing/*Bearbeiter*, Arbeitsverträge)

Westhoff, Stefan: Die Inhaltskontrolle von Arbeitsverträgen – Rechtsanwendung, Rechtsfortbildung oder Rechtspolitik? – Dargestellt am Beispiel der Kontrolle von Rückzahlungs-, Befristungs-, Wettbewerbs- und Verfallklauseln, 1975

Wüllenweber, Joachim: Die Entwicklung des Kündigungsschutzrechts seit dem Ersten Weltkrieg, 1965

Wüterich, Christoph; Breucker, Marius: Arbeitsrecht im Sport, 2007

Einleitung

Der Europäische Gerichtshof erklärte in seinem *Bosman*-Urteil des Jahres 1995[1] verbandsrechtliche Regelwerke, die eine Verpflichtung zur Zahlung einer Transferentschädigung im Falle des Wechsels eines professionellen Fußballspielers auch nach Auslaufen seines Arbeitsvertrages vorsahen, für unvereinbar mit der europarechtlich gewährleisteten Arbeitnehmerfreizügigkeit. Die bis dahin geltenden Transfersysteme des professionellen Fußballs brachen zusammen. Für die Profi-clubs[2] versiegte die unabhängig vom Bestehen eines Arbeitsvertrages sprudelnde Quelle der Ablösesummen. Nach *Bosman* wurde die Optimierung der Transfererlöse zur zentralen Herausforderung für das Management professioneller Fußballclubs.[3] Die Transferbilanz gehört seitdem und heute mehr denn je zu den wesentlichen wirtschaftlichen Kennzahlen eines professionellen Fußballclubs.[4]

Da die Transfererlöse nur noch bei laufenden Arbeitsverträgen anfallen, rückt für die Arbeitgeber im professionellen Fußball die ökonomisch vorteilhafte Gestaltung der Vertragslaufzeiten und als deren Grundlage ein an den Prognosen für den einzelnen Spieler[5] ausgerichtetes Vertragslaufzeitmanagement in den Fokus. Die Entscheidung über die vertragliche Verpflichtung eines Spielers ist immer eine Investition in dessen von den Verantwortlichen antizipierte sportliche Perspektive. Bewertet der Arbeitgeber die Aussichten günstig, obliegt es ihm, Sorge dafür zu tragen, einen (vielversprechenden) Spieler möglichst frühzeitig durch einen langfristigen Arbeitsvertrag zu binden. Über die Vertragslaufzeit gewährleistet der Arbeitgeber nicht nur, dass sich die in einen Spieler investierten Kosten für Ausbildung oder die an einen abgebenden Club geleisteten Ablösesummen bezahlt

---

1 EuGH 15.12.1995 – C-415/93 *(Bosman)*, juris (alle Entscheidungen sind nach juris zitiert, soweit nicht eine andere Fundstelle angegeben ist).

2 Im Folgenden wird stets vom „Verein“ oder „Club“ als Arbeitgeber und „Spieler“ als Arbeitnehmer gesprochen. Obwohl Profiabteilungen vermehrt in Kapitalgesellschaften ausgegliedert werden, die die Arbeitgeber der Spieler sind, entspricht die Bezeichnung den klassischen Strukturen im Profisport und dient der sprachlichen Vereinfachung, vgl. z. B.: Fritzweiler/Pfister/Summerer/*Summerer*, Praxishandbuch Sportrecht, 1. Kapitel Rn. 76.

3 https://de.statista.com/statistik/daten/studie/216152/umfrage/hoehe-der-transferausgaben-der-fussball-bundesliga-clubs/, zuletzt abgerufen am 10.07.2022.

4 https://www.transfermarkt.de/1-bundesliga/fuenfjahresvergleich/wettbewerb/L1, zuletzt abgerufen am 10.07.2022.

5 Aus Gründen der besseren Lesbarkeit wird das generische Maskulinum verwendet. Die ausschließliche Verwendung der männlichen Form soll geschlechtsunabhängig verstanden werden.

machen. Ein langfristiger Vertrag begründet auch die Aussicht für den Verein, seinerseits eine Ablösesumme zu erhalten, wenn der Spieler zu einem anderen Verein wechseln will und dieser bereit ist, den wechselwilligen Spieler aus dem Vertrag „herauszukaufen“.[6]

Da sich die Entwicklung von Spielern nicht mit Sicherheit voraussehen lässt, ist es für die Verantwortlichen ökonomisch nicht immer sinnvoll, einen Spieler für die gemäß §§ 624 BGB, 15 Abs. 4 TzBfG zulässige Höchstdauer von fünf Jahren zuzüglich der Kündigungsfrist von sechs Monaten nach § 624 Satz 2 BGB[7] zu verpflichten: Enttäuscht der Spieler die in ihn gesetzten Erwartungen, zum Beispiel weil er dem Druck des professionellen Fußballs nicht gewachsen ist[8], muss der Club das Gehalt bis zum Ende des Arbeitsvertrages weiterbezahlen, obwohl er davon nicht den anfänglich erhofften – wirtschaftlichen oder sportlichen – Ertrag hat. Möglicherweise kann der Club sich die Dienste des Spielers nur mit den erwarteten Einnahmen aus der Zugehörigkeit zu einer hohen Spielklasse leisten. Besteht die Gefahr des Abstiegs, kann der Verein entweder von der Verpflichtung ganz absehen oder er kann versuchen, zu einer vertraglichen Gestaltung zu greifen, bei der der Arbeitsvertrag nur in der höheren Liga Geltung hat (sog. Ligaklauseln[9]).

Auch der Spieler macht sich in der Regel Gedanken darüber, für welche Zeit er sich vertraglich binden will. Ist der aktuelle Arbeitgeber nach seinen Vorstellungen und Plänen lediglich eine „Zwischenstation“, wird er die zeitlichen Bindungen möglichst reduzieren, um im Falle des Eintreffens der erhofften Angebote leistungsstärkerer oder höherklassiger Vereine ungehindert durch vertragliche Ansprüche seines bisherigen Arbeitgebers wechseln zu können.[10] Vielleicht wird er auch Wert darauf legen, in einer bestimmten Liga zu spielen, und sich deshalb vorbehalten, dass der Vertrag nur für diese Liga gilt und im Falle des Abstiegs endet. Liegt der Schwerpunkt der mit dem Vertrag verfolgten Ziele dagegen darin, die erworbene Position und die Ansprüche aus dem Arbeitsverhältnis zu sichern, wird er eher zu einer längerfristigen Bindung neigen.

---

6 *Buschmann/Wulzinger*, Football Leaks, 97: „Fußballspieler sind eben nicht nur gewöhnliche Arbeitnehmer, sie sind das Kapital des Klubs.“

7 BAG 26.10.2017 – 6 AZR 158/16, Rn. 39; zur Verlängerung der Vertragslaufzeiten als Folge der *Bosman*-Entscheidung; *Grodde*, Der Einfluss des Europarechts auf die Vertragsfreiheit autonomer Sportverbände in Deutschland, 330 ff.; *Westermann*, DZWir 1996, 82 ff.; *Frick/Wagner* WiSt 1996, 612 ff.

8 Vgl. dazu den Sachverhalt der Entscheidung des BAG 25.04.2013 – 8 AZR 453/12 *(Florian Brügmann)*.

9 Fischinger/Reiter/*Fischinger*, Das Arbeitsrecht des Profisports, § 10, Rn. 28.

10 Dazu zum Beispiel die Darstellung der vertraglichen Ausgangssituation von *Zlatan Ibrahimovic* in seinen Vertragsverhandlungen mit Manchester United bei *Buschmann/Wulzinger*, Football Leaks, 192.

Die vorliegende Arbeit befasst sich mit der *Wirksamkeit* flexibler Laufzeitregelungen. Die Wirksamkeit einer Laufzeitklausel bestimmt sich nach dem Zeitpunkt des Vertragsschlusses und nicht nach dem Zeitpunkt der Ausübung des ausbedungenen Rechts. Anwendungsprobleme, die sich unter anderem auch aufgrund der Auswirkungen der COVID-19-Pandemie auf die Arbeitsverhältnisse professioneller Fußballspieler ergeben und die dadurch in den letzten zwei Jahren berechtigt in das juristische Blickfeld gerückt sind[11], bleiben in der vorliegenden Arbeit unberücksichtigt. Probleme bei der Anwendung der Klauseln, insbesondere Fragen der Auslegung von Verlängerungsklauseln oder auch der Ausübungskontrolle, die mit deren Wirksamkeit nicht in Zusammenhang stehen, bieten Stoff für weitere Arbeiten.

Das 1. Kapitel beschreibt die in den Verträgen professioneller Fußballspieler anzutreffenden Laufzeitregelungen, klärt vorab relevante Begriffe, führt in die praktisch vorhandenen Vertragsgestaltungen sowie die wirtschaftliche Bedeutung dieser Regelungen ein und beleuchtet die Klauseln unter dem Aspekt des Wirtschaftsrisikos (§§ 1–3).

Das 2. Kapitel zeichnet in einer Bestandsaufnahme die Entwicklung der Rechtsprechung zu ein- und zweiseitigen Opt-in-Verlängerungsoptionen vor dem Hintergrund des auf das *Bosman*-Urteil folgenden Zusammenbruchs der Transfersysteme im professionellen Fußball nach (§§ 4–7).

Schwerpunkt der Arbeit ist die Überprüfung der Wirksamkeit einseitiger Verlängerungsoptionen zu Gunsten der Arbeitgeber im Sport in Kapitel 3 (§§ 8–16). Eine Auseinandersetzung in der juristischen Literatur mit der aktuellen Rechtsprechung des *BAG*, den Antworten, die andere Rechtsordnungen geben, und der umfangreichen Rechtsprechung der Dispute Resolution Chamber der FIFA sowie des CAS zu den dort als *Unilateral Extension Options* bezeichneten einseitigen Verlängerungsmöglichkeiten für die Arbeitgeber fehlt bislang. Die Dissertation von *Aegidius Vogt* zu Befristungs- und Optionsvereinbarungen im professionellen Mannschaftssport fasst die Rechtslage in der Bundesrepublik bis zum Jahr 2012 zusammen. Auf die spätere Rechtsprechung des BAG konnte sie nicht eingehen.[12] Ebenfalls nicht berücksichtigen konnte *Vogt* die Veränderungen, die sich in der jüngeren Vergangenheit im Verständnis der für die rechtliche Bewertung von Verlängerungsoptionen zentralen Vorschrift des § 622 Abs. 6 BGB ergeben haben.

In § 17 schließen sich Ausführungen zu der aus rechtlicher Sicht unproblematischen einseitigen Opt-in-Verlängerungsoption zugunsten des Spielers an.

---

11 *Fischinger*, SpuRt 2020, 112 ff., 158 ff.; *Fischinger*, SpuRt 2021, 107, 109; Fischinger/Orth/*Fischinger/Golücke*, COVID-19 und Sport, Teil 2, Rn. 45 ff. (einsatzabhängige Verlängerungsklauseln); ArbG Offenbach 09.12.2020 – 4 Ca 270/20, mit Anm. *Fischinger*, SpuRt 2021, 109.

12 *Vogt*, Befristungs- und Optionsvereinbarungen im professionellen Mannschaftssport.

Im 4. Kapitel (§§ 18–21) folgt die entsprechende Überprüfung von unter bestimmten Voraussetzungen stehenden – hier als qualifiziert bezeichneten – Verlängerungen sowie der Rechtmäßigkeit auflösender Bedingungen, mit denen – jedenfalls in wirtschaftlicher Hinsicht – ebenfalls unterschiedliche Bindungen der vertragsschließenden Parteien erreicht werden können.

Bevor im 8. Kapitel der Arbeit (§§ 27, 28) die Ergebnisse zusammengefasst werden und ein Vorschlag zur Gestaltung von Optionsklauseln in den Arbeitsverträgen professioneller Fußballspieler unterbreitet wird, werden im 5. und 6. Kapitel die beiden vertragsschließenden Parteien zur Verfügung stehenden Laufzeitregelungen der beiderseitigen Opt-in-Verlängerungsoption und der Opt-out-Verlängerungsoption behandelt.

Kapitel 1 Phänomenologie und wirtschaftliche Bedeutung von Laufzeitklauseln

Am Beginn steht der Überblick über die Erscheinungsformen (§ 1) der in den Arbeitsverträgen im professionellen Fußball anzutreffenden Laufzeitregelungen[13]. Im Anschluss daran sollen einige wiederkehrende Begriffe erläutert werden (§ 2). Ausführungen zur wirtschaftlichen Bedeutung und zu den von den vertragsschließenden Parteien mit den verschiedenen Laufzeitregelungen verfolgten ökonomischen Motiven schließen sich an, die den Blick darauf lenken, dass die gängigen Klauseln der Flexibilisierung der Laufzeit der Arbeitsverträge und damit der Verschiebung des Verwendungsrisikos zu Gunsten einer Partei des Arbeitsvertrages dienen (§ 3).

§ 1 Laufzeitregelungen in den Verträgen des professionellen Fußballs

Der das Schuldrecht bestimmende Grundsatz der allgemeinen Vertragsfreiheit eröffnet den vertragsschließenden Parteien die Möglichkeit, im Rahmen der Gesetze[14] rechtsgeschäftliche Bindungen sowohl auf unbestimmte als auch für eine bestimmte Zeit einzugehen. Die zeitliche Bindung an ein Dauerschuldverhältnis[15] regeln die vertragsschließenden Parteien mittels Vereinbarungen zur Laufzeit eines Vertrages. Bei Vereinbarung einer unbestimmten Laufzeit endet der Vertrag, wenn er von einer der Parteien gekündigt wird. Vereinbaren die vertragsschließenden Parteien – wie im Falle einer Befristung – eine bestimmte Laufzeit, läuft der Vertrag mit Ablauf der vereinbarten Zeit aus.

I. Ausgangspunkt: Die Befristung der Arbeitsverträge professioneller Fußballspieler

Die Arbeitsverträge professioneller Fußballspieler sind ausnahmslos befristet. Für das deutsche Recht hat das BAG in der Sache *Heinz Müller* jedenfalls für die Fußballspieler der ersten und zweiten Liga[16] unter eine lang andauernde Diskussion,

13 Die Begriffe „Laufzeitregelungen“ und „Laufzeitklauseln“ werden im Folgenden synonym verwendet.

14 Für das Arbeitsverhältnis §§ 624 BGB, 15 Abs. 4 TzBfG, BAG 19.12.1991 – 2 AZR 363/91, Rn. 29.

15 *Oetker*, Das Dauerschuldverhältnis und seine Beendigung, 66 ff.

16 So auch LAG Köln 15.08.2018 – 11 Sa 991/17 (für die Regionalliga).

die hier nicht nachvollzogen werden soll, einen Schlussstrich gezogen und festgestellt, dass die Befristung der Arbeitsverträge durch die Eigenart der Arbeitsleistung gemäß § 14 Abs. 2 Nr. 4 TzBfG gerechtfertigt ist.[17]

Die Befristung hat zur Folge, dass das Arbeitsverhältnis mit Ablauf der von den Parteien vereinbarten Zeit endet (§ 15 Abs. 1 TzBfG), ohne dass eine Kündigung ausgesprochen werden muss. Während der vereinbarten Vertragslaufzeit ist eine ordentliche Kündigung nach § 15 Abs. 3 TzBfG nur möglich, wenn dies einzelvertraglich vereinbart wird, was in der Regel nicht geschieht.[18]

II. Abweichende Laufzeitregelungen

Klauseln, die von §§ 620 ff. BGB bzw. dem Teilzeit- und Befristungsgesetz abweichende Regelungen hinsichtlich der Dauer oder Laufzeit von Arbeitsverträgen treffen, treten im professionellen Sport in unterschiedlichen Gestaltungsformen auf. Entnommen werden können diese Klauseln den Musterverträgen für Lizenz- und Vertragsspieler des DFB und der DFL[19] sowie der bekannt gewordenen Rechtsprechung und Literatur zu diesen Klauseln.

---

17 BAG 16.01.2018 – 7 AZR 312/16 *(Heinz Müller)*; Europäisches Recht spielt insoweit keine Rolle: § 5 der Richtlinie 1999/70/EG des Rates vom 28.06.1999 zu der EGB-UNICE-CEEP Rahmenvereinbarung über befristete Arbeitsverträge (ABl. Nr. L 175 S. 43) betrifft (nur) die Vermeidung des Missbrauchs durch aufeinanderfolgende befristete Arbeitsverträge, so dass die erste Befristung ausgenommen ist, Franzen/Gallner/Oetker/*Krebber*, § 5 Rn. 5–7; allerdings kann die grenzenlose Befristung mit demselben Arbeitgeber vor dem Hintergrund der Richtlinie durchaus zu Problemen führen; Franzen/Gallner/Oetker/*Krebber*, § 5 Rn. 57.

18 Denkbar wären auch tarifvertragliche Regelungen, die bisher noch keine Rolle spielen.

19 Die einschlägigen Klauseln der verschiedenen Fassungen finden sich in: *Rybak*, Das Rechtsverhältnis zwischen dem Lizenzfußballspieler und seinem Verein, S. 350 ff. (Musterarbeitsvertrag des DFB-Fassung bis 1984), *Rybak*, Das Rechtsverhältnis zwischen dem Lizenzfußballspieler und seinem Verein, S. 330 ff. (Musterarbeitsvertrag des DFB-Fassung 1999), *Rybak*, Das Rechtsverhältnis zwischen dem Lizenzfußballspieler und seinem Verein, S. 340 ff. (Musterarbeitsvertrag des DFB, Fassung ab 1984 bis 1997), *Ittmann*, Pflichten des Sportlers im Arbeitsverhältnis, S. 278 (Musterarbeitsvertrag des DFB-Fassung 2004), *Weber*, Rechtliche Strukturen und Beschäftigungsverhältnisse im Fußballsport, S. 520 ff.; dazu auch *Rybak*, Causa Sport 2013, 104 ff. (Muster-Arbeitsvertrag der DFL für Lizenzspieler Stand 2008), Fritzweiler/Pfister/Summerer, Praxishandbuch Sportrecht, Anhang C. 2 (Muster-Arbeitsvertrag der DFL für Lizenzspieler Stand 25. Mai 2018), der Mustervertrag der Österreichischen Fußball-Bundesliga ist abrufbar unter: https://www.oefbl.at/?proxy=redaktion/OEFBL/Bestimmungen/2018/Musterspielervertrag-KV-01072018.pdf, zuletzt abgerufen am 10.07.2022.

In einem ersten Überblick lassen sich den Quellen *ein- und zweiseitige Opt-in-Verlängerungsoptionen* (1.) und *qualifizierte Verlängerungen* (2.) entnehmen. Auch die Vereinbarung einer *aufschiebenden oder auflösenden Bedingung* kann Einfluss auf die Laufzeit eines Arbeitsvertrages nehmen (3.). Schließlich finden sich in den Arbeitsverträgen professioneller Fußballspieler sog. *Opt-out-Verlängerungsklauseln* (4.).

1. *Opt-in-Verlängerungsoption*

Eine häufige Vertragsgestaltung zur Verlängerung von befristeten Arbeitsverträgen bilden die Opt-in-Verlängerungsoptionen. Anzutreffen sind einseitige (a.) und zweiseitige Opt-in-Verlängerungsoptionen[20] (b.).

a. Einseitige Opt-in-Verlängerungsoption

Soweit der Arbeitsvertrag eine Regelung enthält, die einer Partei die Möglichkeit gibt, den Arbeitsvertrag durch Erklärung zu verlängern, liegt eine einseitige Opt-in-Verlängerungsoption vor. Die Zulässigkeit dieser Vertragsgestaltung im professionellen Fußball ist ein zentrales Thema dieser Arbeit. Einseitige Verlängerungsoptionen zu Gunsten des Arbeitgebers finden sich in den Arbeitsverträgen professioneller Fußballspieler häufig (aa.). Entsprechende Regelungen zu Gunsten der Spieler sind bislang nicht bekannt geworden (bb.).

aa. Einseitige Opt-in-Verlängerungsoption zu Gunsten des Arbeitgebers

In der Regel finden sich Optionen, die dem Arbeitgeber das Recht geben, einseitig den Vertrag zu verlängern. Unterschieden werden können diejenigen Klauseln, in deren Rahmen der Arbeitgeber die Einräumung der Option durch einen Optionspreis kompensiert (bbb.) und Gestaltungen, in denen das nicht der Fall ist (aaa.).

aaa. Einseitige Opt-in-Verlängerungsoption

Die Rechtsprechung in der Bundesrepublik hatte sich mit der Vereinbarung einer einseitigen Opt-in-Verlängerungsoption, die der Arbeitgeber dem Spieler nicht in irgendeiner Form vergütet[21], auseinanderzusetzen:

Beispiel:

> Der Vertrag endet am [...]
> Der Spieler verpflichtet sich, den Vertrag unter den seitherigen Bedingungen um [...] Jahr(e) fortzusetzen, falls der Verein es wünscht.
> Der Verein muss bis zu dem der Vertragsbeendigung vorausgehenden 30.04. erklärt haben, ob er von der Option Gebrauch machen will.
> Gibt der Verein eine solche Erklärung nicht ab, so endet der Vertrag am [...]

---

20 Terminologie im Anschluss an *Fischinger*, FS Moll, 117, 122 ff.

21 ArbG Ulm 14.11.2008 – 3 Ca 244/08 (*Marc Lerandy*).

bbb. Einseitige Opt-in-Verlängerungsoption mit Optionspreis – die vergütete Verlängerungsoption

Die Verlängerungsoption gegen Optionspreis, also eine Option, die der Berechtigte vergütet, ist aus dem Mustervertrag des Österreichischen Fußballverbands bekannt. Der Mustervertrag enthält in seiner Ziff. VIII. folgende Klausel:

> VIII. Dauer und Beendigung
> 2. (Fakultativklausel) Der Klub hat die Option, den gegenständlichen Vertrag mittels eingeschriebenen Briefes bis zum [...] zu nachfolgenden Konditionen bis zum [...] zu verlängern. Durch die Möglichkeit der Vertragsverlängerung durch den Klub erhält der Spieler [...]
> (Fakultativklausel) In einem solchen Fall erhöht sich das Fixum für den über die ursprüngliche Vertragslaufzeit hinausgehenden Zeitraum in diesen Zeitraum um [...]. Die Prämien erhöhen sich für diesen Zeitraum um [...][22]

Diese Vertragsgestaltung ebenfalls als „einseitige" Verlängerungsoption zu bezeichnen, ist terminologisch fragwürdig. Da die Einräumung der Verlängerungsoption gegen eine Vergütung des Spielers erfolgt, handelt es sich nur in Bezug auf die Verlängerung der Laufzeit des Arbeitsvertrages um ein „einseitiges" Recht, da die Ausübung der Option durch den Berechtigten eine Gegenleistung in Form einer erhöhten Vergütung zur Folge hat. Im weiteren Verlauf der Arbeit werden diese Vereinbarungen zum Zwecke der Differenzierung nicht als einseitige, sondern als „vergütete Opt-in-Verlängerungsoptionen" bezeichnet.

bb. Einseitige Opt-in-Verlängerungsoption zu Gunsten des Spielers

Einseitige Opt-in-Verlängerungsoptionen zu Gunsten des Spielers sind bislang – soweit ersichtlich – nicht Gegenstand von Rechtsprechung und juristischer Literatur gewesen, könnten aber – wie in der Einleitung dargestellt – durchaus in bestimmten Konstellationen sinnvoll sein.

b. Zweiseitige Opt-in-Verlängerungsoption

Die zweiseitige Opt-in-Verlängerungsoption ohne weitere Voraussetzungen gibt beiden Parteien des Arbeitsvertrages das uneingeschränkte Recht, durch Gestaltungserklärung den Arbeitsvertrag zu verlängern.[23]

---

22 Mustervertrag Österreichischer Fußballverband, abrufbar unter https://www.oefbl.at/?proxy=redaktion/OEFBL/Bestimmungen/2018/Musterspielervertrag-KV-01072018.pdf.

23 LAG Hamm 10.06.1998 – 14 Sa 883/98; LAG Köln 13.08.1996 – 11 Ta 173/96; LAG Köln 20.11.1998 – 11 Sa 125/98.

Beispiel:
Verein und Spieler verpflichten sich, den Vertrag unter den seitherigen Bedingungen um ein Jahr fortzusetzen, falls die jeweils andere vertragsschließende Partei dies wünscht.
Verein und Spieler müssen in diesem Fall bis zu dem der Vertragsbeendigung vorausgehenden 30. April erklärt haben, ob sie von dieser Option Gebrauch machen wollen. Unterbleibt die Erklärung, so endet der Vertrag zum [...]

Folge dieser Vereinbarung ist, dass der Arbeitsvertrag zum Ablauf der vereinbarten Befristung endet. Anders als bei Vereinbarung einer zweiseitigen Opt-out-Verlängerung, bei der sich der Vertrag verlängert, wenn die Beteiligten schweigen, setzt die Verlängerung des Arbeitsvertrages in diesem Fall voraus, dass eine der vertragsschließenden Parteien die Verlängerung einfordert (Opt-in-Klausel).[24]

c. *Qualifizierte zweiseitige Opt-in-Verlängerungsoption oder: Die „verdeckte" einseitige Verlängerungsoption*

Sonderfälle der zweiseitigen Opt-in-Verlängerungsoption sind die Vertragsgestaltungen, in denen die Option zwar für beide Parteien zur Verfügung steht, aber von weiteren Voraussetzungen, zum Beispiel der Zahl der in einer Saison bestrittenen Spiele, abhängig ist.[25]

So ist etwa die dem Fall *Heinz Müller* zugrundeliegende Klausel dadurch gekennzeichnet, dass die vertragsschließenden Parteien das Entstehen der Option von der Einsatzhäufigkeit des Spielers – konkret in 23 Pflichtspielen – abhängig gemacht haben.[26]

Verein UND Spieler haben die Option, den bestehenden Vertrag bis zum 30.06.15 zu verlängern. Voraussetzung hierfür ist der Einsatz des Spielers in mindestens 23 Bundesligaeinsätzen in der Saison 2013/2014. Die Wahrnehmung der Option ist spätestens vier Wochen nach dem 23. Einsatz per Einschreiben oder gegen Empfangsquittung in schriftlicher Form mindestens von einer Partei (Spieler oder Verein) zu erklären.

Die Klausel vermittelt zwar ihrem Wortlaut nach für beide Parteien äquivalente Rechte. Der erste Eindruck relativiert sich aber, wenn man bedenkt, dass der Spieler keinen Anspruch auf Einsätze im Pflichtspiel hat. Da aus dem sich aus dem Persönlichkeitsrecht des Arbeitnehmers ergebenden Beschäftigungsanspruch allenfalls ein Anspruch auf Training, nicht aber auf Einsatz in Pflichtspielen folgt[27], hängen die Voraussetzungen für das Entstehen der Option ganz überwiegend von den Entscheidungen des Arbeitgebers ab. In der sportrechtlichen Rechtsprechung

---

24 *Fischinger*, FS Moll, 117, 122.

25 Dazu eingehend *Fischinger*, FS Moll, 117, 124 ff.

26 BAG 16.01.2018 – 7 AZR 312/16 (*Heinz Müller*).

27 Fischinger/Reiter/*Reiter*, Das Arbeitsrecht des Profisports, § 7, Rn. 123 ff.

werden diese Vertragsgestaltungen unter die „einseitigen" Verlängerungsoptionen (Unilateral Extension Options) gefasst.[28] Diese von der Einsatzzahl abhängigen Optionen werden im Folgenden als „qualifizierte" oder – aufgrund des mangelnden Einflusses des Spielers auf das Eintreten der Voraussetzungen – als „verdeckte" einseitige Verlängerungsoptionen bezeichnet.

2. *Qualifizierte automatische Verlängerung*

Eine weitere Fallgruppe von Regelungen zur Verlängerung befristeter Arbeitsverträge sind die von weiteren Voraussetzungen abhängigen oder unter einer Bedingung stehenden, hier ebenso als „qualifiziert" bezeichneten automatischen Verlängerungen. Aus der Rechtsprechung sind Klauseln bekannt geworden, die eine Verlängerung von der Zahl der Einsätze eines Spielers, vom Mannschaftserfolg (z. B. Ligaerhalt, Aufstieg, einstelliger Tabellenplatz) oder von wirtschaftlichen Voraussetzungen abhängig machen.

Manche arbeitsvertragliche Laufzeitregelungen knüpfen die automatische Verlängerung eines Arbeitsvertrages – ebenso wie die beiderseitige Option – an das Erreichen einer bestimmten Zahl von Spieleinsätzen:[29]

> Sollte der Spieler in der Spielzeit [...] in mindestens 17 Meisterschafts-Pflichtspielen zum Einsatz gekommen sein, verlängert sich der Vertrag um ein weiteres Jahr.

Andere Vertragsgestaltungen machen die automatische Vertragsverlängerung von einem Aufstieg in die nächsthöhere Liga[30] oder dem Erhalt der Liga abhängig:

> Der Vertrag verlängert sich automatisch um ein weiteres Jahr/eine weitere Saison bis 30.06.2016, wenn die 1. Herrenmannschaft die Saison 2014/2015 auf einem einstelligen Tabellenplatz (1 bis 9) abschließt und/oder in die 3. Liga aufsteigt.

Bekannt geworden ist auch eine Vertragsgestaltung, die die Verlängerung des Spielervertrages an die Verlängerung des Vertrages mit dem Hauptsponsor band:[31]

> Der Vertrag zwischen dem Spieler und der [...] verlängert sich automatisch, wenn der Hauptsponsor [...] seinen Sponsor[en]vertrag auch für die betreffende Saison 2015–2016 zu gleichen oder verbesserten Konditionen mit der [...] verlängert.

In der Regel sind die Voraussetzungen, die zur automatischen Vertragsverlängerung führen sollen, vom Arbeitgeber formuliert: Die automatische Verlängerung soll eintreten, wenn der Spieler erfolgreich ist, was sich aus der Zahl der in der

---

28 DRC vom 18.03.2016 Nr. 03161591-E.

29 ArbG Nürnberg 28.03.2006 – 7 Sa 405/05 (*Andre Mijatovic*); BAG 16.01.2018 – 7 AZR 312/16 (*Heinz Müller*); *Wertenbruch*, SpuRt 2004, 134 ff.

30 LAG Mecklenburg-Vorpommern 05.04.2016 – 2 SaGa 1/16.

31 LAG Thüringen 20.12.2016 – 1 Sa 59/16.

letzten Saison absolvierten Spiele ergibt. Oder der Arbeitgeber macht die Verlängerung des Vertrages von Vertragsabschlüssen mit Sponsoren abhängig und verschiebt damit das Risiko seines wirtschaftlichen (Miss-)Erfolges über die unterlassene Verlängerung der Laufzeit des Vertrages auf den Spieler. Die den Ligaerhalt voraussetzende automatische Verlängerung kann dagegen sowohl im Interesse des Clubs als auch des Spielers liegen. Der Club hat vielleicht nur die finanziellen Mittel zur Fortsetzung des Arbeitsvertrages, wenn er entsprechend hohe Einnahmen aus TV-Geldern und Sponsoring-, Ticket- und Merchandising-Einnahmen zur Verfügung hat. Der Spieler will möglicherweise nur in einer bestimmten Liga antreten, um seine sportliche Entwicklung nicht zu gefährden.

3. Bedingung

Einfluss auf die Laufzeit eines Arbeitsvertrages können auch vereinbarte Bedingungen haben. In Betracht kommen auflösende Bedingungen, bei deren Eintritt die Bindungen aus dem Arbeitsvertrag mit Eintritt eines bestimmten Ereignisses enden (§ 158 Abs. 2 BGB, hierzu a.) und aufschiebende Bedingungen, die die Wirksamkeit des Arbeitsvertrages auf den Zeitpunkt des Eintritts der Bedingung hinausschieben (§ 158 Abs. 1 BGB, hierzu b.).

a. Auflösende Bedingung

Der auflösend bedingte Arbeitsvertrag eines Trainers war Gegenstand einer Auseinandersetzung vor dem *BAG*.[32] Tennis Borussia Berlin hatte im Jahr 2000 die Lizenz für die 2. Bundesliga nicht erhalten. Der Vertrag des Trainers *Winfried Schäfer* sah eine auflösende Bedingung vor:

1. *Dieser Vertrag gilt für die Teilnahme von T. am Spielbetrieb der 1. und 2. Bundesliga.*

In der Praxis werden diese auflösenden Bedingungen häufig zusätzlich zu einer Befristung des Arbeitsvertrages vereinbart, sollen also dazu führen, dass der bereits befristete Arbeitsvertrag bei Eintritt bestimmter Umstände – zum Beispiel Abstieg aus der Liga oder Verlust eines Sponsors – vorzeitig endet.[33]

b. Aufschiebende Bedingung

Aufschiebend bedingte Arbeitsverträge sind in verschiedenen Konstellationen anzutreffen.

---

32 BAG 04.12.2002 – 7 AZR 492/01, Rn. 14.

33 Fischinger/Reiter/*Fischinger*, Das Arbeitsrecht des Profisports, § 10, Rn. 24 ff.

aa. Die „Kaufoption nach Leihe"

Häufig kommt es zu den vertraglichen Abreden dergestalt, dass ein Spieler, der in einem laufenden Arbeitsverhältnis mit einem Verein steht, an einen anderen Verein „verliehen" wird. Die Vereine vereinbaren, dass eine Leihgebühr an den abgebenden Verein fällig wird. Im Vertrag zwischen den Vereinen vereinbaren diese für die Zeit nach Ende des Leihvertrages, dass der neue Verein die Möglichkeit haben soll, den Spieler einseitig durch Ausübung einer im Vorfeld ausbedungenen „Kaufoption" dauerhaft an sich zu binden.[34] Das Arbeitsverhältnis des Spielers mit dem verleihenden Verein wird entweder zum Ruhen gebracht oder es wird ein Aufhebungsvertrag für die Zeit der Leihe und ein neuer Arbeitsvertrag für die Zeit nach der Leihe geschlossen.[35] Mit dem entleihenden Verein wird ein neues Arbeitsverhältnis begründet, auf dessen Grundlage in der Folge auch das Gehalt des Spielers bezahlt wird.[36]
Insoweit sind also zwei Vertragsverhältnisse zu unterscheiden:

Zum einen bedarf es der Vereinbarung zwischen den beiden Vereinen, dass der abgebende Verein den Spieler aus einer eventuell noch bestehenden vertraglichen Verpflichtung – ggf. gegen eine Abfindung – entlässt. Die Höhe der am Ende der Leihe fälligen Transfersumme kann – vor allem bei jüngeren Spielern – nach der erwarteten Entwicklung des Spielers wiederum beispielsweise von der Anzahl der für den aufnehmenden Verein absolvierten Pflichtspiele abhängig gemacht werden und auch als Automatismus ausgestaltet sein, so dass es einer weiteren Erklärung nicht mehr bedarf und die Kaufoption unter bestimmten Voraussetzungen greift. Zieht der aufnehmende Verein die Kaufoption nicht, kehrt der Spieler zu seinem alten Verein zurück.[37]

Zum anderen muss auch der Spieler in Form eines für den Fall der Geltendmachung der Kaufoption in Kraft tretenden Arbeitsvertrages gebunden werden. Damit die Vorstellungen der beteiligten Vereine verwirklicht werden können, muss dem aufnehmenden Verein eine auf Herbeiführung einer arbeitsvertraglichen Bindung gerichtete Rechtsstellung eingeräumt sein. In Betracht kommt dafür zum Beispiel ein für den Fall der Geltendmachung der Kaufoption aufschiebend bedingter Arbeitsvertrag oder eine Festofferte.[38]

---

34 Bspw.: *Douglas Costa*, (FC Bayern München/Juventus Turin), die Kaufoption für Juventus griff zum 01.07.2018; *Dani Carvajal* (Bayer Leverkusen/Real Madrid); *Alvaro Morata* (Juventus Turin/Real Madrid), *Thorgan Hazard* (Borussia Mönchengladbach/ FC Chelsea); *Kingsley Coman* (Bayern München/Juventus Turin).

35 *Fischinger*, SpuRt 2020, 112, 116; *Quirling*, SpuRt 2016, 62, 63.

36 Fischinger/Reiter/*Reiter*, Das Arbeitsrecht des Profisports, § 11, Rn. 34.

37 https://www.transfermarkt.de/tm-erklart-wie-laufen-leihen-mit-kaufoption-wie-mit-kaufpflicht-/view/news/281587, zuletzt abgerufen am 10.07.2022.

38 Die ebenfalls anzutreffende zwischen den Vereinen als Arbeitgeber vereinbarte „Kaufpflicht nach Leihe" ist eine besondere Ausgestaltung, die für das arbeitsrechtliche Verhältnis keine Besonderheiten aufweist.

bb. Rückkaufklauseln

Rückkaufklauseln werden – begleitet von den arbeitsvertraglichen Abreden Aufhebungsvereinbarung und neuer Arbeitsvertrag zwischen Spieler und aufnehmendem bzw. abgegebenem Verein – zwischen Vereinen vereinbart. Sie geben dem abgebenden Verein die Möglichkeit, einen Spieler zu einer festgelegten Rückkaufsumme – möglicherweise unter bestimmten weiteren Bedingungen – zu einem späteren Zeitpunkt durch einseitige Ausübung der Rückkaufoption wieder zu verpflichten, obwohl der Spieler zu diesem Zeitpunkt noch einen laufenden Arbeitsvertrag bei dem aufnehmenden Verein hat. Die Vereine vereinbaren im Vorfeld die tatbestandlichen Voraussetzungen des Rückkaufsrechts.[39] Der aufnehmende Verein, dessen Rechte durch diese Klausel eingeschränkt werden, kann sich wegen der mit der Klausel meistens korrespondierenden geringeren Transfersumme Spieler „leisten", die er ohne die Klausel wirtschaftlich möglicherweise nicht verpflichten könnte. Der abgebende Verein hat die Sicherheit, den Spieler zurückzuerhalten, wenn er die Entwicklung nimmt, die sich der abgebende Verein bei der ursprünglichen Verpflichtung vorgestellt hatte, die aber entweder noch nicht oder nicht in dem Tempo vonstattenging, die antizipiert war. Die Höhe der Rückkaufsumme kann ihrerseits vom Eintritt bestimmter Voraussetzungen – oft die Anzahl der absolvierten Pflichtspiele – abhängig sein. Die Abrede kennt nach ihrer Konzeption nur Gewinner, denn auch der Spieler wird sich bei dem aufnehmenden Verein mehr Spielzeiten erhoffen.

Um die Vereinbarung zwischen den Vereinen auf arbeitsrechtlicher Ebene zwischen Spieler und Vereinen umzusetzen, bedarf es – ebenso wie im Fall der Kaufoption nach Leihe – durch die Ausübung der Rückkaufklausel bedingter arbeitsvertraglicher Abreden, also

- aufschiebend bedingter Arbeitsvertrag mit dem abgebenden Verein, der den Spieler aufgrund der Rückkaufklausel wieder an sich binden will,
- aufschiebend bedingter Aufhebungsvertrag mit dem aufnehmenden Verein, der den Spieler aufgrund der Rückkaufklausel verliert.

4. Zweiseitige Opt-out-Verlängerung

Das automatische Ende des Arbeitsvertrages zu einem bestimmten Zeitpunkt entspricht nicht immer den Wünschen der vertragsschließenden Parteien. Über die Vereinbarung von zweiseitigen Opt-out-Verlängerungen[40] wird die Beendigung des Vertragsverhältnisses zusätzlich von der Voraussetzung abhängig gemacht,

39 *Thiess/Junghänel/Neitzel*, https://sportsandlaw.de/juristisches-einmaleins-im-fussball-transfergeschaeft-rueckkaufklauseln-kaufoptionen-ausstiegsklauseln, zuletzt abgerufen am 10.07.2022.

40 *Fischinger*, FS Moll, 117, 121.

dass eine der vertragsschließenden Parteien durch eine Kündigung bestätigt, dass der Vertrag enden soll:

> Der Vertrag verlängert sich jeweils um [...] Jahre, wenn er nicht von einer der beiden Parteien spätestens zu dem der Vertragsbeendigung vorausgehenden 30.04. durch eingeschriebenen Brief gekündigt wird.[41]

Anders als bei Vereinbarung einer reinen Befristung endet der Vertrag nur dann, wenn eine Partei den Vertrag kündigt. Für die Bindung ist also ein Konsens zwischen den Parteien nötig, der bei der beiderseitigen (erst recht nicht bei der einseitigen) Opt-in-Verlängerungsoption nicht vorliegen muss.

§ 2 Begriffe und Vertragsgestaltungen

Wollen die Parteien eines Vertrages eine Bindung des Vertragspartners über die Grundlaufzeit des Arbeitsvertrages hinaus erreichen, haben sie mit der Festofferte (I.), dem Vorvertrag (II.) und der Vereinbarung, die einer vertragsschließenden Partei ein Gestaltungsrecht auf Herbeiführung eines Vertrages einräumt – nachfolgend „Option im eigentlichen Sinne" (III.) –, verschiedene gestalterische Möglichkeiten,[42] unter denen die vertragsschließenden Parteien nach dem Grundsatz der Vertragsfreiheit in der Ausprägung der Vertragsinhaltsfreiheit wählen können.[43] Wirtschaftlich dasselbe Ziel können die vertragsschließenden Parteien durch aufschiebend oder auflösend bedingte vertragliche Bindungen erreichen (IV.).

I. Festofferte

Eine Möglichkeit besteht darin, dass der Verpflichtete dem Berechtigten ein befristetes oder unbefristetes Angebot unterbreitet, das der Berechtigte nach Belieben annehmen kann.[44] Ob bei dieser Gestaltung von einer „Option" gesprochen werden kann, ist eine Frage der Terminologie. Im Rahmen dieser Arbeit wird bei dieser Gestaltung zum Zwecke der Abgrenzung nicht von „Option", sondern von *Festofferte* gesprochen, vor

---

41 § 10 MArbV DFB 1984.

42 Staudinger/*Bork*, Vorbem. zu § 145–146 BGB Rn. 70 ff.; BeckOGK/*Möslein*, § 145 BGB Rn. 83–87; MüKo/*Busche*, vor § 145 BGB Rn. 71–76; *Casper*, Der Optionsvertrag, 43 ff.

43 Zu Ankaufsrecht BGH 28.09.1962 – V ZR 8/61, BeckRS 1962, 31187000, Entscheidungsgründe 3; vgl. Staudinger/*Bork*, Vorbem. zu § 145–146 BGB Rn. 70 ff.; *Casper*, Der Optionsvertrag, 49, 58.

44 Staudinger/*Bork*, Vorbem. zu § 145–146 BGB, Rn. 70; BeckOGK/*Möslein*, § 145 BGB, Rn. 84; MüKo/*Busche*, vor § 145 BGB Rn. 74; BeckOK/*Eckert*, BGB § 145, Rn. 28; jurisPK-BGB/*Otto*, § 145 BGB, Rn. 57.

allem, weil diese Gestaltung in allgemeinen Geschäftsbedingungen unter dem Aspekt des § 308 Nr. 1 BGB besonderen Vorgaben unterliegt.[45]

II. Vorvertrag

Eine weitere Möglichkeit besteht darin, dass die vertragsschließenden Parteien einen Vorvertrag schließen, aus dem für den einen Teil ein Recht auf ein Vertragsangebot des anderen mit bestimmtem Inhalt erwächst.[46] Auch diese Gestaltung wird teilweise als „Option" bezeichnet.[47] Der Vorvertrag ist ein obligatorischer Vertrag, in dem sich die Parteien verpflichten, einen anderen schuldrechtlichen Vertrag, den so genannten Hauptvertrag, abzuschließen, und begründet damit einen vertraglichen Kontrahierungszwang;[48] der Vorvertrag begründet einen Anspruch auf Abschluss eines Hauptvertrages.[49]

III. Option im eigentlichen Sinne

1. Gestaltungsrecht

Die vertragsschließenden Parteien können aber auch eine Gestaltung wählen, nach der der Eintritt der mit dem Vertrag intendierten Rechtsfolgen davon abhängt, dass der Berechtigte durch spätere Ausübungserklärung von seinem Recht Gebrauch macht.

Solche Optionen sind ein seit jeher gebräuchliches zivilrechtliches Instrument. Das BGB regelt(e) mit dem Wiederkaufsrecht[50] der §§ 456 ff. BGB (§§ 497 ff. BGB a. F.) von Beginn an einen Fall des Optionsvertrages.[51] Die Kautelarpraxis verwendet das Instrument der Option im Grundstücks- und vor allem im

---

45 Zu Rechtsprechung bezüglich der zulässigen Bindungsfristen des anbietenden Käufers bei Immobilienkauf- und Bauträgerverträgen weiter unter § 12 II.

46 Hanseatisches Oberlandesgericht Hamburg 15.02.1991 – 11 U 203/90, Rn. 18; Staudinger/*Bork*, Vorbem. zu § 145–146 BGB, Rn. 70; jurisPK-BGB/*Otto*, § 145 BGB, Rn. 49; BGH 28.09.1962 – V ZR 8/61, BeckRS 1962, 31187000, Entscheidungsgründe 3.

47 So bezüglich des Vorvertrages auf Abschluss eines nachvertraglichen Wettbewerbsverbots BAG 14.07.2010 – 10 AZR 291/09, Rn. 14.

48 Staudinger/*Bork*, vor §§ 145–156 BGB, Rn. 51; MüKo/*Busche*, vor § 145 BGB, Rn. 66.

49 MüKo/*Busche*, § 145 BGB, Rn. 66,70; BeckOGK/*Möslein*, § 145 BGB, Rn. 78 ff., 83.

50 *Henrich*, Vorvertrag, Optionsvertrag, Vorrechtsvertrag, 230 f.: „Vorrechtsvertrag"; *Schurig*, Das Vorkaufsrecht im Privatrecht, 61 ff. zur Herleitung aus der Offertentheorie.

51 Dazu ausführlich *Casper*, Der Optionsvertrag, 25 ff.; 214 ff.; Staudinger/*Bork*, Vorbem. zu § 145–146 BGB, Rn. 69; a. A. Festschrift Wieacker/*Mayer-Maly*, 424, 431.

Wertpapiergeschäft.[52]

Unter einem Optionsrecht in diesem engen Sinne ist das Recht einer Person zu verstehen, durch einseitige Erklärung einen neuen Vertrag herbeizuführen oder einen bestehenden Vertrag inhaltlich zu modifizieren.[53] Die Option gibt dem Berechtigten die (befristete oder unbefristete) Befugnis, durch einseitige Willenserklärung unmittelbar ein inhaltlich bereits fixiertes Vertragsverhältnis herbeizuführen oder zu verlängern. Das Optionsrecht ist ein *Gestaltungsrecht*, da es dem Berechtigten die Möglichkeit gibt, unmittelbar durch einseitigen Gestaltungsakt vertragliche Verpflichtungen zu begründen oder zu verlängern.[54]

Ob die Vereinbarung einer Option in diesem engeren Sinne zu einem aufschiebend bedingten Vertrag führt[55], ob die Ausübung der Option als Gestaltungsrecht einzustufen ist[56] oder ob der Vertrag durch die Ausübung eines Gestaltungsrechts des Berechtigten als rechtlich zulässige[57] Wollensbedingung[58] aufschiebend bedingt ist,[59] ist letztlich eine Frage der Auslegung des Vertrages. Das Besondere des Optionsrechts[60] besteht jedenfalls darin, dass eine Partei einseitig eine

---

52 Zum Verhältnis von Optionsvertrag und Hauptvertrag beim Termingeschäft – Einheits- oder Trennungstheorie: BGH 22.10.1984 – II ZR 262/83; *Canaris* WM 1988, Sonderbeilage Nr. 10, 3–20.

53 BGH 25.02.1985 – VIII ZR 116/84, Rn. 11; BeckOK/*Eckert*, BGB § 145, Rn. 28; *Casper*, Der Optionsvertrag, 7; *Gehrlein*, WM 2020, 1, 4; Staudinger/*Bork*, vor §§ 145–156 BGB, Rn. 51.

54 MüKo/*Busche*, vor § 145 BGB, Rn. 71; jurisPK-BGB/*Otto*, § 145 BGB, Rn. 56; *v. Einem*, Die Rechtsnatur der Option, 124 ff.; OLG Köln 15.09.1997 – 19 U 210/96 (Abgrenzung von Optionsrecht und Vorvertrag); Staudinger/*Bork*, vor § 145–156 BGB, Rn. 69.

55 Grüneberg/*Weidenkaff* § 456 BGB, Rn. 4; Soergel/*Wertenbruch*, § 456, Rn. 9.

56 BGH 05.11.2014 – XII ZR 15/12, Rn. 21; MüKo/*Busche*, vor § 145 BGB, Rn. 71; Grüneberg/*Ellenberger*, Einf. v. § 145 BGB, Rn. 23; zu § 456 BGB: *Casper*, Der Optionsvertrag, 216, *Medicus/Lorenz*, Schuldrecht II, 18. Aufl. 2018, § 15, Rn. 10; Jauernig/*Berger*, § 456, Rn. 5.

57 BGH 21.04.1967 – V ZR 75/64, Rn. 14; Staudinger/*Bork*, Vorbem. zu § 145–146 BGB, Rn. 71; *Henrich*, Vorvertrag, Optionsvertrag, Vorrechtsvertrag, 236.

58 *Flume*, Allgemeiner Teil des Bürgerlichen Rechts, § 38 2. d); BeckOGK/*Möslein*, § 145 BGB, Rn. 84; zum Wiederkaufsrecht: MüKo/*Westermann*, § 456 BGB, Rn. 3, MüKo/*Westermann*, § 158, Rn. 21.

59 Bamberger/Roth/*Faust*, § 456 BGB, Rn. 4; Erman/*Grunewald*, § 456 BGB, Rn. 3; Staudinger/*Schermaier*, Vorbem. §§ 456 ff. BGB, Rn. 7; jurisPK-BGB/*Backmann*, § 145 BGB, Rn. 56; *Stoppel*, JZ 2007, 218, 220 f.; MüKo/*Westermann*, § 456 BGB, Rn. 4.

60 Die Begriffe Optionsrecht und Option werden vorliegend synonym verwendet, ebenso *Casper*, Der Optionsvertrag, 7.

Rechtsfolge herbeiführen kann, die sonst nur mittels vertraglicher Vereinbarung erreicht werden kann.[61]

2. *Optionsvertrag*

Da das Optionsrecht im BGB nicht geregelt ist, war die Rechtsnatur der Option über lange Zeit Gegenstand von juristischen Auseinandersetzungen.[62] Zuletzt hat *Casper* in seiner Habilitationsschrift aus dem Jahr 2005 einen allgemeinen Teil des Rechts des Optionsvertrages entwickelt und einzelne Typen des Optionsvertrages betrachtet. An dessen Terminologie[63] schließt die vorliegende Arbeit an.

Unter einem Optionsvertrag versteht man einen Vertrag, der ein Optionsrecht begründet. Das durch ihn begründete Optionsrecht beruht auf der vertraglichen Einigung der Parteien bei Abschluss des Optionsvertrages. Neben der Begründung des Optionsrechts erfolgt zusammen mit dem Abschluss des Optionsvertrages auch eine Fixierung des Inhalts des Hauptvertrages sowie die Vereinbarung von Rechten und Pflichten für die Zeit bis zur Ausübung des Optionsrechts, insbesondere die eventuelle Pflicht des Optionsnehmers zur Zahlung einer Optionsprämie.[64]

3. *Optionsklauseln*

Optionsrechte können auch als vertragliche Nebenabreden vereinbart werden. Zu unterscheiden sind selbständige (a.) und vertragsbezogene (b.) Optionsklauseln.

a. Selbständige Optionsklauseln

Bei den selbständigen Optionsklauseln – Beispiel ist das im Leasingvertrag vereinbarte Ankaufsrecht nach Ablauf der Leasingzeit – handelt es sich um selbständige vertragliche Nebenabreden, die das Recht beinhalten, einen weiteren Vertrag herbeiführen zu können. Zwischen dem die Optionsklausel beinhaltenden Vertrag und dem späteren Hauptvertrag besteht *Diskontinuität*.[65]

61 *Henrich*, Vorvertrag, Optionsvertrag, Vorrechtsvertrag, 227; BGH 25.02.1985 – VIII ZR 116/84 Rn. 11; Hanseatisches Oberlandesgericht Hamburg 15.02.1991 – 11 U 203/90, Rn. 18.

62 *v. Einem*, Die Rechtsnatur der Option, 124 ff., der einseitig bindende Vorvertrag sei eine Möglichkeit der vertraglichen Optionsbegründung; Staudinger/*Bork*, vor § 145–156 BGB, Rn. 69 ff.; OLG Köln 15.09.1997, 19 U 210/96, NJW-RR 1998, 809: Abgrenzung von Optionsrecht und Vorvertrag.

63 *Casper*, Der Optionsvertrag, 7 ff.

64 *Casper*, Der Optionsvertrag, 67 ff.

65 *Casper*, Der Optionsvertrag, 49 ff.

b. *Unselbständige (vertragsbezogene) Optionsklauseln*

Vertragsbezogene oder unselbständige Optionsklauseln[66] begründen nicht das Recht, einen weiteren Vertrag herbeizuführen. Das durch sie erzeugte Optionsrecht ist zwar auch ein Gestaltungsrecht. Es begründet allerdings das Recht, den Inhalt des bestehenden Vertrages abzuändern. Zwischen dem das Optionsrecht begründenden Vertrag und dem Hauptvertrag besteht also *Kontinuität.*[67] Das Gestaltungsrecht soll in diesem Fall nicht den Anspruch auf Abschluss eines weiteren Vertrages begründen, sondern auf Änderung des Inhalts des bisherigen Vertrages, zum Beispiel die Verlängerung eines befristeten Vertrages.[68]

c. *Opt-in-Verlängerungsoption als unselbständige vertragsbezogene Optionsklausel*

Die in den Arbeitsverträgen des professionellen Sports anzutreffenden Optionsklauseln sind vertragsbezogene oder unselbständige Optionsklauseln im oben dargestellten Sinne. Diese Klauseln begründen das Recht, den Inhalt des bestehenden Vertrages hinsichtlich der Laufzeit und ggf. weiterer vertraglicher Inhalte – zum Beispiel im Falle der vergüteten Opt-in-Verlängerungsoption eines erhöhten Gehalts im Optionszeitraum – abzuändern. Zwischen dem das Optionsrecht begründenden Vertrag und dem Hauptvertrag besteht Kontinuität.[69] Ebenso wie bei der Opt-in-Verlängerungsoption im Mietvertrag betrifft das Gestaltungsrecht bzw. die Wollensbedingung nicht den Anspruch auf Abschluss eines weiteren Vertrages, sondern auf Vertragsänderung, die die Laufzeit des bisherigen Vertrages modifizieren soll.

Ein selbständiger Optionsvertrag kommt im Fall der Opt-in-Verlängerungsoption nicht in Betracht, da Arbeitsvertrag und Opt-in-Verlängerungsoption – auch im Falle einer äußerlichen Trennung – notwendig ein einheitliches Geschäft darstellen. Die Klausel, mit der das Recht einer oder beider Parteien begründet wird, den Arbeitsvertrag zu verlängern, steht in unmittelbarem Zusammenhang mit der Laufzeitregelung des Arbeitsvertrages.[70] Träfen die vertragsschließenden Parteien die Option in einer vom Arbeitsvertrag äußerlich getrennten Vereinbarung, wäre

66 *Casper*, Der Optionsvertrag, 452 ff.

67 BGH 20.12.1967 – VIII ZR 119/65.

68 BGH 14.10.2015 – XII ZR 84/14; *Casper*, Der Optionsvertrag, 452.

69 BGH 20.12.1967 – VIII ZR 119/65.

70 Anders zum Beispiel bei der Vereinbarung eines nachvertraglichen Wettbewerbsverbots, die auch bei Aufnahme in den Arbeitsvertrag eine selbständige Vereinbarung darstellt, BAG 31.01.2018 – 10 AZR 392/17, Rn. 24 f.; Landesarbeitsgericht Rheinland-Pfalz 03.08.2019 – SaGa 6/12, Rn. 22; Landesarbeitsgericht Baden-Württemberg 30.01.2008 – 10 Sa 60/07, Rn. 54; Landesarbeitsgericht Hamm 14.04.2003 – 7 Sa 1881/02, Rn. 44; *Bauer/Diller*, Wettbewerbsverbote, Rn. 51, 354 ff.

es dennoch unabweisbar, dass Arbeitsvertrag und Opt-in-Verlängerungsoption nach dem Willen der vertragsschließenden Parteien miteinander stehen und fallen sollen.[71]

4. *Optionsgegenstand*

Mit dem Begriff Optionsgegenstand wird das *Wirtschaftsgut* bezeichnet, auf das der Hauptvertrag gerichtet ist. Bei einem Optionsvertrag, der auf einen Kaufvertrag über Aktien gerichtet ist, bezeichnet man hiermit also die Aktien. Bei einem Optionsvertrag im Rahmen eines Arbeitsverhältnisses ist die Option für den Arbeitgeber auf die Sicherung der Dienste des Arbeitnehmers, für die Arbeitnehmer auf die Sicherung seiner aus dem Arbeitsvertrag resultierenden Ansprüche (Vergütung, Lohnfortzahlung, Beschäftigung[72]) gerichtet.

5. *Optionspreis*

Als Optionspreis oder Optionsprämie wird das Entgelt bezeichnet, das der Optionsnehmer dem Optionsgeber bezahlen muss, damit dieser sich gebunden hält, also einen Optionsvertrag abschließt. Synonym werden die Begriffe Bindungsentgelt oder Stillhalteprämie verwendet.[73]

6. *Parteien des Optionsvertrages*

Die Parteien eines Optionsvertrages bezeichnet man als Optionsnehmer und Optionsgeber. Der Optionsgeber wird wegen seiner aus dem Optionsvertrag folgenden Bindung auch Stillhalter genannt, der Optionsnehmer ist zugleich der Inhaber des Optionsrechts.[74]

IV. Bedingung

Einfluss auf die Laufzeit eines Arbeitsvertrages können die vertragsschließenden Parteien auch durch die Aufnahme von Bedingungen in den Vertrag nehmen.

Mit der Vereinbarung einer aufschiebenden Bedingung (§ 158 Abs. 1 BGB) haben die Parteien die Möglichkeit, das Inkrafttreten eines Arbeitsvertrages bis zum Eintritt eines bestimmten Ereignisses aufzuschieben.

Auf der anderen Seite können die Parteien mit der auflösenden Bedingung Einfluss auf das Ende eines Arbeitsvertrages nehmen. So können die Parteien

---

71 BGH 09.02.1990 – V ZR 274/88, Rn. 12.

72 *Wüterich/Breucker*, Arbeitsrecht im Sport, 154 ff., 186 ff.

73 *Casper*, Der Optionsvertrag, 9; BeckOGK/*Möslein*, § 145 BGB, Rn. 84; MüKo/*Busche*, vor § 145 BGB, Rn. 75.

74 *Casper*, Der Optionsvertrag, 8, 9.

vereinbaren, dass ein auf die Dauer von mehreren Jahren geschlossener Arbeitsvertrag vorzeitig beendet wird, wenn der Spieler eine bestimmte Anzahl von Pflichtspielen in einer Saison nicht erreicht. Als auflösende Bedingung vereinbaren die Parteien beispielsweise den Abstieg aus einer Liga, etwa wenn der Spieler nur in der 1. Liga spielen will. Der Arbeitsvertrag soll dann vorzeitig mit Eintritt der auflösenden Bedingung (§ 21 TzBfG) enden.[75]

§ 3 Laufzeitklauseln und Verwendungsrisiko

Ausgehend von den typischen Interessengegensätzen in Bezug auf die Laufzeit von Dauerschuldverhältnissen (I.) unterscheidet sich die ökonomische Bedeutung der in den Arbeitsverträgen professioneller Fußballspieler anzutreffenden Klauseln, die zu einer Verlängerung der Laufzeit führen können:

Die Vertragslaufzeit dient dazu, die Amortisation der in einen Vertrag unternommenen Investition zu gewährleisten (II.). Einseitig eine vertragsschließende Partei begünstigende Laufzeitregelungen gehen in ihrer ökonomischen Bedeutung über die beide Parteien in gleicher Weise bindenden Laufzeitregelungen hinaus, schaffen für die begünstigte Partei Flexibilität und erhöhen den Kapitalwert einer Investition (III.). Aus juristischer Perspektive folgt aus einseitig eine Partei begünstigenden Laufzeitregelungen eine Verschiebung des Wirtschafts- bzw. Verwendungsrisikos (IV.).

I. Interessengegensatz bei der Vereinbarung der Laufzeit eines Dauerschuldverhältnisses

Bezüglich der Regelung der Laufzeit von Dauerschuldverhältnissen ergibt sich ein charakteristischer Interessengegensatz: Während eine Seite den Vertragspartner über einen bestimmten, ggf. längeren Zeitraum binden und das Risiko der einseitigen Beendigung des Vertrages durch Kündigung ausschließen will, hat die andere Seite ein Interesse an einer möglichst uneingeschränkten Gewährleistung ihrer wirtschaftlichen Bewegungsfreiheit.[76]

1. *Interesse des Clubs*

Im Arbeitsverhältnis des professionellen Fußballspielers ist die Dauer des Vertrages das Instrument, die Investition des Arbeitgebers in einen Spieler – sei es eine

---

75 Weitere denkbare Gestaltungen wie der Rücktrittsvorbehalt oder der Vertragsschluss durch einen Vertreter ohne Vertretungsmacht vgl. *Herrler/Suttmann,* DNotZ 2010, 883, 896, werden im vorliegenden sachlichen Zusammenhang nicht genutzt.

76 Staudinger/*Coester,* § 307 BGB, Rn. 602; *Stoffels,* DB 2004, 1871 ff. zu den jeweils unterschiedlichen Interessen der Vertragsparteien an kurzen oder langen Laufzeiten beim Sportstudio- bzw. Franchisevertrag.

bezahlte Ablösesumme, seien es Ausbildungskosten – durch sportliche Leistung und Erfolg, aber auch durch Einkünfte (Sponsoring, Zuschauereinnahmen, Merchandising, zu erzielende Ablösesumme) zu amortisieren, nur begrenzt durch die zulässige Höchstdauer eines Arbeitsvertrages gemäß §§ 624 BGB, 15 TzBfG von fünf Jahren zuzüglich der Kündigungsfrist von sechs Monaten nach § 624 S. 2 BGB.[77] Gleichzeitig kommt es dem Club auch darauf an, eine Investition in einen Spieler – stellt sie sich als wirtschaftlich nicht tragfähig heraus – möglichst beenden zu können. Der Club will die „gute" Investition fortführen, die „schlechte" Investition beenden können.

Nach dem Zusammenbruch der verbandsrechtlichen Transfersysteme in Folge der *Bosman*-Entscheidung ergibt sich eine Chance des Clubs zu einer Sicherung der Amortisation der Investition in den Spieler durch Erzielung einer Transferentschädigung nur noch, solange der Spieler vertraglich gebunden ist.[78]

2. *Interesse des Spielers*

Das Interesse des Spielers kann differieren: Wie in einem „Normalarbeitsverhältnis"[79] kann er an einer langfristigen Bindung Interesse haben, zum Beispiel weil sie ihm sichere Einkünfte gibt und über einen längeren Zeitraum eine ungestörte sportliche Entwicklung in dem angestrebten Umfeld (Trainer, Management, Mitspieler etc.) verspricht. Es kann aber auch das Interesse an einer kurzen Vertragslaufzeit im Vordergrund stehen, weil der Spieler sich und seine Möglichkeiten nur kurz- oder mittelfristig bei einem anderen Verein bzw. Arbeitgeber sieht und die von ihm gewünschte Entwicklung durch vertragliche Bindungen möglichst wenig stören will. Auch kann sich das Interesse des Arbeitnehmers im Laufe des Vertrages ändern. Erleidet er etwa eine langwierige Verletzung, so wird er eher an einer stabilen Fortsetzung des Arbeitsverhältnisses interessiert sein, als sein Glück bei einem neuen Arbeitgeber zu suchen.

II. Flexibilisierung durch einseitig begünstigende Laufzeitregelungen

Mit der Aufnahme einer Regelung in den Arbeitsvertrag, die einer Partei des Vertrages einseitig das Recht zur Verlängerung eines Dauerschuldverhältnisses einräumt, verfolgen die vertragsschließenden Parteien über die dauerhafte Bindung des Vertragspartners hinausgehende Ziele. Das lässt sich am Beispiel der

---

77 BAG 26.10.2017 – 6 AZR 158/16, Rn. 39.

78 Zur Verlängerung der Vertragslaufzeiten in Folge des *Bosman*-Entscheidung siehe unten II. 1. b.

79 Zum Begriff: *Persch*, NZA 2010, 77; ErfK/*Preis*, § 611a BGB, Rn. 144; HK-TzBfG/*Boecken* TzBfG § 14, Rn. 3; *Schubert*, NJW 2010, 2613, 2614; dazu näher unten III. 2.

einseitigen Opt-in-Verlängerungsoption (1.) ebenso exemplarisch darstellen wie an der qualifizierten automatischen Verlängerung (2.).

1. Einseitige Opt-in-Verlängerungsoption

Ausgehend von den wirtschaftlichen Motiven für den Abschluss von Optionsverträgen (a.) ergeben sich auch die mit der Vereinbarung von Opt-in-Verlängerungsoptionen durch Arbeitgeber (b.) und Spieler (c.) verfolgten Motive. Es geht den vertragsschließenden Parteien um Flexibilität (d.).

a. Motive für den Abschluss von Optionsverträgen

Im vorliegenden Zusammenhang stehen

- die Sicherungs- und Risikoverminderungsfunktion (aa.) und
- die Spekulationsfunktion (bb.)[80]

des Optionsvertrages im Vordergrund:

aa. Sicherungs- und Risikoverminderungsfunktion

Unternehmen müssen wirtschaftliche Entscheidungen häufig im Angesicht der Unsicherheit zukünftiger Entwicklungen treffen. Zwischen dem Abwarten der Entwicklung und der Investitionsentscheidung existieren Formen der Risikovermeidung oder -verminderung. Eine Strategie der Risikoverminderung ist die Option.

Die vertragsschließenden Parteien fixieren einen in Zukunft möglicherweise wirtschaftlich vorteilhaften Vertrag bereits jetzt so, dass der eine Teil gebunden ist, der andere aber die Freiheit behält, sich zu lösen. Dafür bezahlt die nicht gebundene Partei dem Optionsgeber unter Umständen eine Risikovermeidungsprämie, die „Stillhalteprämie" genannt wird. Beispiel ist die Absicherung von Wechselkursrisiken („Hedging")[81]:

> Ein Unternehmer hat einen Kaufvertrag über eine Sondermaschine zum Kaufpreis von 1 Mio. US-$ abgeschlossen. Der Kaufpreis wird am 30.10.2022 fällig.
> Er könnte den zur Begleichung des Kaufpreises erforderlichen €-Betrag in US-$ bereits „umtauschen" und die Dollar auf seine Bank legen. Das Kapital wäre in US-$ gebunden.

80 Vgl. *Casper*, Der Optionsvertrag, 10 ff., 13 ff., 21 ff.; die Finanzierungsfunktion, die Optionen z. B. gemäß § 221 AktG und als Vergütungsbestandteil von Verträgen mit Führungskräften zukommen kann, ist vorliegend nicht relevant und bleibt außen vor.

81 Vgl. zum Fremdwährungsrisiko im Einkauf: https://www.wlw.de/de/inside-business/praxiswissen/strategischer-einkauf/fremdwaehrungsrisiko-im-einkauf-gegen-wertschwankungen-absichern, zuletzt abgerufen am 10.07.2022.

Eine Risikovermeidungsstrategie ist der Kauf einer Option, die den Unternehmer berechtigt, die Dollar zum 30.10.2022 zum heutigen Wechselkurs zu erwerben. Entwickelt sich der Wechselkurs ungünstig, macht der Unternehmer von der Option Gebrauch. Entwickelt sich der Kurs günstig, lässt der Unternehmer die Option verfallen und verliert die zur Risikovermeidung an den Vertragspartner („Stillhalter") bezahlte Prämie.

bb. Spekulationsfunktion

Wird das Absicherungsgeschäft vom Grundgeschäft abgelöst, ändert es seinen Charakter: Es wird zu einem Spekulationsgeschäft auf die Entwicklung des Preises eines bestimmten Gutes, einer Währung oder eines Wertpapieres.

Kauft der Unternehmer eine Option auf den Erwerb von US-$ zum 30.10.2022, ohne dass ein abzusicherndes Geschäft zugrunde liegt, erwartet er, dass der Wert des US-$ zum 31.10.2022 steigen wird. Die Option erwirbt der Unternehmer, damit er nicht den Dollar-Betrag selbst erwerben muss. Damit verbunden ist ein sogenannter Hebel: Die Option erlaubt es ihm, über den Einsatz der Stillhalteprämie einen erheblich höheren Dollar-Betrag einzusetzen und damit die möglichen Gewinne aus dem Geschäft im Verhältnis zum Einsatz zu erhöhen.

b. Motive für die Vereinbarung einseitiger Opt-in-Verlängerungsoptionen zu Gunsten des Arbeitgebers

Bei Optionsklauseln zu Gunsten des Arbeitgebers in Arbeitsverträgen von professionellen Fußballspielern geht es in erster Linie um die Sicherungs- und Risikovermeidungsfunktion der Option (aa.). Bedeutung hat die Vereinbarung einer Option für die Bewertung von Investitionen in Spieler (bb.).

aa. Sicherungs- und Risikoverminderungsfunktion

Der Arbeitgeber will sich die Rechte aus dem Arbeitsvertrag über die vertraglich vereinbarte Laufzeit hinaus sichern und das Risiko eines vorzeitigen Ablaufs des Vertrages ausschließen. Das kann in folgendem Beispiel deutlich gemacht werden:

Der Bundesligaverein V hat einen hoffnungsvollen 18-jährigen Spieler in der eigenen Jugend. Die Chancen, dass der Jugendspieler sich in den nächsten Jahren zu einem Leistungsträger entwickelt, sind gut. In diesem Fall steigert sich der „Marktwert" des Spielers erheblich. Unsicher ist, ob der Spieler dem psychischen und physischen Druck des professionellen Fußballs gewachsen ist. Realisiert sich dieses Risiko, sind die Investitionen in den Spieler (Gehalt, Aufwand für die Ausbildung etc.) vergeblich. V hat drei Möglichkeiten:

1. Er kann mit dem S lediglich einen kurzfristigen Vertrag schließen und abwarten, wie er sich entwickelt. Damit ist jedoch die Gefahr verbunden, dass der S bei Eintritt der erhofften Entwicklung nicht bereit ist, den Vertrag zu verlängern, sondern sich

einem anderen Verein zuwendet, ohne dass der V noch eine Transferentschädigung verlangen könnte.
2. Der V kann bereits jetzt einen Arbeitsvertrag mit der zulässigen Höchstdauer von fünf Jahren zzgl. Kündigungsfrist von sechs Monaten (§ 624 S. 2 BGB) abschließen. Diese Alternative ist über die Laufzeit des Vertrages mit höheren Aufwendungen verbunden, ohne dass gesichert ist, dass sich diese Investition amortisiert. Wenn sich der Spieler dem Druck nicht gewachsen zeigt, muss das Gehalt für die Vertragslaufzeit – ohne dass der V die erwartete sportliche Gegenleistung erhält – weiterbezahlt werden.
3. V kann versuchen, den Spieler über eine zunächst kurze Laufzeit des Vertrages hinaus an sich zu binden. Die Vereinbarung einer Opt-in-Verlängerungsoption bietet die Möglichkeit, ohne nochmalige Mitwirkung des S die Verlängerung des Arbeitsvertrages herbeizuführen. Damit erreicht der V eine Bindung des S für den Fall, dass er sich – wie gewünscht – positiv entwickelt. Dieser Umstand wiederum hat nicht nur zur Folge, dass der S auch weiter für den V spielt, sondern ggf. auch, dass aufgrund der über die Option verlängerten Laufzeit eine erhöhte Ablösesumme zu erzielen ist.[82] Auf der anderen Seite hat der V die mit einer langfristigen Bindung gemäß Ziff. 2 verbundenen Risiken minimiert.

Nach der Beseitigung der früher vorhandenen verbandsrechtlichen Transfersysteme durch die *Bosman*-Entscheidung des Europäischen Gerichtshofs[83] wurde es zur Aufgabe der Arbeitgeber im professionellen Fußball, die Vertragslaufzeiten ökonomisch rational zu gestalten. Dabei lassen sich zwei Wege beobachten:

Zum einen geht es darum, den Spieler länger an den Verein zu binden. Diese Bindungen aus bestehenden Arbeitsverträgen werden von der *Bosman*-Entscheidung nicht berührt. Besteht zwischen Arbeitnehmer und Arbeitgeber ein Arbeitsvertrag, kann der Arbeitgeber gegenüber einem wechselwilligen Spieler oder dessen potenziellen neuen Verein auf Vertragserfüllung bestehen bzw. sich die aus dem bestehenden Vertrag resultierenden Ansprüche ablösen lassen.[84] Wie erwartet[85],

82 Ein Beispiel ist der Spieler *Luka Jovic*, der von Benfica Lissabon an Eintracht Frankfurt mit einer Kaufoption ausgeliehen war. Nach der erfolgreichen Saison 2018/2019 zog Eintracht Frankfurt die Kaufoption und band den Spieler bis 2023. Diese vertragliche Bindung bildete die Grundlage für den Transfer des Spielers zu Real Madrid für eine Ablösesumme von 60 Mio. €, https://www.transfermarkt.de/zidane-bestand-auf-jovic-transfer-bdquo-die-verhandlungen-sind-fast-gescheitert-ldquo-/view/news/349678, zuletzt abgerufen am 10.07.2022.

83 EuGH 19.12.1995 – C-415/93 *(Bosman)*.

84 *Weber*, Rechtliche Strukturen und Beschäftigungsverhältnisse im Fußballsport, 53.

85 *Grodde*, Der Einfluss des Europarechts auf die Vertragsfreiheit autonomer Sportverbände in Deutschland, 330 ff.; *von Freyberg*, Transfergeschäft der Fußballbundesliga, 172, 183 f.; *Westermann*, DZWir 1996, 82 ff.; *Frick/Wagner*, WiSt 1996, 612 ff.

hat die *Bosman*-Entscheidung zu einer Verlängerung der Vertragslaufzeiten professioneller Fußballspieler geführt.[86]

Ein anderes Instrument besteht darin, den Spieler für eine längere Laufzeit zu binden als den Verein. Das gibt dem Verein die Möglichkeit, die Entwicklung des Spielers zu beobachten – die sog. Lernoption.[87] Die Vereinbarung einer einseitigen Opt-in-Verlängerungsoption versetzt den Arbeitgeber somit in eine günstige Position. Die mit der einseitigen Opt-in-Verlängerungsoption verbundene einseitige Bindung bedient das Interesse, flexibel auf Entwicklungen reagieren zu können.

Enttäuscht die Entwicklung des Spielers, macht der Verein von seiner Option keinen Gebrauch. Der Vertrag endet nach der ursprünglich vereinbarten Laufzeit. Der Arbeitgeber hat bezüglich seiner Investition in den Spieler mit Ende der Grundlaufzeit eine „Abbruchoption" und riskiert nicht einmal die Zahlung der Arbeitsvergütung.

Verläuft die Entwicklung dagegen positiv, kann der Verein die Option „ziehen" und den Spieler länger an sich binden. Das kommt ihm entweder sportlich zupass oder es gibt ihm die Möglichkeit, dass er sich den Verzicht auf die Option oder nach Geltendmachung der Option die Ansprüche aus dem dann verlängerten Arbeitsvertrag über einen Transfererlös „abkaufen" lässt beziehungsweise die Investition dahingehend abzusichern.

bb. Werterhöhung der Investition durch eine Opt-in-Verlängerungsoption

Unter dem Blickwinkel der Bewertung einer Investition in einen Spieler kommt der Vereinbarung einer Opt-in-Verlängerungsoption – intuitiv erfassbar[88] – ein Wert für den Optionsberechtigten zu. Der Mindestwert der einseitigen Opt-in-Verlängerungsoption besteht in den mit der Investition zusammenhängenden Auszahlungen im Optionszeitraum (weil die Ausübung der Option allein in der Hand des Optionsberechtigten, regelmäßig des Vereins, liegt).

Beispiel: Wählt der Verein statt der fünfjährigen Vertragslaufzeit eine Vertragslaufzeit von drei Jahren mit einseitiger Verlängerungsoption für weitere zwei Vertragsjahre, hat der Verein die Möglichkeit, den Vertrag nach drei Jahren auslaufen zu lassen. Er wird sich so verhalten und die Option nicht ziehen, wenn der Spieler den erwarteten

86 *Richter*, Das Bosman-Urteil, 89: Der FC Bayern München schloss mit den Spielern *Scholl*, *Zickler* und *Babbel* im Jahr 1997 5-Jahres-Verträge.

87 *Götz*, Realoptionsbasierte Bewertung von Investitionen im Profifußball, in: Sigloch/Klimmer, Unternehmen Profifußball – Vom Sportverein zum Kapitalmarktunternehmen, 112.

88 *Hommel/Lehmann*, Marktorientierte Investitionsrechnung bei Unsicherheit, Flexibilität und Irreversibilität. Eine Systematik der Bewertungsverfahren, in: Hommel/Baecker/Lehmann, Reale Optionen, Konzepte, Praxis und Perspektiven strategischer Unternehmensfinanzierung, 114.

Erfolg nicht hatte und auch für die weiteren zwei Jahre von Seiten des Vereins nicht mit einem „Durchbruch" des Spielers gerechnet wird. Er spart dann die Aufwendungen (Gehalt und Prämien, medizinische Versorgung etc.) ein, die mit dem S im Falle eines 5-Jahres-Vertrages in den letzten zwei Jahren verbunden gewesen wären.
Ist der S dagegen erfolgreich, unterscheiden sich die beiden Varianten nicht. Der V wird die Option ziehen, so dass der S insgesamt für fünf Jahre verpflichtet ist.
„Explodiert" der Marktwert des Spielers während der Vertragslaufzeit wie im Falle des Spielers Haaland,[89] profitiert der Arbeitgeber in Form der bei längerer Restlaufzeit anfallenden Ablösesumme an diesem Marktwert bei beiden Alternativen gleichermaßen.

Zur Motivation des Arbeitgebers ist an dieser Stelle festzuhalten, dass die durch Handlungsspielräume vermittelte *Flexibilität* nie zu einer Senkung, sondern immer zu einer Erhöhung des Wertes einer Investition um den Wert der Handlungsspielräume führt.[90]

c. *Motive für die Vereinbarung einseitiger Opt-in-Verlängerungsoptionen zu Gunsten des Spielers*

Es sind auch Konstellationen vorstellbar, in denen ein Spieler Interesse an der Vereinbarung eines einseitigen Verlängerungsrechts haben kann, so zum Beispiel, wenn der Spieler sein weiteres Engagement in einem Verein vom Eintritt bestimmter sportlicher Voraussetzungen, wie dem Erhalt einer Liga, abhängig machen will. Auch in diesem Fall stellt die einseitige Option aus dem Blickwinkel des Spielers einen Handlungsspielraum in Form einer Abbruchoption bei Verfehlen der sportlichen Zielsetzungen – Abstieg aus der Liga – dar.

d. *Zwischenergebnis: Flexibilität erhöht den Wert einer Investition*

Ein Blick auf die ökonomische Bedeutung der eine Partei des Arbeitsvertrages begünstigenden Opt-in-Verlängerungsoption verdeutlicht die mit ihr verfolgten Interessen.

Über die Dauer eines Vertrages können die vertragsschließenden Parteien die *Amortisation einer Investition* sichern. Der Spieler kommerzialisiert seine Arbeitskraft über diesen Zeitraum. Der Arbeitgeber muss während der Laufzeit des Vertrages die vereinbarte Vergütung und sonstige Leistungen erbringen und erhält im Gegenzug die sportliche Leistung.

---

89 Marktwert 03.06.2019: 5 Mio. €; Marktwert 26.11.2020: 100 Mio. €; https://www.transfermarkt.de/erling-haaland/marktwertverlauf/spieler/418560, zuletzt abgerufen am 10.07.2022.

90 *Junker*, Bewertung von Fußballspielern – ein realoptionsbasiertes Modell von Ablösesummen, 26.

Einseitig eine Partei begünstigende Laufzeitregelungen vermitteln Lern- bzw. Abbruchoptionen und damit Handlungsspielräume für diesen Vertragspartner. Durch die mit dieser Vertragsgestaltung verbundene *Flexibilität* für den Begünstigten sichert eine einseitige Opt-in-Verlängerungsoption deshalb nicht nur die Amortisation einer Investition, sondern erhöht deren Kapitalwert. Vor diesem ökonomischen Hintergrund erklärt sich die Bedeutung einseitiger Opt-in-Verlängerungsoptionen, die praktisch vor allem zu Gunsten der Arbeitgeber in den Arbeitsverträgen professioneller Fußballspieler vereinbart werden.[91]

2. *Qualifizierte automatische Verlängerung*

Als Beispiel für die wirtschaftliche Bedeutung der von weiteren Voraussetzungen abhängigen qualifizierten automatischen Verlängerung werden im Folgenden zunächst die einsatzabhängige Verlängerung (a.) und anschließend die von anderen Voraussetzungen abhängige Verlängerung (b.) betrachtet. Auch diese Vertragsgestaltungen haben Gestaltungsspielräume zum Ziel (c.).

a. Motive für die Vereinbarung einer einsatzabhängigen Verlängerung

Mittels der an die Einsatzzahlen anknüpfenden Verlängerung des Arbeitsvertrages kann der Arbeitgeber die Laufzeit des Arbeitsvertrages von den Leistungen des Spielers und seinem Erfolg abhängig machen. Der Arbeitgeber formuliert mit der Zahl der Einsätze bereits beim Abschluss des Grundvertrages einen Maßstab für seine Erwartungen an den Spieler und ist nur bereit, den Vertrag über die ursprüngliche Laufzeit hinaus zu verlängern, wenn der Spieler diese Erwartungen erfüllt.

Erreicht der Spieler die vereinbarte Einsatzzahl, kann davon ausgegangen werden, dass er die mit seiner Verpflichtung verbundenen Erwartungen erfüllt hat und sich deshalb eine Verlängerung des Vertrages als wirtschaftlich sinnvoll erweist.

Für den Fall, dass der Spieler die vereinbarte Einsatzzahl nicht erreicht, unterstellt der Club bereits bei Vertragsschluss, dass in diesem Fall dessen Erwartungen enttäuscht sein werden.

Der Arbeitgeber hat – mit anderen Worten – durch Aufnahme einer einsatzabhängigen Verlängerung (ebenso wie im Falle der einseitigen Opt-in-Verlängerungsoption) eine Lern- oder Abbruchoption, deren Voraussetzungen er allerdings – anders als bei der einseitigen Opt-in-Verlängerungsoption – aufgrund seiner Erfahrungen bereits bei Vertragsschluss festlegt und formuliert: Nur wenn der Spieler die vereinbarte Zahl der Einsätze erreicht und im gewünschten Umfang erfolgreich ist, ist davon auszugehen, dass die Fortsetzung des Vertrages sinnvoll ist. Erreicht der Spieler die vereinbarte Zahl der Einsätze nicht, kann der Arbeitgeber seine Investition beenden. Anders als im Falle der einseitigen

91 Vergleiche als Beispiel die Verträge der Spieler *Lavezzi* und *Mchitarjan*, von denen *Buschmann/Wulzinger*, Football Leaks, 215, 321, berichten.

Opt-in-Verlängerungsoption vermittelt diese Klausel dem Spieler jedenfalls den Eindruck, er habe auf die Verlängerung seines Vertragsverhältnisses durch die Zahl der Einsätze und damit durch seine sportliche Leistung Einfluss. Dass dem nicht immer so sein muss, kann der Rechtsprechung zu diesen Klauseln entnommen werden. Denn regelmäßig beklagt der Spieler – da er auch aus dem Beschäftigungsanspruch kein Recht zum Einsatz im Wettkampf hat – im Streitfall ohne Erfolg, der Verein habe den Spieler aus sachfremden Erwägungen nicht eingesetzt und damit den Eintritt der Bedingung treuwidrig vereitelt.[92]

b. Weitere Voraussetzungen

Für die von der Ligazugehörigkeit oder wirtschaftlichen Faktoren abhängigen Verlängerungen geht es zwar nicht um den sportlichen Erfolg des Spielers, sondern um den sportlichen Erfolg einer Mannschaft oder den wirtschaftlichen Erfolg des Vereins. Unter dem Aspekt der Flexibilität ähneln sich die Regelungen aber offensichtlich. Das Nichtvorliegen bestimmter Rahmenbedingungen soll auf die Wirksamkeit der arbeitsvertraglichen Bindungen „durchschlagen". Die Bedingungen der Verlängerung eines Vertrages kann der Arbeitgeber aufgrund seines Interesses an einem möglichen Abbruch des Vertrages zum Ende der Grundlaufzeit bei Eintritt oder Nichteintritt bestimmter Voraussetzungen auf diesem Weg in den Vertrag von Anfang an einbeziehen.

Andererseits kann die Ligazugehörigkeit als Bedingung für die Fortsetzung oder Verlängerung eines Vertrages auch im Interesse des Spielers an der Erhaltung seines „Marktwertes" liegen, der beeinträchtigt sein kann, wenn er zum Beispiel nicht mehr in der Bundesliga spielt. In diesem Fall stellt die Bedingung der Zugehörigkeit zu einer bestimmten Liga eine Abbruchoption zu seinen Gunsten dar.

c. Zwischenergebnis: Qualifizierte automatische Verlängerung begründet Flexibilität

Wirtschaftlich betrachtet begründet die automatische Verlängerung bei Vorliegen bestimmter Voraussetzungen im Sinne der Ausführungen zur einseitigen Opt-in-Verlängerungsoption im Ergebnis eine bereits bei Abschluss des Vertrages vereinbarte Abbruchoption einer vertragsschließenden Partei und schafft daher eine durch weitere Voraussetzungen (Einsatzzahl, Ligaerhalt, Abschluss des Sponsorenvertrages) beschriebene *Flexibilität* zu Gunsten dieser Partei, deren Bedingungen bereits im anfänglichen Arbeitsvertrag von den vertragsschließenden Parteien festgelegt werden.

---

92 ArbG Offenbach 09.12.2020 – 4 Ca 270/20, SpuRt 2021, 107, m. Anm. *Fischinger*; BAG 16.01.2018 – 7 AZR 312/16 *(Heinz Müller)*, Rn. 33; BAG 22.08.1984 – 5 AZR 539/81, Rn. 26.

Die mit diesen Regelungen verbundenen Handlungsspielräume gehen zwar nicht so weit wie bei der einseitigen Opt-in-Verlängerungsoption, die nur von einer entsprechenden Willensäußerung des Optionsberechtigten abhängig ist und damit einen potestativen Charakter hat. Die Spielräume, die die unter einer Voraussetzung stehenden automatischen Verlängerungen gewähren, sind durch diese Voraussetzungen des Tatbestandes eingeschränkt. Das ändert aber nichts an der Tatsache, dass auch diese Verlängerungen für bestimmte Situationen einseitig eine *Flexibilität* gewähren, der ein Wert für den Berechtigten – mit den noch zu erörternden rechtlichen Konsequenzen – zukommt.

3. Verdeckte einseitige Verlängerungsoption

Die Klausel, die Gegenstand des Verfahrens „Heinz Müller" war, ist auf den ersten Blick eine beiderseitige Verlängerungsoption. Durch die zusätzliche Voraussetzung der Absolvierung einer bestimmten Anzahl von Pflichtspielen ändert die Regelung ihren Charakter allerdings fundamental. Die Zahl der Einsätze eines professionellen Fußballspielers hängt maßgeblich von den Entscheidungen der sportlichen Leitung des Arbeitgebers ab, auf die der Spieler keinen Einfluss hat. Ein Anspruch auf Einsatz aus dem Beschäftigungsanspruch ergibt sich für den Wettkampf nicht.[93] Auch ansonsten hat der Spieler keine Möglichkeit, die Entscheidungen der sportlichen Leitung überprüfen zu lassen. Die Entscheidungen sind praktisch nicht justiziabel.

Wie zur qualifizierten Verlängerung ausgeführt, formuliert der Arbeitgeber – soweit diese Klauseln nicht im Einzelfall vom Spieler veranlasst sind und seinen Interessen dienen sollen – eine Lern- oder Abbruchoption zu seinen Gunsten. Die tatbestandlichen Voraussetzungen der beiderseitigen Option treten erst ein, wenn die vom Arbeitgeber in seinem Interesse festgelegten Voraussetzungen für den Erfolg des Spielers eingetreten sind.

Die Regelung im Fall „Heinz Müller" stellte daher nur auf den ersten Blick eine „beiderseitige" Verlängerungsoption dar. Tatsächlich lag eine verdeckte einseitige Verlängerungsoption vor.[94]

93 *Wüterich/Breucker*, Das Arbeitsrecht im Sport, 186 ff.; Stopper/Lenze/*Breucker/Wüterich*, Handbuch Fußball-Recht, 371; Adolphsen/Nolte/Lehner/Gerlinger/*Wüterich/Breucker*, Sportrecht in der Praxis, Rn. 575 ff.; BAG 22.08.1984 – 5 AZR 539/81, AP BGB § 616 Nr. 65; BAG 16.01.2018 – 7 AZR 312/16, m. Anm. *Fischinger*, NJW 2018, 1996; einschränkend einen Anspruch auf billige Entscheidung über den Einsatz annehmend: Fischinger/Reiter/*Reiter*, Das Arbeitsrecht des Profisports, § 7, Rn. 123 ff.; *Fischinger/Unger*, SpuRt 2019, 202.

94 DRC Nr. 03161591-E vom 18.03.2016.

4. „Kaufoption nach Leihe" und „Rückkaufklausel"

Im Ergebnis entsprechen sich die wirtschaftliche Bedeutung der einseitigen Verlängerungsoption und der „Kaufoption"[95] des „Entleihenden" nach Leihe. Das einseitige Recht, für die Zeit nach Ende der „Leihe" einen weiteren Arbeitsvertrag zu begründen, kann nicht überzeugend von der einseitigen Möglichkeit, die Laufzeit eines Vertrages zu verlängern, unterschieden werden. Dies gilt in wirtschaftlicher Hinsicht gerade auch im Hinblick auf die erzielbaren Transfererlöse. Der Spieler ist vertraglich an den Berechtigten der Kaufoption nach einer Leihe genauso gebunden wie der Spieler, dessen Arbeitgeber von einer clubseitigen Verlängerungsoption Gebrauch macht.

Dem aufnehmenden Verein geht es um *Flexibilität*; er hat Handlungsspielräume für die Zeit nach Ablauf der befristeten Leihe und entscheidet unbeeinflusst vom (mittlerweile) möglicherweise entgegenstehenden Willen des Spielers, ob der Vertrag weiterhin gelten soll oder nicht. Das einseitige Recht, für die Zeit nach Ende der „Leihe" einen weiteren Arbeitsvertrag zu begründen, schafft für den Arbeitgeber unter dem vorliegend relevanten Aspekt eine Flexibilität, die über die Verlängerung der Laufzeit des Vertrages hinausgeht, indem es dem die Kaufoption nutzenden Verein die Transferrechte erst verschafft.

Für die Rückkaufoption gilt in wirtschaftlicher Hinsicht oben Gesagtes. Der einzige Unterschied ist, dass die durch diese Vertragsgestaltung begründete Flexibilität nicht bei dem aufnehmenden, sondern bei dem abgebenden Verein liegt.

5. Beiderseitige Verlängerungsregelungen

Zu unterscheiden sind zweiseitige Opt-in-Verlängerungen (1.) und zweiseitige Opt-out-Verlängerungen (2.).

a. Beiderseitige Opt-in-Verlängerungsoption

Die zweiseitige Opt-in-Verlängerungsoption gibt beiden vertragsschließenden Parteien dasselbe Verlängerungsrecht. Beide Parteien sind (potenziell) gebunden. Denn zu einer Verlängerung kommt es nur dann nicht, wenn keine der beiden Parteien die Option „zieht".

Anders als im Falle der Vereinbarung einer zweiseitigen Opt-out-Verlängerung können beide vertragsschließenden Parteien ohne Mitwirkung der jeweils anderen Partei die Verlängerung des Vertrages erreichen und sich die jeweiligen vertraglichen Ansprüche über die ursprüngliche Laufzeit hinaus sichern, laufen aber andererseits Gefahr, bei Ausübung der Option durch die andere Partei ihrerseits

95 Die Begriffe „Kaufoption" und „Leihe" sind in Bezug auf Menschen zwar unangemessen, sind aber umgangssprachlich verfestigt.

die vereinbarten Leistungen – arbeitsvertraglich versprochene Tätigkeit einerseits und Vergütung andererseits – weiter erbringen zu müssen.

b. Beiderseitige Opt-out-Verlängerungen

Auf der Grundlage einer zweiseitigen Opt-out-Verlängerung können beide Parteien erreichen, dass der Vertrag zum Ablauf der anfänglich vorgesehenen Laufzeit endet. Eine Verlängerung des Vertrages tritt dagegen nur ein, wenn beide Seiten dies wollen.

Während der Verein bei der Opt-in-Verlängerung einseitig die Bindung auch gegen den Willen des Spielers durchsetzen könnte, kann bei der zweiseitigen Opt-out-Verlängerung eine Seite nicht „über den Kopf" der anderen Seite hinweg die Verlängerung des Vertrages erreichen. Über die Verlängerung muss ein Konsens bestehen. Besteht der Konsens nicht, kann eine der Vertragsparteien „ausoptieren" und der Vertrag wird nicht fortgesetzt.

Die Opt-out-Verlängerung vermittelt daher nicht die Handlungsspielräume und die Flexibilität, die sowohl die beiderseitige Opt-in-Verlängerungsoption als auch die einseitigen Rechte gewährleisten können.

Klauseln, die die automatische Verlängerung eines Vertrages vorsehen, wenn der Vertragspartner den Vertrag nicht kündigt, werden deshalb regelmäßig nicht mit einem Amortisationsinteresse, sondern mit dem Rationalisierungsinteresse einer Partei bei unterstelltem Verlängerungswillen des Vertragspartners begründet.[96] Eine über die ursprüngliche Vertragslaufzeit hinausgehende Bindung der vertragsschließenden Parteien ist mit diesen Klauseln nicht verbunden, da sich beide Parteien durch Kündigung lösen können.

6. Zwischenergebnis: Amortisation und Flexibilität

Die Analyse der wirtschaftlichen Bedeutung der Regelungen zu Vertragslaufzeiten ergibt, dass die ursprünglichen Laufzeitregelungen den Zeitraum bestimmen, in dem sich die Investition amortisieren soll.

Einseitige Rechte einer vertragsschließenden Partei, die beiderseitige Opt-in-Verlängerungsoption und die qualifizierte Verlängerung haben über die Amortisation einer Investition hinaus das Ziel, den Wert der Investition durch Einräumung oder Vorbehalt von Handlungsspielräumen für eine Seite zu erhöhen. Die Optionsberechtigten verfolgen das Ziel der *Flexibilisierung* des Arbeitsvertrages.[97]

Beiden Seiten des Vertrages zur Verfügung stehende Rechte, wie zum Beispiel die beiderseitige Opt-out-Verlängerung, führen zu äquivalenten Rechten und nicht zu erweiterter Flexibilität für eine Seite.

---

96 Staudinger/*Coester*, § 307 BGB, Rn. 535.

97 *Annen*, CaS 2012, 326, 334.

III. Die juristische Perspektive: Flexibilität entspricht Verschiebung des Verwendungsrisikos

Einseitig eine Partei begünstigende Laufzeitregelungen führen zur werterhöhenden Flexibilisierung des Arbeitsverhältnisses für die begünstigte Partei. Aus der juristischen Perspektive sind diese Laufzeitregelungen vom Normalfall abweichende Verlagerungen des Verwendungsrisikos. Nach einer Klärung der Begriffe (1.) erfolgt ein Überblick über die Verteilung des Verwendungsrisikos im Normalarbeitsverhältnis (2.) sowie in den Arbeitsverhältnissen professioneller Fußballspieler (3.).

1. Begriffe

Während das Betriebsrisiko einen im Arbeitsrecht spezifischen Fall der Unmöglichkeit der Arbeitsleistung beschreibt (a.), erfasst das Wirtschaftsrisiko die Frage, wer das Risiko des wirtschaftlichen Erfolges des mit der Arbeitsleistung hergestellten Wirtschaftsgutes trägt (b.).

a. Betriebsrisiko

Bei dem sogenannten *Betriebsrisiko* geht es um die Frage, ob der Arbeitgeber Lohn zu zahlen hat, wenn er ohne eigenes Verschulden die Belegschaft aus betriebstechnischen Gründen nicht beschäftigen kann. Das Betriebsrisiko im Sinne von § 615 S. 3 BGB meint das von der Rechtsprechung entwickelte Risiko des Arbeitgebers, sein Unternehmen betreiben zu können.[98] Die Rechtsprechung besagt, dass der leistungsfähige und leistungswillige Arbeitnehmer bei bestimmten Leistungshindernissen, die weder von ihm noch vom Arbeitgeber zu vertreten sind und deren Ursachen in der Risikosphäre des Unternehmers liegen, seinen Vergütungsanspruch selbst dann behält, wenn die Leistung unterbleibt (Durchbrechung des Grundsatzes „Ohne Arbeit kein Lohn“[99]). Im Wesentlichen geht es um Störungen betriebstechnischer Art, die von außen auf den Betriebsablauf (z. B. durch Naturkatastrophen sowie hoheitliche Einflussnahmen) einwirken und zur Stilllegung oder Einschränkung des Betriebs führen.[100]

---

98 Staudinger/*Richardi/Fischinger*, § 615 BGB, Rn. 196; BeckOGK/*Bieder*, § 615 BGB, Rn. 107; ErfK/*Preis*, § 615 BGB, Rn. 120 ff.; MüKo/*Henssler*, § 615 BGB, Rn. 90; BeckOK/*Baumgärtner*, BGB, § 615, Rn. 48; BAG 23.09.2015 – 5 AZR 146/14; siehe auch die Ablehnung von § 615 S. 3 BGB bei *Fischinger/Hengstberger*, NZA 2020, 559 ff.; zum Betriebs- und Wirtschaftsrisiko unter dem Aspekt des § 138 BGB vgl. auch Staudinger/*Fischinger*, § 138 BGB, Rn. 554.

99 Bspw.: MüKo/*Henssler*, § 615 BGB, Rn. 1.

100 BeckOGK/*Bieder*, § 615 BGB, Rn. 107.

Kann der Arbeitnehmer die Arbeitsleistung unverschuldet nicht erbringen oder ist diese aus betriebstechnischen Gründen unmöglich geworden, realisiert sich das Betriebsrisiko.[101]

Es handelt sich um eine Leistungsstörung, da die Arbeitsleistung unmöglich wird, ohne dass Arbeitgeber oder Arbeitnehmer die Unmöglichkeit zu vertreten haben. Trotz der Nichterbringung der Arbeitsleistung besteht unter den Voraussetzungen von § 615 S. 3 BGB der Lohnanspruch des Arbeitnehmers fort.[102]

b. Wirtschaftsrisiko

Das Wirtschaftsrisiko, dass die vom Arbeitnehmer aufgrund seiner Leistung erschaffenen Werte abgesetzt werden können, trägt im Grundsatz ebenfalls der Arbeitgeber.[103]

Mit dem Begriff des Wirtschaftsrisikos wird der Grundsatz beschrieben, dass die Lohnzahlungspflicht des Arbeitgebers von der Tatsache, dass er die Arbeitsleistung nicht wirtschaftlich sinnvoll verwenden kann, unberührt bleibt.[104] Dies ist die Folge des arbeitsvertraglichen Grundsatzes, dass der Arbeitgeber das Risiko der wirtschaftlichen Verwertbarkeit der von seinen Arbeitnehmern zu erbringenden Leistungen zu tragen hat, weil er allein die Verantwortung für die wirtschaftliche Tragfähigkeit seiner unternehmerischen Idee hat.[105]

Ist die Erbringung der Arbeitsleistung also tatsächlich möglich, der Arbeitgeber hat jedoch an der Arbeitsleistung oder den Arbeitsergebnissen kein (wirtschaftliches) Interesse, weil er diese wirtschaftlich nicht sinnvoll verwerten (meistens nicht am Markt absetzen) kann, liegt keine Leistungsstörung vor. Im Gegensatz zur Betriebsstörung liegt das störende Moment bei der Realisierung des *Wirtschaftsrisikos* „außerhalb des arbeitsvertraglichen Austauschverhältnisses“[106] im unternehmerischen (Risiko-)Bereich des Arbeitgebers. Das BAG spricht insoweit zwar auch von Betriebsrisiko[107], hier wird jedoch der Begriff „Wirtschaftsrisiko“ verwendet.[108]

Das Wirtschaftsrisiko ist etwa dann betroffen, wenn die Fortsetzung des Betriebs wegen Auftrags- oder Absatzmangels wirtschaftlich sinnlos wird. Aus betriebstechnischer Sicht bleibt die Arbeitsleistung bei der Realisierung der

---

101 Vgl. hierzu ausführlich: *Kalb*, Rechtsgrundlage und Reichweite der Betriebsrisikolehre.

102 BeckOGK/*Bieder*, § 615 BGB, Rn. 121; BeckOK ArbR/*Joussen*, BGB, § 615, Rn. 90; *Gaul*, NZA 2000, 793, 794.

103 Staudinger/*Richardi/Fischinger*, § 615 BGB, Rn. 198.

104 MüKo/*Henssler*, § 615 BGB, Rn. 98; BeckOGK/*Bieder*, § 615 BGB, Rn. 108; BeckOK/*Baumgärtner*, § 615 BGB, Rn. 49.

105 *Picker*, JZ 1979, 285, 293.

106 *Ballerstedt*, AuR 1966, 225, 227.

107 BAG 10.10.1990 – 5 AZR 404/89.

108 LAG Hamm (Westfalen) 16.10.1989 – 19 (13) Sa 1510/88.

Wirtschaftsgefahr – im Gegensatz zum Betriebsrisiko – möglich. Es geht um die Frage der Verwendungsmöglichkeit der Arbeitskraft des Arbeitnehmers durch den Arbeitgeber.[109] Anders als beim Betriebsrisiko, bei dem ein Fall der Unmöglichkeit der Leistungserbringung (§ 615 S. 3 BGB) zugrunde liegt, realisiert sich das Wirtschaftsrisiko, wenn die Leistung des Arbeitnehmers möglich bleibt, der Arbeitgeber – aus welchen Gründen auch immer – aber keine wirtschaftlich sinnvolle Verwendung für die Leistungen des Arbeitnehmers hat.

2. Verschiebung des Wirtschaftsrisikos auf den Arbeitnehmer

Auch wenn der Arbeitgeber prinzipiell das Risiko für den wirtschaftlichen Erfolg seiner Unternehmung trägt, gibt ihm das Gesetz verschiedene Möglichkeiten, den Arbeitnehmer an diesem Wirtschaftsrisiko zu beteiligen. Diese Gestaltungen knüpfen an die Vergütung des Arbeitnehmers (a.) oder an die Dauer und den Umfang seiner zu vergütenden Arbeitspflicht (b.) an.

a. Vergütungsrisiko

Über erfolgsabhängige Vergütungsregelungen kann der Arbeitgeber das prinzipiell bei ihm liegende Wirtschaftsrisiko partiell auf den Arbeitnehmer übertragen. Gewinnbeteiligungen oder andere Gestaltungen, in denen der Arbeitnehmer am wirtschaftlichen Erfolg des Unternehmers teilhat, sowie Zielvereinbarungen, nach denen Teile der arbeitsrechtlichen Vergütung von Erfolgskennzahlen des Unternehmens abhängen, betreffen das *Vergütungsrisiko* und sind innerhalb bestimmter Grenzen möglich.[110] Das Wirtschaftsrisiko kann aber nicht dadurch auf den Arbeitnehmer übertragen werden, dass die Vergütung des Arbeitnehmers vollständig oder überwiegend vom wirtschaftlichen Erfolg seiner Arbeitsleistung abhängig gemacht wird. Derartige Vereinbarungen verstoßen gegen § 138 BGB und das Gesetz zur Regelung eines allgemeinen Mindestlohns (MiLoG).[111] Auch Verlustbeteiligungen des Arbeitnehmers sind – jedenfalls soweit dafür kein angemessener Ausgleich erfolgt – sittenwidrig.[112]

b. Verwendungsrisiko

Andere Regelungen knüpfen nicht an die Vergütung des Arbeitnehmers an, sondern an die Verwendung der Arbeitsleistung des Arbeitnehmers nach ihrem Umfang und/oder ihrer Dauer.

---

109 Staudinger/*Richardi/Fischinger*, § 615 BGB, Rn. 197.

110 Staudinger/*Fischinger*, § 138 BGB, Rn. 556 f.

111 LAG Hamm 16.10.1989 – 19 (13) Sa 1510/88.; ausführlich *Diepold*, Die leistungsbezogene Vergütung.

112 BAG 10.10.1990 – 5 AZR 404/89.

aa. Normalarbeitsverhältnis

Im Normalarbeitsverhältnis ist der Arbeitnehmer dauerhaft vollzeitig beschäftigt, so dass er seinen Bedarf durch die Arbeitsvergütung abdecken kann.[113] Das Risiko, dass der Unternehmer den Arbeitnehmer beschäftigen kann, trägt im Arbeitsverhältnis prinzipiell der Arbeitgeber.[114] Diese Form des Wirtschaftsrisikos wird nachfolgend deshalb als *Verwendungsrisiko* bezeichnet.

Anders als beim Dienst-[115] oder Werkvertrag[116] trägt der Arbeitgeber das Verwendungsrisiko im Arbeitsverhältnis dauerhaft. Seine Freiheit, sich von dem Arbeitnehmer zu lösen, ist durch das Kündigungsschutzgesetz ab einer bestimmten Größe seines Betriebs und die Dauer des Arbeitsverhältnisses (§§ 1 Abs. 1, 23 Abs. 1 KSchG) beschränkt. Nur unter den besonderen Voraussetzungen der sozialen Rechtfertigung kann das Arbeitsverhältnis vom Arbeitgeber beendet werden. Tritt der Fall ein, dass der Arbeitgeber den Arbeitnehmer wegen eines Wegfalls der bei Abschluss des Arbeitsvertrages zur Verfügung stehenden Arbeit nicht mehr einsetzen kann, kann der Arbeitgeber mit dem Instrument der betriebsbedingten Kündigung reagieren. Das Kündigungsschutzgesetz legt ihm nach § 1 Abs. 2 S. 1 KSchG die Last der Darlegung und des Beweises dafür auf, dass die Trennung von einem Mitarbeiter aufgrund dringender (Ultima-Ratio-Grundsatz) wirtschaftlicher Umstände und des daraus resultierenden Entfalls der zur Verfügung stehenden Arbeit nach einer zugrundeliegenden unternehmerischen Entscheidung (betriebliches Erfordernis) gerechtfertigt ist und der Arbeitgeber unter den in Frage kommenden die zu kündigenden Mitarbeiter unter bestimmten sozialen Gesichtspunkten ausgewählt hat (Sozialauswahl, § 1 Abs. 3 KSchG).[117]

bb. Besondere Arbeitsverhältnisse

Die Bemühungen, das Verwendungsrisiko im Rahmen des Arbeitsvertrages vom Arbeitgeber auf den Arbeitnehmer zu verschieben, sind vielfältig. Dass eine privatautonome Veränderung der beschriebenen Verteilung des Wirtschaftsrisikos grundsätzlich zulässig ist, steht außer Frage.[118] Selbst wenn individualvertraglich ausgehandelte Verträge (also gerade keine Formularverträge) vorliegen, findet die Vertragsfreiheit aber spätestens dort ihre Grenze, wo der Arbeitgeber das grundsätzlich ihm zugewiesene Wirtschaftsrisiko generell auf den Beschäftigten

---

113 Zum Begriff des Normalarbeitsverhältnisses *Persch*, NZA 2010, 77; ErfK/*Preis*, § 611a BGB, Rn. 144; *Schubert*, NJW 2010, 2613, 2614.

114 Staudinger/*Richardi*/*Fischinger*, § 615 BGB, Rn. 197.

115 *Riehm*/*Quirin*, JURA 2020, 1164.

116 *Riehm*/*Quirin*, JURA 2020, 1046.

117 *Fischinger*, Arbeitsrecht, Rn. 1013 ff.

118 BAG 11.07.1990 – 5 AZR 557/89 (Kurzarbeit); *Ring*, BuW 2000, 555, 557; *Gotthardt*, Arbeitsrecht nach der Schuldrechtsreform, Rn. 285.

verlagern oder den Kündigungsschutz nach dem KSchG umgehen will.[119] Die Verschiebungen des Verwendungsrisikos lassen sich unter dem Stichwort „Flexibilisierung“ zusammenfassen. Sie betreffen die zeitliche Dimension des Arbeitsverhältnisses (aaa.) und die im Synallagma stehenden Pflichten der Arbeitsleistung und -vergütung (bbb.).

aaa. Verwendungsrisiko und Arbeitszeit: Befristetes Arbeitsverhältnis

Gegenüber dem durch das Kündigungsschutzgesetz gewährleisteten, die Dauerhaftigkeit des Arbeitsverhältnisses sichernden Bestandsschutz stellt die Möglichkeit der Befristung des Arbeitsvertrages in der Regel für den Arbeitgeber eine *Flexibilisierung* und damit eine Verschiebung des Verwendungsrisikos vom Arbeitgeber auf den Arbeitnehmer dar.

Historisch setzte das BAG mit seiner Umgehungsrechtsprechung des Jahres 1960[120] dem von Arbeitgeberseite verfolgten Ziel, das Kündigungsschutzgesetz durch Befristungsabreden zu umgehen, eine Grenze. Befristungen waren danach nur noch möglich, wenn sie durch einen Sachgrund gerechtfertigt waren.

In Zeiten hoher Arbeitslosigkeit Ende der 70er, Anfang der 80er Jahre hemmte diese weitgehende Verlagerung des Verwendungsrisikos durch Erschwerung des Kündigungsrechts die Nachfrage nach Arbeitskräften. Ziel der seit 1985 erlassenen Beschäftigungsförderungsgesetze, die schließlich im Teilzeit- und Befristungsgesetz mündeten, war es, die grassierende Arbeitslosigkeit in bestimmtem Umfang durch die Zulassung sachgrundloser Befristungen und die damit verbundene Flexibilisierung des Arbeitsverhältnisses zu bekämpfen.[121]

Der mit dem Teilzeit- und Befristungsgesetz gefundene Kompromiss besteht darin, dass Arbeitgeber Arbeitnehmer ohne Sachgrund für einen Zeitraum von zwei Jahren befristet einstellen können (§ 14 Abs. 2 TzBfG), ohne das Verwendungsrisiko für die Zeit danach übernehmen zu müssen. Darüber hinaus hat der Gesetzgeber die Sachgründe normiert, die eine Befristung oder auflösende Bedingung des Arbeitsverhältnisses rechtfertigen. Die Flexibilisierung führte zu einer Verschiebung des Verwendungsrisikos vom Arbeitgeber auf den Arbeitnehmer.

119 BeckOGK/*Bieder*, § 615 BGB, Rn. 134.

120 BAG 12.10.1960 – GS 1/59; dazu *Rudnik*, Die Gesetzesumgehung in der Rechtsprechung des Bundesarbeitsgerichts, 128 ff., 169 ff., 187 ff.

121 BT-Drs. 10/2102; Zur Geschichte der Beschäftigungsförderungsgesetze *Buschmann*, ArbuR 2017, Nr. 8–9, G17–G20, bzw. später im Teilzeit- und Befristungsgesetz; dazu eingehend: *Rudnik*, Die Gesetzesumgehung in der Rechtsprechung des Bundesarbeitsgerichts, 185 ff.

bbb. Verwendungsrisiko und Leistungsumfang: Abrufarbeitsverhältnis und Rahmenvertrag

Beispiele für Instrumente, die – ähnlich wie die untersuchten Gestaltungen – den Einsatz des Arbeitnehmers und in der Folge auch dessen Vergütungsanspruch an den wechselnden Arbeitskräftebedarf des Arbeitgebers anpassen und damit flexibilisieren können, sind Abrufarbeitsverhältnisse (1) und mit Einzelarbeitsverträgen kombinierte Rahmenverträge (2).

(1) Abrufarbeit

Die aus den KAPOVAZ[122]-Abreden hervorgehende Abrufarbeit hat den Sinn, die Arbeitsleistung des Arbeitnehmers und dadurch auch den Lohn, den der Arbeitgeber zu zahlen verpflichtet ist, an den tatsächlichen Bedarf des Arbeitgebers flexibel anzupassen.

Seit Mitte der 80er Jahre bemühte sich der Gesetzgeber um eine *Flexibilisierung* der Arbeitsverhältnisse. Ergebnis dieser Bemühungen waren ab dem Jahr 1985 Regelungen zur Abrufarbeit in den Beschäftigungsförderungsgesetzen[123]. Neben der Ermöglichung sachgrundlos befristeter Arbeitsverträge[124] wollte der Gesetzgeber mit den Beschäftigungsförderungsgesetzen die Arbeitszeit im Arbeitsverhältnis flexibilisieren. Folge war der Erlass des § 4 BeschFG[125], der inhaltlich in § 12 TzBfG[126] übernommen wurde. Diese Normen schufen für die Abrufarbeit einen Rahmen, der verhindern sollte, dass dem Arbeitnehmer über diese Vertragsgestaltungen das gesamte Wirtschaftsrisiko übertragen wird, indem Beschäftigungs- und Vergütungspflicht nur bei tatsächlichem Bedarf des Arbeitgebers entstehen.[127]

---

122 Kapazitätsorientierte variable Arbeitszeit.

123 Zur Geschichte der Beschäftigungsförderungsgesetze *Buschmann*, ArbuR 2017, Nr. 8–9, G17–G20.

124 BT-Drs. 10/2102.

125 BGBl. I. 1985, 710: „§ 4 Anpassung der Arbeitszeit an den Arbeitsanfall (1) Vereinbaren Arbeitgeber und Arbeitnehmer, dass der Arbeitnehmer seine Arbeitsleistung entsprechend dem Arbeitsanfall zu erbringen hat, so muss zugleich eine bestimmte Dauer der Arbeitszeit festgelegt werden; ist eine bestimmte Dauer der Arbeitszeit nicht festgelegt worden, so gilt eine wöchentliche Arbeitszeit von 10 Stunden als vereinbart. (2) Der Arbeitnehmer ist zur Arbeitsleistung nur verpflichtet, wenn der Arbeitgeber ihm die Lage seiner Arbeitszeit jeweils mindestens vier Tage im Voraus mitteilt. (3) Ist in der Vereinbarung die tägliche Dauer der Arbeitszeit nicht festgelegt, so ist der Arbeitgeber verpflichtet, den Arbeitnehmer jeweils für mindestens drei aufeinanderfolgende Stunden zur Arbeitsleistung in Anspruch zu nehmen."

126 BT-Drs. 14/4374.

127 Meinel/Heyn/Herms/*Heyn*, TzBfG, § 12, Rn. 3.

Das auch in der Wirtschaftsverfassung der sozialen Marktwirtschaft nie zu stillende Bedürfnis der Arbeitgeber nach Flexibilisierung führt über § 12 TzBfG hinaus zu der „Blüte“ des 0-Stunden-Arbeitsvertrages.[128] Der Arbeitgeber sagt dem Arbeitnehmer überhaupt keine feste Arbeitszeit mehr zu. Dementsprechend hängt auch der Lohn in voller Höhe von dem nach den Vorstellungen des Arbeitgebers und seinen Bedürfnissen abhängigen, ansonsten freien Abruf ab.

Die mit dem Instrument bewirkte Flexibilität für den Arbeitgeber bewirkt, dass das Verwendungsrisiko in gewissem Umfang (§ 12 TzBfG) oder vollständig (0-Stunden-Vertrag) auf den Arbeitnehmer überwälzt wird.

(2) Rahmenvertrag

Auch die Rahmenvereinbarungen mit Einsatz- oder Dienstplänen, auf deren Grundlage der Arbeitnehmer für jeden Einsatz Einzelverträge schließt, stellen Instrumente zur Flexibilisierung des Arbeitsverhältnisses an den Bedarf des Arbeitgebers und damit partielle Übertragungen des Wirtschaftsrisikos dar.[129] Die Vertragsgestaltung entspringt dem Bedürfnis des Unternehmers nach einer bestimmten Organisation des Arbeitseinsatzes. Trotz der Regelung der Abrufarbeit in den Beschäftigungsförderungsgesetzen sowie nachfolgend im Teilzeit- und Befristungsgesetz hat die Rechtsprechung diese Vertragsgestaltung nicht als funktionswidrige Vertragsgestaltung durch Gesetzesumgehung eingestuft.

Ausgangspunkt ist das Bedürfnis des Unternehmers, immer nur dieselben – bekannten, eingearbeiteten, erprobten und zuverlässigen – Arbeitskräfte einzusetzen, ohne einen dauerhaften Arbeitsvertrag zu schließen.[130]

Auf den ersten Blick verwundert, dass diese Vertragsgestaltung nicht an § 12 TzBfG, gegebenenfalls in entsprechender Anwendung, zu messen ist. Nach der ständigen Rechtsprechung des BAG sind die Arbeitsvertragsparteien aber nicht gezwungen, Abrufarbeitsverhältnisse zu begründen.[131] Es könne durchaus sachgerecht sein, Bedingungen von noch abzuschließenden Einzelverträgen in einer nicht als Arbeitsverhältnis zu qualifizierenden Rahmenvereinbarung niederzulegen und darauf bei Abschluss der Einzelverträge jeweils Bezug zu nehmen. Diese

---

128 *Böttcher*, Der Null-Stunden-Vertrag, passim; *Rudnik*, Die Gesetzesumgehung in der Rechtsprechung des Bundesarbeitsgerichts, 251 ff.; allgemein zu den Bandbreitenregelungen im Arbeitsrecht *Pletke/Schrader/Siebert/Thoms/Klagges/Teubert*, Rechtshandbuch Flexible Arbeit, Rn. 589 ff.

129 Meinel/Heyn/Herms/*Heyn*, § 12 TzBfG, Rn. 13, dort auch zu weiteren arbeitsvertraglichen Gestaltungen zur Flexibilisierung der Arbeitszeit wie Gleitzeit, Rufbereitschaft, Vertrauensarbeitszeit und Überstunden; zum Crowdworking jüngst: BAG 01.12.2020 – 9 AZR 102/20.

130 Festschrift Däubler/*Reinecke*, 117 f.; BAG 16.04.2003 – 7 AZR 187/02; BAG 31.07.2002 – 7 AZR 181/01; MüKo/*Müller-Glöge*, § 12 TzBfG, Rn. 11.

131 BAG 31.07.2002 – 7 AZR 181/01; Meinel/Heyn/Herms/*Heyn*, § 12 TzBfG, Rn. 13.

Vertragsgestaltung sei kein Missbrauch einer zulässigen rechtlichen Gestaltungsmöglichkeit oder eine Umgehung des BeschFG bzw. des TzBfG. Der durch § 4 BeschFG und § 12 TzBfG vermittelte Schutz des Arbeitnehmers sei nur geboten, wenn dieser sich zur dauerhaften Erbringung seiner Arbeitsleistung verpflichtet habe. Fehle es an einer solchen Verpflichtung, greifen diese Normen nach feststehender Rechtsprechung des BAG nicht ein,[132] mit der Folge, dass der Anwendungsbereich der §§ 4 BeschFG, 12 TzBfG erheblich eingeschränkt wird.

Die Literatur hat sich zur Rechtsprechung des BAG nicht nur zustimmend geäußert.[133] Es wurde durchaus erkannt, dass sich Beschäftigte bei dieser Vertragsgestaltung dem Status des „Tagelöhners" nähern.[134] Sie befinden sich im Zustand permanenter Vertragsanbahnung[135], haben keine Urlaubs- und Entgeltfortzahlungsansprüche und genießen keinerlei Bestandsschutz.[136] Dementsprechend wird dieses Vertragsmodell auch von interessierter Seite empfohlen.[137] *Laux* weist ausdrücklich darauf hin, dass diese Rechtsprechung nur insoweit keinen Bedenken begegne, als eine Verpflichtung aus dem Rahmenvertrag nicht bestehe und dass insoweit ein objektives Verständnis zugrunde gelegt werden müsse.[138] Der Status des auf der Grundlage eines Rahmenvertrages Beschäftigten richte sich nicht danach, wie die Vertragsparteien das Rechtsverhältnis bezeichnen, sondern danach, wie die Vertragsbeziehungen nach ihrem Geschäftsinhalt objektiv einzuordnen sind.[139] Nur bei einem Bestimmungsrecht beider Seiten hinsichtlich des Arbeitseinsatzes bestehe keine Verpflichtung.[140] Ein – auch nur faktisches – einseitiges Bestimmungsrecht des Unternehmers – für das die Aufnahme in einen

---

132 Meinel/Heyn/Herms/*Heyn*, § 12 TzBfG, Rn. 35; anders das LAG Berlin 12.01.1999 – 12 Sa 113/98 und 122/98, das die Vertragsgestaltung für eine funktionswidrige Umgehung hielt.

133 Laux/Schlachter/*Laux*, § 12 TzBfG Rn. 17 ff.; *Strasser/Melf*, ArbuR 2006, 342; früher bereits Buschmann/Dieball/Stevens-Bartol/*Buschmann*, § 4 BeschFG, Rn. 14.

134 *Buschmann*, AuR 2003, 308.

135 Laux/Schlachter/*Laux*, § 12 TzBfG, Rn. 18; ebenso ausdrücklich Österreich Oberster Gerichtshof Wien, EuGH-Vorlage vom 08.08.2002 – 8 ObA 277/01w – abrufbar unter https://rdb.manz.at/document/ris.just.JJT_20020808_OGH0002_008OBA00277_01W0000_000, zuletzt abgerufen am 10.07.2022; ArbuR 2003, 303 sowie juris (nur Leitsätze).

136 *Lindemann*, BB 2003, 527.

137 *Hunold*, NZA 1996, 113 ff.; *Hunold*, NZA 2003, 896 ff.

138 Laux/Schlachter/*Laux*, § 12 TzBfG, Rn. 20; *Hahn*, Flexible Arbeitszeit, Rn. 803 f.

139 Laux/Schlachter/*Laux*, § 12 TzBfG, Rn. 20; *Strasser/Melfs*, ArbuR 2006, 342, 344; anders wohl der BFH 20.12.2017 – I R 98/15, der auf eine rechtliche Verpflichtung abstellt.

140 *Hermann*, AnwBl 1990, 537.

Pool oder Dienstplan indiziell sei – müsse zur Anwendbarkeit der Regelungen zur Abrufarbeit (§§ 4 BeschFG, 12 TzBfG) führen.[141]

Diese Vertragsgestaltung findet sich keineswegs nur bei studentischen Hilfskräften, Rettungssanitätern und sonstigen Aushilfen, sondern im Bereich des professionellen Sports bei den Verträgen zwischen dem Deutschen Fußball-Bund und seinen Bundesliga-Schiedsrichtern. Die bisherige, allerdings nicht höchstrichterliche Rechtsprechung geht einhellig davon aus, dass der Rahmenvertrag des DFB mit den Schiedsrichtern nicht als Arbeitsvertrag einzustufen sei. Arbeitsverträge seien nur die einzelnen Einsatzverträge.[142]

Die Rechtsprechung des BAG, die diese Gestaltungsoption abgesegnet hat, eröffnet dem Unternehmer *Flexibilität*, indem er bereits im Ansatz den Bindungen des Arbeitsrechts entgeht. Der Unternehmer kann auf den Vertragspartner durch Aufnahme in den Dienstplan zurückgreifen, muss es aber nicht. Hat der Unternehmer für den Vertragspartner keine Verwendung, entsteht kein Vergütungsanspruch. Das Verwendungsrisiko liegt vollständig beim Mitarbeiter. Dass der gegebenenfalls von den Einkünften abhängige Mitarbeiter Einsätze faktisch nicht absagen kann, wenn er zukünftig Berücksichtigung finden soll, fällt mehr oder weniger unter den Tisch.

c. *Flexibilität = Verschiebung des Wirtschaftsrisikos*

So wie erfolgsabhängige Vergütungen das Vergütungsrisiko auf den Arbeitnehmer verschieben, verlagern die Befristung des Arbeitsverhältnisses, die Abrufarbeit nach § 12 TzBfG und Rahmenvereinbarungen mit Einzelarbeitsverträgen außerhalb des Anwendungsbereichs des § 12 TzBfG das Wirtschaftsrisiko in Form des Verwendungsrisikos gegenüber dem Normalarbeitsverhältnis auf den Arbeitnehmer. Allen diesen Instrumenten liegt das Bestreben des Arbeitgebers nach Flexibilisierung des Arbeitsvertrages und der aus ihm resultierenden Pflichten zugrunde.

3. Verwendungsrisiko im Arbeitsrecht des professionellen Fußballs

Die Instrumente zur Verlagerung des Verwendungsrisikos vom Arbeitgeber auf den Arbeitnehmer im professionellen Fußball sind zum einen die Befristung des Arbeitsvertrages (a.) und zum anderen die Gestaltung von arbeitgeberbegünstigenden Laufzeitregelungen (b.).

---

141 *Hahn*, Flexible Arbeitszeit, Rn. 813.

142 LAG Hessen 15.03.2018 – 9 Sa 1399/16. Zur Altersgrenze für Bundesliga-Schiedsrichter unter dem Aspekt des AGG: *Kainer/Halkenhäuser*, NJW 2021, 3223; *Breucker*, Der Schiedsrichter im deutschen Profifußball als Arbeitnehmer, 61 ff.; *Breethold*, Rechtsstellung der Elite-Schiedsrichter des Fußballs in Deutschland, 70 ff.

a. Befristung

Aus diesem Aspekt stellt die grundsätzliche Befristung aller Arbeitsverhältnisse im professionellen Sport eine (partielle) Verlagerung des Verwendungsrisikos auf den Arbeitnehmer dar. Anders als im Normalarbeitsverhältnis gilt im professionellen Fußball nicht das Modell der (lebenslangen) dauerhaften Beschäftigung. Dass das Arbeitsverhältnis des professionellen Fußballspielers vor dem Hintergrund des Teilzeit- und Befristungsgesetzes kein „Normalarbeitsverhältnis“ darstellt, hat das BAG in der *Heinz-Müller*-Entscheidung begründet[143] und damit die mit der Befristung verbundene Verlagerung des Verwendungsrisikos gegenüber dem „Normalarbeitsverhältnis“ legitimiert.

b. Laufzeitregelungen

Auch durch den Arbeitgeber begünstigende Laufzeitregelungen verlagert der Arbeitgeber das Verwendungsrisiko. Eignet sich der Spieler nicht, passt er nicht ins sportliche Konzept oder reichen die wirtschaftlichen Voraussetzungen des Arbeitgebers nicht aus, erlauben diese Regelungen, die arbeitsvertraglichen Bindungen zu beenden. Die damit verbundene Flexibilität ermöglicht dem Arbeitgeber, auf sich ändernde Rahmenbedingungen oder enttäuschte Erwartungen zu reagieren und die Investition abzubrechen. So wie im Abrufarbeitsverhältnis der Einsatz des Arbeitnehmers an den tatsächlichen Bedarf des Arbeitgebers angepasst werden kann, erreicht der Arbeitgeber durch die oben dargestellten, zu seinen Gunsten in den Vertrag einbezogenen Laufzeitregelungen eine Flexibilität, die er bei Abschluss eines befristeten Vertrages über die gesamte Laufzeit (Grundlaufzeit und Verlängerungs- bzw. Optionszeitraum) nicht hätte.

Geht es wie bei – zu Gunsten des Arbeitgebers konzipierten – Laufzeitregelungen darum, die vertraglichen Bindungen in Bezug auf den Optionszeitraum leistungsabhängigen Kriterien zu unterwerfen, berührt dies ebenfalls das Verwendungsrisiko. Denn die Arbeitsleistung ist dem Arbeitnehmer möglich; der Arbeitgeber wäre auch dazu in der Lage, sie betrieblich zu verwerten, er hat aber nur unter bestimmten, aus der Klausel ersichtlichen Umständen an der weiteren Arbeitsleistung ein fortdauerndes Interesse.[144]

4. Ergebnis

Flexibilisierung des Arbeitsvertrages durch Vereinbarung einseitig eine Partei begünstigender Laufzeitregelungen bedeutet im Ergebnis die mit einer Erhöhung des Wertes einer Investition durch die gewonnenen Handlungsspielräume verbundene Verlagerung des Verwendungsrisikos auf die andere vertragsschließende Partei. Das wirtschaftliche Interesse an der Flexibilisierung des Arbeitsvertrages hat somit die

143 BAG 16.01.2018 – 7 AZR 312/16 *(Heinz Müller)*.

144 *Kroll*, Arbeitszeitkonten und ihre Abwicklung, 161.

„juristische Kehrseite“ in den Grundsätzen des Verwendungsrisikos und muss sich daran messen lassen.

Kapitel 2 Bestandsaufnahme: Die Entwicklung von Rechtsprechung und Literatur zu ein- und zweiseitigen Opt-in-Verlängerungsoptionen – vom gesetzlichen Verbot zur Inhaltskontrolle

Historisch sind *ein- und zweiseitige* Opt-in-Verlängerungsoptionen in den Arbeitsverträgen professioneller Fußballspieler und ihre Beurteilung durch Rechtsprechung und Literatur mit der Geschichte der verbandsrechtlichen Transfersysteme und deren wirtschaftlicher Bedeutung für die Vereine eng verknüpft. Ohne die Kenntnis dieser historischen Zusammenhänge, die nachfolgend dargestellt werden sollen, lässt sich die Entwicklung von Rechtsprechung und Literatur nur schwer nachvollziehen.

§ 4 Transfersysteme und Art. 12 GG: Entstehung des „Paragraph 11"

Erste Transfersysteme entstanden bereits im späten 19. Jahrhundert als Folge der Professionalisierung des Fußballs in England.[145] Zum Schutz kleinerer, wirtschaftlich schwächerer Akteure band das „retain system" den Spieler an seinen Verein. Das „transfer system" regelte, unter welchen Bedingungen eine den Wechsel ermöglichende Freigabe erfolgen konnte.[146]

Auf europäischer Ebene bestanden seit 1981 die „Regulations of principles of cooperation between clubs of different national associations of the EEC-Countries".[147] Nur wenn ein Verein einem Spieler vor Auslaufen seines Vertrages keinen neuen Vertrag anbot, konnte der Spieler – wieder als Amateur eingestuft – ablösefrei

145 *Schultze-Marmeling*, Fußball, 119 ff.; ausführlich zur Geschichte des englischen Transfersystems und zum Fall Eastham v Newcastle United, Andersen/*Boyes*, Eastham v Newcastle United FC ltd. (1964), in: Leading Cases in Sports Law, 77 ff.

146 Colucci/Hendrickx/*Parish*, Regulating Employment Relationships in Professional Football, 129, 130 ff. mit weiteren Nachweisen; *Malatos*, Berufsfußball im europäischen Rechtsvergleich, 107; *Dinkelmeier*, Das Bosman-Urteil, 24 f.; *Dalinger*, Der Vertragsbruch des Berufsfußballspielers und die Rechtsfolgen nach Art. 17 FIFA-RSTS, 51 ff.

147 Dargestellt in EuGH 15.12.1995 – C-415/93 *(Bosman)*, Rn. 12 ff.

wechseln. Unterbreitete der Verein seinem Spieler dagegen ein Angebot, konnte der Spieler nur gegen Zahlung einer Ablösesumme wechseln, auch wenn er dieses Angebot ablehnte. Abgebender und aufnehmender Verein verhandelten frei über die Ablösesumme. Konnten sie sich nicht einigen, entschied eine Kommission der UEFA über deren Höhe. Kam es nicht zu einem neuen Arbeitsvertrag zwischen Spieler und aufnehmendem Club, konnte der Spieler zu den zuvor angebotenen Bedingungen bei seinem alten Club bleiben. Lehnte der Spieler nach wie vor einen entsprechenden Vertrag ab, konnte der Verein eine Sperre gegen den Spieler erwirken.

Analog regelte das Lizenzspielerstatut des Deutschen Fußballbundes in § 29 Abs. 1 Nr. 1, dass der Wechsel eines Profispielers von seinem alten zu einem neuen Verein auch nach Ablauf seines Vertrages von der Zahlung einer von abgebendem und aufnehmendem Verein frei zu vereinbarenden Transferentschädigung abhängig gemacht werden konnte.[148] Diese Entschädigung stand dem abgebenden Verein auch dann zu, wenn er den wechselwilligen Spieler ohnehin nicht weiter beschäftigen wollte. Kam es nicht zu einer Einigung über die Ablösesumme, war der Spieler in der freien Wahl seines Arbeitsplatzes eingeschränkt.[149]

In der Bundesrepublik sah sich dieses Transfersystem unter dem Aspekt des Art. 12 Abs. 1 GG bereits seit Beginn der 1970er Jahre verfassungsrechtlichen Bedenken ausgesetzt. Die ganz überwiegende Meinung in der Literatur war der Auffassung, dass die Verpflichtung zur Zahlung einer Transferentschädigung nach Ablauf eines Vertrages als Voraussetzung für einen Wechsel des Arbeitsplatzes das Recht des Lizenzspielers aus Art. 12 GG rechtswidrig beschränke und auch im Verhältnis zwischen Verband und professionellem Fußballspieler aufgrund der mittelbaren Drittwirkung der Grundrechte im Zivilrecht gemäß § 138 BGB nichtig sei.[150]

---

148 „Ein Verein der Lizenzligen, der einen Spieler eines anderen Vereins unter Vertrag nimmt, ist zur Zahlung einer Transferentschädigung an diesen Verein verpflichtet"; zitiert nach *Trommer*, Die Transferregelungen im Lichte des „Bosman-Urteils" im Vergleich zu den Mechanismen im bezahlten amerikanischen Sport 40; *Grodde*, Der Einfluss des Europarechts auf die Vertragsfreiheit autonomer Sportverbände in Deutschland, 119 ff.; die bis zur Aufhebung durch den DFB am 27.04.1996 geltende Fassung des Lizenzspielerstatuts ist wiedergegeben bei *Rybak*, Das Rechtsverhältnis zwischen dem Lizenzfußballspieler und seinem Verein 356 ff., vgl. im Übrigen die eingehende Darstellung der Transferbestimmungen bei *Eilers*, Die Regelungen der Fußballverbände im Amateur- und Berufsfußball auf nationaler und internationaler Ebene; 7 ff.

149 Das Lizenzspielerstatut in der Fassung vom 01.05.1978 findet sich bei *Westerkamp*, Ablöseentschädigungen im bezahlten Sport, 200 ff.

150 *Trommer*, Die Transferregelungen im Lichte des „Bosman-Urteils" im Vergleich zu den Mechanismen im bezahlten amerikanischen Sport, 46; *Preis*, Die Lizenzspieler im Bundesligafußball, 57 ff.; *Börner*, Berufssportler als Arbeitnehmer, 86 ff.; *Burmeister*, DÖV 1978, 1, 6; *Mümmler*, Der Spielertransfer im Bundesligafußball, 115 f.;

Auch die Verbandsautonomie nach Art. 9 GG konnte nach Auffassung der herrschenden Meinung das Transfersystem nicht rechtfertigen. Unter dem Aspekt der vom Bundesverfassungsgericht im Apothekenurteil[151] entwickelten Stufentheorie handle es sich bei dem Transfersystem um eine objektive Berufszulassungsvoraussetzung, die nur dann zulässig sei, wenn sie der Abwehr schwerwiegender Gefahren für überragend wichtige Gemeinschaftsgüter diene. Die objektive Schranke für die freie Wahl des Arbeitsplatzes sei nur durch überragend wichtige Interessen des Verbandes zu rechtfertigen. Bereits in der verfassungsrechtlichen Diskussion zum Transfersystem in den 70er und 80er Jahren in der Bundesrepublik wurde deutlich, dass eine derartige Legitimation nicht gegeben war.[152]

In seinem Urteil vom 21.06.1979[153] nahm das Landesarbeitsgericht Berlin diese Bedenken auf. Zum 30.06.1978 hatte *Hans-Jürgen Baake* seinen Vertrag mit *Tennis Borussia Berlin* gekündigt, um einen neuen Verein zu suchen. *Tennis Borussia* setzte die Ablösesumme auf 450.000 DM fest, die kein Verein für *Baake* zahlen

---

Schennen, Die Verfassungsmäßigkeit von Ablösesummen im Berufsfußball, 165 ff.; *Becker*, Verfassungsrechtliche Schranken für die Regelung des Lizenzfußballsports in der Bundesrepublik Deutschland, 132 ff.; *Füllgraf*, Der Lizenzfußball – Eine vertragliche Dreierbeziehung im Arbeitsrecht, 86 ff.; *Westerkamp*, Ablöseentschädigungen im bezahlten Sport, 110 ff.; *Klatt*, Die arbeitsrechtliche Stellung des Berufsfußballspielers, 90 ff.; *Sutter*, Rechtsfragen des organisierten Sports, unter besonderer Berücksichtigung des Einzelarbeitsvertrages, 282 ff.; *Alberts*, JuS 1972, 590; *Stern*, Grundrechte der Sportler, in: Schröder/Kaufmann, Sport und Recht, 154; *Arens*, SpuRt 1994, 179, 186; einzelne Autoren schlugen die Beibehaltung eines Transfersystems unter der Voraussetzung von Korrekturen vor: *Buchner*, Die Rechtsverhältnisse im deutschen Lizenzfußball, RdA 1982, 12 f.; *Reuter*, NJW 1983, 649, 653 ff.; *Siegmann*, Gewährleistungsansprüche beim Spielertransfer?, in: WFV, Rechtsprobleme beim Vereinswechsel eines Fußballspielers, 43 f., *Rückert*, Die Rechtsgrundlagen der Sportgerichtsbarkeit des DFB, in: Schröder/Kaufmann, Sport und Recht, 186 f., *Weiland*, Die Rechtsstellung des Lizenzspielers in der Fußball-Bundesliga – zugleich ein Beitrag zur allgemeinen Verbände-Diskussion, 315 ff.; *Malatos*, Berufsfußball im europäischen Rechtsvergleich, 139 ff.; *Poschenrieder*, Sport als Arbeit – Konsequenzen aus arbeitsrechtlicher Sicht unter Einbeziehung der Grundrechte, 266 f.; *Westermann*, Der Sportler als „Arbeitnehmer besonderer Art" – Zur Durchdringung von arbeitsrechtlichen Regelungen durch vereins- und verbandsautonome Bestimmungen in: Reschke, Recht und Sport Nr. 4 – Sport als Arbeit, 49 f; *Schellhaaß*, RdA 1984, 218, 219 ff.

151 BVerfG 11.06.1958 – 1 BvR 596/56.

152 *Trommer*, Die Transferregelungen im Lichte des „Bosman-Urteils" im Vergleich zu den Mechanismen im bezahlten amerikanischen Sport, S. 48 f. mit weiteren Nachweisen.

153 LAG Berlin 21.06.1979 – 4 Sa 127/78.

wollte. Selbst als *Tennis Borussia* auf *Baakes* Drängen seine Forderung zunächst auf 300.000 DM und später auf 200.000 DM reduzierte, fand der Spieler keine neue Mannschaft und klagte. *Baake* unterlag vor dem Arbeitsgericht und ging in die zweite Instanz.[154] Das Landesarbeitsgericht schloss sich den verfassungsrechtlichen Bedenken gegen das Transfersystem des DFB an. Die Regelungen im Verbandsrecht des DFB zu den Ablösesummen im Lizenzspielerstatut verstießen nach Auffassung des Gerichts gegen das Grundrecht des Art. 12 GG, den gewählten Arbeitsplatz beizubehalten, aufzugeben und zu wechseln. Die Vertragsfreiheit stehe nicht entgegen: Die Privatautonomie stehe gemäß Art. 2 Abs. 1 GG unter dem Vorbehalt, dass Rechte anderer nicht verletzt werden.

Tennis Borussia legte gegen das Urteil des Landesarbeitsgerichts Revision zum BAG ein. Zu einer Entscheidung kam es nicht. *Baake* schloss im Dezember 1979 einen Vergleich, der Verein erteilte – möglicherweise auf Druck des Deutschen Fußballbundes[155] – seine Freigabe, verzichtete auf die Revision, und *Baake* konnte beim Berliner Bundesligisten *Hertha BSC* wieder Fußball spielen.

Es ist müßig, darüber zu spekulieren, ob die *Bosman*-Entscheidung den Deutschen Fußballbund überrascht hat oder nicht. Selbst wenn die Gefahr aus der europarechtlich gewährleisteten Arbeitnehmerfreizügigkeit aufgrund der Entscheidungen zu verbandsrechtlichen Ausländerbeschränkungen vielleicht nicht auf der Hand gelegen haben mag, die aus Art. 12 GG abgeleiteten verfassungsrechtlichen Bedenken waren keine Neuigkeiten, auch wenn es den Parteien im *Baake*-Verfahren gelang, eine Revisionsentscheidung des BAG durch einen Vergleich abzuwenden.[156]

Zunächst änderte der DFB im Jahr 1980 das Lizenzspielerstatut. Soweit sich abgebender und aufnehmender Verein über die Transfersumme nicht einigen konnten, war nun ein Schiedsgutachter zur Entscheidung über die Höhe der Transfersumme berufen, um mögliche Willkür der Clubs beim Transfer zu beschränken.[157]

---

154 *Dinkelmeier,* Das Bosman-Urteil; Das Bosman-Urteil des EuGH und seine Auswirkungen auf den Profifußball in Europa, 36 f.; *Christ,* Die Zeit vom 15.08.1980, https://www.zeit.de/1980/34/zu-teuer-zum-arbeiten/seite-2, zuletzt abgerufen am 10.07.2022.

155 *Christ,* Die Zeit vom 15.08.1980, https://www.zeit.de/1980/34/zu-teuer-zum-arbei ten/seite-2, zuletzt abgerufen am 10.07.2022.

156 *Trommer,* Die Transferregelungen im Lichte des „Bosman-Urteils" im Vergleich zu den Mechanismen im bezahlten amerikanischen Sport, Fn. 130; *Christ* Die Zeit vom 15.08.1980, https://www.zeit.de/1980/34/zu-teuer-zum-arbeiten/seite-2, zuletzt abgerufen am 10.07.2022.

157 *Dalinger,* Der Vertragsbruch des Berufsfußballspielers und die Rechtsfolgen nach Art. 17 FIFA-RSTS 51; *Dinkelmeier,* Das Bosman-Urteil des EuGH und seine Auswirkungen auf den Profifußball in Europa, 34 f.; *Rybak,* Das Rechtsverhältnis zwischen dem Lizenzfußballspieler und seinem Verein, 211.

1984 folgte eine weitere Änderung, die den Beginn der Diskussion um die rechtliche Wirksamkeit von Opt-in-Verlängerungsoptionen in den Arbeitsverträgen professioneller Fußballspieler markiert: In § 11 des Lizenzspielerstatuts führte der DFB eine Neuregelung ein, die danach in die Spielerverträge zwischen Verein und Spieler in „Paragraph 11“ regelmäßig Eingang fand.[158] Im Anschluss an die Regelung von Vertragsbeginn und -ende in § 10, der eine grundsätzliche zeitliche Befristung zum 30.06. eines Jahres vorsah, enthielt § 10 des Spielervertrages zunächst eine zweiseitige Opt-out-Verlängerung[159]. Der Vertrag sollte sich automatisch verlängern, wenn er nicht bis zu dem der Vertragsbeendigung vorausgehenden 30. April durch eingeschriebenen Brief gekündigt wird. Unter der Überschrift „Transferbestimmungen“ fand sich anschließend in § 11 Abs. 4 des Spielervertrages folgende Regelung:

> Werden diese Bestimmungen nach Abschluss dieses Vertrages dahingehend geändert, dass die bisherige Transferentschädigungsregelung (§§ 29 ff. LSpSt) teilweise oder ganz entfällt, so verpflichtet sich der Spieler, den Vertrag unter den seitherigen Bedingungen um ein Jahr fortzusetzen, falls der Verein es wünscht. Unter den gleichen Umständen verpflichtet sich der Verein, den Vertrag mit dem Spieler um ein Jahr zu den bisherigen Bedingungen fortzusetzen, falls der Spieler es wünscht. Verein und Spieler müssen in diesem Fall bis zu dem der Vertragsbeendigung vorausgehenden 30. April erklärt haben, ob sie von dieser Option Gebrauch machen wollen. Unterbleibt die Erklärung, so endet der Vertrag entsprechend der in § 10 getroffenen Vereinbarung.

Solange die Transferentschädigungsregelungen des Lizenzspielerstatuts als wirksam galten, die Unwirksamkeit des Transfersystems mithin noch nicht höchstrichterlich festgestellt war, führte „Paragraph 11“ ein Schattendasein. Weder in der Literatur noch in der Rechtsprechung kam es zu Auseinandersetzungen über diese Regelung. Erst mit dem Ende des Transfersystems in der Bundesrepublik in der Folge der *Bosman*-Entscheidung änderte sich das.

§ 5 Die *Bosman*-Entscheidung des Europäischen Gerichtshofs – das Ende der Transfersysteme

Auch die Diskussion über die Frage, ob die verbandsrechtlichen Transfersysteme im professionellen Fußball mit europarechtlichen Vorgaben insbesondere des damaligen Art. 48 des EG-Vertrag[160] in Einklang stehen, begann keineswegs erst

158 *Arens/Jacques,* SpuRt 1997, 41.

159 Wiedergegeben in: *Rybak,* Das Rechtsverhältnis zwischen dem Lizenzfußballspieler und seinem Verein, S. 330 ff.

160 Art. 48 EG-Vertrag in der Fassung von 1992, Amtsblatt der Europäischen Gemeinschaften, C 224 vom 31.08.1992: „Artikel 48 (1) Spätestens bis zum Ende der Übergangszeit wird innerhalb der Gemeinschaft die Freizügigkeit der Arbeitnehmer

mit dem *Bosman*-Verfahren. Nach den Entscheidungen des Europäischen Gerichtshofs in der Sache *Walrave/Koch*[161] im Jahr 1974 und *Dona/Mantero*[162] 1976 zu Ausländerbeschränkungen unterlag keinem Zweifel mehr, dass Art. 48 EG-Vertrag in seinem Geltungsbereich jede auf der Staatsangehörigkeit beruhende ungleiche Behandlung verbietet und der Berufssport trotz seiner Autonomie nicht außerhalb des europäischen Rechts steht. Das in ganz Europa auf verbandsrechtlichen Regelungen beruhende Transfersystem war zwar nicht Gegenstand der Rechtsprechung des Europäischen Gerichtshofs. Zu entnehmen war den Urteilen aber, dass sich auch verbandsrechtliche Regelungen im professionellen Sport an den Maßstäben des Europarechts messen lassen müssen.

Auch wenn die europarechtlich garantierte Arbeitnehmerfreizügigkeit nur grenzüberschreitende Sachverhalte regelt und der Europäische Gerichtshof die in *Walrave/Koch* entwickelten Vorbehalte nicht auf den nationalen Profisportbetrieb übertrug[163], war den Entscheidungen doch ein starkes Indiz für eine restriktive Haltung des Europäischen Gerichtshofs zu den Sperrklauseln der Transfersysteme zu entnehmen. Das verbandsrechtliche Transfersystem sah sich damit bereits relevanter Kritik mit den Argumenten „Art. 12 GG" und der „Arbeitnehmerfreizügigkeit" ausgesetzt.[164]

---

hergestellt. (2) Sie umfasst die Abschaffung jeder auf der Staatsangehörigkeit beruhenden unterschiedlichen Behandlung der Arbeitnehmer der Mitgliedstaaten in Bezug auf Beschäftigung, Entlohnung und sonstige Arbeitsbedingungen. (3) Sie gibt – vorbehaltlich der aus Gründen der öffentlichen Ordnung, Sicherheit und Gesundheit gerechtfertigten Beschränkungen – den Arbeitnehmern das Recht, a) sich um tatsächlich angebotene Stellen zu bewerben; b) sich zu diesem Zweck im Hoheitsgebiet der Mitgliedstaaten frei zu bewegen; c) sich in einem Mitgliedstaat aufzuhalten, um dort nach den für die Arbeitnehmer dieses Staates geltenden Rechts- und Verwaltungsvorschriften eine Beschäftigung auszuüben; d) nach Beendigung einer Beschäftigung im Hoheitsgebiet eines Mitgliedstaats unter Bedingungen zu verbleiben, welche die Kommission in Durchführungsverordnungen festlegt. (4) Dieser Artikel findet keine Anwendung auf die Beschäftigung in der öffentlichen Verwaltung."

161 EuGH 12.12.1974 – C-36/74.

162 EuGH 14.07.1976 – C-13/76.

163 *Jung*, Das internationale Sportverbandsrecht im Geltungsbereich des europäischen Unions- und Assoziierungsrechts, 81; *Hilf*, NJW 1984, 517, 522; *Palme/Hepp-Schwab/Wilske*, JZ 1994, 343, 344; a. A. etwa *Schroeder*, Sport und Europäische Integration, 202 f.

164 Die Sportrechtspraxis jedenfalls änderte sich nach diesen Urteilen des Europäischen Gerichtshofs zunächst kaum: Die jeweiligen Wettkampfvorschriften der europäischen Sportverbände sahen weiterhin Ausländerbeschränkungen vor. Trotz umfangreicher Gespräche zwischen der EU und den Fußballverbänden FIFA und UEFA kam es nicht zu einer Annäherung, *Renz*, Freizügigkeit von Berufsfußballspielern in

Entscheidend sollten schließlich die europarechtlichen Bedenken sein. Die Anfänge des *Bosman*-Verfahrens[165] gehen auf das Jahr 1990 zurück. Der Vertrag von *Jean-Marc Bosman* bei *RC Lüttich* lief am 30.06.1990 aus. Der Verein bot *Bosman* im April 1990 einen neuen Vertrag an, wollte dem Spieler aber nur noch die vom belgischen Fußballverband in seinen Transferbestimmungen festgelegte Mindestvergütung bezahlen. *Bosman* lehnte das Angebot ab und wurde auf die Transferliste unter Festlegung einer Ablösesumme gesetzt. *Bosman* bemühte sich um einen neuen Vertrag und fand im französischen Zweitligisten *US Dünkirchen* auch einen Verein, der mit ihm einen Arbeitsvertrag schloss. Die beiden Vereine einigten sich darauf, dass *RC Lüttich* den Spieler zunächst an *US Dünkirchen* ausleihen sollte. Gleichzeitig vereinbarten die Vereine, dass *US Dünkirchen* eine Option auf den Spieler gegen Zahlung einer Transferentschädigung erhalten sollte.[166] Der abgebende Verein *RC Lüttich* sollte beim belgischen Verband den nach dem FIFA-Reglement erforderlichen Freigabeschein beantragen und noch vor dem ersten Spiel dem französischen Fußballverband zur Verfügung stellen. Die Verantwortlichen des *RC Lüttich* bekamen allerdings Zweifel, ob *US Dünkirchen* in der Lage sein würde, die vereinbarte Entschädigung zu bezahlen, und unterließen die Beantragung des Freigabescheins beim belgischen Fußballverband. Dadurch scheiterte der Wechsel von *Bosman*. *Bosman* erhob Klage gegen *RC Lüttich*. Er forderte eine monatliche Vorschusszahlung bis zu einem Vertragsschluss. Weiter verlangte er, dass sein Arbeitgeber den Vertragsschluss mit einem neuen Arbeitgeber nicht weiter behindern dürfe.

Der Europäische Gerichtshof entschied mit Urteil vom 15.12.1995, dass die Regelungen des Transfersystems der UEFA „Regulations of principles of co-operation between clubs of different national associations of the EEC-Countries" gegen die europarechtlich gewährleistete Arbeitnehmerfreizügigkeit verstoßen.[167] Die Regelungen seien weder dadurch gerechtfertigt, dass ein finanzielles und sportliches

---

der Europäischen Gemeinschaft, in: *Will*, Sportrecht in Europa Band 11 1993, 191, zeichnet diese Gespräche nach. Erst im Jahre 1991 mündeten die Gespräche in die so genannte „3+2"-Regelung, nach der höchstens drei Ausländer und zwei („assimilierte") Ausländer – die in einem Land seit mindestens fünf Jahren spielen, davon mindestens drei Jahre in Jugendmannschaften – eingesetzt werden dürfen. *Scholz/Aulehner*, SpuRt 1996, 45.

165 *Jung*, Das internationale Sportverbandsrecht im Geltungsbereich des europäischen Unions- und Assoziierungsrechts, 82 ff.; *Grodde*, Der Einfluss des Europarechts auf die Vertragsfreiheit autonomer Sportverbände in Deutschland, passim, insbes. 113 ff.

166 Zur Kaufoption nach Leihe bereits oben § 1 II.

167 EuGH 19.12.1995 – C-415/93 *(Bosman)*; zu den ökonomischen Folgen prägnant: *Frick/Wagner*, WiSt 1996, 611 ff.

Gleichgewicht zwischen den Clubs hergestellt werden müsse, noch durch das Erfordernis der Unterstützung von Ausbildungsspielern.[168]

Wenige Monate nach Verkündung der *Bosman*-Entscheidung, am 29.04.1996, veröffentlichte der Ligaausschuss des DFB seine Beschlüsse.[169] Das bis dahin geltende Transfersystem sollte nur noch für die im Spieljahr 1996/1997 auslaufenden Verträge gelten. Die vorgesehenen Ablösesummen sollten um die Hälfte reduziert

---

168 Auf europäischer Ebene verhandelte die Europäische Kommission in den Jahren 1998–2001 mit der FIFA, der UEFA und Spielergewerkschaften über die Transferpraxis. Es kam zu einem Kompromiss über die grundlegenden Prinzipien eines internationalen Transfersystems, dem sogenannten Brüsseler Frieden. Danach dürfen Spielerverträge nur noch für die Dauer zwischen einem und fünf Jahren abgeschlossen werden. Die Verträge können sowohl vom Verein als auch vom Spieler nach drei Jahren (bei Spielern bis zu 28 Jahren) bzw. schon nach zwei Jahren (bei Spielern älter als 28 Jahre) einseitig gekündigt werden. Wird ein Vertrag durch den Spieler einseitig gekündigt, soll ein Sanktionensystem greifen, das finanzielle Ausgleichszahlungen oder auch eine Wettkampfsperre des kündigenden Spielers zwischen vier und sechs Monaten vorsieht. Dazu wurde eine weitere Wechselperiode eingeführt, was zur Folge hatte, dass Spieler ein zweites Mal im Jahr den Verein wechseln konnten. Weitere Grundsätze waren ein Ausbildungsentschädigungssystem für junge Spieler, die Einführung eines Solidaritätsmechanismus, Festlegungen zur Wahrung der Stabilität von Spielerverträgen sowie die Entwicklung eines Systems zur Beilegung von Streitigkeiten. Die FIFA setzte diesen Kompromiss durch das Reglement bezüglich Status und Transfer von Spielern der FIFA vom 01.09.2001 um, Stopper/Lentze/*Stopper/Karlin*, Handbuch Fußball-Recht, Kapitel 16, Rn. 7; 32 ff.; *Streinz,* ZEuP 2005, 342; *Oberthür,* NZA 2003, 462, 466; *Jungheim,* RdA 2008, 222, *Dalinger,* Der Vertragsbruch des Berufsfußballspielers und die Rechtsfolgen nach Art. 17 FIFA-RSTS, 60; *Grodde,* Der Einfluss des Europarechts auf die Vertragsfreiheit autonomer Sportverbände in Deutschland, 359 ff.; *Kreißig,* Der Sportverein in Krise und Insolvenz, 28 ff.; *Haas,* CaS 2008, 235 ff.; zu verbleibenden Bedenken: *Oberthür,* NZA 2003, 462, 466 ff.; *Siekmann,* Introduction to international and European sports law, 277. Zur Frage, ob Opt-in-Verlängerungsoptionen in den Verträgen professioneller Fußballspieler zulässig sind oder nicht, enthält das Reglement keine Aussage.

169 Parallel dazu kam es bezüglich der Regelung zum Einsatz von Ausländern zum so genannten Solidarpakt zwischen 36 Profi-Clubs: Die Vereine vereinbarten, dass die bislang geltenden Regelungen bis zum Saisonende beibehalten werden sollten, um Wettbewerbsverzerrungen zu vermeiden. Die Verbindlichkeit des Solidarpakts war von Anfang an zweifelhaft. *Rauball* sprach von einem Gentlemen Agreement und damit der Vereinbarung die rechtliche Verbindlichkeit ab; *Hobe/Tietje,* JuS 1996, 486, 493; *Fischer,* SpuRt 1996, 34, 38; *Hilf/Pache,* NJW 1996, 1169; *Arens,* SpuRt 1996, 39; zu den Folgeentwicklungen ausführlich *Grodde,* Der Einfluss des Europarechts auf die Vertragsfreiheit autonomer Sportverbände in Deutschland, 317 ff.

werden und ab dem Spieljahr 1997/1998 vollständig entfallen. Als Ausgleich für die nach Auffassung vieler Beteiligter ruinösen Folgen sollten die Bundesligavereine einen Transferpool in Höhe von 50 Mio. DM einrichten, aus dem jeder Verein, der in Folge der neuen Rechtsprechung einen Spieler ablösefrei abzugeben verpflichtet war, einen entsprechenden Anteil erhalten sollte.[170]

Das Ende des Transfersystems brachte einschneidende Folgen für die Bilanzen der Clubs. Nach der finanzgerichtlichen Rechtsprechung hatten die Clubs die unter dem Transfersystem durch Transferzahlungen erworbenen Spielerlaubnisse für die Lizenzspieler in der Bilanz zu aktivieren.[171] Als immaterieller Vermögensgegenstand war die Spielerlaubnis ein abnutzbares Wirtschaftsgut im Sinne des § 266 Abs. 2 HGB.[172] In Höhe der Spielerlaubnis stellte die für einen Spieler bezahlte Transferentschädigung einen Vermögenswert dar, da die Möglichkeit eines erneuten Vereinswechsels des Spielers und damit des Anfalls einer Ablöseforderung gegenüber dem aufnehmenden Verein bestand.[173] Der Wert der in der Spielerlaubnis verkörperten, exklusiven Nutzungsmöglichkeit[174] war über den Zeitraum der Dauer des Vertrages linear abzuschreiben.[175] Die Aufhebung des Transfersystems wirkte sich insoweit gravierend auf die Bilanzen der Clubs aus, als der abgebende Verein nach Auslaufen eines Vertrages keine Transferentschädigung mehr erhielt und für den aufnehmenden Verein keine Anschaffungskosten[176] mehr entstehen konnten. Es war in der Folge also zwischen ablösepflichtigen und ablösefreien Spielern zu unterscheiden. Bei letzteren existierte beim abgebenden Club kein immaterielles Wirtschaftsgut mehr, so dass Anschaffungskosten nicht

---

170 *Dalinger,* Der Vertragsbruch des Berufsfußballspielers und die Rechtsfolgen nach Art. 17 FIFA-RSTS, 58 f.

171 *Weber,* Rechnungslegung und Bilanzierung im deutschen Profifußball, 51 ff.

172 BFH 26.08.1992 – I R 24/91.

173 *Kreißig,* Der Sportverein in Krise und Insolvenz, 26 f.

174 *Weber,* SpuRt 2019, 115, 116.

175 *Weber,* Rechnungslegung und Bilanzierung im deutschen Profifußball, 51 ff.; *Söffing,* BB 1996, 523 ff.; Für die Bemessung dieser Nutzungsdauer waren Opt-in-Verlängerungsoptionen relevant: Der Bundesfinanzhof stellte sich auf den Standpunkt, dass nach allgemeinen Wahrscheinlichkeitsgesichtspunkten zu bestimmen sei, ob von einer vertraglich vereinbarten Option voraussichtlich Gebrauch gemacht werde. Sei das der Fall, müsse die Option im Rahmen der Abschreibungsdauer berücksichtigt werden, *Jansen,* DStR 1992, 1785, 1788; *Hüttemann,* DStR 1994, 490, 494; *Söffing,* BB 1996, 523, 525; *Madeja,* Bilanzierung von „Spielervermögen" nach HGB und IAS/IFRS, 158 ff.

176 Zur Vereinbarung über die Zahlung von Handgeld zwischen aufnehmendem Verein und Spieler, Fischinger/Reiter/*Fischinger,* Das Arbeitsrecht des Profisports, § 5, Rn. 66 ff.

mehr gegeben waren.[177] Unmittelbare Folge der *Bosman*-Entscheidung war, dass der Wert aktivierter Spielerlaubnisse nach Auslaufen eines Vertrages durch das Erfordernis außerplanmäßiger Abschreibungen gegen null ging.[178] Das somit entfallene Aktivvermögen führte zu geänderten Bilanzverhältnissen, die sich auf die Bilanzkennzahlen der Fußballvereine überaus nachteilig auswirkten.[179]

§ 6 Die zweiseitige Opt-in-Verlängerungsoption des „Paragraph 11"

Mit der Aufhebung des Transfersystems waren die tatsächlichen Voraussetzungen der *zweiseitigen* Opt-in-Verlängerungsoption in § 11 Abs. 4 der Musterarbeitsverträge geschaffen. Bis zum 30.04.1996 nutzten 20 Bundesligaspieler „Paragraph 11" für eine Verlängerung ihres Vertrages. Neun Vereine verlängerten Verträge mit insgesamt 16 Spielern um ein weiteres Jahr.[180] Die rechtlichen Bewertungen des „Paragraph 11" boten kein klares Bild.

I. Rechtsprechung

Das *LAG Köln* konnte in der zweiseitigen Option keine unwirksame Regelung erkennen. Es stellte sich – in einem Verfahren des vorläufigen Rechtsschutzes des Spielers *Jacob Svinggaard* gegen den Verein *Fortuna Köln* – auf den Standpunkt, die Bindung des Spielers aufgrund der zweiseitigen Option sei auch nicht stärker ausgeprägt als bei einer verbindlichen Vertragslaufzeit.[181]

---

177 Zur Frage, ob Vermittlungsprovisionen oder Signing Fees aktiviert werden können, *Schiffers/Feldgen*, StuB 2015, 550.

178 *Söffing*, BB 1996, 525; *Trommer*, Die Transferregelungen im Lichte des „Bosman-Urteils" im Vergleich zu den Mechanismen im bezahlten amerikanischen Sport, 96; *Kreißig*, Der Sportverein in Krise und Insolvenz, 27; *Müller*, Der deutsche Berufsfußball – vom Idealverein zur Kapitalgesellschaft, 61.; *Grodde*, Der Einfluss des Europarechts auf die Vertragsfreiheit autonomer Sportverbände in Deutschland, 337 ff.

179 *Trommer*, Die Transferregelungen im Lichte des „Bosman-Urteils" im Vergleich zu den Mechanismen im bezahlten amerikanischen Sport, 97.

180 *Arens/Jacques*, SpuRt 1997, 41; *Trommer*, Die Transferregelungen im Lichte des „Bosman-Urteils" im Vergleich zu den Mechanismen im bezahlten amerikanischen Sport, 321 ff., zu weiteren praktischen Beispielen aus der Saison 1995/1996: *Richter*, Das „Bosman-Urteil", Entstehung, Entwicklung und Konsequenzen im Fußballsport, 73 ff. und *Rybak*, Das Rechtsverhältnis zwischen dem Lizenzfußballspieler und seinem Verein, 234 ff.

181 LAG Köln 13.08.1996 – 11 Ta 173/96; LAG Köln 20.11.1998 – 11 Sa 125/98; zu weiteren nicht veröffentlichten Entscheidungen von Arbeitsgericht und Landesarbeitsgericht

Demgegenüber hielt das *ArbG Dortmund* § 11 Abs. 4 im Rechtsstreit des Torwarts *Stefan Klos* mit seinem Verein *Borussia Dortmund* für unwirksam. Die Klausel beeinträchtige zwar nicht unmittelbar die Freizügigkeit sowie die Berufswahl des Spielers. Die Unwirksamkeit ergebe sich aber aus einer Umgehung des Art. 48 EG-Vertrag. Alleiniger Sinn und Zweck der Optionsklausel sei es, das alte unwirksame System noch für eine Übergangszeit von einem Jahr nach Ablauf des Vertrages aufrechtzuerhalten. Da der DFB spätestens seit der Entscheidung des Landesarbeitsgerichts Berlin in der Sache *Tennis Borussia/Baake*[182] davon habe ausgehen müssen, dass das Transferentschädigungssystem vor den Gerichten keinen Bestand haben könne, sei bereits frühzeitig die Option in die Musterverträge aufgenommen worden, durch die der Spieler in seinen Freiheitsrechten aus Art. 48 EG-Vertrag und Art. 12 GG ebenso beeinträchtigt werde, wie wenn das Transfersystem nicht geändert worden wäre.[183]

Das *LAG Hamm* in der Berufungsinstanz war anderer Auffassung und erkannte die Ambivalenz der Klausel.[184] „Paragraph 11" ermögliche zwar die Umgehung der Aufhebung des Transfersystems. Darin erschöpfe sich aber die Zielrichtung der Option nicht. Unter Hinweis auf den Torwart *Uli Stein* von *Arminia Bielefeld* wies das Gericht darauf hin, dass auch der Spieler von „Paragraph 11" Gebrauch machen könne. Die Klausel sei ambivalent und keineswegs nur dazu geeignet, den Spieler in seinem beruflichen Fortkommen zu behindern und seine Freizügigkeit einzuschränken.[185]

II. Literatur

In der Literatur bestand weitgehend die Auffassung, dass § 11 Abs. 4 als Umgehung der Rechtsprechung des Europäischen Gerichtshofs zur Arbeitnehmerfreizügigkeit und aufgrund des Verstoßes gegen Art. 12 GG unwirksam sei.[186]

Darüber hinaus enthalte „Paragraph 11" eine Kündigungserschwerung zu Lasten des Arbeitnehmers, die zur Unwirksamkeit der Regelung nach § 622 Abs. 6 BGB führe. Zwar seien die vorgesehenen Kündigungsfristen gleich. Auch sei die Option beiden Seiten des Arbeitsvertrages eingeräumt. Dennoch liege ein Verstoß

Köln in dem Rechtsstreit zwischen *Fortuna Köln* und *Jacob Svinggaard* vgl. *Rybak*, Das Rechtsverhältnis zwischen dem Lizenzfußballspieler und seinem Verein, 236 ff.

182 LAG Berlin 21.06.1979 – 4 Sa 127/78.

183 ArbG Dortmund 10.03.1998 – 6 Ga 15/98, Rn. 62 f.; ebenso im Hauptsacheverfahren ArbG Dortmund 19.05.1998 – 6 Ca 1111/98.

184 LAG Hamm (Westfalen) 10.06.1998 – 14 Sa 883/98.

185 LAG Hamm (Westfalen) 10.06.1998 – 14 Sa 883/98, Rn. 55 f.

186 *Arens/Jaques*, SpuRt 1997, 41, 43 ff.; *Nasse*, SpuRt 1997, 45 ff.; dagegen *Rybak*, Das Rechtsverhältnis zwischen dem Lizenzfußballspieler und seinem Verein, 242 ff.; *Kindler*, NZA 2000, 744, 748 f.; anders jetzt zur einseitigen Opt-in-Verlängerungsoption *Rybak*, Causa Sport 2013, 104, 107 f.

vor, weil es für die Anwendung des § 622 Abs. 6 BGB ausreiche, dass die Entscheidungsfreiheit des Spielers durch die Regelung eingeschränkt sei.[187]

„Paragraph 11" verstieß nach dieser Auffassung auch gegen das Verbot karenzloser nachvertraglicher Wettbewerbsverbote gem. §§ 74 ff. HGB. Als bedingtes Wettbewerbsverbot behindere „Paragraph 11" den Spieler bei der Suche nach einem neuen Arbeitsplatz, weil die Regelung ihn im Unklaren lasse, ob eine Karenz verlangt werde oder nicht. Eine Unwirksamkeit trete immer dann ein, wenn abweichend von § 74 Abs. 1 HGB die Entstehung der Pflicht zum Verzicht auf Wettbewerbstätigkeit von einer Entscheidung des Arbeitgebers abhängig und unter Verstoß gegen § 74 Abs. 2 HGB eine Karenzentschädigung nur für den Fall vorgesehen sei, dass der Arbeitgeber das Wettbewerbsverbot in Anspruch nehme. Folge des „Paragraph 11" sei, dass der Spieler am Transfermarkt nicht disponieren[188] und der Club den Abschluss eines Vertrages durch Ausübung der Option verhindern könne.

§ 7 Opt-in-Verlängerungsoptionen vor und nach der Schuldrechtsreform

I. Die einseitige Opt-in-Verlängerungsoption vor der Schuldrechtsreform

In der folgenden Fassung des Lizenzspielerstatuts und des Musterarbeitsvertrages war § 11 Abs. 4 nicht mehr enthalten. Durch die Aufhebung des Transfersystems war „Paragraph 11" obsolet. Die ökonomischen Folgen der *Bosman*-Entscheidung[189] waren dagegen nicht nach einer Saison erledigt, sondern auf Dauer angelegt. Die Abschreibung vormals aktivierter Spielerlaubnisse änderte die Bilanzrelationen vieler Clubs grundlegend mit Auswirkungen auf ihre Kreditwürdig- und -fähigkeit.[190] Nach *Bosman* konnten die in die Entwicklung junger Spieler investierten

187 *Arens/Jaques*, SpuRt 1997, 41, 43.

188 *Arens/Jaques*, SpuRt 1997, 41, 43 f.

189 Zur Explosion der Spielergehälter zum Beispiel *Grünitz/Arndt v.*, Der Fußballcrash – Fußball-Marketing – Die Chronik eines angekündigten Untergangs, 61 f.

190 *Söffing*, BB 1996, 525; *Trommer*, Die Transferregelungen im Lichte des „Bosman-Urteils" im Vergleich zu den Mechanismen im bezahlten amerikanischen Sport, 96; *Kreißig*, Der Sportverein in Krise und Insolvenz, 27; *Müller*, Der deutsche Berufsfußball – vom Idealverein zur Kapitalgesellschaft, 61; *Grodde*, Der Einfluss des Europarechts auf die Vertragsfreiheit autonomer Sportverbände in Deutschland – Ausgleich zwischen nationalem Verfassungsrecht und europäischem Freizügigkeitsrecht, 337 ff.

Ausbildungskosten oder Ablösesummen nur noch auf dem Wege einer vertraglichen Bindung als immaterielle Wirtschaftsgüter aktiviert werden.[191]

Folge war zum einen, dass die Clubs in ihrem Interesse, Aktiva für die Bilanz durch vertragliche Bindungen zu erzeugen und Transfererlöse zu erzielen, Vertragslaufzeiten der Arbeitsverträge zu verlängern strebten, was ihnen auch gelang.[192] Zum anderen nutzten die professionellen Fußballclubs zur Abmilderung der einschneidenden Auswirkungen zunehmend die Vereinbarung einseitiger Opt-in-Verlängerungsoptionen. Sie waren nach der *Bosman*-Entscheidung fester Bestandteil der Kautelarpraxis.[193] Auch die Musterverträge des DFB und der DFL sahen entsprechende (Wahl-)Klauseln vor.[194]

Vor der Schuldrechtsreform sind einseitige Opt-in-Verlängerungsoptionen zu Gunsten der Clubs aus verschiedenen rechtlichen Gründen grundsätzlich infrage gestellt worden. Abgestellt wurde insoweit auf die europarechtlich garantierte Arbeitnehmerfreizügigkeit des Art. 45 AEUV, § 138 BGB i. V. m. Art. 12 GG, §§ 74 ff. HGB sowie § 622 Abs. 6 BGB.[195]

---

191 *Spera*, www.asser.nl/SportsLaw/Blog/, zuletzt abgerufen am 10.07.2022; vgl. UEFA Club Licensing and Financial Fair Play Regulations (Ausgabe 2015), ANNEX VI (B) (ix), ANNEX VII (C)(1); zum Aktivierungswahlrecht *Schiffers/Feldgen*, StuB 2015, 550.

192 *Grodde*, Der Einfluss des Europarechts auf die Vertragsfreiheit autonomer Sportverbände in Deutschland, 330 ff.; *Westermann*, DZWir 1996, 82 ff.; *Frick/Wagner*, WiSt 1996, 612 ff.

193 *Rein*, NZA-RR 2009, 462, 463; *Spera*, www.asser.nl/SportsLaw/Blog/, zuletzt abgerufen am 10.07.2022; F. *de Weger*, The Jurisprudence of the FIFA Dispute Resolution Chamber, 164.

194 Die einschlägigen Klauseln der verschiedenen Fassungen finden sich in: *Rybak*, Das Rechtsverhältnis zwischen dem Lizenzfußballspieler und seinem Verein, S. 350 ff. (Musterarbeitsvertrag des DFB-Fassung bis 1984), *Rybak*, Das Rechtsverhältnis zwischen dem Lizenzfußballspieler und seinem Verein, S. 330 ff. (Musterarbeitsvertrag des DFB-Fassung 1999), *Rybak*, Das Rechtsverhältnis zwischen dem Lizenzfußballspieler und seinem Verein, S. 340 ff. (Musterarbeitsvertrag des DFB, Fassung ab 1984 bis 1997), *Ittmann*, Pflichten des Sportlers im Arbeitsverhältnis, S. 278 (Musterarbeitsvertrag des DFB-Fassung 2004), *Weber*, Rechtliche Strukturen und Beschäftigungsverhältnisse im Fußballsport, S. 520 ff.; dazu auch *Rybak*, Causa Sport 2013, 104 ff. (Muster-Arbeitsvertrag der DFL für Lizenzspieler Stand 2008), Fritzweiler/Pfister/Summerer, Praxishandbuch Sportrecht, Anhang C. 2 (Muster-Arbeitsvertrag der DFL für Lizenzspieler Stand 25. Mai 2018).

195 Dazu im Einzelnen näher in Kapitel 3, §§ 8–11.

II. Die einseitige Opt-in-Verlängerungsoption nach der Schuldrechtsreform: § 622 Abs. 6 BGB oder §§ 307 ff. BGB?

Mit der Schuldrechtsreform ergab sich für das Arbeitsrecht in der Bundesrepublik eine grundlegende Veränderung: § 23 AGBG[196] hatte Verträge auf dem Gebiet des Arbeitsrechts von der gesetzlichen Angemessenheitskontrolle vollständig ausgenommen. Im Zuge der Aufnahme des früheren AGB-Gesetzes in die §§ 305 ff. BGB durch das Schuldrechtsmodernisierungsgesetz[197] modifizierte der Gesetzgeber diese Bereichsausnahme zu einer bloßen Bereichseinschränkung.[198] Ausgenommen von der Inhaltskontrolle sind seitdem nur noch Tarifverträge sowie Betriebs- und Dienstvereinbarungen. Im Übrigen sind Arbeitsverträge – unter Berücksichtigung der Besonderheiten des Arbeitsrechts – der AGB-Kontrolle unterworfen (§ 310 Abs. 4 BGB).

Damit ergänzten sich die Maßstäbe, an denen einseitige Opt-in-Verlängerungsoptionen zu messen waren. Zusätzlich zu den Hürden aus „§ 622 Abs. 6 BGB analog", „§ 138 BGB i. V. m. Art. 12 GG" und „Verstoß gegen die europäische Arbeitnehmerfreizügigkeit", die der rechtlichen Würdigung aus der *Bosman*-Entscheidung und der Diskussion um Paragraph 11 anhafteten und die im Falle des Eingreifens zur Nichtigkeit der Regelungen führten, trat nunmehr mit der Inhaltskontrolle nach den §§ 307 ff. BGB ein flexibleres Instrument hinzu, zu dem die deutschen Gerichte auch griffen.

1. *Rechtsprechung*

a. *Greuther Fürth/Andre Mijatovic*

Vor dem Arbeitsgericht Nürnberg stritt die *Spielvereinigung Greuther Fürth GmbH & Co. KG a. A.* mit ihrem Spieler *Mijatovic* im Jahr 2007 in einem einstweiligen Verfügungsverfahren darum, ob das wirksam befristete Arbeitsverhältnis durch die Ausübung des vereinbarten *einseitigen* Opt-in-Verlängerungsoptionsrechts durch den Verein zu einer Vertragsverlängerung geführt hatte oder nicht. Ziel des Clubs war es, den wechselwilligen Spieler an sich zu binden. Der Spieler begehrte die

---

196 § 23 Abs. 1 AGBG: *„Dieses Gesetz findet keine Anwendung bei Verträgen auf dem Gebiet des Arbeits-, Erb-, Familien- und Gesellschaftsrechts."*

197 Gesetz zur Modernisierung des Schuldrechts (Schuldrechtsmodernisierungsgesetz) vom 26.11.2001, BGBl 2001, 3138 ff.

198 Staudinger/*Krause*, Anh. zu §§ 305–310 K, Rn. K 14 ff.; v. Westphalen/*Thüsing* Arbeitsverträge, Rn. 34; BeckOK/*Becker*, § 310 BGB, Rn. 35; MüKo/*Basedow*, § 313 BGB, Rn. 129, 130; *Oberthür*, NZA 2003, 462, 464; *Hofelich*, Von der Bereichsausnahme zur Bereichseinschränkung, passim.

Feststellung, dass das Arbeitsverhältnis nach Ende der Grundlaufzeit geendet hatte und scheiterte.

Das Arbeitsgericht Nürnberg vermochte in der einseitigen Opt-in-Verlängerungsoption des Vereins weder einen Verstoß gegen § 622 Abs. 6 BGB noch gegen § 242 BGB im Rahmen einer richterlichen Inhaltskontrolle von Verträgen zu erkennen.[199]

Zu § 622 Abs. 6 BGB meinte das Arbeitsgericht, es handle sich erkennbar nur um eine Regelung, die die Kündigung des Arbeitsverhältnisses betreffe, und nicht die Möglichkeit zu dessen Verlängerung. Eine unzulässige Kündigungserschwerung liege nicht vor, da für beide Parteien im Rahmen des befristeten Vertrages mangels abweichender Vereinbarung der Ausschluss der ordentlichen Kündigung gelte (§ 15 Abs. 3 TzBfG).

Eine Überprüfung der Optionsklausel gemäß § 307 Abs. 1 BGB lehnte das Gericht ab, da (im Gegensatz zu den hier untersuchten Konstellationen) keine allgemeinen Geschäftsbedingungen vorgelegen, sondern die vertragsschließenden Parteien die Optionsklausel individuell ausgehandelt hätten.

Es lasse sich aber aus § 622 Abs. 6 BGB der allgemeine Rechtsgedanke entnehmen, dass ein Arbeitnehmer nicht unangemessen an das Arbeitsverhältnis gebunden werden dürfe. Ein Verstoß gegen das Übermaßverbot liege indes nicht vor. Die Grundrechtspositionen der Vertragsfreiheit und der Berufsfreiheit stünden nicht in einem die Unwirksamkeit begründenden Verhältnis zueinander. Dem Eingriff in die grundrechtlich geschützte Position stehe eine Gegenleistung gegenüber: Nach den Feststellungen des Gerichts hätte der Spieler eine geringere Vergütung erhalten, wenn er den Vertrag ohne die Opt-in-Verlängerungsoption abgeschlossen hätte. Er hatte also nach Feststellung des Arbeitsgerichts für die Option einen Optionspreis, eine Kompensation, erhalten. Der Eingriff sei daher „noch" verhältnismäßig, so dass das Arbeitsgericht einen Verfügungsanspruch des Antragstellers verneinte. Zur Entscheidung in der Hauptsache kam es nicht mehr, weil *Mijatovic* seine Klage zurücknahm.[200]

Obwohl keine AGB-Kontrolle durchgeführt werden musste und das Gericht nicht erkannte, dass einer Verlängerungsoption eine Kündigungsoption innewohnt, indem sie einen weiteren Kündigungstermin schafft, lässt sich dem Urteil der Gedanke der Kompensation einer arbeitgeberbegünstigenden Klausel durch ein erhöhtes Gehalt entnehmen.

---

199 ArbG Nürnberg 04.06.2007 – 3 Ga 32/07 *(Andre Mijatovic)* mit Anm. *Lindhorst,* SpuRt 2007, 215*; Menke,* NJW 2007, 2820.

200 Neue Westfälische vom 02.08.2007, zitiert nach Wikipedia „Andre Mijatovic", https://www.nw.de/sport/dsc_arminia_bielefeld/saison_07_08/1744333_Mijatovic-zieht-Klage-gegen-Greuther-Fuerth-zurueck.html, zuletzt abgerufen am 10.07.2022.

b. Marc Lerandy/SC Pfullendorf

Auch im Verfahren vor dem Arbeitsgericht Ulm[201] im Jahre 2008 wollte ein Spieler – *Marc Lerandy* – die Feststellung erreichen, dass sein Arbeitsverhältnis trotz Ausübung der Opt-in-Verlängerungsoption durch den Verein geendet hatte. Der Spielervertrag entsprach dem (damaligen) Mustervertrag des *DFB*[202] und enthielt nach den Feststellungen des Gerichts vorformulierte Vertragsbedingungen. In § 6 vereinbarten die Parteien einen 1-Jahres-Vertrag und in § 6a Ziff. 1 eine *einseitige* Opt-in-Verlängerungsoption für den Verein um ein weiteres Jahr, wenn der Verein dies bis zu einem bestimmten Zeitpunkt einfordert.

Diese Option hielt das Arbeitsgericht Ulm im Anschluss an die Ausführungen von *Kindler*[203] für unwirksam. Das folgerte das Gericht allerdings – anders als *Kindler* – nicht aus § 622 Abs. 6 BGB. Denn Rechtsfolge eines Verstoßes gegen diese Norm sei nach der Rechtsprechung des BAG[204] nicht die Unwirksamkeit der Option – das Ziel, das *Lerandy* im Prozess verfolgte –, sondern eine analoge Anwendung der handelsrechtlichen Vorschriften über den Handelsvertreter aus § 89 Abs. 2 Satz 2 HGB. Die unwirksam vereinbarte Opt-in-Verlängerungsoption sei nicht nach § 134 BGB nichtig. Vielmehr stehe als Rechtsfolge des Verstoßes gegen § 622 Abs. 6 BGB nicht nur dem Verein, sondern auch dem Spieler eine Opt-in-Verlängerungsoption zu.[205] Sei *Kindlers* Ansicht zutreffend, käme – so das Gericht – dem Umgehungsgeschäft in Ansehung der Rechtsfolge eine weiterreichende Bedeutung zu als dem umgangenen Geschäft. Während bei einem Verstoß gegen § 622 Abs. 6 BGB nach der Rechtsprechung des BGH die Rechtsfolge nach § 89 Abs. 2 S. 2 HGB eine Option auch für den Klauselgegner sei, wolle *Kindler* eine Nichtigkeit der Klausel nach § 134 BGB annehmen, was lediglich den ersatzlosen Entfall der Klausel (und damit die Beendigung des Vertrages zum Ende der Befristung) zur Folge habe.[206] Das Gericht argumentierte demnach damit, dass die Ausführungen von *Kindler* nicht weiterführten, da das Rechtsschutzziel des Klägers die Beendigung des Vertrages war.

Dennoch kam das Arbeitsgericht im Ergebnis dazu, dass die Ausübung der Option nicht zur Verlängerung des Arbeitsvertrages geführt habe. Das Gericht, das von seinem gedanklichen Ausgangspunkt zur Rechtsfolge eines Verstoßes gegen § 622 Abs. 6 BGB nicht zu dem von *Lerandy* verfolgten Klageziel kommen konnte, unterzog die Klausel der Inhaltskontrolle nach §§ 307 ff. BGB. Die Kammer stellte

---

201 ArbG Ulm 14.11.2008 – 3 Ca 244/08 *(Marc Lerandy)* mit Anm. *Ebeling*, jurisPR-ArbR 2/2009 Anm. 1.

202 Vgl. ArbG Ulm 14.11.2008 – 3 Ca 244/08 *(Marc Lerandy)*.

203 *Kindler*, NZA 2000, 744.

204 Gemeint war BAG 02.06.2005 – 2 AZR 296/04, Rn. 15 ff., anders jetzt BAG 18.10.2018 – 2 AZR 374/18, Rn. 48 ff.

205 ArbG Ulm 14.11.2008 – 3 Ca 244/08 *(Marc Lerandy)*, Rn. 22.

206 ArbG Ulm 14.11.2008 – 3 Ca 244/08 *(Marc Lerandy)*, Rn. 22.

sich auf den Standpunkt, dass ein einseitiges Optionsrecht des Vereins den Spieler gemäß § 307 Abs. 1 BGB unangemessen benachteilige, indem der Club durch einseitige Vertragsgestaltung missbräuchlich eigene Interessen auf Kosten seines Vertragspartners durchzusetzen versucht, ohne von vornherein auch dessen Belange hinreichend zu berücksichtigen und ihm einen angemessenen Ausgleich zu gewähren.[207] Die einseitige Opt-in-Verlängerungsoption gebe nur dem Arbeitgeber das Recht, den Vertrag um ein Jahr zu verlängern. Beabsichtige der Spieler, den Club nach Ablauf der Laufzeit des Vertrages zu wechseln, und übe der Club sein einseitiges Optionsrecht für die Vertragsverlängerung rechtzeitig aus, führe das dazu, dass ein aufnahmebereiter Club eine Freigabe des Spielers durch den bisherigen Verein nur gegen Zahlung einer Transferentschädigung erhalte. Durch die Transferentschädigung reduzieren sich daher die Aufnahmebereitschaft von neuen (budgetierten) Arbeitgebern und die Verdienstmöglichkeit des Arbeitnehmers bei neuen Clubs. Der Spieler verursache dem neuen Arbeitgeber bei einem ablösefreien Wechsel weniger Kosten. Der neue Club könne dem Kläger in diesem Fall eine höhere Vergütung zahlen. Die einseitige Optionsklausel diene ausschließlich dazu, dem abgebenden Verein eine zusätzliche Einnahme in Form einer Transferentschädigung zu verschaffen. Sie behindere damit erkennbar das durch Art. 12 GG geschützte Recht des Sportlers, die Arbeitsstätte frei zu wählen. Das Interesse des Clubs an einer Einnahmequelle aus einem Spielertransfer habe hinter dem grundgesetzlich geschützten Interesse des Spielers an der Berufsfreiheit zurückzutreten.[208] Im Ergebnis hielt das Gericht die *einseitige* Opt-in-Verlängerungsoption gemäß § 307 BGB für unangemessen und unwirksam. Es stellte fest, dass das Vertragsverhältnis zum Ende der Befristung geendet habe.

Das Gericht lehnte die Anwendung des § 622 Abs. 6 BGB mit dem Argument ab, dass die – sich jedenfalls nach damaliger Rechtsprechung ergebende – Rechtsfolge nicht passte. Eine Einlassung des Gerichts dazu, ob der Tatbestand von § 622 Abs. 6 BGB erfüllt ist, enthält das Urteil nicht. Allerdings thematisiert das Arbeitsgericht Ulm den Ausgleichs- oder Kompensationsgedanken als Gegenleistung für die Einräumung der Option.

c. Florian Brügmann/Hansa Rostock

Anders war die Konstellation in einem Verfahren, das es im Jahr 2013 in der Revision bis zum BAG[209] brachte. Es ging um den im Jahr 1991 geborenen Fußballspieler

---

207 ArbG Ulm 14.11.2008 – 3 Ca 244/08 *(Marc Lerandy)*, Rn. 24.

208 ArbG Ulm 14.11.2008 – 3 Ca 244/08 *(Marc Lerandy)*, Rn. 35.

209 BAG 25.04.2013 – 8 AZR 453/12; Vorinstanzen ArbG Rostock 21.12.2010 – 1 Ca 804/10, LAG Mecklenburg-Vorpommern 15.09.2011 – 5 Sa 19/11; Anmerkungen zu der Entscheidung von *Dahl*, jurisPR-ArbR 44/2013 Anm. 2; *Krieger*, ArbR 2013, 526; *Schewiola*, ArbRB 2014, 74–75; *Menke*, BB 2014, 448; *Strauf*, CaS 2014,

Florian Brügmann, der sich im Jahr 2006 als Fünfzehnjähriger, vertreten durch seine Eltern, vertraglich für vier Jahre mit einer *einseitigen* Opt-in-Verlängerungsoption von einem Jahr für den Verein *Hansa Rostock* verpflichtet hatte.[210] Nachdem *Brügmann* den Vertragsspielervertrag aus wichtigem Grund gekündigt hatte, kam es unter Einbeziehung der Eltern des Spielers sowie mit anwaltlicher Beratung zum Abschluss eines Aufhebungsvertrages, in dem sich der Spieler verpflichtete, für die vorzeitige Beendigung des Vertrages eine Ausbildungsentschädigung in Höhe von 40.000 € zu zahlen. Unmittelbar im Anschluss daran wechselte der Spieler zum *Hamburger Sportverein*. In dem anschließenden Rechtsstreit vor den Arbeitsgerichten forderte *Brügmann* die bezahlten 40.000 € zurück. Arbeitsgericht Rostock und LAG Mecklenburg-Vorpommern wiesen die Klage *Brügmanns* ab. Seine Revision zum BAG hatte ebenfalls keinen Erfolg.

Das BAG stellte fest, die Aufhebungsvereinbarung verstoße weder gegen § 138 BGB[211] noch gegen die Arbeitnehmerfreizügigkeit nach der *Bosman*-Entscheidung.[212] Die gezahlte Entschädigung habe den Zweck gehabt, eine bestehende Vertragsbindung zu beenden. Es habe sich um eine Ablösesumme gehandelt, die zu zahlen gewesen sei, um den Spieler aus einem festen, befristeten Vertrag „herauszukaufen". Trotz bestehender Vertragsbindung habe der Kläger zu einem neuen Verein wechseln wollen. Der Fall einer Verletzung der durch Art. 12 Abs. 1 GG geschützten Berufsausübungsfreiheit durch von abstrakten Verbandsreglements vorgesehene Transferentschädigung trotz Auslaufen des Arbeitsvertrages liege nicht vor. Vielmehr hätten sich die Parteien in einem Vergleich darauf geeinigt, dass der Club der Aufhebung des Spielervertrages mit dem Spieler zustimmt und der Spieler im Gegenzug eine Ablöse zahlt. Werde ein bestehender Arbeitsvertrag gegen Zahlung einer Ablösesumme aufgehoben, liege kein Eingriff in die durch Art. 12 GG geschützte Berufsfreiheit vor. Vielmehr habe der Spieler gerade von seiner durch Art. 12 GG geschützten Vertragsfreiheit, die auch die Wahl des Arbeitgebers umfasse, Gebrauch gemacht und die ihn insoweit hindernde, selbst eingegangene vertragliche Bindung an den Club im Einvernehmen mit diesem gegenstandslos gemacht.[213]

Der Vertrag sei auch nicht wegen überlanger Vertragsdauer zu beanstanden. In dieser Passage seines Urteils beschrieb der 8. Senat zwar die im Vertragsspielervertrag vereinbarte Opt-in-Verlängerungsoption, thematisierte aber die Frage, ob die Opt-in-Verlängerungsoption wirksam gewesen sei oder nicht, mit keinem

---

66–67; *Kempf*, SpuRt 2014, 35–36; vgl. auch *Kruhl*, StBW 2014, 515–520; *Grimm/Gehrke*, ArbRB 2014, 189–192.

210 LAG Mecklenburg-Vorpommern 15.09.2011 – 5 Sa 19/11, Rn. 2.

211 Ebenso: Staudinger/*Fischinger*, § 138 BGB, Rn. 600.

212 BAG 25.04.2013 – 8 AZR 453/12, Rn. 30 (*Florian Brügmann*).

213 BAG 25.04.2013 – 8 AZR 453/12, Rn. 29 (*Florian Brügmann*), dazu: *Kleinebrink*, DB 2020, 170, 172.

Wort. Der Club habe sich die einseitige Opt-in-Verlängerungsoption vorbehalten. Die danach maximale Bindungsdauer habe sich im Rahmen des § 15 Abs. 4 TzBfG gehalten.[214]

Dass das BAG diese Entscheidung auch an anderen Maßstäben als an denen des Teilzeit- und Befristungsgesetzes gemessen hat, lässt sich der Entscheidung jedenfalls nicht entnehmen. Die Frage der Wirksamkeit einseitiger Opt-in-Verlängerungsoptionen war damit weiterhin ungeklärt.

2. Literatur

Rein stellte in seiner Besprechung der Entscheidung des *ArbG Ulm* die Frage, ob die einseitige Opt-in-Verlängerungsoption ein Fall der Unwirksamkeit nach § 622 Abs. 6 BGB oder der AGB-Kontrolle sei. Direkt anwendbar sei § 622 Abs. 6 BGB nach seinem Wortlaut nicht. Der Norm entnimmt *Rein* aber im Anschluss an die damalige Rechtsprechung des BAG und die Ausführungen *Kindlers* aus dem Jahr 2000 den Rechtsgedanken, dass die ordentliche Kündigung durch den Arbeitnehmer gegenüber der des Arbeitgebers nicht erschwert werden dürfe. Die einseitige Opt-in-Verlängerungsoption zu Gunsten des Vereins stelle eine Kündigungserschwerung zu Lasten des Arbeitnehmers im Sinne der Rechtsprechung dar. Eine Vergütung des Spielers für die Einräumung der Option führe nicht zur Wirksamkeit der Opt-in-Verlängerungsoption. Denn eine Klausel werde nicht dadurch angemessen, dass der Verwender dem Vertragspartner einen günstigen Preis mache. Zwar könnten für die Angemessenheit einer Klausel auch *kompensierende Effekte* zu berücksichtigen sein. Dies gelte aber nur, soweit die Kompensation im rechtlichen Rahmen liege. Entgegen der Auffassung des ArbG Ulm sei Rechtsfolge eines Verstoßes gegen den Grundsatz der Kündigungsparität die Nichtigkeit der Opt-in-Verlängerungsoption zu Gunsten des Vereins. Eine analoge Anwendung des § 89 Abs. 2 HGB, nach der auch der Spieler in den Genuss einer Option komme, sei abzulehnen. Der Verstoß gegen § 622 Abs. 6 BGB schlage durch, so dass für eine Inhaltskontrolle nach den §§ 307 ff. BGB kein Raum mehr sei.[215]

Demgegenüber vertrat insbesondere *Menke* die Auffassung, die analoge Anwendung des § 622 Abs. 6 BGB scheitere daran, dass die Interessenlage nicht vergleichbar sei. § 622 Abs. 6 diene dem Arbeitnehmerschutz, den der professionelle Fußballspieler nicht benötige. Im Anschluss an die Diskussion zur zweiseitigen Option des „Paragraph 11“ führt *Menke* aus, die Unwirksamkeit der *einseitigen* Opt-in-Verlängerungsoption lasse sich nicht auf dem Wege eines Erst-recht-Schlusses aus der Unwirksamkeit der *zweiseitigen* Opt-in-Verlängerungsoption begründen. Die herrschende Auffassung habe nämlich zu Recht festgestellt, dass zweiseitige Opt-in-Verlängerungsoptionen im Ergebnis keinen Bedenken begegnen. Entsprechend heranzuziehen seien die Erwägungen der Rechtsprechung zur Erstattungspflicht

---

214 BAG 25.04.2013 – 8 AZR 453/12, Rn. 32 (*Florian Brügmann*).

215 *Rein*, NZA-RR 2009, 462, 463 unter III.

von Aus- und Weiterbildungskosten, nach denen entscheidend sei, ob und inwieweit der Arbeitnehmer mit der Aus- und Weiterbildung einen geldwerten Vorteil erlange. Die Vereinbarung einer *einseitigen* Opt-in-Verlängerungsoption zu Gunsten der Clubs sei jedenfalls dann als verhältnismäßig anzusehen, wenn der Spieler diese Option mit einem höheren Gehalt vergütet erhalte. Die Option könne in einem bereits von Anfang der Vertragslaufzeit an höheren Gehalt oder erst im Optionszeitraum vergütet werden.[216]

III. Zweiseitige qualifizierte Option: Der Fall FSV Mainz 05/ Heinz Müller

Die Entscheidungen des BAG sowie der Vorinstanzen im Verfahren des Torhüters *Heinz Müller* gegen seinen Verein *FSV Mainz 05* haben zunächst Bedeutung für die Frage, ob die Befristung des Arbeitsvertrages eines professionellen Fußballspielers wirksam ist oder nicht. Das BAG stellte sich auf den Standpunkt, nach § 14 Abs. 1 S. 2 Nr. 4 TzBfG liege ein sachlicher Grund für die Befristung eines Arbeitsvertrages vor, da die Eigenart der Arbeitsleistung die Befristung rechtfertige.[217]

In einem für die vorliegende Arbeit wichtigeren Teil der Entscheidung[218] ging es um eine (qualifizierte) *zweiseitige* Opt-in-Verlängerungsoption. Die Parteien hatten in § 12 Ziff. 4 ihres Vertrages folgende Vereinbarung getroffen:

> 4) Option
> Verein UND Spieler haben die Option, den bestehenden Vertrag bis zum 30.06.2015 zu verlängern. Voraussetzung hierfür ist der Einsatz des Spielers in mindestens 23 Bundesligaeinsätzen in der Saison 2013/2014. Die Wahrnehmung der Option ist spätestens vier Wochen nach dem 23. Einsatz per Einschreiben oder gegen Empfangsquittung in schriftlicher Form mindestens von einer Partei (Spieler oder Verein) zu erklären.

---

216 *Menke,* NJW 2007, 2821 f.

217 BAG 16.01.2018 – 7 AZR 312/16 *(Heinz Müller),* Rn. 15–25, NJW 2018, 1992 m. Anm. *Fischinger;* MüKo/*Hesse,* § 14 TzBfG, Rn. 51; Fischinger/Reiter/*Fischinger,* Das Arbeitsrecht des Profisports, § 10, Rn. 9 ff.; Ascheid/Preis/Schmidt/*Backhaus,* Kündigungsrecht, § 14 TzBfG, Rn. 420 ff.; BeckOK ArbR/*Bayreuther,* § 14 TzBfG, Rn. 56; *Boecken/Jousen,* § 14 TzBfG, Rn. 89; KR/*Lipke,* § 14 TzBfG, Rn. 329 ff.; Meinel/Heyn/Herms/*Meinel,* TzBfG, § 14, Rn. 174; HaKo-KSchR/*Mestwerdt,* § 14 TzBfG, Rn. 123; *Sievers,* TzBfG § 14, Rn. 305; *Vogt,* Befristungs- und Optionsvereinbarungen im professionellen Mannschaftssport, 137; *Katzer/Frodl,* NZA 2015, 657 (660); *Bepler,* jM 2016, 105; *Blang,* Befristung von Arbeitsverträgen mit Lizenzspielern und Trainern, 191; *Boemke/Jäger,* RdA 2017, 20, 21; *Fischinger/Reiter,* NZA 2016, 661; *Walker,* NZA 2016, 657; *Brugger,* NZA-RR 2021, 113 ff.; a.A. Däubler/Deinert/Zwanziger/*Wroblewski,* KSchR, § 14 TzBfG, Rn. 101.

218 BAG 16.01.2018 – 7 AZR 312/16 *(Heinz Müller),* Rn. 29 ff.

Zunächst stellt das BAG fest, dass die Voraussetzung der Option – der Einsatz des Spielers in mindestens 23 Bundesligaspielen – nicht vorlag, da *Heinz Müller* lediglich in zehn Spielen eingesetzt worden war. Auch mit dem Argument, der Verein habe den Eintritt der Voraussetzungen für die Ausübung der Option treuwidrig vereitelt, so dass die Entstehung der Option gemäß § 162 Abs. 1 BGB als eingetreten anzusehen sei, drang der Spieler im Anschluss an die ständige Rechtsprechung des BAG[219] nicht durch, da er kein Recht auf Spieleinsatz habe.

Der 7. Senat stellt sich dann die zur einseitigen Opt-in-Verlängerungsoption vom *ArbG Ulm*[220] aufgeworfene Frage, ob der Vertrag aufgrund des § 12 Nr. 4 in entsprechender Anwendung von § 622 Abs. 6 BGB i. V. m. § 89 Abs. 2 HGB fortbestanden habe, und verneinte sie: Nach § 622 Abs. 6 BGB dürfe für die Kündigung des Arbeitsverhältnisses durch den Arbeitnehmer zwar keine längere Frist vereinbart werden als für die Kündigung durch den Arbeitgeber. Im Anschluss an das Urteil des *BAG* vom 02.06.2005[221] sei aber auch davon auszugehen, dass im Falle der Vereinbarung einer längeren Kündigungsfrist für den Arbeitnehmer als für den Arbeitgeber unter Verstoß gegen § 622 Abs. 6 BGB auch der Arbeitgeber nach § 622 Abs. 6 BGB i. V. m. § 89 Abs. 2 Satz 2 HGB analog bei der Kündigung des Arbeitsverhältnisses die für den Arbeitnehmer vereinbarte (längere) Kündigungsfrist einhalten müsse. In dem zu entscheidenden Sachverhalt ergebe sich diese Rechtsfolge aber nicht. Denn die Parteien hätten keine unterschiedlich langen Kündigungsfristen vereinbart, sondern eine Opt-in-Verlängerungsoption, die es beiden Parteien ermöglicht habe, den Arbeitsvertrag zu verlängern, wenn der Torwart die erforderliche Zahl von Einsätzen erreicht. Es könne dahinstehen, ob die zweiseitige einsatzabhängige Opt-in-Verlängerungsoption eine unzulässige Umgehung von § 622 Abs. 6 BGB darstelle oder den Spieler unangemessen benachteilige. Selbst wenn mit der zweiseitigen einsatzabhängigen Opt-in-Verlängerungsoption eine unzulässige Umgehung von § 622 Abs. 6 BGB verbunden wäre, führe dies lediglich zur Nichtigkeit der Optionsklausel, nicht aber zur Verlängerung des Vertrages.[222]

Anders als der 8. Senat in der Sache *Florian Brügmann* erkannte der 7. Senat die Problematik der möglichen Unwirksamkeit einer Opt-in-Verlängerungsoption. Ohne auf die Entscheidung des 8. Senats einzugehen, ließ der 7. Senat ausdrücklich offen, ob zweiseitige oder einseitige Opt-in-Verlängerungsoptionen eine unzulässige Umgehung des § 622 Abs. 6 BGB darstellen können oder ob sie den Arbeitnehmer unangemessen benachteiligen.

---

219 BAG 22.08.1984 – 5 AZR 539/81; ausführlich *Bepler*, Lizenzfußballer: Arbeitnehmer mit Beschäftigungsanspruch? in: Bepler, Sportler, Arbeit und Statuten – Herbert Fenn zum 65. Geburtstag, 2000, 43, 66 ff.

220 ArbG Ulm 14.11.2008 – 3 Ca 244/08 *(Marc Lerandy)*, Rn. 33.

221 BAG 02.06.2005 – 2 AZR 296/04.

222 BAG 16.01.2018 – 7 AZR 312/16, Rn. 42 (*Heinz Müller*).

IV. Zwischenergebnis: Unklarheiten über die normative Anknüpfung

Die Diskussion zur Rechtmäßigkeit von ein- und zweiseitigen Opt-in-Verlängerungsoptionen entwickelte sich zunächst parallel zu den Bedenken gegen die Wirksamkeit der Transfersysteme. Das Verbindungselement war die zweiseitige Opt-in-Verlängerungsoption des „Paragraph 11", der vom DFB zum Schutz der Vereine nach der *Baake*-Entscheidung eingeführt worden war und nach dem Ende der Transfersysteme nach der *Bosman*-Entscheidung praktisch relevant wurde.

Die von Rechtsprechung und Literatur behandelten rechtlichen Argumente gegen die Wirksamkeit der zweiseitigen Opt-in-Verlängerungsoption des „Paragraph 11" – die Umgehung der *Bosman*-Rechtsprechung, der Eingriff in die durch § 138 BGB i. V. m. Art. 12 GG geschützte Freiheit des Spielers zur Wahl seines Arbeitsplatzes, der Verstoß gegen das Verbot des entschädigungslosen, nachvertraglichen Wettbewerbsverbots – wurden in die Debatte über die rechtliche Zulässigkeit der einseitigen Opt-in-Verlängerungsoption übernommen.

Nach der Schuldrechtsreform konzentrierte sich die Diskussion auf einen möglichen Verstoß gegen die in § 622 Abs. 6 BGB Ausdruck findenden Rechtsgedanken sowie – nach der Eröffnung der AGB-Kontrolle im Arbeitsrecht ab 2002 – die Angemessenheitskontrolle nach §§ 307 ff. BGB. Ungeklärt blieb aber, ob einseitige Opt-in-Verlängerungsoptionen weiter als Kündigungserschwerung und Verstoß gegen den Rechtsgedanken des § 622 Abs. 6 BGB unwirksam oder an den §§ 305 ff. BGB zu messen sind.

Kapitel 3 Rechtmäßigkeit einseitiger Opt-in-Verlängerungsoptionen

Die folgenden Paragraphen befassen sich mit der rechtlichen Wirksamkeit der Vereinbarung von einseitigen Opt-in-Verlängerungsoptionen zu Gunsten der Clubs.

Am Beginn stehen die gesetzlichen Verbote: In den §§ 8–11 werden aus systematischen Gründen[223] zunächst mit Art. 45 AEUV, Artt. 101, 102 AEUV und §§ 74 ff. HGB sowie § 622 Abs. 6 BGB die in Betracht kommenden gesetzlichen Verbote für diese Vertragsgestaltungen untersucht. Schwerpunkt ist in § 11 die noch nicht abschließend geklärte Frage, ob die Vereinbarung einer einseitigen Opt-in-Verlängerungsoption zu Gunsten des Arbeitgebers gegen die durch § 622 Abs. 6 BGB vorgeschriebene Kündigungsparität bzw. die hinter dieser Norm stehenden Rechtsgedanken verstößt und bereits deshalb gemäß § 134 BGB unwirksam ist.

Es schließt sich die Kontrolle der (vergüteten) einseitigen Opt-in-Verlängerungsoption an den Maßstäben der §§ 305 ff. BGB (§§ 12, 13) an, die gegenüber der Sittenwidrigkeitsprüfung nach § 138 BGB i. V. m. Art. 12 GG (§ 14) vorrangig ist.[224] Den Abschluss dieses Kapitels bilden Ausführung zu Rechtmäßigkeit der Kaufoption nach Leihe (§ 15) und den sich im Falle der Unwirksamkeit einer Regelung ergebenden Rechtsfolgen (§ 16).

§ 17 erörtert die einseitige Opt-in-Verlängerungsoption zugunsten des Arbeitnehmers in gebotener Kürze.

§ 8 Verstoß gegen Art. 45 AEUV

Nach der ständigen Rechtsprechung des *EuGH* findet das Gemeinschaftsrecht im Binnenmarkt auch auf den Sport Anwendung, sofern die sportliche Betätigung einen Teil des Wirtschaftslebens ausmacht.[225] Für die Anerkennung einer Bereichsausnahme für den Sport oder eines „Sportvorbehalts" gegenüber der Anwendbarkeit des Unionsrechts besteht keine Grundlage.[226] Sportspezifische

---

223 Grüneberg/*Grüneberg*, Überbl. v. § 305 BGB, Rn. 14.

224 Grüneberg/*Ellenberger*, § 138 BGB, Rn. 16.

225 EuGH 18.07.2006 – C-519/04 P *(Meca-Medina)*; EuGH 12.12.1974 – C-36/74 *(Walrave/Koch)*; EuGH 14.07.1976 – C-13/76 *(Donà/Mantero)*; EuGH 15.12.1995 – C-414/93 *(Bosman)*; EuGH 11.04.2000 – C-51/96 und C-191/97 *(Deliege)*; EuGH 13.04.2000 – C-176/96 *(Lehtonen)*; *Jung*, Das internationale Sportverbandsrecht im Geltungsbereich des europäischen Unions- und Assoziierungsrechts, S. 78 ff.

226 *Fischinger/Kainer*, SpoPrax 2021, 6 (Teil 1), 56 (Teil 2); *Jung*, Das internationale Sportverbandsrecht im Geltungsbereich des europäischen Unions- und Assoziierungsrechts, S. 100 ff.

Belange[227] sind nicht auf der Tatbestandsebene, sondern im Rahmen der Prüfung der Rechtfertigungsgründe angemessen zu berücksichtigen.[228]

Im Anschluss an die Diskussion zu „Paragraph 11“ wurde die Auffassung vertreten, einseitige Opt-in-Verlängerungsoptionen in den Arbeitsverträgen professioneller Fußballspieler kollidierten mit Art. 45 AEUV bzw. dessen wortgleichen Vorgängervorschriften.[229]

I. Anwendungsbereich

Die Sportler des professionellen Mannschaftssports sind nach der ständigen Rechtsprechung des EuGH Arbeitnehmer im Sinne des AEUV.[230]

Der Anwendungsbereich des AEUV ist allerdings nur eröffnet, wenn ein die Grenzen eines einzelnen Mitgliedsstaates überschreitender Sachverhalt im Bereich des Profisports als Teil des Wirtschaftslebens gegeben ist. Bei rein innerdeutschen Sachverhalten – also dem Wechsel eines Spielers mit deutscher Staatsangehörigkeit von einem deutschen Verein zu einem anderen – ist Art. 45 AEUV nicht anwendbar.[231] Die damit verbundene

---

227 Zum Beispiel die Nominierung für Nationalmannschaften EuGH 12.12.1974 – C-36/74 (*Walrave/Koch*), Rn. 4.

228 *Jung*, Das internationale Sportverbandsrecht im Geltungsbereich des europäischen Unions- und Assoziierungsrechts, 103 f.

229 *Kindler*, NZA 2000, 744, 748: *Krogmann*, Grundrechte im Sport, 221; *Nasse*, SpuRt 97, 45, 47; *Gramlich*, SpuRt 2000, 89, 96, ArbG Dortmund 10.03.1998 – 6 Ga 15/98, Rn. 62 f.; ebenso im Hauptsacheverfahren ArbG Dortmund 19.05.1998 – 6 Ca 1111/98.

230 EuGH 15.12.1995 – C-414/93 *(Bosman)*; EuGH 13.04.2000 – C-176/96 (*Lehtonen)*; EuGH 08.05.2003 – C-438/00 *(Kolpak)*; EuGH 16.03.2010 – C-325/08 *(Bernard)*.

231 EuGH 14.07.1976 – C-13/76 *(Donà/Mantero)*; EuGH 15.12.1995 – C-414/93 *(Bosman)*; EuGH 11.04.2000 – C-51/96 und C-191/97 *(Deliege)*; EuGH 13.04.2000 – C-176/96 *(Lehtonen)*; BAG 20.11.1996 – 5 AZR 518/95, Rn. 52; *Kingreen*, Die Struktur der Grundfreiheiten des Europäischen Gemeinschaftsrechts, 84; *Hilf/Pache*, NJW 1996, 1169, 1174; *Hobe/Tietje*, JuS 1996, 486, 490; *Fischer*, SpuRt 1996, 34, 36; *Heyer*, Diskriminierungs- und Beschränkungsverbot im Rahmen der gemeinschaftsrechtlichen Arbeitnehmerfreizügigkeit, 222; *Plath*, Individualrechtsbeschränkungen im Berufsfußball, 179, 185; *Hoffmann*, Grundfreiheiten des EG-Vertrages als koordinationsrechtliche Ungleichheit rechtliche Abwehrrechte, 99 f.; *Roloff*, Das Beschränkungsverbot des Art. 39 EG (Freizügigkeit) und seine Auswirkungen auf das nationale Arbeitsrecht, 45 ff.; *Vogt*, Befristungs- und Optionsvereinbarungen im professionellen Mannschaftssport, 141.; a. A. *Lackhoff*, Die Niederlassungsfreiheit des EGV – nur ein Gleichheits- oder auch ein Freiheitsrecht?, 71 ff.

„Inländerdiskriminierung“[232] spielt in der ständigen Rechtsprechung des EuGH keine Rolle und ist geklärt.[233]

II. Eingriff

Für die zur Prüfung noch verbleibenden grenzüberschreitenden Sachverhalte wurde ein Eingriff in Art. 45 AEUV bzw. seine Vorgängervorschriften mit der Begründung angenommen, die Vereinbarung einseitiger Opt-in-Verlängerungsoptionen stelle eine Umgehung des Art. 45 AEUV (1.) bzw. der *Bosman*-Entscheidung (2.) dar. Entscheidend ist indes, dass sich aufgrund der rechtlichen Bindungen aus einem Arbeitsvertrag kein Eingriff in Art. 45 AEUV ergeben kann (3).

1. Umgehung von Art. 45 AEUV

Früher wurde vereinzelt angenommen, die Vereinbarung einer einseitigen Opt-in-Verlängerungsoption führe zu einer Umgehung der dem *Bosman*-Urteil zugrunde liegenden gesetzlichen Vorschrift – damals Art. 39 EG-Vertrag. Die Vertragsklausel habe zum Ziel, die vom EuGH gefundenen Grundsätze zu umgehen und dem Arbeitgeber die nach dem *Bosman*-Urteil verbotene nachvertragliche Ablösesumme zu sichern. Der Europäische Gerichtshof habe die Ablösesummen als wirtschaftlichen Erfolg verboten und nicht nur eine bestimmte rechtliche Gestaltung.[234] Die Ausführungen zur Entstehung des „Paragraph 11“ und zu den rechtlichen Auseinandersetzungen in Folge der *Bosman*-Entscheidung in Kapitel 2 konnten die historische Herkunft dieses Arguments deutlich machen.

Das Verbot von Umgehungsgeschäften greift als allgemein anerkannter Rechtsgrundsatz immer dann ein, wenn durch Umgehung verbotener rechtlicher Gestaltungen ein vom Gesetz verbotener Erfolg herbeigeführt werden soll, und führt zur Anwendung des § 134 BGB, wenn durch die andere – nicht ausdrücklich verbotene – Gestaltung versucht wird, den Zweck des Verbotsgesetzes zu vereiteln.[235]

---

232 *Weiß*, EuR 1999, 499, 511; *Weiß*, Die Personenverkehrsfreiheiten von Staatsangehörigen assoziierter Staaten in der EU, 29.

233 EuGH 01.04.2008 – C-212/06; Streinz/*Franzen*, Art. 45 AEUV, Rn. 34; Calliess/Ruffert/*Brechmann*, Art. 45 AEUV, Rn. 42 ff.

234 *Kindler*, NZA 2000, 744, 748; *Krogmann*, Grundrechte im Sport, 221; *Nasse*, SpuRt 97, 45, 47; *Gramlich* SpuRt 2000, 89, 96; ArbG Dortmund 10.03.1998 – 6 Ga 15/98, Rn. 62 f.; ebenso im Hauptsacheverfahren ArbG Dortmund 19.05.1998 – 6 Ca 1111/98.

235 Grundlegend: BAG 12.10.1960 – GS 1/59, BAGE 10, 65, 70; Staudinger/*Seibl/Fischinger/Hengstberger*, § 134 BGB, Rn. 167; MüKo/*Armbrüster*, § 134 BGB, Rn. 18; dazu ausführlich *Rudnik*, Die Gesetzesumgehung in der Rechtsprechung des Bundesarbeitsgerichts, passim.

So vertrat *Nasse* und später – unter Berufung auf *Nasse* – auch das Arbeitsgericht Dortmund die Ansicht, dass es sich bei der (beiderseitigen[236]) Verlängerungsoption des „Paragraph 11“ des Lizenzspielervertrages um eine Umgehung des Verbots der Ablösesummen handle. Die Gestaltung verstoße zwar nicht gegen ein gesetzliches Verbot, sei aber so ausgestaltet, dass der widerrechtliche Erfolg im Ergebnis doch eintrete, weil die Ausgestaltung der Bedingung zeige, dass die Klausel allein im Fall der – später tatsächlich eingetretenen – Unwirksamkeit des Transfersystems eingreifen sollte.[237] Die Klausel sei gerade dafür eingeführt worden, der Gefahr der Unwirksamkeit der Transferregeln zu begegnen und den Clubs so die Möglichkeit zu eröffnen, die (bei Vertragsschluss einkalkulierte) Ablösesumme für den Spieler doch noch zu erzielen. Die Umsetzung des *Bosman*-Urteils sollte unmöglich gemacht werden.[238]

Die gegenteilige Auffassung vertraten das LAG Köln[239] und das LAG Hamm[240], die zwar in „Paragraph 11“ eine Gestaltung erkannten, die die Freizügigkeit des Arbeitnehmers berühren könne. Die Gerichte stellten aber gleichzeitig fest, dass die europarechtlich gewährte Freizügigkeit nicht vor vertraglichen Bindungen schütze, die die Vertragsparteien mit dem Abschluss des Arbeitsvertrages eingegangen seien. Wäre der Vertrag von Anfang an mit einer Laufzeit abgeschlossen worden, die den Optionszeitraum eingeschlossen hätte, könnte auch nicht argumentiert werden, dass Freiheitsrechte die Verkürzung des Vertrages geböten.[241]

Im Übrigen können nur solche Vorschriften Verbotsgesetze sein, die nach ihrer gesetzlichen Konzeption zwischen den am Rechtsgeschäft Beteiligten anwendbar sind. Die Bestimmungen des europäischen Primärrechts richten sich an die Mitgliedsstaaten. Im Verhältnis Privater kommt den Grundfreiheiten kein Verbotsgesetzcharakter zu, da ihnen keine unmittelbare Drittwirkung beizumessen ist.[242]

---

236 Die Argumente, die nicht spezifisch mit der beiderseitigen Ausgestaltung zusammenhängen, können auch für die einseitige Opt-in-Verlängerungsoption herangezogen werden.

237 ArbG Dortmund 10.03.1998 – 6 Ga 15/98.

238 *Roloff*, Das Beschränkungsverbot des Art. 39 EG (Freizügigkeit) und seine Auswirkungen auf das nationale Arbeitsrecht, 257.

239 LAG Köln 13.08.1996, NZA 1997, 317.

240 LAG Hamm (Westfalen) 10.06.1998 – 14 Sa 883/98.

241 LAG Köln 13.08.1996 – NZA 1997, 317.

242 Eingehend Staudinger/*Seibl/Fischinger/Hengstenberger*, § 134, Rn. 56 ff. mit ausführlichen Nachweisen; darüber hinaus: *Roloff*, Das Beschränkungsverbot des Art. 39 EG (Freizügigkeit) und seine Auswirkungen auf das nationale Arbeitsrecht, 261; Grundmann/*Riesenhuber*, Europäisches Arbeitsrecht, § 3, Rn. 29 ff.

2. *Umgehung des Bosman-Urteils*

Begründet wurde die Ansicht, die einseitige Opt-in-Verlängerungsoption stelle eine Umgehung der im *Bosman*-Urteil gefundenen Grundsätze dar, damit, die Fälle der Vereinbarung einer einseitigen Verlängerungsoption seien zwar formal von den Aussagen des *Bosman*-Urteils nicht erfasst. Der EuGH habe nur *nachvertragliche* Entschädigungszahlungen für unzulässig erklärt, die im Falle der Prolongation des Vertrages durch Verlängerungsoptionen gerade nicht vorliegen. Die Vereinbarung und die Ausübung des einseitigen Optionsrechts sei aber objektiv geeignet und von der Absicht getragen, Ablösesummen trotz der Unwirksamkeit des verbandsrechtlichen Transfersystems erzielen zu können. Diese Intention gebiete es, die Vertragsgestaltung mittels einseitiger Verlängerungsoption als Umgehung einzustufen.[243]

a. Keine Nichtigkeit gemäß § 134 BGB durch Umgehung eines Urteils

Die Unwirksamkeit eines Rechtsgeschäfts kann sich regelmäßig nur aus Umgehung von Verbotsgesetzen mittels Rechtsgestaltung und gerade nicht aus der Umgehung einzelner Urteile ergeben. Die Entscheidungen des *EuGH* vermitteln im Grundsatz keine Verbotsnormen, von denen mittels Rechtsgestaltung in rechtswidriger Weise nicht abgewichen werden kann.[244]

b. Ablösesumme ist nicht das alleinige Ziel der Bindung

Die dem „Umgehungsgedanken“ zugrunde liegende Annahme, es gehe objektiv um die Erzielung einer Ablösesumme, beruht auf einer zumindest unvollständig erfassten Interessenlage. Dem Begünstigten einer Verlängerungsoption geht es – wie oben ausgeführt – zuvörderst um Flexibilität und nicht nur um die Möglichkeit zur Erzielung einer Ablösesumme, die er auch durch längere Bindung erzielen könnte.

Zum anderen kann den Vertragsparteien bei Vereinbarung der entsprechenden Klauseln – also am Vertragsbeginn – nicht klar sein, ob zum Ende der Grundlaufzeit ein Interesse des Vereins an einer Verlängerung besteht oder ein anderer aufnahmebereiter Verein ein Angebot unterbreitet. Maßgeblich für die Beurteilung der Rechtmäßigkeit einer vertraglichen Vereinbarung ist grundsätzlich der Zeitpunkt des Vertragsschlusses.[245]

---

243 LAG Köln 13.08.1996 – 11 Ta 173/96.

244 Grüneberg/*Ellenberger*, § 134 BGB, Rn. 38; *Roloff*, Das Beschränkungsverbot des Art. 39 EG (Freizügigkeit) und seine Auswirkungen auf das nationale Arbeitsrecht, 261.

245 Staudinger/*Seibl/Fischinger/Hengstberger*, § 134 BGB, Rn. 80; für die Beurteilung der Sittenwidrigkeit: Grüneberg/*Ellenberger*, § 138 BGB, Rn. 9; für die Nichtigkeit wegen Gesetzesverstoß: Grüneberg/*Ellenberger*, § 134 BGB, Rn. 12a.

c. *Kernaussage des* Bosman-*Urteils betrifft Vertragsbindungen nicht*

Unabhängig davon besteht die Kernaussage des *Bosman*-Urteils darin, dass Transferentschädigungsregelungen, die ***nach Ablauf des bestehenden Arbeitsvertrages*** den Vereinswechsel zwischen zwei Mitgliedstaaten der EU behindern, als Verstoß gegen die europarechtlich garantierte Freizügigkeit zu bewerten sind.

Mit Bindungen aufgrund eines (befristeten) Arbeitsvertrages oder der Vereinbarung einer Verlängerungsoption befasst sich die Entscheidung nicht. Sie statuiert deshalb auch gerade nicht den Grundsatz, dass dem Arbeitgeber eine Vertragsgestaltung verboten wird, die ihm die Chance auf die Erzielung einer Ablösesumme erhält. Das Argument, die Vereinbarung einer einseitigen Opt-in-Verlängerungsoption stelle eine Umgehung der *Bosman*-Entscheidung dar, trägt daher nicht.[246]

III. Verletzung des Beschränkungsverbots aus Art. 45 AEUV durch rechtliche Bindungen des Arbeitnehmers an das Arbeitsverhältnis

Art. 45 AEUV schützt die EU-Bürger in erster Linie vor staatlichen Beschränkungen. Damit erschöpfen sich die Grundfreiheiten allerdings nicht. Aus der Gewährleistung der Grundfreiheiten folgt der Auftrag an die Mitgliedsstaaten, die Grundfreiheiten der Bürger auch gegen Eingriffe durch Private zu schützen.[247] Ebenso wie bei den Grundrechten des Grundgesetzes schließt sich daran die Frage an, ob dieser Auftrag durch eine unmittelbare Bindung Privater an die Grundfreiheiten[248] oder durch eine lediglich mittelbare Drittwirkung der Grundfreiheiten[249] auf Private und die daraus resultierenden Schutzpflichten des Staates erfüllt wird.[250]

1. *Diskriminierungsverbot Art. 45 Abs. 2 AEUV*

Jedenfalls das Diskriminierungsverbot des Art. 45 Abs. 2 AEUV hat der EuGH auch auf von Privatpersonen festgelegte Arbeitsbedingungen, die nicht auf kollektiven Regelungen mit Normcharakter beruhen, ausgedehnt.[251] Zur Begründung führt

---

246 *Fischinger*, FS Moll, 122 f.; *Roloff*, Das Beschränkungsverbot des Art. 39 EG (Freizügigkeit) und seine Auswirkungen auf das nationale Arbeitsrecht, 262.

247 Festschrift Peter-Christian Müller-Graff/*Kainer*, 484, 487 ff.; Zur Bindung einer privaten Einrichtung, die Normungs- und Zertifizierungstätigkeiten ausüben an Art. 28 EG: EuGH 12.07.2012 – C-171/11 (*DVGW*).

248 Ablehnend: Staudinger/*Seibl/Fischinger/Hengstberger*, § 134 BGB, Rn. 57, m. w. N.

249 Staudinger/*Seibl/Fischinger/Hengstberger*, § 134 BGB, Rn. 57, m. w. N.

250 *Jung*, Das internationale Sportverbandsrecht im Geltungsbereich des europäischen Unions- und Assoziierungsrechts, 121 f.

251 EuGH 06.06.2000 – C 281/98 *(Angonese)* zu Einstellungskriterien für die Mitarbeiter einer privaten Bank; EuGH 17.07.2008 – C-94/07 *(Raccanelli)*; EuGH 28.06.2012 – C-172/11 *(Erny)*.

der EuGH an, die Arbeitsbedingungen in den verschiedenen Mitgliedstaaten seien teilweise durch Gesetze oder Verordnungen und teilweise durch von Privatpersonen geschlossene Verträge oder sonstige Akte geregelt. Wäre der Gegenstand der Arbeitnehmerfreizügigkeit auf behördliche Maßnahmen beschränkt, so könnten sich daraus Ungleichheiten bei seiner Anwendung ergeben.[252]

2. *Bindungen außerhalb des Diskriminierungsverbots*

Ob und inwieweit Private auch außerhalb des Diskriminierungsverbots in Bezug auf Einzelmaßnahmen unmittelbar an die Grundfreiheiten gebunden sind, ist in der Rechtsprechung des EuGH noch nicht geklärt.[253]

a. *Bindung an kollektive, verbandsrechtliche Regelungen*

Gesichert ist in der Rechtsprechung des EuGH, dass die Grundfreiheit des Art. 45 AEUV gegenüber auf Verbandsebene festgelegten, kollektiven Regelungen privater Normgeber Geltung beansprucht.[254] Insbesondere die Satzungen von Sportverbänden müssen den Vorgaben der Europäischen Union zur Arbeitnehmer-, Dienstleistungs- und Niederlassungsfreiheit entsprechen.[255]

b. *Bindung an einen Vertrag als Beschränkung der Freizügigkeit?*

Freilich ist damit noch nicht die Frage beantwortet, ob Bindungen, die sich für einen Arbeitnehmer aus Regelungen seines Arbeitsvertrages ergeben, auf arbeitsvertraglicher Grundlage als Beschränkungen des Art. 45 AEUV angesehen werden können. Dass eine solche Ausdehnung zu erheblichen Einschränkungen der ebenfalls gewährleisteten Privatautonomie führen kann, liegt auf der Hand.[256]

Die Übertragung der Rechtsprechung des EuGH zu kollektiven, verbandsrechtlichen Regelungen auf Vereinbarungen in einzelnen Arbeitsverträgen der professionellen Fußballspieler kann nicht damit begründet werden, bei den Formularen, die die Verbände den Arbeitsvertragsparteien zur Verfügung stellen, handle es sich

---

252 EuGH 15.12.1995 – C-415/93, Rn. 84 *(Bosman)*; EuGH 11.12.2007 – C-438/05 *(Viking)*; EuGH 16.03.2010 – C-325/08 *(Bernard)*.

253 ErfK/*Wißmann/Schlachter*, Art. 45 AEUV, Rn. 18; Grabitz/Hilf/Nettesheim/*Forsthoff*, Art. 45 AEUV, Rn. 152 ff.; FrankfK EUV/*Kocher*, Art. 45 AEUV, Rn. 78.

254 EuGH 12.12.1974 – C 36/74 *(Walrave)*; EuGH 14.07.1976 – C-13/76 *(Dona/Mantero)* EuGH 15.12.1995 – C-414/93 *(Bosman)*; EuGH 11.04.2000 – C-51/96 und C-191/97 *(Deliege)*; EuGH 13.04.2000 – C-176/96 *(Lehtonen)*; EuGH 18.07.2006 – C-519/04 P *(Meca-Medina)*; EuGH 16.03.2010 – C-325/08 *(Bernard)*.

255 *Jung*, Das internationale Sportverbandsrecht im Geltungsbereich des europäischen Unions- und Assoziierungsrechts, S. 106 ff.

256 Staudinger/*Seibl/Fischinger/Hengstberger*, § 134 BGB, Rn. 57, m. w. N.; *Kainer*, FS Müller-Graff, 484 ff.

um derartige kollektive, verbandsrechtliche Regelungen. Zwar dürfte davon auszugehen sein, dass die Parteien beim Abschluss von Arbeitsverträgen häufig die von der DFL entworfenen und herausgegebenen Formulare verwenden. Allerdings ist in Deutschland die Verwendung der Vertragsformulare der Verbände nicht verpflichtend.[257]

Entscheidender Gesichtspunkt ist, dass Art. 45 AEUV nach der *Bosman*-Entscheidung die auf der Grundlage der Privatautonomie getroffenen Vereinbarungen grundsätzlich billigt. Lediglich Bindungen *„nach Beendigung des Vertrages, der ihn [den Spieler] an den Verein binde“*, sind mit der Arbeitnehmerfreizügigkeit unvereinbar.[258] Die Möglichkeit des professionellen Fußballspielers, sich im Rahmen der Gesetze vertraglich zu binden, dadurch den Wert seiner Arbeitskraft zu kommerzialisieren und über sie zu disponieren, ist Ausfluss und Ziel der Freizügigkeit. Für die mit der arbeitsvertraglichen Bindung verbundene willentliche Aufgabe von Freiheit erhält der Sportler die vom Arbeitgeber zu zahlende Vergütung. Durch das Eingehen vertraglicher Verpflichtungen macht der Arbeitnehmer von der Arbeitnehmerfreizügigkeit nach Art. 45 AEUV Gebrauch.[259] Die arbeitsvertraglichen Bindungen will Art. 45 AEUV, wie sich auch aus der Kernaussage der *Bosman*-Entscheidung ergibt, gerade nicht beschränken.

Andererseits heißt das nicht, dass jede vertragliche Bindung des professionellen Spielers zulässig ist. Übermäßige, zum Beispiel zu lange oder einseitig vertragliche Bindungen sind ebenfalls nicht Regelungsgegenstand der Arbeitnehmerfreizügigkeit, sondern spezieller nationaler Regelungen wie § 624 BGB, § 622 Abs. 6 BGB oder §§ 307 ff. BGB.[260]

IV. Zwischenergebnis

Da die Bindung des Spielers aufgrund eines Vertrages schon kein Eingriff in die Arbeitnehmerfreizügigkeit ist, ist Art. 45 AEUV durch eine vertraglich eingegangene Bindung, sei es nun ein langfristiger Vertrag oder eine Opt-in-Verlängerungsoption, nicht betroffen.[261]

---

257 Anders zum Beispiel der Fall, der der Entscheidung des DRC Nr. 19174 vom 09.01.2009 zugrunde lag, vgl. dort Rn. 3.

258 EuGH 15.12.1995 – C-415/93 *(Bosman)*, Rn. 114.

259 *Roloff*, Das Beschränkungsverbot des Art. 39 EG (Freizügigkeit) und seine Auswirkungen auf das nationale Arbeitsrecht, 262 ff.; so auch BAG 25.04.2013 – 8 AZR 453/12 *(Florian Brügmann)*, Rn. 29 f.; dazu weiter unter § 14 II zu Art. 12 GG.

260 *Roloff*, Das Beschränkungsverbot des Art. 39 EG (Freizügigkeit) und seine Auswirkungen auf das nationale Arbeitsrecht, 263 f.

261 Zu einseitigen Opt-in-Verlängerungsoptionen ebenso BAG 25.04.2013 – 8 AZR 453/12 *(Florian Brügmann)*, Rn. 29 f.; LAG Köln 20.11.1998 – 11 Sa 125/98 *(Jacob Svinggaard)*; *Fischinger*, FS Moll, 117, 122; *Vogt*, Befristungs- und Optionsvereinbarungen im professionellen Mannschaftssport, 141 ff.; *Strauf*, Causa Sport 2014, 66; Stopper/

Ob Gründe gemäß Art. 45 Abs. 3 AEUV bestehen, die einen Eingriff rechtfertigen können – etwa die in der *Bosman*-Entscheidung ausdrücklich angesprochene[262] Förderung der Einstellung und Ausbildung junger Spieler[263] – ist daher unerheblich.

Die einseitige Opt-in-Verlängerungsoption verstößt nicht gegen die europarechtlich garantierte Arbeitnehmerfreizügigkeit aus Art. 45 AEUV.

§ 9 Verstoß gegen Artt. 101, 102 AEUV

I. Art. 101 AEUV

Art. 101 Abs. 1 AEUV verbietet alle wettbewerbsbeschränkenden Maßnahmen, die geeignet sind, den Handel zwischen den Mitgliedstaaten zu beeinträchtigen und eine Verhinderung, Einschränkung oder Verfälschung des Wettbewerbs bezwecken oder bewirken. An den Verstoß geknüpft ist die Nichtigkeitsfolge des Art. 101 Abs. 2 AEUV.

1. Anwendbarkeit

In der Rechtssache *Bosman* hatte Generalanwalt *Lenz* in seinen Schlussanträgen bereits angenommen, Fußballverbände und Vereine seien Unternehmen im Sinne der damaligen Art. 85, 86 EG-Vertrag, die Transfer- und Ausländerregelungen seien als Vereinbarungen von Unternehmen oder Beschlüsse von Unternehmensvereinigungen einzustufen und sie verstießen gegen die Vorgaben des europäischen Wettbewerbsrechts.[264] Ganz ähnliche Positionen hatte bereits der High Court 1964 in der Sache *Eastham v Newcastle* geäußert.[265] Der EuGH musste nach Feststellung eines Verstoßes gegen die Arbeitnehmerfreizügigkeit seinerzeit darauf nicht mehr eingehen.

Spätestens seit der *Meca-Medina*-Entscheidung ist die Anwendbarkeit des europäischen Wettbewerbsrechts auf den professionellen Sport aber geklärt.[266]

Lentze/*Breucker/Wüterich*, Handbuch Fußball-Recht, Kap. 9, Rn. 30 f.; allgemein *Roloff*, Das Beschränkungsverbot des Art. 39 EG (Freizügigkeit) und seine Auswirkungen auf das nationale Arbeitsrecht, 261 f.; *Oberthür*, NZA 2003, 462, 466; *Kelber*, NZA 2001, 11, 15; *Weber*, RdA 2001, 183, 184.

262 EuGH 15.12.1995 – C-415/93 *(Bosman)*, Rn. 108 ff.

263 *Menke*, NJW 2007, 2820, 2822; *Vogt*, Befristungs- und Optionsvereinbarungen im professionellen Mannschaftssport, 145.

264 EuGH, Schlussanträge des GA Lenz vom 20.09.1995 – C-415/93 (*Bosman*), Rn. 253 ff.

265 Andersen/*Boyes*, Eastham v Newcastle United FC ltd. (1964), in: Leading Cases in Sports Law, 77 ff.

266 EuGH 18.07. 2006 – C-519/04 P *(Meca-Medina)*

Gerichtet sind die Vorschriften des europäischen Wettbewerbsrechts an Unternehmen und Unternehmensvereinigungen, wobei ein weites Verständnis zugrunde gelegt wird. Erforderlich ist nur die selbständige wirtschaftliche Tätigkeit der natürlichen oder juristischen Person. Da die Sportler im professionellen Mannschaftssport aber gleichermaßen ausnahmslos als Arbeitnehmer im Sinne von Art. 45 AEUV zu qualifizieren sind,[267] können sie nicht gleichzeitig eine selbständige wirtschaftliche Tätigkeit ausüben. Arbeitnehmer sind keine Unternehmer im Sinne des europäischen Wettbewerbsrechts.[268] Vom europäischen Wettbewerbsrecht erfasst sind damit nur die Clubs als Arbeitgeber.[269]

2. *Wettbewerbsverstoß*

Es stellt sich weiter die Frage – nachdem Arbeitsverträge als Grundlage eines europäischen Wettbewerbsverstoßes nicht in Betracht kommen –, ob die einseitigen Opt-in-Verlängerungsoptionen aufgrund – ggf. stillschweigender – Übereinkunft der beteiligten Arbeitgeber Verwendung finden. Anhaltspunkte für ein bewusstes Zusammenwirken der Arbeitgeber im professionellen Sport sind bislang nicht bekannt geworden. Das Verhalten der Clubs folgt vielmehr einem zufälligen oder auch zulässigen bewussten Parallelverhalten als Anpassung an das Wettbewerbsverhalten anderer Clubs.

Ein Wettbewerbsverstoß kann – trotz der häufigen Verwendung der einseitigen Verlängerungsoption – nicht mit der Begründung angenommen werden, in der Verwendung dieser Klauseln durch die Unternehmer liege eine aufeinander abgestimmte Verhaltensweise zur Minimierung der Risiken, die sich die Unternehmer im Rahmen eines Wettbewerbs aussetzen müssten.[270]

II. Art. 102 AEUV

Ein Verstoß gegen das Verbot der missbräuchlichen Ausnutzung einer marktbeherrschenden Stellung auf dem Binnenmarkt scheidet aus. Anders als den Verbänden[271] kommt keinem Arbeitgeber im professionellen Fußball die Stellung eines Monopolisten am europäischen Markt in diesem Sinne zu.[272]

---

267 EuGH 15.12.1995 – C-414/93 (*Bosman*); EuGH 13.04.2000 – C-176/96 (*Lehtonen*); EuGH. 08.05.2003 – C-438/00 (*Kolpak*); EuGH 16.03.2010 – C-325/08 (*Bernard*).

268 Streinz/*Eilmansberger*, vor Art. 101 AEUV, Rn. 24.

269 Demgegenüber sind professionelle Einzelsportler als Unternehmen einzustufen: LG München I 26.02.2014 – 37 O 28331/12, Rn. 167; LG Köln, 13.09.2006, 28 O (*Kart*) 38/05; Immenga/Mestmäcker/*Zimmer*, § 1, Rn. 59.

270 Streinz/*Eilmansberger*, Art. 101 AEUV, Rn. 14.

271 Stopper/Lentze/*Stopper*, Handbuch Fußballrecht, S. 324, Rn. 27.

272 LG München I 14.07.20 – Az.: 1 HK O 17908/09: Zahlung rückständiger Kosten für die gastronomische Versorgung im Business- und Sponsorenbereich. Nach Auffassung

III. Zwischenergebnis

Insgesamt ist weder ein Wettbewerbsverstoß auf der Grundlage einer Verhaltenskoordinierung erkennbar, noch liegt in der Einräumung und Verwendung von Verlängerungsoptionen eine Wettbewerbsbeschränkung oder die missbräuchliche Ausnutzung einer marktbeherrschenden Stellung. Es fehlt bereits der Einfluss der Vertragsgestaltung auf den Wettbewerb. Das flexible Vertragslaufzeitmanagement verschafft Wettbewerbsvorteile und stellt keine Wettbewerbsbeschränkung dar. Die Vereinbarung einseitiger Opt-in-Verlängerungsoptionen zu Gunsten des Arbeitgebers verletzt Artt. 101, 102 AEUV nicht.

§ 10 Verstoß gegen §§ 74 ff. HGB

Im Rahmen der Diskussion um die *zweiseitige* Opt-in-Verlängerungsoption in „Paragraph 11" des Mustervertrages des DFB[273] vertraten *Arens* und *Jaques*[274] die Auffassung, eine Opt-in-Verlängerungsoption stelle ein bedingtes Wettbewerbsverbot dar, das mangels Vereinbarung der Karenzentschädigung gemäß § 74 Abs. 2 HGB unverbindlich sei.

Begründet wurde diese Ansicht mit dem Argument, dass die dem Arbeitgeber entschädigungsfrei vorbehaltene Entscheidung über die Inanspruchnahme des Optionsrechts ein sogenanntes bedingtes Wettbewerbsverbot sei, wenn das Arbeitsverhältnis abgelaufen sei.[275] Das bedingte Wettbewerbsverbot behindere den Arbeitnehmer bereits dadurch bei der Suche nach einem neuen Arbeitsplatz, dass er im Unklaren darüber gelassen werde, ob der Arbeitgeber eine Karenz verlange oder nicht.[276]

Durchgesetzt hat sich diese Auffassung nicht. Zwar werden die §§ 74 ff. HGB auch auf Arbeitsverhältnisse angewendet.[277] Ausreichend ist auch eine nur faktische Einflussnahme auf die weitere berufliche Tätigkeit;[278] § 74 HGB spricht von einer Beschränkung. Die §§ 74 ff. HGB regeln aber lediglich die Anforderungen an ein *nachvertragliches* Wettbewerbsverbot. Wesen des nachvertraglichen Wettbewerbsverbots ist, dass dem Arbeitnehmer nach Beendigung seines bestehenden Arbeitsverhältnisses eine Wettbewerbstätigkeit untersagt wird. Die

---

des Gerichts ist die für jedes Spiel veranlagte Catering-Pauschale weder sitten- noch kartellrechtswidrig, der FC Bayern München ist kein Monopolist, becklink 1002715, beck-online.

273 Dazu oben § 6.

274 Arens/Jaques, SpuRt 1997, 41 ff.

275 Arens/Jaques, SpuRt 1997, 41, 44.

276 BAG 22.05.1990 – 3 AZR 647/88, Vereinbarung des Vorbehalts der Auferlegung eines Wettbewerbsverbots für den Arbeitgeber.

277 Erstmals: BAG 13.09.1969 – 3 AZR 138/68; seit 2002 § 110 GewO.

278 Hopt/*Roth*, § 74 HGB, Rn. 6.

Opt-in-Verlängerungsoption stellt keine Regelung für die Zeit *nach* Beendigung des Arbeitsvertrages dar, sondern verlängert im Falle ihrer Ausübung die Bindung des Spielers bei *bestehendem* Arbeitsverhältnis.

Des Weiteren ist die Bindung des Spielers durch eine einseitige Opt-in-Verlängerungsoption auch nicht entschädigungslos. Der Entgeltanspruch des Spielers aufgrund des fortbestehenden Arbeitsvertrages besteht bei Ausübung der Option durch den Arbeitgeber weiter.[279]

Die einseitige Opt-in-Verlängerungsklausel ist daher nicht nach § 74 Abs. 2 HGB unverbindlich.

§ 11 Verstoß gegen § 622 Abs. 6 BGB

Kindler hat sich im Jahr 2000 ausführlich mit der damaligen Rechtslage auseinandergesetzt.[280] Unter Hinweis auf die Rechtsprechung des *BAG*[281], wonach es unzulässig sei, durch vertragliche Absprachen eine ungleiche Kündigungslage zum Nachteil des Arbeitnehmers zu schaffen, stufte er die einseitige Opt-in-Verlängerungsoption als nach dem Rechtsgedanken des § 622 Abs. 6 BGB unzulässige Erschwerung der Kündigung durch den Arbeitnehmer ein. Ob ein 5-Jahres-Vertrag mit einem einseitigen Kündigungsrecht des Arbeitgebers nach drei Jahren abgeschlossen werde – was ein klarer Verstoß gegen das Verbot ungleicher Kündigungslagen sei – oder ein 3-Jahres-Vertrag mit einem einseitigen Verlängerungsrecht des Arbeitgebers für weitere zwei Jahre, bleibe sich im Ergebnis gleich.[282] In beiden Fällen liege es allein in der Hand des Arbeitgebers, nach drei Jahren das Vertragsverhältnis zu beenden. Der Arbeitnehmer habe dies hinzunehmen; er sei länger an den Vertrag gebunden als der Arbeitgeber. Damit liege der klassische Fall eines Umgehungsgeschäfts vor. Der Zweck eines verbotenen Geschäfts (ungleiche Kündigungslage) solle mit Hilfe eines anderen, nicht ausdrücklich verbotenen Geschäfts (einseitige Option) erreicht werden.[283]

Dieser Argumentation folgend wurde und wird § 622 Abs. 6 BGB sowohl in der Rechtsprechung als auch in der Literatur als Hindernis für die Wirksamkeit der Vereinbarung einseitiger Opt-in- Verlängerungsoptionen in den Arbeitsverträgen

---

279 So bereits *Rybak*, Das Rechtsverhältnis zwischen dem Lizenzfußballspieler und seinem Verein, 244; LAG Köln, 20.11.1998, 11 Sa 125/98, Rn. 19; *Fischinger*, FS Moll, 119.

280 *Kindler*, NZA 2000, 744 ff.

281 BAG 09.02.1956 – 1 AZR 329/55, Rn. 16 (überzahlte Urlaubsvergütung als Lohnvorschuss im Falle der Kündigung); BAG 31.05.1960 – 5 AZR 505/58 (Rückzahlung der Weihnachtsgratifikation im Falle der Kündigung); BAG 11.03.1971 – 5 AZR 349/70 (Verfall einer Kaution für den Fall der Kündigung); BAG 06.09.1989 – 5 AZR 586/88 (Zahlung einer Abfindung im Falle der Kündigung).

282 *Annen*, CaS 2012, 326.

283 *Kindler*, NZA 2000, 744, 745.

professioneller Fußballspieler angeführt. Die durch die einseitige Opt-in-Verlängerungsoption zu Lasten des Arbeitnehmers entstehende ungleiche Kündigungslage wolle § 622 Abs. 6 BGB gerade verhindern.[284]

Ob § 622 Abs. 6 BGB einseitige Opt-in-Verlängerungsoptionen verbietet, ist auf der Grundlage der Auslegungsgrundsätze zu ermitteln. Da der Wortlaut nicht passt (I.), wird von manchen Stimmen in Rechtsprechung und Literatur eine analoge Anwendung der Vorschrift auf die einseitige Opt-in-Verlängerungsoption befürwortet (II.).

I. Geschichte, Wortlaut, grammatikalische Auslegung

§ 622 Abs. 6 BGB regelt die Parität der Kündigungsfristen der Arbeitsvertragsparteien.

1. Historische Entwicklung

Dieser Grundsatz hat eine lange zurückreichende Geschichte. Bereits in der Zeit des wirtschaftlichen Liberalismus des ausgehenden 19. Jahrhunderts und des daraus folgenden grundsätzlich freien Kündigungsrechts beider Parteien fand sich die Kündigungsparität der Vertragsparteien sowohl im gewerbe- als auch im handelsrechtlichen Arbeitsrecht.[285]

Für das Arbeitsverhältnis von gewerblichen Arbeitnehmern – Gesellen und Gehilfen – schrieb § 122 Satz 2 der Gewerbeordnung für das Deutsche Reich seit dem 01.06.1891[286] Gleichheit der Kündigungsfristen für beide Seiten des Arbeitsvertrages vor.

---

284 *Kindler*, NZA 2000, 744 ff.; *Wertenbruch*, SpuRt 2004, 134, 135; *Rein*, NZA-RR 2009, 462, 463 ff.; *Lange*, SpuRt 2011, 98 f.; *Richtsfeld*, Causa Sport 2017, 98, 104.

285 *Wüllenweber*, Die Entwicklung des Kündigungsschutzrechts seit dem Ersten Weltkrieg, 25 ff.; *Hueck/Nipperdey*, Lehrbuch des Arbeitsrechts, Band 1, 514 ff.; für das Arbeitsverhältnis der Bergleute regelte § 81 des Allgemeinen Berggesetzes für die Preußischen Staaten vom 24.06.1865 (Preußische Gesetzessammlung S. 705 ff.) eine Kündigungsfrist von 14 Tagen für beide Vertragsteile.

286 „§ 122. Das Arbeitsverhältniß zwischen den Gesellen oder Gehülfen und ihren Arbeitgebern kann, wenn nicht ein Anderes verabredet ist, durch eine jedem Theile freistehende, vierzehn Tage vorher erklärte Aufkündigung gelöst werden. Werden andere Aufkündigungsfristen vereinbart, so müssen sie für beide Theile gleich sein. Vereinbarungen, welche dieser Bestimmung zuwiderlaufen, sind nichtig.", Reichsgesetzblatt Band 1891, Nr. 18, 261–290 (abrufbar unter https://de.wikisource.org/wiki/Gesetz,_betreffend_Ab%C3%A4nderung_der_Gewerbeordnung._Vom_1._Juni_1891); *Wüllenweber*, Die Entwicklung des Kündigungsschutzrechts seit dem Ersten Weltkrieg, 26; eine entsprechende Regelung für Betriebsbeamte, Werkmeister und Techniker folgte in § 133aa GewO a. F. im Jahr 1900 Reichsgesetzblatt Band 1900, Nr. 47, 871–979 (abrufbar unter https://de.wikisource.org/wiki/Bekanntmach

Für das Recht der Handlungsgehilfen zog der Gesetzgeber mit der Änderung der §§ 59 ff. HGB[287] am 10.05.1897[288] nach: § 66 HGB a. F.[289] sah für das Dienstverhältnis von Prinzipal und Handlungsgehilfen eine Kündigungsfrist von sechs Wochen zum Schluss eines Kalendervierteljahres vor. Voraussetzung für die vertragliche Vereinbarung einer kürzeren oder längeren Kündigungsfrist war nach § 67 Abs. 1 HGB a. F.[290], dass die vereinbarte Frist „für beide Teile gleich sein" musste und „nicht weniger als einen Monat betragen" durfte. Eine Vereinbarung, die diesen Vorgaben zuwiderlief, war nach § 67 Abs. 4 HGB a. F. nichtig.

In einer Entscheidung vom 01.05.1908[291] hat das Reichsgericht die Entstehungsgeschichte der Vorschriften nachgezeichnet: Die Vorschrift des § 67 HGB a. F. sei geschaffen worden, um den „mannigfachen empfundenen Übelständen, die auf dem Gebiet des kaufmännischen Dienstvertrages durch die unbeschränkte Vertragsfreiheit zum Nachteile der Handlungsgehilfen bemerkbar geworden waren, zu begegnen". In einer dem Reichstag im Jahr 1897 vorgelegten Denkschrift zum Entwurf eines Handelsgesetzbuchs[292] sei festgehalten worden, dass die „[...] Bestimmungen des Handelsgesetzbuchs über die Handlungsgehilfen unter den heutigen Verhältnissen nicht mehr aus[reichen]; sie genügen namentlich nicht, um die Handlungsgehilfen gegen unbillige Vertragsbestimmungen zu schützen, die ihm bei der Einstellung auferlegt werden. Der Grundsatz unbedingter Vertragsfreiheit, von welchem das Handelsgesetzbuch ausgeht, ist deshalb im Entwurfe verlassen."

Umstritten war in der Folge die Frage, ob der Begriff „gleiche" Kündigungsfristen – dem Wortlaut gemäß – im Sinne einer absoluten Parität sowohl zu Gunsten

ung,_betreffend_die_Redaktion_der_Gewerbeordnung_f%C3%BCr_das_Deutsche_Reich._Vom_26._Juli_1900).

287 Nachfolgend HGB a. F.

288 RGBl 1897, 219: aufgehoben durch Gesetz vom 01.09.1969, BGBl 1969, 1106 ff.

289 „§ 66 Das Dienstverhältniß zwischen dem Prinzipal und dem Handlungsgehülfen kann, wenn es für unbestimmte Zeit eingegangen ist, von jedem Theile für den Schluß eines Kalendervierteljahrs unter Einhaltung einer Kündigungsfrist von sechs Wochen gekündigt werden."

290 „§ 67 Wird durch Vertrag eine kürzere oder längere Kündigungsfrist bedungen, so muß sie für beide Theile gleich sein; sie darf nicht weniger als einen Monat betragen. Die Kündigung kann nur für den Schluß eines Kalendermonats zugelassen werden. Die Vorschriften des Abs. 1 finden auch in dem Falle Anwendung, wenn das Dienstverhältniß für bestimmte Zeit mit der Vereinbarung eingegangen wird, daß es in Ermangelung einer vor dem Ablaufe der Vertragszeit erfolgten Kündigung als verlängert gelten soll. Eine Vereinbarung, die diesen Vorschriften zuwiderläuft, ist nichtig."

291 RG 01.05.1908, RGZ 68, 317.

292 Drucksachen des Reichstags 1895/97 zu Nr. 632, 3166 ff., abrufbar unter https://www.reichstagsprotokolle.de/Blatt_k9_bsb00002768_00118.html.

des Arbeitgebers als auch des Arbeitnehmers oder – mit dem Wortlaut nach einhelliger Auffassung nicht mehr vereinbar[293] – nur zu Gunsten des Arbeitnehmers gelte, ob die Vorschrift also auch verbiete, eine für den Arbeitnehmer kürzere Kündigungsfrist als für den Arbeitgeber zu vereinbaren.[294] Vor dem Hintergrund der Entstehungsgeschichte vertrat das Reichsgericht die Auffassung, die Kündigungsparität schütze nur den Arbeitnehmer. Die Vereinbarung einer für den Arbeitnehmer kürzeren Kündigungsfrist unterliege nicht der Nichtigkeit.[295]

Mit der Kündigungsparität, die im gewerbe- und handelsrechtlichen Arbeitsrecht ihren Ursprung findet, schützte der Gesetzgeber von Anfang an den Arbeitnehmer vor Bindungen, die über diejenigen des Arbeitgebers hinausgingen. Der Arbeitnehmer sollte den Arbeitsvertrag mindestens in der Frist beenden dürfen, die auch der Arbeitgeber einhalten musste. Telos der Kündigungsparität war also seit jeher das Mobilitätsinteresse des Arbeitnehmers[296].

2. *Systematik*

In das allgemeine Arbeitsrecht fand die Kündigungsparität im Jahr 1969 durch das Erste Arbeitsrechtsbereinigungsgesetz Eingang.[297] § 622 BGB regelt seitdem die ordentliche Kündigung von Arbeitsverhältnissen. Die Kündigungsfristen der Absätze 1–5 geben den Arbeitnehmer einen an der Dauer des Arbeitsverhältnisses orientierten (Mindest-)Bestandsschutz.

Der überkommene, die angemessene zeitliche Bindung des Arbeitnehmers sichernde, sein Mobilitätsinteresse gewährleistende Grundsatz der Kündigungsparität findet sich nunmehr in § 622 Abs. 6 BGB.[298]

---

293 *Schröder*, Recht als Wissenschaft, Band 2, 363, mit Nachweisen auf die damalige Literatur in Fn. 415 sowie 370.

294 Darstellung des damaligen Meinungsstandes bei *Hueck/Nipperdey*, Lehrbuch des Arbeitsrechts, 515 f.; *Triponez*, Ungleiche Kündigungsfristen und einseitige Kündigungsbeschränkungen, 112 ff., 114; *Wüllenweber*, Die Entwicklung des Kündigungsschutzrechts seit dem Ersten Weltkrieg, 26.

295 RG 01.05.1908, RGZ 68, 317.

296 BAG 18.10.2018 – 2 AZR 374/18, Rn. 47 ff.; BAG 03.07.2019 – 10 AZR 300/18, Rn. 35 ff.

297 BGBl 1969, 1106 ff.

298 Das Bundesverfassungsgericht hatte § 622 BGB im Jahr 1990 wegen unterschiedlicher Dauer der Kündigungsfristen für Angestellte und Arbeiter teilweise für verfassungswidrig erklärt (BVerfG 30.05.1990 – 1 BvL 2/83, NJW 1990, 2246). Bei der Neufassung durch Art. 1 des Gesetzes zur Vereinheitlichung der Kündigungsfristen von Arbeitern und Angestellten vom 07.10.1993 (BGBl. 1993 I. S. 1668) wurde der vormalige § 622 Abs. 5 ohne weitere Änderungen im Wortlaut zu § 622 Abs. 6; zur Gesetzgebungsgeschichte *Wank*, NZA 1993, 961; in dieser Arbeit wird deshalb einheitlich von § 622 Abs. 6 BGB gesprochen.

3. *Wortlaut*

§ 622 Abs. 6 BGB hat folgenden Wortlaut:

> Für die Kündigung des Arbeitsverhältnisses durch den Arbeitnehmer darf keine längere Frist vereinbart werden als für die Kündigung durch den Arbeitgeber.

Im Anschluss an die bereits zu § 67 Abs. 4 HGB a. F. ergangene Rechtsprechung enthält diese Norm einen Schutz des Arbeitnehmers.[299] Seine Kündigungsfrist darf nicht länger sein als diejenige des Arbeitgebers. Anders als die Mindestkündigungsfristen sichert § 622 Abs. 6 BGB damit keinen Bestandsschutz, sondern gewährleistet, dass der Arbeitnehmer an den Arbeitsvertrag durch Ausgestaltung unterschiedlicher Kündigungsfristen nicht länger gebunden sein darf als der Arbeitgeber und damit dessen Mobilität.[300]

Der Wortlaut passt nicht auf die einseitige Opt-in-Verlängerungsoption.[301] Die Vorschrift bezieht sich (nur) auf die Kündigungsfristen der Arbeitsvertragsparteien. § 622 Abs. 6 BGB betrifft nicht die Verlängerungsoption, sondern eine „Kündigungsoption", also eine Abbruchmöglichkeit für den Arbeitgeber.[302] Bei der Opt-in-Verlängerungsoption wird das Arbeitsverhältnis prolongiert, aber nicht kupiert.[303] Nach dem Wortlaut ist § 622 Abs. 6 BGB auf die Opt-in-Verlängerungsoption damit nicht anwendbar.[304]

II. Analoge Anwendung

Auch wenn der Wortlaut nicht unmittelbar einschlägig ist, kommt in Betracht, dass sich die Unwirksamkeit der einseitigen Opt-in-Verlängerungsoption aus einer analogen Anwendung des § 622 Abs. 6 BGB ergibt.[305]

Die (Einzel-)Analogie ist die Übertragung der für einzelne bestimmte Tatbestände im Gesetz vorgesehenen Regel auf einen anderen, aber rechtsähnlichen Tatbestand, von dem angenommen werden kann, dass der Gesetzgeber bei einer Interessenabwägung nach den Grundsätzen, von denen er sich bei Erlass der herangezogenen Norm hat leiten lassen, zum gleichen Abwägungsergebnis gekommen

---

299 RG 01.05.1908, RGZ 68, 317.

300 BAG 18.10.2018 – 2 AZR 374/18, Rn. 47; näher unter § 12.

301 *Rein,* NZA-RR 2009, 462, 463.

302 *Menke,* NJW 2007, 2821; *Menke,* BB 2014, 448; *Vogt,* Befristungs- und Optionsvereinbarungen im professionellen Mannschaftssport, 156 ff.

303 *Menke,* NJW 2007, 2821.

304 *Rein,* NZA-RR 2009, 462, 463; *Kindler,* NZA 2000, 744.

305 *Rein,* NZA-RR 2009, 462, 463; *Kindler,* NZA 2000, 744; dagegen *Menke,* NJW 2007, 2820, da es an einer vergleichbaren Interessenlage fehle.

wäre (2.).[306] Sie überschreitet die Grenze des möglichen Wortsinns, die für die (extensive) Auslegung eine Schranke darstellt, und setzt voraus, dass das Gesetz eine Regelungslücke (1.) aufweist, die sich aus dem unbeabsichtigten Abweichen des Gesetzgebers von seinem dem konkreten Gesetzgebungsverfahren zugrunde liegenden Regelungsplan ergibt.[307] Bei der Einzelanalogie wird die Rechtsfolge der Norm auf einen vergleichbaren Fall übertragen.

1. *Planwidrige Regelungslücke*

Die vor Erlass des Schuldrechtsmodernisierungsgesetzes möglicherweise noch vorhandenen Regelungslücken, die zu einer ausgedehnten Anwendung des § 622 Abs. 6 BGB führten (a.), bestehen nach Eröffnung der Angemessenheitskontrolle der §§ 305 ff. für Arbeitsverträge nicht mehr (b.), so dass die Voraussetzungen für eine analoge Anwendung des § 622 Abs. 6 BGB auf Opt-in-Verlängerungsoptionen nicht gegeben sind.

a. *Vor der Schuldrechtsreform*

Vor der Schuldrechtsreform des Jahres 2002 war die Angemessenheitskontrolle nach den §§ 305 ff. BGB für Arbeitsverträge nicht eröffnet (aa.). Anstelle der nicht eröffneten AGB-Kontrolle nahm das BAG in der sogenannten Umgehungsrechtsprechung eine Kontrolle – nicht nur vorformulierter[308] – arbeitsrechtlicher Vertragsbedingungen vor (bb.). § 622 Abs. 6 BGB entnahm das BAG in erheblicher Ausweitung dessen Anwendungsbereichs – über den Wortlaut der Norm hinaus – nicht nur ein Verbot von Kündigungserschwerungen zu Lasten des Arbeitnehmers (cc.), sondern darüber hinaus ein allgemeines Verbot der Schlechterstellung des Arbeitnehmers (dd.).

aa. *Entwicklung bis zum AGB-Gesetz*

Seit den 1950er Jahren entwickelte der *BGH* eine normativ an § 242 BGB anknüpfende Inhaltskontrolle von allgemeinen Geschäftsbedingungen.[309] Begründet hat das Gericht diese Inhaltskontrolle im Anschluss an *Ludwig Raiser* mit der intellektuellen Unterlegenheit des Vertragspartners des Verwenders und sein Ausgeliefertsein an die dem Verwender zur Verfügung stehende, zentral organisierte

---

306 *Rüthers/Fischer/Birk*, Rechtstheorie – mit juristischer Methodenlehre, Rn. 889 ff.; *Fikentscher*, Methoden des Rechts, Band III, 718 ff.; *Rudnik*, Die Gesetzesumgehung in der Rechtsprechung des Bundesarbeitsgerichts, 40 ff.; Grüneberg/*Grüneberg*, Einleitung, Rn. 48.

307 BGH 04.12.2014 – III ZR 61/14, Rn. 9.

308 v. Westphalen/*Thüsing*, Arbeitsverträge, Rn. 31, 35.

309 *Wendland*, Vertragsfreiheit und Vertragsgerechtigkeit, 2019, 366 ff., *Hellwege*, Allgemeine Geschäftsbedingungen und Rechtsgeschäftslehre, 2010, 313 ff.

Beherrschung der rechtlichen Möglichkeit der Vertragsgestaltung.[310] Die von der Rechtsprechung des BGH in den folgenden 20 Jahren entwickelten Grundsätze[311] fasste der Gesetzgeber in dem am 01.06.1977 in Kraft getretenen Gesetz zur Regelung des Rechts der allgemeinen Geschäftsbedingungen (AGB-Gesetz) zusammen.[312]

Auch das *BAG* begründete schon vor Erlass des AGB-Gesetzes mit der Störung der Vertragsparität aufgrund situativer oder struktureller Unterlegenheit des Arbeitnehmers die Notwendigkeit einer Inhaltskontrolle arbeitsvertraglicher Vereinbarungen.[313]

Beim Erlass des AGB-Gesetzes sparte der Gesetzgeber das Arbeitsrecht aus und regelte eine Bereichsausnahme in § 23 Abs. 1 AGBG. Der Schutz des Arbeitnehmers vor unangemessenen Vertragsbedingungen sei auf dem Gebiet des Arbeitsrechts durch ein dichtes Netz von zwingenden Vorschriften und das besondere System der kollektivrechtlichen Vereinbarungen verwirklicht. Verbleibende Schutzlücken solle der Gesetzgeber durch spezielle, zwingende Vorschriften schließen. Daneben sei ein Schutz durch das AGB-Recht nicht erforderlich.[314]

bb. Funktionswidrige Vertragsgestaltung durch Gesetzesumgehung

Die Entscheidung des Gesetzgebers gegen eine AGB-Kontrolle arbeitsvertraglicher Regelungen führte allerdings nicht dazu, dass die Rechtsprechung von der zuvor bereits praktizierten Inhaltskontrolle Abstand nahm. Zwar lehnte das BAG entsprechend dem Willen des Gesetzgebers eine umfassende Analogie zum AGB-Gesetz im Arbeitsrecht ab.[315] Es behalf sich aber unter anderem[316] mit der Rechtsfigur der „funktionswidrigen Vertragsgestaltung durch

---

310 *Raiser*, Das Recht der Allgemeinen Geschäftsbedingungen, 1935 (Nachdruck 1961), 284.

311 Zusammenfassend: BGH 27.11.1974, VIII ZR 9/73, BGHZ 63, 256.

312 BGBl. 1976 I, 3317 ff.

313 Nachweise zur Rechtsprechung bei: Staudinger/*Krause*, Anh. zu §§ 305–310 K. AGB-Kontrolle im Arbeitsrecht, Rn. K 10.

314 Begründung zum Entwurf eines Gesetzes zur Regelung des Rechts der Allgemeinen Geschäftsbedingungen (AGB-Gesetz), BT-Drs. 7/3919, 41.

315 Noch Ende des Jahres 2000 sah sich der 10. Senat des BAG zu der Feststellung veranlasst, die eindeutige gesetzliche Regelung verbiete es, die Wirksamkeit einer Vertragsklausel in formularmäßigen Arbeitsverträgen mittels einer entsprechenden Anwendung des AGBG zu überprüfen, BAG 13.01.2000 – 10 AZR 168/00, Rn. 32; Staudinger/*Krause*, Anh. zu §§ 305–310 K. AGB-Kontrolle im Arbeitsrecht, Rn. K 13.

316 Zur Auslegung typischer Vertragsklauseln durch das BAG als Revisionsgericht: Preis/*Preis*, Arbeitsvertrag C., Rn. 29; zum Beispiel deutete das BAG einen dem Arbeitgeber nach seinem freien Ermessen eingeräumten Vorbehalt zum Widerruf einer Versorgungszusage in einen nur bei Vorliegen eines sachlichen Grundes gegebenen Widerrufsvorbehalt um, BAG 14.05.1987 – 2 AZR 374/86; BAG 05.07.1990 – 2

Gesetzesumgehung“:[317]

Seit dem Beschluss des Großen Senats des BAG vom 12.10.1960[318] begründete das *BAG* die an das Kündigungsschutzgesetz angelehnten Anforderungen an die Zulässigkeit befristeter Arbeitsverträge mit der andernfalls bestehenden Gefahr der Umgehung des arbeitsrechtlich zwingenden Bestandsschutzes des Arbeitsverhältnisses nach den Vorgaben des Kündigungsschutzgesetzes. Ein schutzwürdiges Interesse des Arbeitgebers für den Abschluss befristeter Arbeitsverhältnisse sei nicht gegeben, wenn dem Arbeitnehmer der gesetzliche Bestandsschutz nach dem Kündigungsschutzgesetz ohne sachlichen Grund entzogen werde. Fehle es an einem sachlichen Grund, so handle es sich um eine objektiv funktionswidrige Vertragsgestaltung mit der Folge, dass die Befristung unwirksam sei.[319]

Ein weiteres Feld der Umgehungsrechtsprechung waren vertraglich vereinbarte Widerrufsvorbehalte[320] sowie die Befristung von einzelnen arbeitsvertraglichen Bedingungen[321]: Wenn der Arbeitgeber eine Leistung zunächst unbefristet zusage, sich aber vertraglich die Möglichkeit einräume, durch Ausübung des Widerrufsrechts die Weitergewährung der Leistung zu beenden, könne dies zur Umgehung des Schutzes des Arbeitnehmers gegen Änderungskündigungen nach § 2 KSchG

AZR 542/89; Vertragsklauseln zu Nebentätigkeitsverboten hat das BAG vor dem Hintergrund des Art. 12 GG „verfassungskonform“ ausgelegt und festgestellt, dass ein Verbot von Nebentätigkeiten nur dann möglich sei, wenn der Arbeitgeber hieran ein berechtigtes Interesse habe, BAG 18.11.1988 – 8 AZR 12/86; zu anderen Ansätzen der zersplitterten Klauselkontrolle der Rechtsprechung vor der Schuldrechtsreform *Bieder*, Kompensatorische Vertragsgestaltung, 216 ff.

317 Preis/*Preis*, Der Arbeitsvertrag, C. 33 ff.; *Rudnik*, Die Gesetzesumgehung in der Rechtsprechung des Bundesarbeitsgerichts.

318 BAG 12.10. 1960 – GS 1/59, Rn. 24: „Eine Gesetzesumgehung liegt dann vor, wenn der Zweck einer zwingenden Rechtsnorm dadurch vereitelt wird, daß andere rechtliche Gestaltungsmöglichkeiten mißbräuchlich verwendet werden. Der Sinn und Zweck der zwingenden Rechtsnormen des Kündigungsschutzes erfordert, daß befristete Arbeitsverträge daraufhin geprüft werden, ob sie eine Umgehung dieses Schutzes bedeuten. Dabei kommt es entgegen der früher viel vertretenen Ansicht (vgl. unter B) nicht auf eine Umgehungsabsicht oder eine bewußte Mißachtung des zwingenden Rechtssatzes an. Entscheidend ist die objektive Funktionswidrigkeit des Rechtsgeschäfts.“

319 Dazu ausführlich *Rudnik*, Die Gesetzesumgehung in der Rechtsprechung des Bundesarbeitsgerichts, 128 ff., 169 ff., 187 ff.

320 *Rudnik*, Die Gesetzesumgehung in der Rechtsprechung des Bundesarbeitsgerichts, 240 ff.

321 *Rudnik*, Die Gesetzesumgehung in der Rechtsprechung des Bundesarbeitsgerichts, 253 ff.

führen[322] und in den Kernbereich des Arbeitsverhältnisses eingreifen.[323] Deshalb sei der Widerruf nach der Rechtsprechung des BAG nur zulässig, soweit darin keine Umgehung der kündigungsschutzrechtlichen Vorschriften zu sehen sei.[324]

cc. Insbesondere: Kündigungserschwerungen

In Erweiterung der vorstehend dargestellten Gedanken hat das BAG Erschwerungen der Kündigung durch den Arbeitnehmer als Umgehungen der Verbotsnorm des § 622 Abs. 6 BGB angesehen.

Bereits im Jahr 1956 hatte das BAG eine Regelung in einem Tarifvertrag für nichtig erklärt, die die Kündigung durch den Arbeitnehmer einseitig mit wirtschaftlichen Nachteilen für diesen verbunden hatte.[325] Sinn und Zweck des § 622 Abs. 6 BGB sei es, dass die Kündigungslage für beide Teile eines Arbeitsvertrages gleich sei. Eine Erschwerung der Kündigung durch wirtschaftliche Nachteile stelle eine Umgehung des Verbots ungleicher Kündigungsfristen dar.

Gleiches entschied das BAG für den Fall, dass beide Parteien eines Arbeitsvertrages zwar gleiche Kündigungsfristen hatten, der Arbeitnehmer sich aber einer *Vertragsstrafe*,[326] dem *Verfall einer geleisteten Kaution*[327] oder einer *Abfindungszahlung*[328] für den Fall einer fristgemäßen Kündigung ausgesetzt sah.

§ 622 Abs. 6 BGB erlangte weiter Bedeutung bei der Beurteilung der Zulässigkeit von Klauseln über die *Rückzahlung von Fortbildungskosten oder Gratifikationen*[329] im Falle einer Kündigung des Arbeitsverhältnisses durch den Arbeitnehmer. Das BAG hat diese Klauseln zunächst als Verstoß gegen das Verbot einseitiger Kündigungserschwerungen zu Lasten des Arbeitnehmers angesehen. Da eine differenzierte Beurteilung des Verhältnisses der dem Arbeitnehmer durch die Fortbildung vermittelten dauerhaften Vorteile einerseits und der Dauer seiner Bindung auf dieser Grundlage andererseits nicht möglich war[330], ging die Rechtsprechung dazu über, einzel- und tarifvertragliche Bindungs- und Rückzahlungsklauseln zu

---

322 BAG 07.10.1982 – 2 AZR 455/80; BAG 12.12.1984 – 7 AZR 509/83; BAG 28.05.1997 – 5 AZR 125/96; BAG 15.08.2000 – 1 AZR 458/99; ErfK/*Preis*, §§ 305–310 BGB, Rn. 57 ff.

323 BAG 13.04.2010 – 9 AZR 113/09; BAG 11.10.2006 – 5 AZR 721/05; BAG 15.08.2000 – 1 AZR 458/99; BAG 21.04.1993 – 7 AZR 297/92; *Rudnik*, Die Gesetzesumgehung in der Rechtsprechung des Bundesarbeitsgerichts, 240 ff.

324 BAG 13.05.1987 – 5 AZR 125/86.

325 BAG 09.02.1956 – 1 AZR 329/55.

326 BAG 09. 03.1972 – 5 AZR 246/71.

327 BAG 11.03.1971 – 5 AZR 349/70.

328 BAG 06.09.1989 – 5 AZR 586/88.

329 BAG 16.02.1994 – 5 AZR 402/93; BAG 31.05.1960 – 5 AZR 505/58; BAG 10.05.1962 – 5 AZR 452/61; BAG 06.12.1963 – 5 AZR 169/63; BAG 27.07.1972 – 5 AZR 141/72; BAG 12.10.1972 – 5 AZR 227/72; *Preis*, Grundfragen der Vertragsgestaltung, 159.

330 *Preis*, Grundfragen der Vertragsgestaltung im Arbeitsrecht, 159.

Lasten des Arbeitnehmers, die dessen Kündigung erschweren können, unter dem Aspekt der Berufsfreiheit des Art. 12 GG zu behandeln.[331]

dd. Zwischenergebnis: Allgemeines Verbot der Schlechterstellung des Arbeitnehmers

Die Anwendung des § 622 Abs. 6 BGB über den Wortlaut der Norm hinaus gipfelte – nach Erlass des Schuldrechtsmodernisierungsgesetzes – in einer Entscheidung des BAG vom 02.03.2004.[332] Der 1. Senat hatte über vertraglich vereinbarte, *einseitige Ausschlussfristen* zu befinden. Er nahm einen Verstoß gegen § 622 Abs. 6 BGB an. Zwar sei die Vorschrift weder unmittelbar noch analog auf die Vereinbarung unterschiedlich langer Ausschlussfristen anwendbar. § 622 Abs. 6 BGB lasse aber das gesetzliche Leitbild erkennen, dass die Rechtsstellung der Arbeitsvertragsparteien dort, wo sie sich in einer strukturell vergleichbaren Lage befinden, gleich ausgestaltet sein soll.[333]

Zusammenfassend stand die Rechtsprechung auf der Grundlage der Rechtsfigur der funktionswidrigen Vertragsgestaltung durch Gesetzesumgehung nicht nur auf dem Standpunkt, aus § 622 Abs. 6 BGB folge, dass dem Arbeitnehmer infolge der Kündigung des Arbeitsverhältnisses keinerlei Rechtsnachteile erwachsen dürfen, sondern dehnte § 622 Abs. 6 BGB zu einem Gleichstellungsgebot aus.

b. Nach der Schuldrechtsmodernisierung

Nach Inkrafttreten des Schuldrechtsmodernisierungsgesetzes und der damit verbundenen Erweiterung der Angemessenheitskontrolle nach den §§ 305 ff. BGB auf arbeitsrechtliche Verträge in § 310 BGB (aa.) kam die Frage auf, ob die Angemessenheitskontrolle angesichts der bisherigen Kontrolle arbeitsvertraglicher Klauseln auf richterrechtlicher Grundlage überhaupt Anwendung findet (bb.). Nachdem diese Frage einhellig bejaht worden war, trat die Angemessenheitskontrolle nach §§ 307 ff. BGB in die Gesetzeslücke, deren Ausfüllung die vormalige Umgehungsrechtsprechung diente (cc.).

---

331 BAG 09.02.1956 – 1 AZR 329/55, Rn. 16 (überzahlte Urlaubsvergütung als Lohnvorschuss im Falle der Kündigung); BAG. 31.05.1960 – 5 AZR 505/58, Rn. 15 (Rückzahlung der Weihnachtsgratifikation im Falle der Kündigung); BAG 11.03.1971 – 5 AZR 349/70, Rn. 20 (Verfall einer Kaution für den Fall der Kündigung); BAG 06.09.1989 – 5 AZR 586/88, Rn. 19 (Zahlung einer Abfindung im Falle der Kündigung), BAG 06.09.1995 – 5 AZR 241/94, Rn. 26 (Rückzahlung von Fortbildungskosten); BAG 06.09.1995 – 5 AZR 174/94, Rn. 41 (Rückzahlung von Fortbildungskosten aufgrund Tarifvertrages), BAG 06.11.1996 – 5 AZR 498/95, Rn. 20 (Rückzahlung von Weiterbildungskosten aufgrund Tarifvertrages).

332 BAG 02.03.2004 – 1 AZR 271/03.

333 BAG 02.03.2004 – 1 AZR 271/03, Rn. 57.

aa. AGB-Kontrolle im Arbeitsrecht

Die Öffnung des Arbeitsrechts für die Inhaltskontrolle nach den §§ 305 ff. BGB durch das Schuldrechtsmodernisierungsgesetz des Jahres 2002 wird als die „wohl nachhaltigste Rechtsänderung im Individualarbeitsrecht seit Verabschiedung des Kündigungsschutzgesetzes im Jahre 1951"[334] bezeichnet. Diese Änderung erfolgte in der historischen Betrachtung eher überraschend.[335] Der Regierungsentwurf übernahm – zunächst unverändert und ohne sich mit den kritischen Stimmen in der Literatur[336] auseinanderzusetzen – die Bereichsausnahme zum Arbeitsrecht.[337] Der Bundesrat wies darauf hin, dass das BAG auf der Grundlage von §§ 242 und 315 BGB so verfahre, als ob § 9 AGBG auf Arbeitsverträge anwendbar sei, und bat um Prüfung, ob die Herausnahme des Arbeitsrechts aus dem Anwendungsbereich der AGB-Kontrolle sachlich noch gerechtfertigt sei.[338] Die Bundesregierung folgte dieser Anregung und beschränkte die Bereichsausnahme auf Tarifverträge sowie Betriebs- und Dienstvereinbarungen. Arbeitsvertragsbedingungen sind seitdem der Inhaltskontrolle nach den §§ 305 ff. BGB unterworfen.

Bereits im Rahmen der Debatte um das Schuldrechtsmodernisierungsgesetz waren die Prognosen zu den Auswirkungen geteilt. Die einen Stimmen waren der Auffassung, es werde sich nicht viel ändern[339], andere waren gegenteiliger Meinung[340]. Auch fast 20 Jahre nach diesem Paradigmenwechsel[341] im Arbeitsrecht besteht in seiner Bewertung keine Einigkeit: Während einerseits der Schritt des Gesetzgebers als richtig und überfällig gelobt wird,[342] meinen andere, die

334 *Preiss/Roloff*, ZfA 2007, 43, 44; *Preis*, Soziales Recht, 2019, 153.

335 *Joost*, Allgemeine Geschäftsbedingungen und Arbeitsvertrag – Ein Beispiel für missglückte Gesetzgebung, in: Festschrift Ulmer, 1199, 1200; *Lieb*; FS Ulmer, 1231, 1244; *Zöllner*, ZfA 2010, 637, 639.

336 *Preis*, Grundfragen der Vertragsgestaltung im Arbeitsrecht, 241 ff.; *Fenn*; FS Söllner, 333, 336 ff.; dagegen *Zöllner*, RdA 1989, 152 ff.

337 BT-Drs. 14/6040, 12, 160.

338 BT-Drs. 14/6857, 17, Ziff. 50.

339 *Hromadka*, NJW 2002, 2523, 2530; *Berkowsky* AuA 2002, 11, 15.

340 *Reinecke*, DB 2002, 583 ff.; *Annuß*, BB 2002, 458; *Bartz*, AuA 2002, 62 ff.

341 *Preis*, SR 2019, 153; allgemein *Kuhn*, Struktur wissenschaftlicher Revolutionen, 128 ff.

342 *Preis*, Grundfragen der Vertragsgestaltung im Arbeitsrecht, 243, der annimmt, dass die Bereichsausnahme ohnehin nur in das AGB-Gesetz aufgenommen worden sei, weil der Gesetzgeber davon ausgegangen sei, dass eine Regelung im Arbeitsgesetzbuch erfolgen werde; *Preis*, SP 2019, 153 ff.; *Däubler*, ZTR 2012, 543, 544; *Stoffels*, ZfA 2009, 861, 863 f.; *Thüsing*, RdA 2005, 257, 261; *Reuter*, FS 50 Jahre BAG, 177, 178; *Oetker*, AcP 212 (2012) 202, 223; *Richardi*, NZA 2002, 1057.

Reduzierung der Bereichsausnahme sei missglückt,[343] halten die Anwendung der § 305 ff. BGB auf Arbeitsverträge für nicht plausibel[344] und regen gar die Rückkehr zum alten Rechtszustand an.[345]

bb. Abgrenzung zur Umgehungsrechtsprechung

Nachdem die §§ 305 ff. BGB auf Arbeitsvertragsbedingungen anwendbar waren, musste geklärt werden, in welchem Verhältnis die „neue" AGB-Kontrolle zu den überkommenen richterrechtlichen Instrumenten der arbeitsrechtlichen Inhaltskontrolle, insbesondere der Umgehungsrechtsprechung des *BAG*, steht.[346]

Das *LAG Brandenburg* vertrat die Auffassung, bei der Umgehungsrechtsprechung des *BAG* handle es sich um zwingendes, gesetzesänderndes Richterrecht. Eine Klausel, die gegen zwingendes Recht verstoße, könne auch nach einer Inhaltskontrolle nicht wirksam vereinbart werden.[347]

Durchgesetzt hat sich die Ansicht, dass der Gesetzgeber mit der Öffnung des Arbeitsrechts für die Inhaltskontrolle eine Lücke geschlossen habe[348] und diese nun gegenüber der bisherigen Angemessenheitskontrolle eine abschließende Regelung bildet.[349] Das BAG nahm von der Umgehungsrechtsprechung Abstand.[350] Die Inhaltskontrolle nach §§ 307 ff. BGB hat die im Wege der richterrechtlichen Rechtsfortbildung entwickelten arbeitsrechtlichen Grundsätze über eine Billigkeitskontrolle bei gestörter Vertragsparität in den oben aufgeführten Fallgruppen zu Lasten des Arbeitnehmers abgelöst.[351]

---

343 *Joost*, Allgemeine Geschäftsbedingungen und Arbeitsvertrag, in: Festschrift Ulmer 1199, 1200; *Zöllner*, ZfA 2010, 637, 641.

344 *Benedict* JZ 2012, 172, 176, der die Anwendung der 305 ff. im Arbeitsrecht für unplausibel hält und in der Inhaltskontrolle wegen des Wortlauts des § 307 Abs. 3 eine Gesetzeskontrolle erkennt.

345 *Bauer/v. Medem*, NZA 2012, 894, 895; *Löwisch*, ZfA 2007, 1, 7.

346 Zur Frage der Abdingbarkeit der richterrechtlich entwickelten Haftung im Arbeitsverhältnis nach Eröffnung der AGB-Kontrolle ErfK/*Preis*, § 619a BGB, Rn. 11; *Bieder*, Kompensatorische Vertragsgestaltung, 159 ff.; *Thüsing/Leder*, BB 2005, 1563, 1570.

347 LAG Brandenburg 24.06.2004 – 1 Sa 108/04.

348 BAG 27.07.2005 – 7 AZR 486/04; *Thüsing/Leder*, BB 2005, 938, 939; von Westphalen/Thüsing/*Thüsing*, Arbeitsverträge, Rn. 36 ff.; Staudinger/*Krause*, Anh zu §§ 305–310 BGB K 29; *Singer*, RdA 2003, 194, 198; *Maschmann*, RdA 2005, 212, 216; *Preis/Bender*, NZA-RR 2005, 337, 338; zu Entgeltregelungen: *Weingarth*, Entgeltregelung und Wirtschaftsrisiko, 130 f.; das verkennt im Zusammenhang mit einseitigen Opt-in-Verlängerungsoptionen *Lange*, SpuRt 2011, 98, 99.

349 Staudinger/*Richardi/Fischinger*, § 611a BGB, Rn. 895.

350 Vgl. hierzu: ErfK/*Preis*, §§ 305–310, Rn. 4.; MüKo/*Spinner*, § 611a BGB, Rn. 42.

351 Grüneberg/*Grüneberg*, § 310 BGB, Rn. 51; Staudinger/*Krause*, Anh. zu §§ 305–310 BGB K 29. Der anfängliche Anwendungsbereich der Umgehungsrechtsprechung

Das zeigt sich an einigen Anwendungsbeispielen der Umgehungsrechtsprechung vor Erlass des Schuldrechtsmodernisierungsgesetzes: Bei der *Befristung von Einzelarbeitsbedingungen*, die vor der Schuldrechtsmodernisierung der Umgehungsrechtsprechung unterfielen, wendet die Rechtsprechung nunmehr §§ 305 ff. BGB an.[352] *Widerrufs- und Änderungsvorbehalte* misst die Rechtsprechung ebenfalls ausschließlich an den Maßstäben der §§ 305 ff. BGB.[353]

Auch wenn die Angemessenheitskontrolle nach §§ 307 ff. BGB die Umgehungsrechtsprechung abgelöst hat, ist die vorangegangene Rechtsprechung zur Kontrolle von arbeitsvertraglichen Regelungen damit aber keineswegs obsolet. Denn die Rechtsgedanken bzw. das gesetzliche Leitbild kehren – eingebettet in die Prüfung nach § 307 Abs. 1, 2 BGB – in die Beurteilung zurück.[354]

cc. Kündigungserschwerungen

Auch in Bezug auf Kündigungserschwerungen veränderte sich in der Rechtsprechung des BAG nach der Schuldrechtsmodernisierung die Perspektive:

---

des BAG – die Befristung von Arbeitsverträgen – hat sich durch gesetzliche Regelungen erledigt. Die Bemühungen um eine Flexibilisierung der Arbeitsverhältnisse mündeten im Beschäftigungsförderungsgesetz, BT-Drs. 10/2102; Zur Geschichte der Beschäftigungsförderungsgesetze *Buschmann*, ArbuR 2017, Nr. 8–9, G17–G20 bzw. später im Teilzeit- und Befristungsgesetz; dazu eingehend *Rudnik*, Die Gesetzesumgehung in der Rechtsprechung des Bundesarbeitsgerichts, 185 ff.; nach wie vor besteht der Befristungsschutz in einer Umgehung des allgemeinen Kündigungsschutzes; anders mangels allgemeinen Kündigungsschutzes der unionsrechtliche Ansatz in § 5 der Richtlinie 1999/70/EG des Rates vom 28.06.1999 zu der EB-UNICE-CEEP-Rahmenvereinbarung über befristete Arbeitsverträge, der den Missbrauch durch *aufeinanderfolgende* befristete Arbeitsverträge verhindern soll, *Krebber*, in Anm. zu BAG AP TzBfG § 14 Nr. 171.

352 BAG 27.07.2005 –7 AZR 486/04, Rn. 30: „Die Befristung bedarf keines [...] sachlichen Grundes i. S. d. bisherigen, für die Befristung einzelner Arbeitsbedingungen vor In-Kraft-Treten des Gesetzes zur Modernisierung des Schuldrechts am 01.01.2002 bestehenden Rechtsprechung. Sie unterliegt vielmehr der allgemeinen zivilrechtlichen Kontrolle nach §§ 305 ff. BGB“; Staudinger/*Richardi/Fischinger*, § 611a BGB, Rn. 936 ff.; *Preis/Bender*, NZA-RR 2005, 337 ff.; *Lakies*, Vertragsgestaltung und AGB im Arbeitsrecht, 295 ff.

353 BAG 12.01.2005 – 5 AZR 364/04; BAG 11.10.2006 – 5 AZR 721/05; ErfK/*Preis*, §§ 305–310 BGB, Rn. 4; *Rudnik*, Die Gesetzesumgehung in der Rechtsprechung des Bundesarbeitsgerichts, 255.

354 So ausdrücklich zur Kernbereichslehre im Arbeitsrecht *Rudnik*, Die Gesetzesumgehung in der Rechtsprechung des Bundesarbeitsgerichts, 324.

Eine unmittelbare Anwendung der Grundrechte hält die Rechtsprechung nur noch bei der Inhaltskontrolle tarifvertraglicher Rückzahlungsregelungen aufrecht, die nach § 310 Abs. 4 BGB nicht der AGB-Kontrolle unterliegen.[355]

Dagegen prüft die Rechtsprechung bei arbeitsvertraglichen Rückzahlungsregelungen nicht mehr, ob ein Verstoß gegen § 622 Abs. 6 BGB vorliegt. Diese vertraglichen Regelungen unterliegen jetzt der uneingeschränkten Wirksamkeitskontrolle nach den §§ 305 ff. BGB.[356] Nach Eröffnung der Angemessenheitskontrolle der §§ 305 ff. BGB im Arbeitsrecht ist ein Rückgriff auf § 138 BGB i. V. m. Art. 12 GG nicht mehr erforderlich, weil eine Ausstrahlungswirkung des Art. 12 GG über die Generalklausel des § 307 BGB möglich ist.[357]

dd. Einseitige Opt-in-Verlängerungsoption

Die einseitige clubseitige Opt-in-Verlängerungsoption ist eine – jedenfalls faktische – Kündigungserschwerung zu Lasten des Spielers.

Auch insoweit haben sich die Maßstäbe durch die für arbeitsvertragliche Vereinbarungen eröffnete Angemessenheitskontrolle geändert. Die Möglichkeit der AGB-Kontrolle hat die historisch weite Auslegung des § 622 Abs. 6 BGB „überholt". § 310 Abs. 4 Satz 2 BGB wirkt auf die Auslegung des § 622 Abs. 6 BGB ein, ist spezieller und geht der früheren Auslegung nach dem Willen des Gesetzgebers vor.[358] Die Inhaltskontrolle ersetzt die im Wege der richterrechtlichen Rechtsfortbildung entwickelten arbeitsrechtlichen Grundsätze über eine Billigkeitskontrolle bei gestörter Vertragsparität.[359]

Die vormals bestehende Regelungslücke hat das Schuldrechtmodernisierungsgesetz geschlossen. Eine Regelungslücke besteht nicht mehr.

2. Vergleichbare Interessenlage

Auch die vergleichbare Interessenlage als Voraussetzung der analogen Anwendung des § 622 Abs. 6 BGB besteht nicht (mehr).

Der sich aus dem Wortlaut ergebende Schutzzweck des § 622 Abs. 6 BGB ist zunächst einmal darauf gerichtet, dass die Kündigungsfristen einheitlich sind.

---

355 BAG 27.06.2018 – 10 AZR 290/17.

356 BAG 11.12.2018 – 9 AZR 383/18, Rn. 16 ff.; BAG 10.05.2016 – 9 AZR 434/15, Rn. 30; BAG 18.03.2014 – 9 AZR 545/12, Rn. 16 ff.; BAG 12.12.2013 – 8 AZR 829/12, Rn. 41 (Arbeitgeberdarlehen); ErfK/*Müller-Glöge*, § 622 BGB, Rn. 45; Staudinger/*Krause*, Anh. §§ 307–309 K. AGB-Kontrolle im Arbeitsrecht R, K 26; *Preis/Roloff*, ZfA 2007, 43, 84.

357 BAG 11.12.2018 – 9 AZR 383/18.

358 Ebenso allerdings ohne nähere Begründung *Vogt*, Befristungs- und Optionsvereinbarungen im professionellen Mannschaftssport, 165.

359 Grüneberg/*Grüneberg*, § 310 BGB, Rn. 51.

Von der Umgehungsrechtsprechung und der damit einhergehenden extensiven Anwendung des § 622 Abs. 6 BGB hat sich die Rechtsprechung gelöst.[360] Anders als in seiner früheren Rechtsprechung interpretiert das *BAG* § 622 Abs. 6 BGB nicht mehr als allgemeines Verbot der Schlechterstellung. Die Norm dient nicht der Gewährleistung eines „relativen Mindestbestandsschutzes", sondern schützt (zwischenzeitlich wieder) lediglich das Recht des Arbeitnehmers, sein Arbeitsverhältnis aufzugeben, also sein Interesse an einer relativen Mindestmobilität.[361] § 622 Abs. 6 BGB wird berechtigterweise nur dann angewendet, wenn das (zu schützende) Mobilitätsinteresse des Arbeitnehmers durch bestimmte Instrumente verkürzt ist:[362] Der Arbeitnehmer darf nicht dadurch länger an das Arbeitsverhältnis gebunden werden, dass für seine Kündigung eine längere Frist vereinbart wird als für die Kündigung durch den Arbeitgeber. Die gesetzliche Regelung geht davon aus, dass ein angemessener Interessenausgleich der Arbeitsvertragsparteien – von Ausnahmefällen sehr langer Kündigungsfristen abgesehen – regelmäßig dann gewährleistet ist, wenn die Kündigungsfristen gleich lang sind.[363] Andere Bindungen, insbesondere durch finanzielle oder sonstige Anreize, unterliegen nicht dem Verbot des § 622 Abs. 6 BGB, sondern der Inhaltskontrolle nach §§ 307ff. BGB.[364] § 622 Abs. 6 BGB ist deshalb auch nicht analog auf Bindungen des Arbeitnehmers aufgrund von Stichtags- und Rückzahlungsregelungen anzuwenden, da es an einer vergleichbaren Interessenlage fehlt.

3. *Zwischenergebnis: Keine analoge Anwendung von § 622 Abs. 6 BGB auf einseitige Opt-in-Verlängerungsoptionen nach Eröffnung der AGB-Kontrolle*

§ 622 Abs. 6 BGB verbietet nach seinem Wortlaut die Vereinbarung einseitiger Opt-in-Verlängerungsoptionen nicht.

Auch eine entsprechende Anwendung scheidet aus: Jedenfalls nach Öffnung arbeitsrechtlicher Formularverträge für die AGB-Kontrolle durch die Schuldrechtsmodernisierung des Jahres 2002 besteht eine planwidrige Regelungslücke als Grundlage für die bis zum Schuldrechtsmodernisierungsgesetz immer wieder praktizierte Anwendung des in § 622 Abs. 6 gesehenen Rechtsgedankens zur Gewährleistung gleicher Kündigungslagen nicht mehr.[365] Die Hilfskonstruktion der Umgehung zwingenden Rechts ist mit Erstreckung des AGB-Rechts auf

360 Hierzu unten ausführlich § 12.

361 BAG 18.10.2018 – 2 AZR 374/18, Rn. 47.

362 BeckOGK/*Klumpp*, § 622 BGB, Rn. 108.

363 *Bieder*, Kompensatorische Vertragsgestaltung, 56.

364 BAG 03.07.2019 – 10 AZR 300/18, Rn. 39.

365 A.A.: *Wertenbruch*, SpuRt 2004, 134, 136.

vorformulierte Arbeitsverträge entbehrlich geworden.[366] Der Gesetzgeber hat durch die §§ 307 ff. BGB eine vorher bestehende Lücke geschlossen.[367] Die Unzulässigkeit der einseitigen Opt-in-Verlängerungsoption lässt sich mit einer entsprechenden Anwendung des § 622 Abs. 6 BGB nicht mehr begründen.[368]

Auch eine vergleichbare Interessenlage als Voraussetzung einer analogen Anwendung besteht nach der neueren Rechtsprechung zu § 622 Abs. 6 BGB[369] nicht mehr.

Diesem Ergebnis wird man auch nicht entgegenhalten können, es sei nicht das Ziel des Gesetzgebers der Schuldrechtsreform gewesen, die bis zur Eröffnung der AGB-Kontrolle im Arbeitsrecht zu Lasten des Arbeitnehmers zu verändern. Die Zielsetzung, es müsse bei dem vor Eröffnung der AGB-Kontrolle durch die verschiedensten Instrumente erreichten Schutzniveau und vor allem den damals sich ergebenden Rechtsfolgen verbleiben, findet sich in der Gesetzesbegründung nicht. Es ist auch nicht zwingend, dass die Angemessenheitskontrolle mit ihren flexibleren rechtlichen Folgen zwingend nachteilig für den Arbeitnehmer ist.

Der Gesetzgeber hatte im Jahr 2002 erkannt, dass die im Jahr 1977 geübte Zurückhaltung gegenüber einer Inhaltskontrolle im Arbeitsrecht nicht mehr gerechtfertigt war. Mit der Inhaltskontrolle führte der Gesetzgeber einen neuen Kontrollmaßstab für arbeitsvertragliche Klauseln ein und beseitigte damit den aufgrund der zwischenzeitlich als verfehlt erkannten Bereichsausnahme durch die Rechtsprechung in Ermangelung eines geeigneten Instrumentariums entwickelten „Wildwuchs“ an – vor allem in der Rechtsfolge häufig zu rigiden – Ersatzlösungen.

§ 12 AGB-Kontrolle der Opt-in-Verlängerungsoption

Nachdem die zur Verfügung stehenden rechtlichen Gestaltungen für arbeitgeberbegünstigende Opt-in-Verlängerungsoptionen im Arbeitsvertrag seit dem Schuldrechtsmodernisierungsgesetz gesetzlich nicht verboten sind, ist in einem weiteren Schritt die Kontrolle der Klauseln nach den §§ 305 ff. BGB durchzuführen. Bevor die einseitige Opt-in-Verlängerungsoption an den Maßstäben der §§ 305 ff. BGB überprüft wird (II. und III.), ist unter I. zu untersuchen, ob und inwieweit die

366 BAG 27.07.2005 – 7 AZR 486/04, Rn. 31 ff.; BAG 07.12.200 –, 5 AZR 535/04, Rn. 22; *Lakies*, Vertragsgestaltung und AGB im Arbeitsrecht, 3; *Preis/Roloff*, ZfA 2007, 43, 83.

367 v. Westphalen/*Thüsing*, Arbeitsverträge, Rn. 36; vgl. auch Schaub/*Linck*, § 126, Rn. 30.

368 Das bedeutet nicht, dass die in § 622 Abs. 6 BGB enthaltenen Wertungen sich nicht als gesetzliches Leitbild gemäß § 307 Abs. 2 Nr. 1 BGB in der Angemessenheitsprüfung nach § 307 BGB wiederfinden, dazu unten § 12, 13.

369 Hierzu unten ausführlich § 12.

Arbeitsverträge professioneller Fußballspieler der seit der Schuldrechtsmodernisierung[370] eröffneten AGB-Kontrolle unterliegen.

I. AGB-Kontrolle der Arbeitsverträge professioneller Fußballspieler

Durch § 310 Abs. 3 BGB wird der Verbraucherschutz zu einem tragenden Prinzip der AGB-Kontrolle.[371] Arbeitsverträge unterliegen grundsätzlich auch der Regelung des § 310 Abs. 3BGB.

1. Arbeitsverträge als Verbraucherverträge

Der Arbeitgeber im professionellen Fußball ist regelmäßig Unternehmer im Sinne des § 14 BGB. Das gilt auch, wenn der Arbeitgeber ein gemeinnütziger Verein ist. Denn juristische Personen genießen bereits gemäß § 13 BGB keinen Schutz als Verbraucher. Der deutsche Gesetzgeber hat juristische Personen des Privatrechts allgemein aus dem Verbraucherbegriff ausgenommen. Nach der Rechtsprechung des *EuGH* bezieht sich der Verbraucherbegriff in Art. 2 lit. b der Klauselrichtlinie[372] ausschließlich auf natürliche Personen und steht einer Erstreckung auf andere als natürliche Personen entgegen.[373] Auch ein Idealverein ist daher als Unternehmer anzusehen.[374]

Der professionelle Fußballspieler ist nicht nur Arbeitnehmer seines Vereins[375], sondern auch Verbraucher im Sinne des § 13 BGB.[376] Der gegebenenfalls hohe

---

370 Gesetz zur Modernisierung des Schuldrechts (Schuldrechtsmodernisierungsgesetz) vom 26.11.2001, BGBl 2001, 3138 ff.

371 Grüneberg/*Grüneberg*, vor § 305 BGB, Rn. 9.

372 Richtlinie 93/13/EWG des Rates vom 05.04.1993 über missbräuchliche Klauseln in Verbraucherverträgen, https://eur-lex.europa.eu/legal-content/de/ALL/?uri=CELEX%3A31993L0013, zuletzt abgerufen am 10.07.2022.

373 EuGH 22.11.2001 – C-541/99 und C-542/99; auf Arbeitsverträge findet die Klauselrichtlinie aber keine Anwendung, *Bieder*, Kompensatorische Vertragsgestaltungen, 43, *Hümmerich/Holthausen*, NZA 2002, 172, 173.

374 Fischinger/Reiter/*Fischinger*, Das Arbeitsrecht des Profisports, § 5, Rn. 60; *Böhr*, RNotZ 2003, 278, 282.

375 Fischinger/Reiter/*Fischinger*, Das Arbeitsrecht des Profisports, § 3, Rn. 12 ff.; Staudinger/*Richardi/Fischinger* § 611a BGB Rn. 351; Schaub/*Vogelsang*, § 8, Rn. 10; *Jungheim*, RdA 2008, 222, 223, mit umfassenden Nachweisen auch zur Gegenansicht; Stopper/Lentze/ *Breucker/Wüterich*, Handbuch Fußball-Recht, Kap. 9, Rn. 57.

376 Fischinger/Reiter/*Fischinger*, Das Arbeitsrecht des Profisports, § 5, Rn. 60; Stopper/Lentze/*Breucker/Wüterich*, Handbuch Fußball-Recht, Kap. 9, Rn. 70; zum professionellen Handballspieler LAG Thüringen 20.12.2016 – 1 Sa 59/16, Rn. 39; a. A. *Annuß* NJW 2002, 2844, 2845; *Rieble/Klumpp*, ZIP 2002, 2153, 2156; *Bauer/Kock*, DB 2002, 42, 43.

Verdienst ist für die Einstufung als Verbraucher irrelevant. Es gab und gibt zwar vielfältige Versuche, professionelle Sportler als Unternehmer zu qualifizieren, insbesondere, um der Anwendung der Vorgaben des Arbeitnehmerschutzes zu entgehen.[377] Erfolg in der Rechtsprechung ist diesen Bemühungen aber nicht beschieden.

2. *Arbeitsverträge als allgemeine Geschäftsbedingungen*

Arbeitsverträge unterliegen als allgemeine Geschäftsbedingungen der Inhaltskontrolle nach den §§ 305 ff. BGB, wenn es sich um vorformulierte oder ggf. auch um Einmalbedingungen handelt, die der Arbeitgeber dem Arbeitnehmer stellt.

Die Verträge professioneller Fußballspieler stützen sich in der Regel auf die Formulare, die DFB und DFL zur Verfügung stellen. Auch soweit das nicht der Fall ist, verwenden die Arbeitgeber im professionellen Fußball häufig von ihrer Seite vorformulierte Verträge. Wenn ein Vertrag Alternativen vorsieht, die durch Ankreuzen ausgewählt werden können, ändert dies an der Einordnung als allgemeine Geschäftsbedingungen nichts.[378] Wie auch in anderen Branchen stellt die Verwendung von vorformulierten Arbeitsverträgen durch den Arbeitgeber den Regelfall dar.[379]

Da die Arbeitsverträge professioneller Fußballspieler als Verbraucherverträge einzustufen sind, setzt die Anwendbarkeit der §§ 305 ff. BGB nicht voraus, dass die Bestimmungen für eine Vielzahl von Verträgen – nach der Rechtsprechung des BAG mindestens drei[380] – vorformuliert sind. Die Regelungen zur Inhaltskontrolle der §§ 305c Abs. 2, 306 und 307–309 BGB gelten auch, wenn die Arbeitsverträge als sogenannte Einmalbedingungen nur zur einmaligen Verwendung bestimmt sind und der Arbeitnehmer aufgrund der Vorformulierung auf den Inhalt des Vertrages keinen Einfluss nehmen konnte (§ 310 Abs. 3 Nr. 2 BGB).[381]

Der Arbeitgeber *stellt* die Bedingungen, wenn er deren Einbeziehung in den Arbeitsvertrag verlangt. Für den Verbrauchervertrag gilt, dass das Merkmal des „Stellens" nur dann verneint werden kann, wenn der Arbeitnehmer die Bedingungen in den Vertrag eingeführt hat (§ 310 Abs. 3 Nr. 1 BGB).

Nicht der Inhaltskontrolle unterliegen Individualabreden, die von den Vertragsparteien im Einzelnen ausgehandelt werden (§ 305 Abs. 1 S. 3 BGB). Dafür genügt

---

377 *Menke*, Profisportler zwischen Arbeitsrecht und Unternehmertum, 260 ff.; vgl. auch *Seitz*, NJW 2002, 2838; *Schimke/Menke*, SpuRt 2007, 182; *Kleiner*, Der Spielervertrag im Berufsfussball, 120 ff.; dagegen explizit Fischinger/Reiter/*Fischinger*, Das Arbeitsrecht des Profisports, § 3, Rn. 14 f.

378 *Wertenbruch*, SpuRt 2004, 134.

379 *Preis*, Grundfragen der Vertragsgestaltung im Arbeitsrecht, 58; *Rybak*, Causa Sport 2013, 104 ff.; *Wertenbruch*, SpuRt 2004, 134.

380 BAG 25.05.2005 – 5 AZR 572/04, Rn. 56.

381 BAG 26.10.2017 – 6 AZR 158/16, Rn. 17; BAG 17.11.2016 – 6 AZR 487/15, Rn. 20; BAG 24.08.2016 – 5 AZR 129/16, Rn. 35.

nicht, dass der Vertragsinhalt lediglich besprochen wird. Aushandeln bedeutet mehr als bloßes Verhandeln.[382] In der Formulierung der Rechtsprechung muss der Verwender den gesetzesfremden Kerngehalt einer Klausel erkennbar ernsthaft zur Disposition des Arbeitnehmers stellen. Dem Arbeitnehmer muss Gestaltungsfreiheit zur Wahrung seiner Interessen eingeräumt worden sein mit zumindest der effektiven Möglichkeit, die inhaltliche Ausgestaltung der Vertragsbedingungen zu beeinflussen.[383]

In der Regel wird das nicht der Fall sein, auch wenn Ausnahmen nicht ausgeschlossen werden können.[384] Der Verwender muss sich deutlich und ernsthaft zur gewünschten Änderung einzelner Klauseln bereiterklären. Die entsprechenden Umstände hat der Verwender darzulegen. In der Regel schlägt sich das Aushandeln in Änderungen des vorformulierten Textes nieder. Die allgemein geäußerte Bereitschaft, belastende Klauseln abzuändern, genügt dagegen nicht.[385]

Die Arbeitsverträge zwischen Clubs und professionellen Fußballspielern sind folglich in der Regel allgemeine Geschäftsbedingungen im Sinne der §§ 305 ff. BGB.[386]

3. Schranken der Inhaltskontrolle

Nach § 307 Abs. 3 BGB sind nur solche allgemeinen Geschäftsbedingungen kontrollfähig, die von Rechtsvorschriften abweichende oder diese ergänzende Regelungen treffen. Der Wortlaut der Regelung erfasst zunächst Klauseln, die das geltende Recht nur wiedergeben. Darüber hinaus soll sich aus § 307 Abs. 3 BGB – ohne dass dies aus dem Wortlaut deutlich wird – auch ergeben, dass Bestimmungen, die Vereinbarungen über die Hauptleistungen der Parteien treffen, der Inhaltskontrolle nicht unterliegen.[387]

---

382 BGH 19. 03.2019 – XI ZR 9/18, Rn. 14.

383 BGH 19.03.2019 – XI ZR 9/18, Rn. 14 ff.; BAG 11.12.2013 – 10 AZR 286/13, Rn. 13, jeweils mit weiteren Nachweisen.

384 Vgl. ArbG Nürnberg 04.06.2007 – 3 Ga 32/07, *(Andre Mijatovic)*, oben § 7.

385 BGH 19.03.2019 – XI ZR 9/18, Rn. 14.

386 *Jungheim*, RdA 2008, 222, 224; *Rybak*, Causa Sport 2013, 104 ff.; Stopper/Lentze/*Breucker/Wüterich*, Handbuch Fußball-Recht, Kap. 9, Rn. 69 ff.

387 Grüneberg/*Grüneberg*, § 307 BGB, Rn. 41 ff.; ausführlich zur Anwendung des § 307 Abs. 3 BGB auf den „Null-Stunden-Vertrag" *Böttcher*, Der Null-Stunden-Vertrag, 114 ff.; *Bieder*, RdA 2015, 388, 394; *Bieder*, ZfA 2019, 172, 177 f.

a. *Hauptleistungspflichten*

Ausgenommen von der Inhaltskontrolle nach § 307 Abs. 1 BGB sind formularmäßige Abreden zu den Hauptleistungspflichten.[388] Das betrifft Klauseln, die Art, Umfang und Güte der vertraglichen Hauptleistung und der hierfür zu zahlenden Vergütung unmittelbar bestimmen (Leistungsbeschreibungen und Preisvereinbarungen).[389] Formularmäßige Abreden, die Art und Umfang der im Gegenseitigkeitsverhältnis stehenden Hauptleistungspflichten – im Arbeitsverhältnis der Dienstleistungsverpflichtung einerseits und der hierfür zu zahlenden Vergütung andererseits – unmittelbar bestimmen, sind aus Gründen der Vertragsfreiheit von der gesetzlichen Inhaltskontrolle ausgenommen. Der Überprüfung der Leistungsbeschreibung entzogen sind demnach Regelungen, ohne deren Vorliegen mangels Bestimmtheit oder Bestimmbarkeit des wesentlichen Vertragsinhalts ein wirksamer Vertrag nicht mehr angenommen werden kann.[390] Die Rechtsprechung unterwirft deshalb etwa die Beendigungsvereinbarung in einem Aufhebungsvertrag[391] ebenso wenig einer Angemessenheitskontrolle wie die Gegenleistung für die Zustimmung des Arbeitnehmers zur Aufhebung des Arbeitsverhältnisses.[392]

b. *Modifikation von Hauptleistungspflichten*

Die Ausnahme von der Inhaltskontrolle gilt nur für Abreden über den unmittelbaren Leistungsgegenstand, nicht dagegen für Regelungen, die die Leistungspflicht des Verwenders in der Regel einseitig zu seinen Gunsten einschränken, verändern, ausgestalten oder modifizieren. Diese Regelungen sind kontrollfähig.[393]

c. *Hauptleistungspflichten im Arbeitsvertrag*

Kontrollfrei im Arbeitsrecht ist das eigentliche arbeitsrechtliche Austauschverhältnis, also Vereinbarungen über das Arbeitsentgelt und die Arbeitsleistung einschließlich der Arbeitszeit.[394] Ebenso wenig wie die Verlängerung einer Kündigungsfrist[395] steht die Vereinbarung einer Opt-in-Verlängerungsoption in

---

388 BAG 26.10.2017 – 6 AZR 158/16, Rn. 29; BAG 24.02.2016 – 5 AZR 258/14, Rn. 37; Staudinger/*Richardi/Fischinger*, § 611a BGB, Rn. 911; *Böttcher*, Der Null-Stunden-Vertrag, 123 ff.

389 BGH 11.07.2019 – VII ZR 266/17, Rn. 19; *Bieder*, Kompensatorische Vertragsgestaltung, 271 ff.; MüKo/*Spinner*, § 611a BGB, Rn. 61.

390 BGH 11.07.2019 – VII ZR 266/17, Rn. 19.

391 BAG 08.05.2008 – 6 AZR 517/07, Rn. 22.

392 BAG 12.03.2015 – 6 AZR 82/14, Rn. 23.

393 *Bauer/Romero*, RdA 2017, 200; *Böttcher*, Der Null-Stunden-Vertrag, 130 ff.

394 BAG 17.10.2012 – 5 AZR 792/11, Rn. 15; BAG 21.06.2011 – 9 AZR 236/10, Rn. 42; ErfK/*Preis*, § 10 BGB, Rn. 36; *Böttcher*, Der Null-Stunden-Vertrag, 125 f.

395 BAG 26.10.2017 – 6 AZR 158/16, Rn. 30.

unmittelbarem Gegenseitigkeitsverhältnis von Arbeit und Entgelt. Sie unterliegt damit als Nebenabrede der Inhaltskontrolle.

d. Hauptleistungspflichten im Optionsvertrag

Ausgenommen sind derartige Regelungen von der Inhaltskontrolle nur, wenn sie die Hauptleistungspflichten aus einem selbständigen Optionsvertrag betreffen. So unterliegt also zum Beispiel die Ausgestaltung des Umtauschrechts im Rahmen einer Wandel- und Optionsanleihe oder der für die Ausübung einer Aktienoption zu zahlende Optionspreis in den entsprechenden Bedingungen nicht der Inhaltskontrolle, weil es sich um im Synallagma stehende Hauptleistungspflichten handelt.[396]

Da Arbeitsvertrag und Opt-in-Verlängerungsoption notwendig ein einheitliches Rechtsgeschäft darstellen, scheiden selbständige Optionsverträge zur Begründung von Opt-in-Verlängerungsoptionen in den Arbeitsverträgen professioneller Fußballspieler aus.[397] Grundlage für die Beantwortung der Frage, ob Opt-in-Verlängerungsoptionen nach § 307 Abs. 3 BGB kontrollfrei sein können, ist der Arbeitsvertrag.[398] Dessen Hauptleistungspflichten betrifft die Opt-in-Verlängerungsoption sowie ein eventuelles Bindungsentgelt nicht.

e. Zwischenergebnis

Die Vereinbarung einer Opt-in-Verlängerungsoption ist nicht kontrollfrei nach § 307 Abs. 3 BGB. Die Rechtsprechung überprüft deshalb auch außerhalb des Arbeitsrechts unselbständige Options- oder Laufzeitklauseln[399] zu Recht an den Maßstäben der §§ 307 ff. BGB.[400]

---

396 Brandner/Ulmer/Hensen/*Fuchs*, § 307, Rn. 65; *Kallrath*, Die Inhaltskontrolle der Wertpapierbedingungen von Wandel- und Optionsanleihen, Gewinnschuldverschreibungen und Genussscheinen, 69 ff.; anders ist dies bei sogenannten Nachrangklauseln in den Anleihebedingungen für Schuldverschreibungen, die der Inhaltskontrolle unterworfen sind, OLG Düsseldorf 29.11.2018 – 13 U 59/18, Rn. 23.

397 Siehe oben § 2.

398 Anders zum Beispiel die selbständige Vereinbarung eines nachvertraglichen Wettbewerbsverbots, BAG 31.01.2018 – 10 AZR 392/17, Rn. 24 f.; LAG Rheinland-Pfalz 03.08.2019 – SaGa 6/12, Rn. 22; LAG Baden-Württemberg 30.01.2008 – 10 Sa 60/07, Rn. 54; LAG Hamm – 14.04.2003, 7 Sa 1881/02, Rn. 44; *Bauer/Diller*, Wettbewerbsverbote, Rn. 51, 354 ff.

399 Zur Befristung von Arbeitsbedingungen Staudinger/*Richardi/Fischinger* § 611a BGB, Rn. 937; zu zweiseitige Opt-out Verlängerungen im Makler-Alleinauftrag OLG Stuttgart 06.02.2019 – 3 U 146/18 mit weiteren Nachweisen; zu Betriebsführungsverträgen von Windenergieanlagen, *Köhn*, EnWZ 2019, 64–72.

400 LAG Thüringen 20.12.2016 – 1 Sa 59/16, Rn. 39; BGH 03.11.1999 – VIII ZR 269/98 (Tankstellenvertrag); BGH 04.07.1997 – V ZR 405/96 (Versorgungsvereinbarung über

4. *Überraschende Klausel*

Angesichts der Üblichkeit der Vereinbarung von Opt-in-Verlängerungsoptionen in den Arbeitsverträgen professioneller Fußballspieler kann nicht davon ausgegangen werden, dass diese Klauseln als so ungewöhnlich einzustufen sind, dass der Spieler mit ihnen nicht zu rechnen braucht.[401]

II. Kontrolle gemäß §§ 308, 309 BGB

Die Prüfung allgemeiner Geschäftsbedingungen erfolgt der gesetzlichen Systematik folgend vom Besonderen zum Allgemeinen. Klauseln sind zunächst an den Maßstäben der Klauselverbote ohne Wertungsmöglichkeiten nach § 309 BGB (1.) und anschließend an den Klauselverboten mit Wertungsmöglichkeiten des § 308 BGB (2.) zu messen. Soweit diese nicht einschlägig sind, schließt sich die Prüfung des § 307 BGB an (III.).[402]

1. *Klauselverbote ohne Wertungsmöglichkeiten, § 309 BGB*

Ein Klauselverbot zur Laufzeit bei Dauerschuldverhältnissen in allgemeinen Geschäftsbedingungen regelt § 309 Nr. 9 BGB. Erfasst werden von diesem Klauselverbot aber nur Regelungen bei einem Vertragsverhältnis über die regelmäßige Erbringung von Dienstleistungen des *Verwenders*.[403] Die Arbeitsverhältnisse der professionellen Fußballspieler fallen nicht unter den Anwendungsbereich des § 309 Nr. 9 BGB, da nicht der Verwender, sondern sein Vertragspartner, der Fußballspieler, die Dienstleistungen erbringt.[404]

Telekommunikationsanlagen); BGH 10.02.1993 – XII ZR 74/91 (Breitbandkabel-Anschlussvertrag), BGH 13.02.1985 – VIII ZR 154/84 (Mietvertrag über eine Fernsprechnebenstellenanlage); OLG Frankfurt 08.10.2014 – 4 U 41/14, Franchisevertrag.

401 *Vogt*, Befristungs- und Optionsvereinbarungen im professionellen Mannschaftssport, 167 f.

402 Ulmer/Brandner/Hensen/*Fuchs*, vor § 307 BGB, Rn. 8; Grüneberg/*Grüneberg*, § 307 BGB, Rn. 2.

403 *Müller/Schmitt*, NJW 2017, 1991; Typische Anwendungsfälle sind Zeitungs- und Zeitschriftenabonnements, Mitgliedschaften in Buchgemeinschaften, Unterrichtsverträge, Anzeigenaufträge, Mobilfunkverträge, Partnerschaftsvermittlungsverträge und Wartungsverträge.

404 Ulmer/Brandner/Hensen/*Christensen*, § 309 Nr. 9, Rn. 11 am Ende; bereits an dieser Stelle ist der Hinweis geboten, dass – soweit es um Verbraucherverträge geht, die von § 309 Nr. 9 BGB nicht erfasst werden – die Wertungen der Norm in einer ggf. gebotenen Interessenabwägung nach § 307 BGB zu berücksichtigen sind.

2. Klauselverbote mit Wertungsmöglichkeiten, § 308 BGB

a. § 308 Nr. 1 BGB

Unwirksam sind nach § 308 Nr. 1 BGB Bestimmungen in allgemeinen Geschäftsbedingungen, durch die sich der Verwender unangemessen lange oder nicht hinreichend bestimmte Fristen für die Annahme oder Ablehnung eines Angebots vorbehält. Ob § 308 Nr. 1 BGB auf (unselbständige) Opt-in-Verlängerungsoptionen Anwendung finden kann, wird – soweit ersichtlich – nicht erörtert. Im Zusammenhang mit § 308 Nr. 1 BGB wird in Rechtsprechung und Literatur bislang das Andienungsrecht im Rahmen eines Leasingvertrages, also der Fall einer selbständigen Optionsklausel thematisiert.[405]

aa. Wortlaut

Eine unmittelbare Anwendung der Norm scheidet aus, da sich der Arbeitgeber im Falle der einseitigen Opt-in-Verlängerungsoption keine Frist zur Annahme eines Angebots einräumen lässt. Das wäre nur dann der Fall, wenn die „Option" im Wege einer Festofferte gestaltet wäre.[406] Handelt es sich dagegen bei der vertraglichen Regelung um eine Option im eigentlichen Sinne, also die vertragliche Einräumung eines Gestaltungsrechts zur Verlängerung des Arbeitsvertrages, fallen Annahme und Angebot des Arbeitsvertrages nicht auseinander.

bb. Analoge Anwendung

Scheidet eine unmittelbare Anwendung des § 308 Nr. 1 BGB auf die einseitige Opt-in-Verlängerungsoption aus, so ist weiter zu prüfen, ob eine entsprechende Anwendung geboten ist.

aaa. Planwidrige Regelungslücke

Methodisch ist insoweit zunächst die Frage nach einer planwidrigen Regelungslücke als Voraussetzung für eine Analogie zu stellen und sie von der das Gesetz „übersteigenden" Rechtsfortbildung abzugrenzen.[407]

---

405 OLG Karlsruhe 27.03.1987 – 10 U 247/86; Staudinger/*Coester-Waltjen*, § 308 BGB Nr. 1, Rn. 10; Wolf/Lindacher/Pfeiffer/*Dammann*, § 308 Nr. 3, Rn. 17; MüKo/*Wurmnest*, § 308 BGB, Rn. 4.

406 Dazu bereits oben § 2; diesen Weg wählte die Kautelarpraxis bei Immobilienkauf- und Bauträgerverträgen, bis der BGH die Gestaltung für unwirksam erklärte, BGH 11.06.2010 – V ZR 85/09, dazu weiter unten.

407 *Larenz*, Methodenlehre der Rechtswissenschaft, 370 ff.

(1) Zum Regelungskonzept der §§ 307 ff. BGB

In den §§ 307 ff. BGB nutzt der Gesetzgeber ein bewährtes Instrument: Zum einen stellt der Gesetzgeber im Interesse der Rechtssicherheit und Rechtsklarheit[408] in den §§ 308, 309 BGB einen enumerativ aufgebauten Katalog konkreter, für den AGB-unterworfenen Vertragsteil mit besonderen Gefahren verbundener Klauseln auf, um wichtige Einzelfragen im Recht der allgemeinen Geschäftsbedingungen eindeutig zu regeln.[409] Zur Vermeidung von im Falle von Einzelregelungen unvermeidbaren Lücken greift das Gesetz ergänzend auf eine Generalklausel zurück, die alle unangemessenen Klauseln erfassen soll.[410]

Die in den Klauselkatalogen der §§ 308, 309 BGB niedergelegte Kasuistik ist ihrerseits wiederum abgestuft. Die in § 309 BGB geregelten Klauseln sind strikter Natur. Die Unangemessenheit der geregelten Klauseln ist kraft gesetzgeberischer Wertung anzunehmen. Demgegenüber enthalten die von § 308 BGB erfassten Klauseln jeweils unbestimmte Rechtsbegriffe, so dass bei der Anwendung stets unter Berücksichtigung der Umstände des Einzelfalles abgewogen und festgestellt werden muss, ob eine Unangemessenheit der Regelung angenommen werden kann.

§ 307 BGB hat als Generalklausel die Aufgabe, unangemessene Klauseln aufzufangen, die durch die Einzelverbote in den beiden Klauselkatalogen nicht erfasst sind.[411] Der Rückgriff auf die Generalklausel darf dabei aber nicht dazu führen, dass die in den Verbotskatalogen zum Ausdruck kommenden Wertungen unterlaufen werden.[412] Hält eine Klausel einer auf sie zugeschnittenen Wertung der Klauselkataloge stand, kann dieses Ergebnis nicht über § 307 BGB „korrigiert" werden.[413]

(2) Planwidrige Regelungslücke bei Vorliegen einer Generalklausel?

In seiner Entscheidung vom 13.09.1969[414] hat sich das *BAG* mit der Lückenhaftigkeit des Gesetzes trotz Bestehens einer Generalklausel befasst. Die §§ 74, 74a HGB zum vertraglichen Wettbewerbsverbot galten lediglich für kaufmännische Angestellte. Für gewerbliche Angestellte fand sich eine einschlägige Bestimmung in § 133 f. GewO. Für Wettbewerbsverbote gegenüber Arbeitnehmern, die weder kaufmännische noch gewerbliche Angestellte waren, galt lediglich die Grenze der Generalklausel des § 138 BGB. Das *BAG* war der Auffassung, die Verhältnisse hätten sich gegenüber der Zeit, aus der die gesetzliche Regelung stammte, inzwischen

408 BT-Drs. 7/3919, 23.

409 Ulmer/Brandner/Hensen/*Fuchs*, vor § 307, Rn. 7.

410 *v. Hoyningen-Huene*, Die Billigkeit im Arbeitsrecht, Rn. 16.

411 BT-Drs. 7/3919, 14, 22 ff.; Ulmer/Brandner/Hensen/*Fuchs*, vor § 307, Rn. 8.

412 Ulmer/Brandner/Hensen/*Fuchs*, vor § 307, Rn. 9.

413 Ulmer/Brandner/Hensen/*Fuchs*, vor § 307, Rn. 9 f. auch zur Ausstrahlungswirkung der Klauselverbote der §§ 308, 309 BGB auf § 307 BGB.

414 BAG 13.09.1969 – 3 AZR 138/68.

so weit verändert, dass ein über § 138 BGB hinausgehender Schutz gegen Wettbewerbsverbote für alle Arbeitnehmer erforderlich sei.[415] Es liege eine nachträgliche, offene Regelungslücke vor, die durch die analoge Anwendung der handelsrechtlichen Vorschriften zu schließen sei.

Larenz hat demgegenüber darauf hingewiesen, von einer planwidrigen Lücke als Voraussetzung für eine analoge Anwendung der §§ 74 ff. HGB könne deshalb keine Rede sein, da in der Generalklausel des § 138 BGB eine anwendbare Regelung vorhanden sei. Anstoß genommen habe das *BAG* an dem unterschiedlichen Ausmaß des Schutzes verschiedener Arbeitnehmergruppen und damit am Verstoß gegen den Gleichheitsgrundsatz.[416] Das *BAG* habe keine Lücke, sondern einen Wertungswiderspruch festgestellt, den es im Wege der gesetzesübersteigenden Rechtsfortbildung auszugleichen versucht habe.[417]

(3) Zweifel an der Analogiefähigkeit der Norm

Die Konstruktion der §§ 307 ff. BGB durch spezielle Regelung wichtiger Einzelfragen einerseits und Auffangkontrolle durch eine Generalklausel andererseits führt dazu, dass es bei Anwendung dieser Vorschriften nicht zu einer planwidrigen Regelungslücke kommen kann.

Anders als in der vom *BAG* 1969 entschiedenen Konstellation ist der Anwender des Gesetzes zur Schließung von Lücken der Klauselkataloge nach §§ 308, 309 BGB nicht auf die Anwendung allgemeiner Generalklauseln – § 138 BGB oder § 242 BGB – angewiesen. Ihm steht vielmehr in § 307 BGB eine spezifisch für den Regelungsgegenstand „AGB-Kontrolle" geschaffene Generalklausel zur Verfügung, deren Wertungen der Anwender nicht über eine analoge Anwendung von zu einzelnen Klauseln bestehenden, im Einzelfall aber nicht anwendbaren Normen der §§ 308, 309 BGB umgehen darf.

(4) Zwischenergebnis

Da die speziellen Klauselverbote der §§ 309 und 308 BGB nicht eingreifen, findet die Generalklausel des § 307 BGB Anwendung. Das bedeutet nicht, dass die hinter den einzelnen Klauselverboten der §§ 308, 309 BGB stehenden Wertungen – auch wenn sie ihrem Wortlaut nach nicht einschlägig sind – keine Berücksichtigung fänden. Die gesetzlichen Wertungen, die den einzelnen Klauselverboten der §§ 308, 309 BGB zugrunde liegen, wirken auf die Abwägung in § 307 BGB zurück.[418] Die in

415 BAG 13.09.1969 – 3 AZR 138/68, Rn. 46 ff. mit Anm. *Canaris* SAE 1971, 111; *Larenz*, Methodenlehre der Rechtswissenschaft, 380.

416 BAG 13.09.1969 – 3 AZR 138/68, Rn. 46.

417 *Larenz*, Methodenlehre der Rechtswissenschaft, 381.

418 BGH 08.03.1984 – IX ZR 144/83, Rn. 24; BGH 04.12.1996 – XII ZR 193/95, Rn. 15; LG Heidelberg 09.01.2014 – 2 O 211/13, Rn. 27.

den Klauselverboten Ausdruck findenden Regelungsabsichten sind im Rahmen der in der Generalklausel gebotenen Abwägung einzubeziehen.

Für eine analoge Anwendung der einzelnen Klauselverbote über ihren Wortlaut hinaus besteht dagegen kein Raum. Bei der in den §§ 307 ff. BGB gewählten Form der Kodifizierung kann es nicht zu einer Lücke kommen, weil alles, was von den speziell geregelten Klauselverboten nicht erfasst ist, anhand der Generalklausel zu prüfen ist.[419]

bbb. Vergleichbare Interessenlage

Selbst wenn eine planwidrige Regelungslücke bejaht werden sollte, muss als Voraussetzung einer analogen Anwendung weiter eine vergleichbare Interessenlage gegeben sein.

Eine zunächst nicht auf der Hand liegende Parallele ergibt sich zu der Rechtsprechung zu den Bindungsfristen des anbietenden Käufers bei Immobilienkauf- und Bauträgerverträgen. Ökonomischer Hintergrund ist, dass die Finanzierung eines Immobilienprojekts durch die beteiligten Banken häufig davon abhängig gemacht wird, dass zum Zeitpunkt des Abschlusses der erforderlichen Darlehensverträge mit dem Bauträger bereits eine bestimmte Anzahl von Wohnungen verkauft ist. Daher ließen sich die Verkäufer Angebote unterbreiten und vereinbarten eine feste Bindung des Käufers an sein Angebot von z. B. drei Monaten oder mehr, um in dieser Zeit feststellen zu können, ob das Immobilienprojekt erfolgreich am Markt platziert werden kann oder nicht.[420]

In wirtschaftlicher Hinsicht ist die späte Bindung des Immobilienverkäufers (oder Bauträgers) mit einer Lern- bzw. Abbruchoption im dem in § 3 beschriebenen Sinne und eine mit der Gewinnung von Handlungsspielräumen bzw. Flexibilität verbundene Verlagerung des „Verwendungsrisikos“ verbunden: Der Bauträger hat drei Monate Zeit festzustellen, ob ein Markt für sein Angebot vorhanden ist. Gelingt der Verkauf der vorab festgesetzten Zahl von Wohnungen, ist davon auszugehen, dass das Immobilienprojekt erfolgreich sein wird. Schlagen die Verkaufsbemühungen fehl, wird das Projekt abgebrochen. Der Verkäufer nimmt die bereits vorliegenden Angebote nicht an, so dass es nicht zu einer vertraglichen Verpflichtung kommt.

Der *BGH* hat diese Vertragsgestaltungen zum Immobilienkauf- bzw. Bauträgervertrag unter dem Gesichtspunkt des § 308 Nr. 1 BGB für unwirksam erklärt und festgestellt, eine einen Zeitraum von vier Wochen wesentlich übersteigende Bindungsfrist des anbietenden Käufers sei bei finanzierten und

419 *Blank*, DNotZ 2014, 166, 171 f.; a. A. Wolf/Lindacher/Pfeiffer/*Dammann*, § 308 Nr. 1, Rn. 24 f.

420 Zur historischen Entwicklung der Gestaltung *Herrler*, DNotZ 2013, 887 ff.

beurkundungsbedürftigen Kaufverträgen, deren Abschluss eine Bonitätsprüfung vorausgehe, regelmäßig unangemessen und damit unwirksam.[421]

Die Rechtsprechung zur Bindung an Willenserklärungen des Vertragspartners des Klauselverwenders bei Immobilienkauf- und Bauträgerverträgen hat deutlich gemacht, dass § 308 Nr. 1 BGB im Zusammenhang mit § 147 Abs. 2 BGB zu lesen ist. § 308 Nr. 1 BGB soll Schwebezustände vermeiden, die sich aus dem zeitlichen Auseinanderfallen von Angebot und Annahme ergeben. Erfasst werden alle Gestaltungen, mit denen sich der Verwender über § 147 Abs. 2 BGB hinaus die Annahme eines Angebots vorbehält und die zu einem „unangemessen langen Schwebezustand" führen.

§ 308 Nr. 1 BGB betrifft also nur diejenigen Schwebezustände, die sich aus einem Auseinanderfallen der vertragsbegründenden Willenserklärungen gemäß § 147 Abs. 2 BGB ergeben. Das hat der BGH in seinem Urteil vom 27.09.2013 deutlich gemacht, indem er darauf hinwies, dass die Gestaltung längerer Bindungsfristen im Falle einer „sukzessiven Beurkundung von Angebot und Annahme" nicht erreicht werden kann, wohl aber bei „einaktiger" Vertragsbegründung – mit zum Beispiel zu Gunsten einer Partei eingeräumtem Rücktrittsrecht.[422]

---

421 BGH 11.06.2010 – V ZR 85/09, Rn. 8, dazu *Herrler/Suttmann,* DNotZ 2010, 883 ff.; *Müller/Klühs,* RNotZ 2013, 81 ff. Die anschließenden Versuche der notariellen Praxis, die Erklärungen der vertragsschließenden Parteien so auszulegen, dass zwar die Bindung des Käufers an sein Angebot nach vier Wochen ende, nicht aber dessen Annahmefähigkeit oder eine entsprechende Regelung vorzusehen (sog. Fortgeltungsklausel), fanden ebenfalls nicht die Billigung der Rechtsprechung, BGH 07.06.2013 – V ZR 10/12, Rn. 13; dazu *Herrler,* DNotZ 2013, 887, 895 ff.; *Suttmann,* MittBayNot 2014, 46 f.; *Blank,* DNotZ 2014, 166, 167 ff.; mit seiner Entscheidung vom 27.09.2013 – V ZR 52/12 hat der 5. Senat die für den finanzierten und beurkundungsbedürftigen Kaufvertrag geltenden Grundsätze auf die regelmäßigen Bindungsfristen in Bauträgerverträgen übertragen, dazu *Herrler,* MittBayNot 2014, 109 ff. In der letzten bekannt gewordenen Entscheidung zu diesem Fragenkreis hat der BGH festgestellt, dass es unerheblich sei, wenn das Angebot – etwa durch die Mitteilung des Käufers an den Verkäufer, dass die Finanzierung gesichert ist – bedingt sei, BGH 26.02.2016 – V ZR 208/14, Rn. 17 ff.; dazu *Thode,* jurisPR-PrivBauR 9/2016 Anm. 1. Zum Bauträgerrecht wurden verschiedene Gestaltungsmöglichkeiten zur Lösung vorgeschlagen, so unter anderem, dass der Vertrag abgeschlossen und dem Verkäufer ein Rücktrittsrecht eingeräumt, *Müller/Klühs,* RNotZ 2013, 81, 90 ff., oder dass der Kaufvertrag durch den Käufer als Vertreter ohne Vertretungsmacht abgeschlossen werden solle. Die Genehmigung durch den Verkäufer nach § 177 BGB unterliege keiner Frist und sei deshalb unbeschränkt möglich. Der Käufer könne den Schwebezustand nur gemäß § 177 Abs. 2 BGB beenden; *Herrler/Suttmann,* DNotZ 2010, 883,896.

422 BGH 27.09.2013 – V ZR 52/12, Rn. 17.

ccc. Zwischenergebnis

Insgesamt kann der Rechtsprechung zu Immobilienkauf- und Bauträgerverträgen entnommen werden, dass die einseitige Einräumung einer Abbruchoption über einen Zeitraum von drei Monaten hinaus nicht dadurch erreicht werden kann, dass Angebot und Annahme zeitlich auseinanderfallen, also „sukzessiv" abgegeben werden.[423] Vor diesem Hintergrund scheidet die den Arbeitgeber begünstigende Laufzeitregelung über eine *Festofferte* aus.

Kein von § 308 Nr. 1 BGB erfasster Schwebezustand liegt dagegen vor, wenn Angebot und Annahme der vertragsschließenden Parteien nicht auseinanderfallen. Zwar führt auch die Vereinbarung einer Opt-in-Verlängerungsoption zu einem Schwebezustand für den Vertragspartner des Klauselverwenders. Dieser Schwebezustand folgt aber nicht aus einem Auseinanderfallen von Angebot und Annahme gemäß § 147 Abs. 2 BGB, sondern aus einem dem Klauselverwender eingeräumten *Gestaltungsrecht*. Der Anwendungsbereich des § 308 Nr. 1 BGB ist nicht betroffen; die Interessenlage ist nicht vergleichbar.

b. § 308 Nr. 3 BGB

Nach § 308 Nr. 3 BGB ist die Vereinbarung eines Rechts des Verwenders unwirksam, wonach er sich ohne sachlich gerechtfertigten und im Vertrag angegebenen Grund von seiner Leistungspflicht lösen kann. Die Norm findet auf die Opt-in-Verlängerungsoption nach ihrem Wortlaut keine Anwendung, weil die Option kein Lösungsrecht darstellt.

Im Übrigen nimmt § 308 Nr. 3 BGB Dauerschuldverhältnisse und damit auch Arbeitsverträge von der Anwendung der Norm aus.[424]

Eine analoge Anwendung der Norm „contra legem" scheidet aus.

III. Kontrolle nach § 307 BGB

Da einseitige Opt-in-Verlängerungsoptionen von den Klauselverboten der §§ 308, 309 BGB nicht erfasst werden, sind diese Bestimmungen an den Maßstäben des § 307 BGB zu überprüfen.

Gemäß § 307 Abs. 1 BGB ist eine Bestimmung in allgemeinen Geschäftsbedingungen unwirksam, wenn sie den Vertragspartner des Verwenders entgegen den Geboten von Treu und Glauben unangemessen benachteiligt. § 307 Abs. 2 BGB konkretisiert Abs. 1 durch zwei Regelbeispiele der Unangemessenheit. Im Zweifel ist eine Regelung unangemessen, wenn sie mit wesentlichen Grundgedanken der gesetzlichen Regelung nicht übereinstimmt oder wenn wesentliche Rechte und Pflichten, die sich aus der Natur des Vertrages ergeben, durch die zu

---

423 BGH 27.09.2013 – V ZR 52/12, Rn. 17.

424 BeckOK Arb/*Jacobs*, § 308 BGB, Rn. 7; BeckOK/*Becker*, § 308 BGB Nr. 3, Rn. 35; Clemenz/Kreft/Krause/*Roloff*, § 308 Nr. 3, Rn. 24.

prüfende Bestimmung so eingeschränkt werden, dass der Vertragszweck gefährdet wird. Maßgeblicher Zeitpunkt für die Inhaltskontrolle nach §307 Abs. 1 Satz 1, Abs. 2 BGB ist der Vertragsschluss.[425]

Aus dem Aufbau der Norm (dazu 1.) ergibt sich, dass zunächst die Voraussetzungen der gesetzlichen Regelbeispiele des § 307 Abs. 2 BGB (nachfolgend 2. und 3.) und im Anschluss die Generalklausel des § 307 Abs. 1 BGB zu prüfen ist (4.).

1. *Methodische Vorbemerkung*

Über das Verhältnis der Absätze 1 und 2 des § 307 BGB besteht Unklarheit.

a. *Auslegungsregel*

Die Formulierung „im Zweifel" ist im BGB den gesetzlichen Auslegungsregeln vorbehalten, die eingreifen, wenn die Parteien für einen bestimmten Fall keine Regelung treffen und auch die Auslegung ihrer Erklärungen keine Anhaltspunkte für den Willen der Parteien liefert.[426] Einige Stimmen in der Literatur haben die Fälle des § 307 Abs. 2 BGB deshalb als tatsächliche Vermutung oder Beweislastregel interpretiert. Liegen die Voraussetzungen des § 307 Abs. 2 BGB vor, trägt nach diesen Auffassungen der Verwender die Beweislast für die Angemessenheit der Klausel.[427]

Die herrschende Meinung lehnt ein solches Verständnis des § 307 Abs. 2 BGB ab. Bei der Auslegung der Generalklausel geht es nicht um die Würdigung von Tatsachen, sondern um rechtliche Wertungen, die dem Beweis nicht zugänglich, sondern vom Richter zu treffen sind.[428]

b. *Abschließende Spezialtatbestände*

Coester will die Regelungen in § 307 Abs. 2 Nr. 1 und 2 BGB als vorrangige, eigenständige Spezialfälle unangemessener Regelungen verstehen. Dieses Verständnis hat zur Folge, dass nach Feststellung der Voraussetzungen des § 307 Abs. 2 BGB keine Gesamtabwägung nach § 307 Abs. 1 BGB mehr erfolgen müsste. Die Abwägung der Interessen der vertragsschließenden Parteien könne im Rahmen der unbestimmten Rechtsbegriffe des § 307 Abs. 2 BGB stattfinden.[429]

---

425 HK-BGB/*Schulte-Nölke*, BGB § 307, Rn. 11.

426 Bspw. §§ 127, 154 Abs. 1, 270 Abs. 1, 311c, 329 f., 613, 2067 ff. BGB.

427 Loewe/v. Westphalen/Trinkner/*Loewe*, AGBG, § 9, Rn. 20; Wolf/Lindacher/Pfeiffer/*Wolf*, § 307 BGB, Rn. 100, *Schmidt-Salzer*, NJW 1977, 129, 139 f.

428 *v. Hoyningen-Huene*, Die Inhaltskontrolle nach § 9 Abs. AGB-Gesetz, Rn. 237; *Becker*, Die Auslegung des § 9 Abs. 2 AGB-Gesetz, 37 f.; MüKo/*Wurmnest*, § 307 BGB, Rn. 65; BeckOGK/*Eckelt*, § 307 BGB, Rn. 137; *Teubel*, Rücktrittsrecht und AGB-Kontrolle nach der Schuldrechtsreform, 30 ff.

429 Staudinger/*Coester*, § 307 BGB, Rn. 226 („konkrete Anwendungsfälle der Generalklausel des Abs. 1").

Gegen diese Lösung spricht, dass die Formulierung „im Zweifel" bei diesem Verständnis keine eigenständige Bedeutung hätte. Das widerspricht aber dem Willen des Gesetzgebers, der sich bereits bei Erlass des AGB-Gesetzes ausdrücklich für eine weitere Abwägung und damit gegen einen Automatismus aussprach. Im Referentenentwurf war noch folgende Formulierung des damaligen § 7 Abs. 2 AGBG vorgesehen:[430]

> Allgemeine Geschäftsbedingungen sind stets unwirksam, wenn
> 1. der Gerechtigkeitsgehalt allgemeiner und besonderer gesetzlicher Regelungen, von denen abgewichen wird, wesentlich verletzt oder
> 2. wesentliche Rechte oder Pflichten, die sich aus der Natur des Vertrages ergeben, so eingeschränkt werden, dass die Erreichung des Vertragszwecks gefährdet ist.

Diese Fassung wurde zu Gunsten der später Gesetz gewordenen Fassung des § 7 Abs. 2 AGBG fallen gelassen und damit zum Ausdruck gebracht, dass die beiden aufgeführten Fälle nur „im Zweifel" und nicht „stets" zur Unangemessenheit einer Regelung führen sollen.

c. *Regelbeispiel*

Die herrschende Meinung stuft die Fälle des § 307 Abs. 2 BGB als Regelbeispiele zur Ausfüllung des Absatzes 1 der Vorschrift ein. „Im Zweifel" bedeutet danach „in der Regel".[431]

Diesen gesetzgeberischen Willen hatte bereits die Gesetzesbegründung zum AGB-Gesetz hinreichend deutlich zum Ausdruck gebracht.[432]

---

430 DB Beilage 18/1974, 2, 10.

431 Ulmer/Brandner/Hensen/*Fuchs*, vor § 307 BGB, Rn. 4.

432 BT-Drs. 7/3919, 23: „Absatz 2 soll die Inhaltskontrolle durch Angabe typischer rechtlicher Kriterien erleichtern, die gewöhnlich auf das Fehlen eines angemessenen Interessenausgleichs hinweisen. Ergibt sich bei einer AGB Klausel, daß einer der Fälle des Absatzes 2 vorliegt, so kann die betreffende Bestimmung nur aus besonderen, ggf. vom Klauselverwender darzulegenden Gründen rechtlichen Bestand haben. Das in Absatz 2 Nr. 1 enthaltene Kriterium ist an die von der Rechtsprechung entwickelten Grundsätze über die sog. Leitbildfunktion der geschriebenen und ungeschriebenen Normen des dispositiven Rechts angelehnt. Allerdings soll nicht jede mit einem Rechtsverlust für den Vertragspartner verbundene Abweichung vom dispositiven Recht mißbilligt werden. Eine solche Beurteilung soll einer AGB nur dann zuteil werden, wenn sie mit wesentlichen Grundsätzen der gesetzlichen Regelung, von der abgewichen wird, nicht zu vereinbaren ist. Auch das in Absatz 2 Nr. 2 vorgesehene Kriterium ist durch die höchstrichterliche Rechtsprechung vorgezeichnet. So ist z. B. die Wirksamkeit von Freizeichnungsklauseln wiederholt unter Hinweis darauf verneint worden, daß der Klauselverwender sich mit ihnen einer Kardinalpflicht entziehen und den Vertrag seines Sinnes entleeren würde [...] Werden solche kardinalen Pflichten oder Rechte durch AGB in einer Weise eingeschränkt, daß die

d. Folgerungen

Das Verständnis der herrschenden Meinung hat zur Folge, dass in einem ersten Schritt gemäß § 307 Abs. 2 Nr. 1 BGB zu prüfen ist, ob die einseitige Opt-in-Verlängerungsoption wesentliche Rechte und Pflichten mit der Folge der Gefährdung des Vertragszwecks einschränkt (2.) oder von wesentlichen Grundgedanken der gesetzlichen Regelung abweicht (3.) Liegen die Voraussetzungen des § 307 Abs. 2 BGB vor, ist das aber zunächst einmal nur ein Indiz für eine unangemessene Benachteiligung. § 307 Abs. 1 BGB ist also unabhängig vom Ergebnis in jedem Falle zu prüfen (4.)

2. Einschränkung wesentlicher Rechte und Pflichten mit Gefährdung des Vertragszwecks (§ 307 Abs. 2 Nr. 2 BGB)

Unangemessen sind Bestimmungen, die wesentliche, sich aus der Natur des Vertrages ergebende Rechte und Pflichten so einschränken, dass die Erreichung des Vertragszwecks gefährdet ist. Das gesetzliche Regelbeispiel betrifft zunächst Verträge, für die es an einer gesetzlichen Regelung im dispositiven Recht fehlt. Das ist bei Arbeitsverträgen nicht der Fall. Darüber hinaus ist der Hauptanwendungsbereich der Nr. 2 die Freizeichnung von Kardinalpflichten.

Bei der Vereinbarung einer einseitigen Opt-in-Verlängerungsoption kann von einer Gefährdung des Vertragszwecks nicht ausgegangen werden. Laufzeitregelungen bei Dauerschuldverhältnissen – unabhängig davon, ob es sich um fest vereinbarte Laufzeiten, Klauseln über die automatische Verlängerung von Verträgen oder um Optionsregelungen handelt – prüft die Rechtsprechung im Ergebnis deshalb einhellig an den Maßstäben der Generalklausel des § 307 Abs. 1 BGB. Laufzeitregelungen von Dauerschuldverhältnissen sind deren typischer Anwendungsfall.[433] Auf Laufzeitklauseln findet das Regelbeispiele des § 307 Abs. 2 Nr. 2 BGB keine Anwendung.

3. Abweichen von wesentlichen Grundgedanken der gesetzlichen Regelung (§ 307 Abs. 2 Nr. 1 BGB)

Nach Abs. 2 Nr. 1 ist im Zweifel von einer unangemessenen Benachteiligung auszugehen, wenn der Verwender eine Regelung in sein Vertragswerk aufnimmt, durch die er von wesentlichen Grundgedanken einer gesetzlichen Regelung abweicht und die neue Regelung durch allgemeine Geschäftsbedingungen mit eben jenen wesentlichen Grundgedanken nicht vereinbar ist.[434]

Erreichung des Vertragszwecks gefährdet ist, so sollen die betreffenden AGB nur unter besonderen Voraussetzungen rechtlichen Bestand haben."

433 Ulmer/Brandner/Hensen/*Fuchs*, AGB-Recht, § 307, Rn. 95.

434 BeckOGK/*Eckelt*, § 307 BGB, Rn. 138.

§ 307 Abs. 2 Nr. 1 BGB misst die zu prüfende Bestimmung an den Grundgedanken des dispositiven Rechts.[435] Es sind also gesetzliche Regelungen festzustellen, von denen die Vereinbarung einer einseitigen Opt-in-Verlängerungsoption abweichen kann. Denkbar ist, dass die einseitige Opt-in-Verlängerungsoption in Bezug auf die absolute Dauer der Vertragslaufzeit (a.), die Verschiebung des Verwendungsrisikos auf den Arbeitnehmer (b.) sowie die Bindung eines Vertragspartners außerhalb des arbeitsrechtlichen Synallagmas (c.) von den wesentlichen Grundgedanken der gesetzlichen Regelung gemäß § 307 Abs. 2 Nr. 1 BGB abweichen könnte.

a. Absolute Laufzeit

In einem ersten Schritt ist zu prüfen, ob die einseitige Opt-in-Verlängerungsoption von einer gesetzlichen Regelung (aa.) und ggf. von deren wesentlichen Grundgedanken abweicht (bb.).

aa. Gesetzliche Regelung

§§ 622 Abs. 5 BGB, 15 Abs. 4 TzBfG bestimmen den zulässigen zeitlichen Rahmen eines Arbeitsvertrages. Einschließlich der Kündigungsfrist beträgt die Höchstdauer fünf Jahre und sechs Monate.

bb. Abweichen von wesentlichen Grundgedanken

Die Rechtsprechung unterscheidet danach, ob die dispositive gesetzliche Regelung nicht nur auf Zweckmäßigkeitserwägungen beruht, sondern eine Ausprägung des Gerechtigkeitsgebots darstellt.[436] Abzugrenzen sind frei abänderbare Zweckmäßigkeitsregeln einerseits von formularmäßig nicht abdingbaren Gerechtigkeitsgeboten andererseits. Die Grundgedanken eines Rechtsbereichs müssen nicht in Einzelbestimmungen formuliert sein. Es reicht aus, dass sie in allgemeinen, am Gerechtigkeitsgedanken ausgerichteten und auf das betreffende Rechtsgebiet anwendbaren Grundsätzen ihren Niederschlag gefunden haben.[437]

Bezüglich der Laufzeit von Arbeitsverträgen ist die Rechtsprechung des BAG eindeutig: Soweit sich die Bindung in dem gemäß § 622 Abs. 5 BGB, 15 Abs. 4 TzBfG zulässigen Rahmen von fünf Jahren und sechs Monaten hält,[438] sind keine formularmäßig nicht abdingbaren Gerechtigkeitsgebote[439] oder wesentlichen Schutzbedürfnisse des Vertragspartners[440] betroffen.

---

435 Grüneberg/*Grüneberg*, § 307 BGB, Rn. 30.

436 BGH 25.06.1991 – XI ZR 257/90, Rn. 17 mit weiteren Nachweisen.

437 BGH 09.10.1985 – VIII ZR 217/84, Rn. 20.

438 BAG 26.10.2017 – 6 AZR 158/16, Rn. 31.

439 BGH 25.06.1991 – XI ZR 257/90, Rn. 17.

440 Ulmer/Brandner/Hansen/*Fuchs*, § 307, Rn. 222; zu § 138 BGB Staudinger/*Fischinger*, § 138 BGB, Rn. 581.

b. Verwendungsrisiko

In § 3 wurde ausgeführt, dass mit der Vereinbarung einer einseitigen Opt-in-Verlängerungsoption das Wirtschaftsrisiko in der Form des *Verwendungsrisikos* vom Arbeitgeber auf den Arbeitnehmer (partiell) übertragen wird. Die Vertragsgestaltung der einseitigen Opt-in-Verlängerungsoption führt dazu, dass der Verein einseitig über die weitere Leistungspflicht unter Fortzahlung der vereinbarten Vergütung bestimmen kann.

Das *Vergütungsrisiko* ist nicht betroffen: Wenn der Arbeitgeber die Option zieht, muss er auch die vereinbarte Vergütung bezahlen. Macht er die Option nicht geltend, ist der Arbeitnehmer frei, seine Dienste bei einem anderen Arbeitgeber zu kommerzialisieren.[441] Das Risiko, eine Arbeitsleistung ohne Vergütung erbringen zu müssen, besteht für den Arbeitnehmer nicht.

Zu beantworten ist also im Rahmen der Kontrolle nach § 307 BGB die Frage, ob die mit der Vereinbarung einer einseitigen Opt-in-Verlängerungsoption verbundene Risikoverlagerung im Optionszeitraum mit wesentlichen Grundgedanken der gesetzlichen Regelung zur Verteilung des Verwendungsrisikos im Arbeitsrecht in Widerspruch steht.

Das Eingreifen des § 307 Abs. 2 Nr. 1 BGB setzt zunächst voraus, dass die Übernahme des *Verwendungsrisikos* durch den Arbeitgeber zu den wesentlichen Grundgedanken der gesetzlichen Regelung des Arbeitsvertrages gehört (aa.) und die Vereinbarung einer einseitigen Opt-in-Verlängerungsoption diesem Leitbild nicht entspricht (bb.)

aa. Gesetzliche Regelung

Im Normalarbeitsverhältnis trägt der Arbeitgeber sehr weitgehend das Risiko der dauerhaften wirtschaftlichen Verwendbarkeit der Arbeitskraft des Arbeitnehmers. Leitbild ist, dass der Arbeitnehmer aus seiner Arbeit *auf Dauer* sein Auskommen hat. Betriebsbedingte Änderungen der aus dem Arbeitsvertrag resultierenden Rechte und Pflichten sind ebenso wie die Beendigung des Arbeitsverhältnisses nur unter eingeschränkten Voraussetzungen möglich.[442]

Bei den Arbeitsverträgen professioneller Fußballspieler gilt dies aber gerade nicht. In Folge der Zulässigkeit befristeter Arbeitsverträge trägt der Arbeitgeber das Verwendungsrisiko nur für die vereinbarte Dauer des Arbeitsverhältnisses. Für die Zeit danach ist das Verwendungsrisiko – abweichend vom Normalarbeitsverhältnis – auf die Spieler übertragen. Normalfall im professionellen Fußball ist die

441 Voraussetzung ist natürlich, dass der Arbeitnehmer so rechtzeitig erfährt, wie sich der Arbeitgeber verhält, dass er ausreichend Zeit hat, einen neuen Arbeitgeber zu finden, dazu § 13 IV.

442 Siehe oben § 3.

befristete, nicht die dauerhafte Beschäftigung. Das Risiko der weiteren Verwendung seiner Arbeitskraft nach Ablauf des befristeten Vertrages trägt der Spieler.

bb. Abweichen

Für den Optionszeitraum verlagert der Verein das Verwendungsrisiko, das Risiko, die Leistungen des Spielers nicht mehr verwenden zu können, auf Letzteren. Er will angesichts der unsicheren Entwicklung des Spielers oder auch der unsicheren wirtschaftlichen Entwicklung des Clubs die vertragliche Bindung nicht von vornherein auf die Grundlaufzeit einschließlich des Verlängerungszeitraums eingehen, sich aber andererseits die Leistung des Arbeitnehmers bei positiver Entwicklung sichern.

Der Spieler ist zwar gebunden und nicht frei darin, ungehindert einen anderen Arbeitsvertrag abzuschließen. Die Situation aus der allein maßgeblichen ex-ante Perspektive bei Vertragsschluss ist aber nicht anders als bei einem befristeten Vertrag, bei dem der Spieler auch nicht weiß, ob es nach Ablauf der Befristung weitergeht oder nicht. Die mit der einseitigen Option verbundene Benachteiligung des Spielers entspricht der Situation, der sich der Spieler beim – gegebenenfalls mehrfach – befristeten Arbeitsvertrag ohnehin gegenübersieht.

cc. Zwischenergebnis

Daraus folgt zwar, dass mit der Vertragsgestaltung der einseitigen Opt-in-Verlängerungsoption der Verwender das Ziel verfolgt, das Verwendungsrisiko im Optionszeitraum auf den Arbeitnehmer abzuwälzen. In der Vereinbarung der einseitigen Opt-in-Verlängerungsoption liegt damit eine Benachteiligung des Klauselgegners.

Die Benachteiligung geht auch nicht weiter als in dem Fall, dass der Arbeitgeber zunächst einen befristeten Vertrag über die Gesamtlaufzeit (Grundlaufzeit und Optionszeitraum) schließt. Diese Übertragung des Verwendungsrisikos ist nach der *Heinz-Müller*-Entscheidung des BAG zulässig. Das Vergütungsrisiko des Arbeitnehmers ist nicht betroffen, weil er seine Arbeitskraft – kommt es nicht zu einer Verlängerung – kommerzialisieren kann. Der Arbeitnehmer hat die Freiheit, sich anderweitig zu binden. Im Ergebnis verstößt die Regelung nicht gegen wesentliche Grundgedanken der gesetzlichen Regelung.

Das bedeutet nicht, dass die Verteilung des Verwendungsrisikos für die Frage, ob die Regelung wirksam ist oder nicht, ohne Bedeutung ist. Es ergibt sich zwar aus dem Aspekt der Verteilung des Verwendungsrisikos kein gesetzliches Leitbild, das eine Verschiebung durch eine einseitige Opt-in-Verlängerungsoption verbietet. In der Angemessenheitskontrolle auf der Grundlage der Generalklausel des § 307 Abs. 1 BGB finden diese Fragen aber wieder Eingang.

c. Bindungen der Parteien außerhalb des arbeitsrechtlichen Synallagmas

Unter dem Aspekt des § 307 Abs. 2 Nr. 1 BGB ist weiter zu fragen, ob Bindungen außerhalb des arbeitsrechtlichen Synallagmas bzw. unterschiedlich lange

Bindungen der Arbeitsvertragsparteien als Folge einer einseitigen Opt-in-Verlängerungsoption von wesentlichen Grundgedanken einer gesetzlichen Regelung abweichen. In Betracht kommt insoweit ein Abweichen von den wesentlichen Grundgedanken der § 308 Nr. 1 BGB (a.) sowie § 622 Abs. 6 BGB (b.).

aa. § 308 Nr. 1 BGB

Unterschiedliche Bindungen der vertragsschließenden Parteien an den Vertrag regelt § 308 Nr. 1 BGB. Eine Klausel, in der sich der Verwender eine unangemessen lange Frist zur Annahme oder Ablehnung eines Angebots vorbehält, ist unwirksam. Da sich der Arbeitgeber im Falle der einseitigen Opt-in-Verlängerungsoption die Entscheidung über die Fortsetzung des Arbeitsvertrages für den Optionszeitraum bis zur vereinbarten Frist vor Ende des anfänglichen Arbeitsvertrages vorbehält, kann eine Anwendung jedenfalls nicht von vorneherein ausgeschlossen werden.

Wie zuvor ausgeführt, erfasst § 308 Nr. 1 BGB nach seinem Telos allerdings nur bestimmte Gestaltungen unterschiedlicher Bindungen. Nur wenn durch das Auseinanderfallen von Angebot und Annahme Schwebezustände zu Lasten des Klauselgegners entstehen, greift § 308 Nr. 1 BGB nach seinem Sinn und Zweck ein.

Unabhängig von diesem Argument fallen die in den Katalogen der §§ 308, 309 BGB enthaltenen Klauseln nicht unter die gesetzlichen Regelungen im Sinne des § 307 Abs. 2 Nr. 1 BGB. Soweit eine Vorschrift der §§ 308, 309 BGB anwendbar ist, findet sie unmittelbar Anwendung, ohne dass es eines Rückgriffs auf § 307 Abs. 2 Nr. 1 BGB bedarf.[443]

bb. § 622 Abs. 6 BGB

Aus den mit einer einseitigen Opt-in-Verlängerungsoption verbundenen divergierenden Bindungen können sich Abweichungen von § 622 Abs. 6 BGB bzw. dem in dieser Norm verkörperten gesetzlichen Leitbild ergeben.

aaa. Gesetzliche Regelung

Nach seinem Wortlaut passt § 622 Abs. 6 BGB auf die einseitige Opt-in-Verlängerungsoption nicht. Die Regelung betrifft nur die Kündigungsfristen, nicht dagegen vereinbarte Verlängerungsmöglichkeiten.[444]

---

443 *v. Hoyningen-Huene*, Die Billigkeit im Arbeitsrecht, Rn. 257a ff.; *Boemke-Albrecht*, Rechtsfolgen unangemessener Bestimmungen in Allgemeinen Geschäftsbedingungen, 140 ff.

444 Siehe oben § 11 I.

bbb. Analoge Anwendung

Zu den „gesetzlichen Regelungen“ im Sinne von § 307 Abs. 2 Nr. 1 BGB gehören nicht nur alle geschriebenen Rechtssätze, sondern auch all diejenigen Rechtssätze, die von der Rechtsprechung und Rechtslehre durch Auslegung, Analogie oder Rechtsfortbildung aus den gesetzlichen Vorschriften hergeleitet werden können.[445].

Für eine analoge Anwendung des § 622 Abs. 6 BGB auf die einseitige Opt-in-Verlängerungsoption ist – wie oben im Einzelnen ausgeführt[446] – nach Öffnung des Arbeitsrechts für die AGB-Kontrolle allerdings kein Raum mehr. Auch eine vergleichbare Interessenlage als Voraussetzung der analogen Anwendung des § 622 Abs. 6 BGB auf die einseitige Opt-in-Verlängerungsoption liegt nach hier vertretener Auffassung nicht vor, da sich die Rechtsprechung von der extensiven Anwendung des § 622 Abs. 6 BGB distanziert hat.[447]

ccc. Gesetzliches Leitbild des § 622 Abs. 6 BGB: Vom Schlechterstellungsverbot zur Gewährleistung der Mindestmobilität

Unabhängig von dem unmittelbaren oder analogen Anwendungsbereich einer Norm kann eine vorformulierte Vertragsbestimmung gemäß § 307 Abs. 2 Nr. 1 BGB mit den im zwingenden Recht verkörperten Wertvorstellungen unvereinbar sein und deshalb eine unangemessene Benachteiligung des Verwendungsgegners darstellen.[448] In Bezug auf die einseitige Opt-in-Verlängerungsoption liegt dieser Gedanke schon deshalb nicht fern, weil die begünstigte Partei mit dieser Vertragsgestaltung das gleiche Ergebnis erreichen kann wie mit der Vereinbarung unterschiedlicher Beendigungsmöglichkeiten.[449] Auch wenn § 622 Abs. 6 BGB weder direkt noch analog die einseitige Opt-in-Verlängerungsoption erfasst,[450] muss sich deshalb die Beantwortung der Frage anschließen, ob § 622 Abs. 6 BGB ein gesetzliches Leitbild zu entnehmen ist, das den Arbeitgeber einseitig begünstigenden Opt-in-Verlängerungsoptionen entgegensteht und damit im Rahmen der Klauselkontrolle gemäß

---

445 BGH 12.03.1987 – VII ZR 37/86, Rn. 27; BGH 28.04.1983 – VII ZR 259/82, Rn. 13; *v. Hoyningen-Huene*, Die Billigkeit im Arbeitsrecht, Rn. 245 ff.

446 Siehe oben § 11 II.

447 Hierzu unten ausführlich § 12 III.

448 Zu § 622 Abs. 6 BGB: Schaub/*Linck*, § 126, Rn. 30; ErfK/*Müller-Glöge*, § 622 BGB, Rn. 45 am Ende; Staudinger/*Krause*, Anh §§ 305–310, K. AGB-Kontrolle im Arbeitsrecht R, K 26; *Preis/Roloff*, ZfA 2007, 43, 84; *Bauer/von Medem*, NZA 2014, 238 ff. zur Beendigung von Vorstandsverträgen; allgemein: *Fastrich*, Richterliche Inhaltskontrolle im Privatrecht, 284; Ulmer/Brandner/Hensen/*Fuchs*, AGB-Recht, § 307, Rn. 209; Staudinger/ *Wendland*, § 307 BGB, Rn. 232 ff.; BGH 27.05.2010 – VII ZR 165/09, Rn. 15.

449 *Kindler*, NZA 2000, 744.

450 Siehe oben § 11 I, II.

§ 307 Abs. 2 Nr. 1 BGB ein Indiz für die Unangemessenheit der einseitigen Opt-in-Verlängerungsoption liefert.

Die Antwort auf diese Frage liegt nicht auf der Hand. Denn das Arbeitsrecht hält durchaus nicht jede Bindung des Arbeitnehmers außerhalb des eigentlichen arbeitsrechtlichen Synallagmas aus Arbeitsleistung und -vergütung für unzulässig. So machen die Regelungen der §§ 110 GewO, 74 ff. HGB zum nachvertraglichen Wettbewerbsverbot deutlich[451], dass sogar nach Beendigung eines Vertrages Bindungen des Arbeitnehmers – von den Fällen einer objektiven Zwecklosigkeit aus Sicht des Arbeitgebers abgesehen[452] – zulässig sind. Der Arbeitgeber kann sogar auf seine Rechtsposition unter bestimmten Voraussetzungen verzichten und damit von der Verpflichtung der Zahlung der Karenzentschädigung frei werden (§ 75a HGB). Voraussetzung ist jeweils, dass der Arbeitnehmer eine der Höhe nach festgelegte *Kompensation* in Form einer Karenzentschädigung erhält.[453]

Eine Überprüfung zeigt, dass das Verständnis der hinter § 622 Abs. 6 BGB stehenden Wertungen gerade in letzter Zeit Wandlungen unterworfen ist. Entgegen vormaliger Auffassung steht die Norm Bindungen des Arbeitnehmers außerhalb des Synallagmas nicht mehr in allen Fällen entgegen.

(1) Schlechterstellungsverbot

Vor der Öffnung des Arbeitsrechts für die AGB-Kontrolle interpretierte das BAG § 622 Abs. 6 BGB in seiner Umgehungsrechtsprechung als weitgehendes Verbot der Schlechterstellung von Arbeitnehmern. Die Gerichte entnahmen § 622 Abs. 6 BGB die gesetzliche Wertvorstellung, dass die Rechtsstellung von Arbeitgeber und Arbeitnehmer nicht ungleich ausgestaltet sein dürfe.[454] Vor dem Hintergrund des § 622 Abs. 6 BGB seien allenfalls ungünstige Reflexwirkungen einer Kündigung zu Lasten des Arbeitnehmers zulässig.[455]

451 Zur Frage, ob die einseitige Opt-in-Verlängerungsoption ein bedingtes Wettbewerbsverbot darstellen kann: Siehe oben § 10.

452 § 74a Abs. 1 HGB.

453 *Bieder*, Kompensatorische Vertragsgestaltung, 230 f.

454 BAG 09.02.1956 – 1 AZR 329/55, Rn. 16; BAG 11.03.1971 – 5 AZR 349/70, Rn. 20 (Verfall einer Kaution für den Fall der fristgerechten Kündigung); BAG 06.09.1989 – 5 AZR 586/88, Rn. 18.

455 BAG 25.04.2001 – 5 AZR 509/99, Rn. 54 ff.; auf diese Rechtsprechung berief sich der BGH zur Begründung der Zulässigkeit der Pflicht eines Arbeitnehmers, im Falle seines Ausscheidens Geschäftsanteile an den Mehrheitsgesellschafter herauszugeben, sogenanntes Mitarbeitermodell, BGH 19.09.2005 – II ZR 342/03, Rn. 17 ff.; dazu *Peltzer*, ZGR 2006, 702 ff.

Gegen diese Ausweitung des Anwendungsbereichs hatte bereits *Westhoff*[456] im Jahr 1975 eingewandt, die Rechtsprechung des BAG sei nicht mehr von Sinn und Zweck des § 622 Abs. 6 BGB gedeckt, der kein generelles Verbot rechtlich ungleicher Kündigungsbedingungen enthalte. Auch nach den Feststellungen von *Preis* in seiner Habilitationsschrift aus dem Jahr 1992 hatte sich die Umgehungsrechtsprechung vollständig vom Regelungsgehalt des § 622 Abs. 6 BGB gelöst. *Preis* meinte allerdings, Sinn und Zweck der Kündigungsfrist sei nur der Schutz vor unvermittelter Vertragsbeendigung und Vertragsänderung.[457] Die Vermeidung einseitiger Kündigungserschwerungen sei in jedem Falle ebenso wenig Zweck des § 622 Abs. 6 BGB wie die Vermeidung von Eingriffen in die Entscheidungsfreiheit des Arbeitnehmers. Den Zweck der Vorschrift, die Kündigungsfreiheit des Arbeitnehmers und damit seine Mobilität zu schützen, hatte *Preis* nicht identifiziert.[458]

Auch nach der Eröffnung der Angemessenheitskontrolle für Arbeitsverträge durch das Schuldrechtsmodernisierungsgesetz hielt das BAG zunächst an dem durch die Umgehungsrechtsprechung geprägten weiten Anwendungsbereich des § 622 Abs. 6 BGB fest. Ohne die abweichenden Auffassungen zu erwähnen, bestätigte das BAG noch zwei Jahre nach Inkrafttreten des Schuldrechtsmodernisierungsgesetzes das ausgedehnte Verständnis des § 622 Abs. 6 BGB. In der Sache ging es um eine einseitige arbeitsvertragliche Frist zum Ausschluss von Ansprüchen zu Lasten des Arbeitnehmers. Obwohl es nicht um Kündigungsfristen ging und auch der Zusammenhang mit der Beendigung des Arbeitsverhältnisses sehr mittelbar war, stellte der 1. Senat fest, vertraglich vereinbarte Ausschlussfristen, die nur den Arbeitnehmer treffen, widersprächen dem in § 622 Abs. 6 BGB zum Ausdruck kommenden Rechtsgedanken. Zwar sei die Vorschrift weder unmittelbar noch analog auf die Vereinbarung unterschiedlich langer Ausschlussfristen anwendbar. § 622 Abs. 6 BGB lasse aber das gesetzliche Leitbild erkennen, dass die Rechtsstellung der Arbeitsvertragsparteien dort, wo sie sich in einer strukturell vergleichbaren Lage befinden, gleich ausgestaltet sein solle.[459] In einer strukturell vergleichbaren Lage befänden sich Arbeitgeber und Arbeitnehmer regelmäßig auch im Hinblick auf die Erhebung von Ansprüchen aus dem Arbeitsverhältnis. Mit der Frage, ob das weite Verständnis des § 622 Abs. 6 BGB als allgemeines Gleichstellungsgebot nach Öffnung des Arbeitsrechts für die AGB-Kontrolle noch geboten ist, setzte sich das BAG nicht auseinander.

Ein weites Verständnis vom Anwendungsbereich des § 622 Abs. 6 BGB lag auch noch der Entscheidung des BAG vom 02.06.2005 zugrunde.[460] Der 2. Senat befand,

456 *Westhoff*, Die Inhaltskontrolle von Arbeitsverträgen. Rechtsanwendung, Rechtsfortbildung oder Rechtspolitik?, 25 f. (zu Rückzahlungsklauseln).

457 *Preis*, Grundfragen der Vertragsgestaltung im Arbeitsrecht, 169.

458 *Preis*; Grundfragen der Vertragsgestaltung im Arbeitsrecht, 162.

459 BAG 02.03.2004 – 1 AZR 271/03, Rn. 57.

460 BAG 02.06.2005 – 2 AZR 296/04, Rn. 14.

dass sich der Arbeitgeber bei unterschiedlichen Kündigungsfristen analog § 89 Abs. 2 HGB an die für die Kündigung durch den Arbeitnehmer vereinbarte längere Frist halten müsse. Das Gericht entnahm der Norm also nicht nur den Schutzzweck des *Mobilitätsinteresses* des Arbeitnehmers, sondern darüber hinaus auch einen *Mindestbestandsschutz* durch Einräumung der längeren Kündigungsfrist.

(2) § 622 Abs. 6 gewährleistet nur die Mindestmobilität des Arbeitnehmers

In der jüngeren Vergangenheit wendet sich die Rechtsprechung des *BAG* indes von diesem noch in der Umgehungsrechtsprechung wurzelnden weiten Anwendungsbereich des § 622 Abs. 6 BGB ab.

In der *Entscheidung des BAG vom 18.10.2018* ging es um eine Frist zur Änderungskündigung durch den Arbeitgeber. Das *BAG* hält fest, dass § 622 Abs. 6 BGB nicht ein allgemeines Verbot der Schlechterstellung enthalte, sondern

.... allein ...

das Interesse des Arbeitnehmers an einer relativen Mindestmobilität schütze.[461]

Das Ergebnis des BAG wird durch die Entstehungsgeschichte gestützt.[462] Bereits die Vorgängervorschriften des § 67 HGB a. F. und der §§ 122, 133aa GewO a. F. sahen jeweils eine Mindestkündigungsfrist und eine Kündigungsparität vor. Allein die Mindestkündigungsfrist diente einem – wenn auch geringen – Bestandsschutz. Mit der Kündigungsparität wollte das Gesetz dagegen vertragliche Beschränkungen für handels- und gewerberechtliche Arbeitnehmer reduzieren. Folgerichtig schränkte das Reichsgericht § 67 Abs. 4 HGB a. F. entgegen seinem Wortlaut dahingehend ein, dass abweichende Vereinbarungen nur insoweit nichtig seien, als sie den handelsrechtlichen Arbeitnehmer gegenüber dem Prinzipal ungünstiger stellten. Eine Regelung, die dem Arbeitnehmer hinsichtlich der Beendigung seines Arbeitsverhältnisses größere Freiheiten ließ, sah das Reichsgericht als in diesem Sinne „günstiger" an und beanstandete sie vor dem Hintergrund dieses Telos nicht.[463]

Konsequenterweise nimmt der 2. Senat in dieser Entscheidung auch von der bisherigen Rechtsprechung[464] Abstand, wonach Rechtsfolge eines Verstoßes gegen § 622 Abs. 6 BGB gemäß einer entsprechenden Anwendung des § 89 Abs. 2 HGB die Heraufsetzung der Kündigungsfrist für den Arbeitnehmer auf das dem Arbeitgeber eingeräumte Maß sei.[465] Denn ratio des § 622 Abs. 6 BGB sei nicht die

---

461 BAG 18.10.2018 – 2 AZR 374/18, Rn. 47.

462 Siehe oben § 11.

463 RGZ 68, 317 ff.

464 BAG 02.06.2005 – 2 AZR 296/04; ebenso BAG 16.01.2018 – 7AZR 312/16 *(Heinz Müller)*.

465 BAG 18.10.2018 – 2 AZR 374/18, Rn. 48

Gewährleistung eines mit der Verlängerung einer Kündigungsfrist verbundenen *relativen Mindestbestandsschutzes*, sondern einer

... relativen Mindestmobilität ...

des Arbeitnehmers.[466]

Die Rückführung des § 622 Abs. 6 BGB auf das Telos der Gewährleistung einer Mindestmobilität des Arbeitnehmers findet schließlich im *Urteil des 10. Senats vom 03.07.2019* einen vorläufigen Abschluss.[467] Gegenstand der Entscheidung war eine tarifvertraglich geregelte Jahresleistung. Voraussetzung eines Anspruchs auf diese Jahresleistung war nach dem Tarifvertrag, dass sich der Arbeitnehmer zum 31.12. eines Jahres in ungekündigter Stellung befand. Da die *Stichtagsregelung* nicht im Arbeitsvertrag, sondern in einem Tarifvertrag geregelt war, schied eine Kontrolle nach §§ 305 ff. BGB aus.

Nach Prüfung der Art. 3 und 12 GG wandte sich der 10. Senat § 622 Abs. 6 BGB zu. Die Norm sei auf Stichtags- und Rückzahlungsregelungen nicht unmittelbar anwendbar. § 622 Abs. 6 BGB regle lediglich, dass der Arbeitnehmer nicht dadurch länger an das Arbeitsverhältnis gebunden werden dürfe, dass für seine Kündigung eine längere Frist vereinbart werde als für die Kündigung durch den Arbeitgeber. § 622 Abs. 6 BGB sei auch nicht analog auf Stichtags- und Rückzahlungsregelungen anzuwenden, da es an einer vergleichbaren Interessenlage fehle. § 622 Abs. 6 BGB schütze lediglich das Recht des Arbeitnehmers, ein Arbeitsverhältnis aufzugeben. Rechtsgedanke des § 622 Abs. 6 BGB sei, dass die Kündigung des Arbeitnehmers nicht einseitig erschwert werden dürfe.[468] Ein angemessener Interessenausgleich der Arbeitsvertragsparteien sei – von Ausnahmefällen sehr langer Kündigungsfristen abgesehen – regelmäßig dann gewährleistet, wenn die Kündigungsfristen gleich lang seien.[469]

Auf die zulässige Bindungsintensität bei Stichtags- und Rückzahlungsregelungen für Sonderzahlungen lasse sich das Schutzkonzept des § 622 Abs. 6 BGB nicht übertragen. Denn eine derartige Stichtags- und Rückzahlungsregelung entfalte ihre Bindungswirkung – anders als die Kündigungsfrist – durch Setzen *finanzieller Anreize* für den Arbeitnehmer.[470] Die Angemessenheit von Bindungsklauseln in allgemeinen Geschäftsbedingungen sei daher nicht an § 622 Abs. 6 BGB, sondern an §§ 307 ff. BGB zu beurteilen. Das Schutzkonzept des § 622 Abs. 6 BGB betreffe

speziell die zulässige Dauer für Kündigungsfristen.[471]

---

466 BAG 18.10.2018 – 2 AZR 374/18, Rn. 50.

467 BAG 03.07.2019 – 10 AZR 300/18, Rn. 35 ff.

468 BAG 03.07.2019 – 10 AZR 300/18, Rn. 39.

469 BAG 03.07.2019 – 10 AZR 300/18, Rn. 39; so bereits *Bieder*, Kompensatorische Vertragsgestaltung, 56.

470 BAG 03.07.2019 – 10 AZR 300/18, Rn. 40 f.

471 BAG 03.07.2019 – 10 AZR 300/18, Rn. 40.

Auch in Bezug auf Stichtags- und Rückzahlungsregelungen entnimmt das BAG § 622 Abs. 6 BGB damit kein allgemeines Schlechterstellungsverbot mehr. § 622 Abs. 6 BGB schützt den Arbeitnehmer nur vor einer Einschränkung seiner Mobilität durch Kündigungserschwerungen. § 622 Abs. 6 BGB soll den Arbeitnehmer aber nicht vor Bindungen schützen, die durch *finanzielle Anreize* begründet sind. Den insoweit gegebenenfalls erforderlichen Schutz vor unangemessenen Regelungen vermittelt nun die Angemessenheitskontrolle nach den §§ 307 ff. BGB.

So findet die Rechtsprechung – wenn auch mit gewisser Verzögerung – von dem weitreichenden Verbot der Schlechterstellung des Arbeitnehmers zurück zum eigentlichen Anwendungsbereich des § 622 Abs. 6 BGB, der Gewährleistung der Kündigungsfreiheit durch äquivalente Kündigungsfristen für Arbeitgeber und Arbeitnehmer.

Diese Tendenz hat die neuere Literatur bereits aufgenommen und will Abs. 6 nur noch anwenden, wenn

> das (zu schützende) Mobilitätsinteresse des Arbeitnehmers tangiert ist.[472]

(3) Übertragung auf die einseitige Opt-in-Verlängerungsoption

Die Reduzierung des Anwendungsbereichs der Rechtsgedanken des § 622 Abs. 6 BGB durch die jüngste Rechtsprechung gibt den Hinweis auf die maßgebliche Differenzierung: Einseitige, mobilitätsbeschränkende Bindungen des Arbeitnehmers verstoßen somit auch nach Eröffnung der Angemessenheitskontrolle der §§ 307 ff. BGB auf Arbeitsverträge gemäß § 307 Abs. 2 Nr. 1 BGB gegen die § 622 Abs. 6 BGB innewohnenden Rechtsgedanken. Unklar bleibt aber, was für Gestaltungen gelten soll, denen finanziellen Anreize gegenüberstehen. Denn hierüber ist durch diesen Befund noch keine Aussage getroffen. Anders als § 622 Abs. 6 BGB ermöglicht die AGB-Kontrolle die Kompensation ungünstiger Regelungen durch finanzielle Anreize.

Erst wenn der Arbeitgeber die Bindungen des Arbeitnehmers durch finanzielle Anreize begründet – also insbesondere in den Fällen, in denen die einseitige Option für den Arbeitgeber über einen Optionspreis kompensiert wird –, findet die Reichweite des aus § 622 Abs. 6 BGB folgenden Leitbilds ihre Grenze.[473] Die Vereinbarung einer nicht vergüteten, einseitigen Opt-in-Verlängerungsoption in allgemeinen Geschäftsbedingungen eines Arbeitsvertrages ist nach §§ 307 Abs. 2 Nr. 1 BGB in Verbindung mit dem sich aus § 622 Abs. 6 BGB folgenden gesetzlichen Leitbild unangemessen und damit unwirksam.

---

472 BeckOGK/*Klumpp*, § 622 BGB, Rn. 108.

473 Dazu nachfolgend § 13.

IV. Zwischenergebnis

Zwar können auch analoge oder rechtsgedankliche Anwendungen von nicht unmittelbar einschlägigen gesetzlichen Wertungen „gesetzliche Regelungen“ im Sinne des § 307 Abs. 2 Nr. 1 BGB darstellen.

Für eine analoge Anwendung des § 622 Abs. 6 BGB fehlt es aber nach der Verkündung des Schuldrechtsmodernisierungsgesetzes bereits an einer planwidrigen Lücke als Grundlage für eine Analogie.

Soweit die einseitige Bindung des Arbeitnehmers ohne finanzielle Anreize erfolgt, also insbesondere, wenn kein Optionspreis vereinbart wird, verstoßen die entsprechenden vertraglichen Vereinbarungen gegen das gesetzliche Leitbild des § 622 Abs. 6 BGB in Verbindung mit § 307 Abs. 2 Nr. 1 BGB. Dies hat zur Konsequenz, dass die ohne Optionsprämie in allgemeinen Geschäftsbedingungen ausbedungene Opt-in-Verlängerungsoption – aufgrund der unangemessenen Beeinträchtigung des Mobilitätsinteresses des Arbeitnehmers – für den Arbeitgeber unwirksam ist.

§ 13 AGB-Kontrolle der vergüteten Opt-in-Verlängerungsoption

Die Ergebnisse der Untersuchung zur Unwirksamkeit der einseitigen Opt-in-Verlängerungsoption ohne Optionspreis trifft noch keine Aussage für die Gestaltung einer Opt-in-Verlängerungsoption, für die der Spieler – wie zum Beispiel im Falle des Mustervertrages der Österreichischen Fußball-Bundesliga – für die Einräumung der Verlängerungsoption vom Arbeitgeber eine Vergütung in Form eines Optionspreises erhält.

I. Keine Kontrollfreiheit gem. § 307 Abs. 3 BGB

Zunächst stellt sich die Frage, ob die vertragsschließenden Parteien die Opt-in-Verlängerungsoption der Kontrolle nach den §§ 307 ff. BGB entziehen, wenn sie für die Option eine Vergütung bzw. einen Optionspreis vereinbaren.

Kontrollfrei sind im Arbeitsrecht – wie oben bereits dargestellt – nur die im Synallagma stehenden (Haupt-)Verpflichtungen (Arbeitsentgelt und Arbeitsleistung).

Die Vereinbarung einer Opt-in-Verlängerungsoption ist keine im Gegenseitigkeitsverhältnis stehende Hauptleistung. Sie unterliegt als Nebenabrede der Inhaltskontrolle. Daran ändert es auch nichts, wenn für die Einräumung der Opt-in-Verlängerungsoption ein Bindungsentgelt vereinbart wird. Denn das Bindungsentgelt betrifft nicht die im Synallagma des Arbeitsvertrages stehenden Hauptleistungspflichten,[474] sondern modifiziert nur die *Dauer* der Verpflichtung.

---

474 So richtig zur Gestaltungspraxis im Immobilienkauf- und Bauträgervertrag, die ein Entgelt als Gegenleistung für die Bindung des Erwerbers an sein Angebot

Arbeitsvertrag und Opt-in-Verlängerungsoption sind notwendigerweise ein einheitliches Rechtsgeschäft: Selbständige Optionsverträge zur Begründung von Opt-in-Verlängerungsoptionen in den Arbeitsverträgen professioneller Fußballspieler kommen nicht in Betracht.[475] Die Optionsvereinbarung ist nicht kontrollfrei.

II. Kein Verstoß gegen §§ 308, 309 BGB

Die einseitige Opt-in-Verlängerungsoption gegen eine Vergütung verstößt ebenso wenig wie die vergütungsfreie Option gegen ein Verbot der §§ 308, 309 BGB. Auf die obigen Ausführungen kann verwiesen werden.[476]

III. Abweichen von wesentlichen Grundgedanken der gesetzlichen Regelung (§ 307 Abs. 2 Nr. 1 BGB)

Die Analyse der jüngeren Rechtsprechung hat gezeigt, dass der Rechtsgedanke des § 622 Abs. 6 BGB allein für den Fall, dass dem einseitigen Recht des Arbeitgebers ein finanzieller Anreiz gegenübersteht, nicht (mehr) die Reichweite hat, die Unangemessenheit der Klausel gemäß § 307 Abs. 2 Nr. 1 BGB zu begründen. Einseitige Bindungen des Arbeitnehmers aufgrund finanzieller Anreize werden daher auch von den Rechtsgedanken des § 622 Abs. 6 BGB nicht erfasst.[477]

IV. Unangemessene Benachteiligung entgegen den Geboten von Treu und Glauben (§ 307 Abs. 1 BGB)

Kommt im Falle einer Bindung des Arbeitnehmers durch eine durch einen Optionspreis vergütete Opt-in-Verlängerungsoption aufgrund des veränderten Verständnisses von § 622 Abs. 6 BGB nicht (mehr) in Betracht, ist die vergütete Opt-in-Verlängerungsoption auf ihre Angemessenheit nach § 307 Abs. 1 BGB zu untersuchen.

Das *BAG* konnte im Urteil vom 16.01.2018 die Angemessenheit von Opt-in-Verlängerungsoptionen in den Verträgen professioneller Fußballspieler offenlassen.[478] Demgegenüber hatte das Arbeitsgericht Nürnberg in der Sache *Mijatovic* als Argument für eine Angemessenheit der Regelung eine *Kompensation* des Spielers für die Option herangezogen.[479] Stimmen in der Literatur stehen demgegenüber auf

---

vorgeschlagen hat, *Herrler/Suttmann*, DNotZ 2010, 883, 885; anders *Müller/Klühs*, RNotZ 2013, 81, 95 f., die meinen, dass die Vereinbarung eines Bindungsentgelts die Bindungsabrede insgesamt der Klauselkontrolle entziehe.

475 Siehe oben § 3.

476 § 12 II.

477 Siehe oben § 12 III.

478 BAG 16.01.2018 – 7 AZR 312/16, Rn. 42 (*Heinz Müller*).

479 ArbG Nürnberg 04.06.2007 – 3 Ga 32/07 (*André Mijatovic*) mit Anm. *Lindhorst*, SpuRt 2007, 215.

dem Standpunkt, die einseitige Opt-in-Verlängerungsoption halte einer Inhaltskontrolle nach § 307 Abs. 1 BGB – unabhängig davon, ob der Arbeitgeber die Option vergütet oder nicht – nicht stand.[480]

§ 307 Abs. 1 BGB stimmt im Wortlaut mit der Vorgängerreglung des § 9 AGBG überein, so dass auch auf die vor dem Schuldrechtsmodernisierungsgesetz ergangene Rechtsprechung zurückgegriffen werden kann. Die Angemessenheitskontrolle verlangt neben der Feststellung einer Benachteiligung des Vertragspartners des Verwenders der Klausel von einigem Gewicht (1.) eine Abwägung der Interessen der vertragsschließenden Parteien (2.)

1. *Benachteiligung*

Voraussetzung ist im ersten Schritt eine Benachteiligung des Vertragspartners des Verwenders durch die zu prüfende Klausel. Vergleich ist die Rechtsstellung des Vertragspartners, wie sie sich ohne die fragliche Klausel ergeben würde.[481]

Die Feststellung, ob eine Benachteiligung vorliegt, erfolgt insoweit zunächst ohne Wertungen, insbesondere ohne Einbeziehung etwaiger vertraglicher Kompensationen, die bei der Angemessenheitsprüfung ergänzt werden.[482]

Die einseitige Opt-in-Verlängerungsoption stellt eine den Spieler in diesem Sinne belastende Regelung dar. Der Spieler wird in seiner wirtschaftlichen und beruflichen Bewegungsfreiheit weitergehend eingeschränkt, als dies ohne die Option der Fall wäre. Darüber hinaus liegt ein Nachteil darin, dass der Arbeitgeber das Verwendungsrisiko für den Optionszeitraum auf den Spieler überträgt.

2. *Abwägung*

Über das methodische Vorgehen bei der Abwägung besteht Einigkeit.[483] Ausgangspunkt ist die Feststellung der bei der Abwägung zu berücksichtigenden Interessen der Vertragsparteien auf tatsächlicher Ebene (a.). In einem zweiten Schritt sind die für die Abwägung maßgeblichen Beurteilungskriterien zu ermitteln (b.). Daran schließt sich die Abwägung im eigentlichen Sinne an, in deren Rahmen die beiderseitigen Interessen im Lichte der relevanten Wertungsgesichtspunkte einander gegenüberzustellen sind (c.).

---

480 *Vogt*, Befristungs- und Optionsvereinbarungen im professionellen Mannschaftssport, 165 ff.; *Lange*, SpuRt 2011, 98, 100 f., *Richtsfeld*, Causa Sport 2017, 105 ff.

481 Staudinger/*Wendland*, § 307 BGB, Rn. 90.

482 Staudinger/*Wendland*, § 307 BGB, Rn. 90.

483 Zum methodischen Vorgehen *Bieder*, Kompensatorische Vertragsgestaltung, 484 ff.; *v. Hoyningen-Huene*, Die Billigkeit im Arbeitsrecht, 117 ff.; Staudinger/*Wendland*, § 307 BGB, Rn. 107; aus der Rechtsprechung BGH 15.03.2018 – III ZR 126/17, Rn. 20.

a. Interessen

In die Abwägung sind alle rechtlich anerkannten Interessen einzubeziehen.[484] Bedeutung gewinnen insoweit insbesondere die oben unter § 3 beschriebenen Interessen der beteiligten Parteien.

aa. Arbeitgeber

Der Arbeitsvertrag des professionellen Fußballspielers hat einen spezifischen Charakter.[485] Dabei geht es weniger um die mit einem „normalen" Arbeitsverhältnis[486] häufig nicht vergleichbare Vergütung, auch wenn die Personalkosten im Fußball der 1. Ligen eine enorme Höhe erreicht haben. Die Arbeitnehmer im professionellen Fußball stellen für ihre Arbeitgeber immaterielle Wirtschaftsgüter dar, deren Wert sie in ihre Bilanzen aufnehmen.[487] Der Wert, den der Arbeitnehmer im professionellen Fußball für seinen Arbeitgeber hat, hängt nach der *Bosman*-Entscheidung von der vertraglichen Bindung ab, die der Arbeitgeber erreicht.[488]

Die mit der Regelung der Vertragslaufzeit verbundenen Interessen des Arbeitgebers bestehen in der Amortisation seiner Investition. Dieser Gesichtspunkt rechtfertigt nur eine an die Investition angepasste Vertragslaufzeit (aaa.). Das eigentliche Ziel der Opt-in-Verlängerungsoption ist nicht die Amortisation und auch nicht (nur) die Sicherung einer Ablösesumme für den Verzicht auf die Ansprüche aus dem Arbeitsvertrag. Die Option gewährleistet Handlungsspielräume für die Zukunft und damit Flexibilität durch Übertragung des Verwendungsrisikos auf den Arbeitnehmer (bbb.).

aaa. Amortisation

Den gedanklichen Ansatz bei der Überprüfung von Laufzeitregelungen hat der BGH in einem Urteil vom 03.11.1999[489] wie folgt zusammengefasst:

> In der Rechtsprechung des Bundesgerichtshofs ist seit jeher anerkannt, daß das höchstzulässige Maß an Bezugsbindungen davon abhängt, wie erheblich die Gegenleistungen sind, die der bindende Teil nach dem Vertrag zu erbringen hat [...] Auch bei anderen Dauerschuldverhältnissen, die nicht auf Warenabsatz gerichtet sind, macht

484 Ulmer/Brandner/Hansen/*Fuchs*, § 307, Rn. 120.

485 *Menke*, Profisportler zwischen Arbeitsrecht und Unternehmertum, 260 ff.; *Seitz*, NJW 2002, 2838; *Schimke/Menke*, SpuRt 2007, 182; *Kleiner*, Der Spielervertrag im Berufsfussball, 120 ff.

486 Zum Begriff des Normalarbeitsverhältnisses *Persch*, NZA 2010, 77; ErfK/*Preis*, § 611a BGB, Rn. 144; *Schubert*, NJW 2010, 2613, 2614.

487 *Buschmann/Wulzinger*, Football Leaks, 97.

488 Siehe oben § 2.

489 BGH 03.11.1999 – VIII ZR 269/98; vgl. auch OLG Frankfurt 08.10.2014 – 4 U 41/14.

> die Rechtsprechung die höchstzulässige Dauer der Vertragslaufzeit davon abhängig, welcher Kapitalaufwand dem die Laufzeit vorgebenden Vertragsteil für die Erfüllung des Vertrages entsteht. Muß er hohe Entwicklungs- und Vorhaltekosten aufwenden, die sich nur bei längerer Vertragsdauer amortisieren, so rechtfertigt dies regelmäßig eine längerfristige Bindung des anderen Teils an den Vertrag [...] Dieser Amortisationsgesichtspunkt ist stets auch bei Tankstellenverträgen für die Beurteilung der Zulässigkeit der Vertragslaufzeit herangezogen worden.

Bei hohen Entwicklungs- und Vorhaltekosten, die sich nur über eine lange Vertragslaufzeit amortisieren, ist nach dieser Rechtsprechung also eine längere Vertragslaufzeit gerechtfertigt.[490] In der genannten Entscheidung stellt der BGH die nach dem Vertrag geschuldeten Investitionen des Mineralölhandelsunternehmens und den damit verbundenen Kapitalaufwand zum Zeitpunkt des Vertragsschlusses dar. Spätere Änderungen des Vertrages – wie z. B. die Erhöhung der Vergütung des Tankstelleninhabers – sind bei der Prüfung der Angemessenheit der Vertragslaufzeit nicht relevant. Der Verwender kann die Angemessenheit der Klausel nicht durch nachträgliche Erhöhung seiner vertraglichen Leistungen herbeiführen.[491] Soweit eine Laufzeitregelung nicht durch Gegenleistungen kompensiert wird, ist sie danach insgesamt unwirksam und kann auch nicht teilweise aufrechterhalten werden. Die Unangemessenheit der Optionsklausel wird nicht durch andere Regelungen des Vertragswerks ausgeglichen.[492]

Auch der Arbeitgeber im professionellen Fußball, der in die Ablösesumme oder die Ausbildung des Spielers investiert hat, hat ein Interesse, den Spieler an sich zu binden, um den entstandenen Aufwand zu amortisieren. Um dieses Interesse zu wahren, bedarf der Arbeitgeber im professionellen Fußball einer möglichst langen Vertragsdauer.

bbb. Verwendungsrisiko

Gegenstand der Entscheidung des *BGH* vom 03.11.1999 war allerdings nicht (nur) die absolute Länge der Vertragslaufzeit. Der Verpächter hatte sich eine einseitige Option auf die Verlängerung des Vertrages einräumen lassen. Im Rahmen seiner Angemessenheitsprüfung nach § 9 AGBG nimmt der *BGH* lediglich die absolute Laufzeit des Vertrages in den Blick. Damit erfasst das Gericht die Interessen des Verwenders an der konkreten Vertragsgestaltung durch eine einseitige Opt-in-Verlängerungsoption nicht vollständig. Keine Berücksichtigung fand

---

490 BGH 15.03.2018 – III ZR 126/17, Rn. 25 ff.; *Müller/Schmitt*, NJW 2017, 1991, 1994 mit weiteren Nachweisen auf die Rechtsprechung zur zulässigen Länge vertraglicher Bindungen, die für das Arbeitsverhältnis aber aufgrund der Sonderregelungen in §§ 624 BGB, 15 Abs. 4 TzBfG keine Bedeutung haben.

491 Vgl. *Bieder*, Kompensatorische Vertragsgestaltung, 131 ff.

492 BGH 03.11.1999 – VIII ZR 269/98, Rn. 39.

im Urteil vom 03.11.1999, dass die Verlängerung des Vertrages im Belieben des Tankstellenverpächters stand. Dass gerade die Entscheidungsfreiheit im Falle der Opt-in-Verlängerungsoption unter dem Gesichtspunkt der Flexibilität für das Mineralölhandelsunternehmen von erheblicher Bedeutung ist,[493] erkennt das Gericht nicht und bezieht diesen Gesichtspunkt dementsprechend auch nicht in die Interessenabwägung ein.

Das einseitige Recht, den Arbeitsvertrag verlängern, ihn aber auch beenden zu dürfen, dient aus Sicht des Clubs im Ergebnis zwei Zielen:

Zum einen sichert er die für die Amortisation einer Investition erforderliche Vertragslaufzeit im Rahmen der gesetzlichen Vorgaben (§ 622 Abs. 5 BGB, 15 Abs. 4 TzBfG). Er kann die gewünschte Vertragslaufzeit ohne Mitwirkung der anderen Vertragspartei erreichen. Dieses Ziel hätte der Verwender aber auch durch eine zweiseitige Verpflichtung der Vertragsparteien auf die für die Amortisation erforderliche Laufzeit erreichen können.

Das Interesse an einer einseitigen Opt-in-Verlängerungsoption geht darüber hinaus: Diese Gestaltung befriedigt das Bedürfnis nach Flexibilität, einen Vertrag verlängern zu dürfen, ohne selbst bereits gebunden zu sein. Wie oben unter § 3 im Einzelnen dargestellt, verschafft die Opt-in-Verlängerungsoption dem Optionsberechtigten Handlungsspielräume und Flexibilität. Der Wert dieser Flexibilität folgt aus der Verlagerung des Verwendungsrisikos auf den Arbeitnehmer, der seine vertraglichen Ansprüche verliert, wenn der Arbeitgeber von der in seinem Belieben stehenden Option keinen Gebrauch macht.

ccc. Zwischenergebnis

Im Ergebnis ist festzuhalten, dass unter dem Aspekt der Interessen des Arbeitgebers die Vereinbarung einer beide Seiten bindenden Vertragslaufzeit einerseits und Opt-in-Verlängerungsoption andererseits jeweils unterschiedliche Interessen bedienen. Lange Laufzeiten eines Vertrages gewährleisten die Amortisation der Investition in einen Spieler. Die Interessen für die Aufnahme einer Opt-in-Verlängerungsoption in einen Vertrag sind anders geartet als diese Laufzeitregelungen und können deshalb auch nicht mit denselben Maßstäben gemessen werden. Es geht dem Verwender um Handlungsspielräume, die seine Investition werthaltiger machen.

bb. Spieler

Das Interesse des Spielers an einer Verwertung seiner Arbeitskraft ist grundgesetzlich ebenso geschützt wie seine wirtschaftliche Bewegungsfreiheit. Es ist gerade Ausprägung der Berufsfreiheit, dass sich der Arbeitnehmer vertraglich binden und dadurch über seine Arbeitskraft als kommerzialisierbares Wirtschaftsgut

493 Siehe oben § 3.

disponieren kann.[494] Durch das Eingehen vertraglicher Verpflichtungen macht der Arbeitnehmer von seinem durch Art. 12 GG geschützten Recht auf Berufsfreiheit Gebrauch.[495] Der Abschluss des Arbeitsvertrages ist die Ausübung individueller Freiheit durch deren willentliche Aufgabe auf Zeit.[496]

Die Vertragsfreiheit ist allerdings nicht schrankenlos gewährt. Sie findet ihre Grenze, wenn es an einem annähernden Kräftegleichgewicht der Beteiligten fehlt, also bei gestörter Vertragsparität. Art. 12 GG verlangt in diesen Fällen, dass der Gesetzgeber im Zivilrecht Vorkehrungen zum Schutz der Berufsfreiheit gegen vertragliche Beschränkungen schafft.[497] Die Ausfüllung der Generalklauseln des Zivilrechts erfolgt bei Arbeitsverträgen im Lichte von Art. 12 GG.[498] Auch unabhängig von der Vergütung, insbesondere deren Höhe, dürfen die Einschränkungen des Spielers über ein bestimmtes Maß nicht hinausgehen. Für die absolute Dauer einer arbeitsvertraglichen Verpflichtung hat der Gesetzgeber diese Grenzen in den §§ 624 Abs. 5 BGB, 15 Abs. 4 TzBfG gezogen.

Wie weit der Schutz des Arbeitnehmers vor Bindungen außerhalb des arbeitsrechtlichen Synallagmas aus Arbeitsleistung und -vergütung gehen muss, ist unklar. Art. 12 GG schließt derartige Bindungen des Arbeitnehmers jedenfalls nicht prinzipiell aus. So ist sogar nach dem Auslaufen eines Vertrages ein Wettbewerbsverbot des Arbeitnehmers gemäß § 110 Satz 2 GewO i. V. m. §§ 74 ff. HGB – von den Fällen objektiver Nutzlosigkeit abgesehen (§ 74a Abs. 1 HGB) – zulässig, wenn die die Berufsfreiheit beschränkende Bindung durch das Wettbewerbsverbot nach der Beendigung des Arbeitsverhältnisses angemessen kompensiert wird.[499]

b. Bewertung nach den Ansichten der beteiligten Verkehrskreise – Subsidiaritätsprinzip

Nach der Identifizierung der Interessen der vertragsschließenden Parteien sind auf der Wertungsebene die einschlägigen Beurteilungskriterien für die Gewichtung und den Ausgleich der Interessen zu ermitteln.[500] Beurteilungsgrundlage für die Interessenabwägung sind die generell-abstrakten Kriterien gem. § 307 Abs. 1 BGB. Gegenstand der Abwägung und prägend für das Abwägungsergebnis ist die

494 *Bieder,* Kompensatorische Vertragsgestaltung, 135 ff.

495 BAG 25.04.2013 – 8 AZR 453/12, Rn. 29 f. *(Florian Brügmann)*; *Vogt,* Befristungs- und Optionsvereinbarungen im professionellen Mannschaftssport, 152 ff., *Kleinebrink,* DB 2020, 170,172.

496 BVerfG 07.02.1990 – 1 BvR 26/84 (Handelsvertreter), Rn. 44; *Kirchhoff,* FS Ulmer, 1211.

497 Sog. Schutzpflicht, BVerfG 07.02.1990 – 1 BvR 26/84 (Handelsvertreter), Rn. 47 f.

498 Staudinger/*Coester,* § 307 BGB, Rn. 18; Staudinger/*Krause,* Anh. zu § 310 BGB, Rn. 208 ff.

499 *Bieder,* Kompensatorische Vertragsgestaltung, 230 f.

500 Staudinger/*Coester,* § 307 BGB, Rn. 107, 119, 152 ff.

typische Interessenlage der an Geschäften der betreffenden Art beteiligten Verkehrskreise.[501]

Die Anschauungen der im vorliegenden Zusammenhang beteiligten Verkehrskreise schlagen sich in erster Linie in der lex sportiva nieder.[502] Das Recht des professionellen Fußballs ist im eigentlichen Sinne globalisiert.[503] Transfers sind längst grenzüberschreitend. Ein Fußballspieler verbringt seine gesamte Karriere nur noch im Ausnahmefall bei einem Fußballverein. Dass das Arbeitsrecht des professionellen Fußballs über die nationalen Grenzen hinaus geht, hat auch das BAG in der Entscheidung *Heinz Müller* erkannt, indem es für die Rechtfertigung der Befristung von Arbeitsverhältnissen der Lizenzspieler der 1. Fußballbundesliga ausdrücklich auf das Reglement für Status und Transfer von Spielern der FIFA Bezug genommen hat.[504] Der Abschluss befristeter Arbeitsverträge trage dem Umstand Rechnung, dass die Arbeitsverhältnisse der Lizenzspieler der 1. Fußballbundesliga in das internationale Transfersystem eingebunden seien. Die Wechselfristen des Reglements bezüglich Status und Transfer von Spielern der FIFA als zeitliche Transferbeschränkungen schützten vor Wettbewerbsverzerrungen und beugten Interessenkonflikten vor. Das Interesse der Arbeitsvertragsparteien an einem Wechsel könne nur dann befriedigt werden, wenn zu den relevanten Zeitpunkten durch das Auslaufen befristeter Arbeitsverträge Beschäftigungsmöglichkeiten frei werden.[505]

Ob das Argument der „durchgängig geübten Praxis“ zwingend ist[506], kann an dieser Stelle offenbleiben. Weiterführend ist aber die Bezugnahme des BAG auf die lex sportiva, die deren Einfluss auf das staatliche Recht belegt. Die Öffnung der Rechtsprechung für die Maßstäbe der lex sportiva entspricht dem Subsidiaritätsprinzip: Die sachnahen, in eigenen Angelegenheiten betroffenen Akteure schaffen die sachgerechten Regelungen.[507] Bezogen auf die Vereinbarung einseitiger

---

501 Staudinger/*Krause*, Anh. §§ 307 –309 AGB-Kontrolle im Arbeitsrecht, Rn. K 219 ff.; Grüneberg/*Grüneberg*, § 307 Rn. 12, Ulmer/Brandner/Hansen/*Fuchs*, § 307 BGB, Rn. 110.

502 Ulmer/Brandner/Hansen/*Fuchs*, § 307 BGB, Rn. 110.

503 Bspw.: *Adolphsen*, Internationale Dopingstrafen, 9.

504 BAG 16.01.2018 – 7 AZR 312/16, Rn. 21 f. (*Heinz Müller*)

505 BAG 16.01.2018 – 7 AZR 312/16, Rn. 21.

506 Ablehnend ausdrücklich *Fischinger*, NJW 2018, 1996 f., sowie *Fischinger/Reiter*, NZA 2016, 661, 663.

507 Zur Bedeutung des Subsidiaritätsgrundsatzes im Arbeitsrecht: *Bieder*, Kompensatorische Vertragsgestaltung, 89 ff.; allgemein: *Isensee*, Subsidiaritätsprinzip und Verfassungsrecht, 18 ff.; so ist in der Rechtsprechung anerkannt, dass eine bestimmte Kündigungsregelung für eine Lehrkraft an einer allgemeinbildenden Schule aufgrund ihrer Üblichkeit weder ungewöhnlich noch überraschend ist, während dieselbe Klausel einen Arbeitnehmer der Metallindustrie „überrumpeln“ würde. BAG 25.09.2008 – 8 AZR 717/07, Rn. 25.

Opt-in-Verlängerungsoptionen in Arbeitsverträgen professioneller Fußballspieler gibt es zur Anschauung der beteiligten Verkehrskreise reichhaltiges Material.[508] Nachfolgend wird unterschieden zwischen den Aussagen des Verbandsrechts des Sports und der Praxis seiner Spruchkörper (lex sportiva) einerseits (aa.) sowie Hinweisen aus einzelnen nationalen Rechtsordnungen andererseits (bb.).

aa. Lex sportiva i. e. S.

Die Rechtsprechung der Dispute Resolution Chamber der FIFA (DRC)[509] und des Court of Arbitration for Sports (CAS)[510] haben sich vielfach mit einseitigen Opt-in-Verlängerungsoptionen (Unilateral Extension Options, UEOs) befasst.[511]

---

508 Darauf hat bereits *Lindhorst* in seiner Anmerkung zur Entscheidung des ArbG Nürnberg in der Sache *Mijatovic* hingewiesen, SpuRt 2007, 215.

509 Die FIFA-Kammer zur Beilegung von Streitigkeiten (Dispute Resolution Chamber, DRC) ist nach Art. 22 lit. b) des Reglements für Status und Transfer von Spielern der FIFA (RSTS, https://img.fifa.com/image/upload/bhr8gm4bkbrf3mtapi8l.pdf) zuständig für die Beurteilung internationaler arbeitsvertraglicher Streitigkeiten zwischen einem Spieler und einem Club. Die Rechtsprechung ist abrufbar unter https://www.fifa.com/legal/football-tribunal/dispute-resolution-chamber-decisions, zuletzt abgerufen am 10.07.2022.

510 Der Court of Arbitration for Sports (CAS) ist ein institutionalisiertes Schiedsgericht mit Sitz in Lausanne. Die Führung und Finanzierung des CAS obliegt einer privatrechtlichen Stiftung im Sinne von Art. 80 ff. ZGB, dem Conseil International de l'Arbitrage en matière de Sport (ICAS). Die Rechtsprechung ist abrufbar unter https://www.tas-cas.org/en/index.html; mit Opt-in-Verlängerungsoptionen in den Arbeitsverträgen professioneller Fußballspieler befasst sich der CAS in Berufungsverfahren gegen die Entscheidungen der DRC nach R47 ff. CAS-Code. https://www.tas-cas.org/fileadmin/user_upload/Code_2019__en_.pdf; vgl. Stopper/Lentze/*Muresan*, Handbuch Fußball-Recht, Kap. 29, Rn. 35 ff.; für den Bereich der Bundesrepublik sind gemäß § 101 ArbGG Schiedsgerichtsvereinbarungen in arbeitsrechtlichen Streitigkeiten nicht zulässig. Rechtsstreitigkeiten zwischen Clubs und deren Arbeitnehmern sind deshalb bislang noch nicht vor den CAS gelangt.

511 *Kleiner*, Der Spielervertrag im Berufsfussball, 891 ff.; *Portmann,* Causa Sport 2006, 200; *Portmann*, Sweet Maxwell Int. Sports Law Rev, 2007, 7(1): 6–16; *Spera,* Asser International Sports Law Blog | The Validity of Unilateral Extension Options in Football, https://www.asser.nl/SportsLaw/Blog/post/the-validity-of-unilateral-extension-options-in-football-part-1-a-european-legal-mess-by-saverio-spera, zuletzt abgerufen am 10.07.2022; *de Weger*, The Jurisprudence of the FIFA Dispute Resolution Chamber, 166–191.

aaa. Anwendbares Recht

Nach Art. 187 IPRG[512] entscheidet das Schiedsgericht die Streitsache nach dem von den Parteien gewählten Recht oder, bei Fehlen einer Rechtswahl, nach dem Recht, mit dem die Streitsache am engsten zusammenhängt. Auch in den Fällen, in denen keine ausdrückliche Rechtswahl erfolgt, gehen die Spruchkörper in aller Regel auf der Grundlage verschiedener Indizien von einer konkludenten Wahl des FIFA-Reglements aus, das in Art. 60 Abs. 2 Satz 2 der FIFA-Statuten zumindest subsidiär Schweizerisches Recht für anwendbar erklärt.[513]

Weder das Recht der FIFA, der UEFA noch des DFB enthält verbandsrechtliche Regelungen zur (Un-)Wirksamkeit einseitiger Opt-in-Verlängerungsoptionen. Ungeachtet dessen bringen die Spruchkörper in ihrer Rechtsprechung zu Unilateral Extension Options Schweizerisches Recht nicht zur Anwendung, wenn der Vertrag zwischen den Parteien keine Verbindung zum Schweizerischen Recht aufweist.[514]

bbb. Rechtsprechung

In den ersten Entscheidungen stellt die DRC jeweils fest, einseitige Opt-in-Verlängerungsoptionen seien grundsätzlich problematisch, da sie die Freiheit derjenigen Vertragspartei beschränkten, die von der Opt-in-Verlängerungsoption nicht begünstigt sei. Wenn die Bedingungen des verlängerten Vertrages sich nicht veränderten, habe die einseitige Verlängerung zu Gunsten des Clubs eine „potestative Natur". Der Spieler sei in der schwächeren Position, insbesondere, wenn er von der Vertragsverlängerung keine Vorteile habe.[515]

Allerdings deutet die Kammer bereits in diesen ersten Entscheidungen Gestaltungsmöglichkeiten an, die zu einer Wirksamkeit der einseitigen Opt-in-Verlängerungsoption führen könnten, unter anderem eine substanzielle Erhöhung des Gehalts während des verlängerten Vertrages,[516] die schriftliche Zustimmung des Spielers[517] sowie eine angemessene Verlängerung. Darüber hinaus ist einer Entscheidung zu entnehmen, dass der Spieler die Verlängerung nach Ausübung der Option durch weitere Teilnahme am Training und Pflichtspielen akzeptieren könne.[518] Der CAS folgte dieser

512 Bundesgesetz über das Internationale Privatrecht der Schweiz.

513 *Haas*, Causa Sport 2008, 235; *Kleiner*, Der Spielervertrag im Berufsfußball, 283 ff.

514 Bspw. CAS 2005/A/973 *Panathinaikos Football Club v. Sotirios Kyrgiakos* vom 10.10.2006, Rn. 8.

515 DRC Nr. 74508 vom 22.07.2004; DRC Nr. 11707 vom 13.05.2005; DRC Nr. 261245 vom 21.02.2006.

516 DRC Nr. 74508 vom 22.07.2004; DRC Nr. 36858 vom 23.03.2006.

517 DRC Nr. 36858 vom 23.03.2006.

518 DRC Nr. 261245 vom 21.02.2006; anders DRC Nr. 11707 vom 13.05.2005, in der die Teilnahme an Pflichtspielen für irrelevant gehalten wird.

Auffassung.[519]

Bewegung kam in die sportrechtliche Rechtsprechung im Jahr 2006 mit einer weiteren Entscheidung des CAS.[520] Der Fall betraf zwei uruguayische Spieler – *Carlos Heber Bueno Suárez* und *Christian Gabriel Rodríguez Barotti* – des Fußball-Clubs *Atlético Peñarol.* Zugunsten des Vereins sahen die Arbeitsverträge eine einseitige Opt-in-Verlängerungsoption für zwei Jahre vor. Voraussetzung für die Vertragsverlängerung war, dass das Gehalt der Spieler entsprechend dem Verbraucherpreisindex angehoben wurde. Die Spieler unterzeichneten einen Vertrag mit dem französischen Verein *Paris Saint Germain* und wiesen die vom Verein gezogene Opt-in-Verlängerungsoption zurück.

In diesem Verfahren führte *Atletico Peñarol* ein Gutachten von *Wolfgang Portmann* ein. *Portmann* ging von der grundsätzlichen Anwendbarkeit uruguayischen Rechts aus und begründete in der Folge, warum der ordre public des Schweizerischen Rechts trotz der in Art. 335a Schweizerisches Obligationenrecht vorgeschriebenen Kündigungsparität die Opt-in-Verlängerungsoption nicht verbiete.[521] Im Anschluss daran definierte *Portmann* die Kriterien, die nach seiner Auffassung erfüllt sein müssen, um den Verstoß der Vereinbarung einer Opt-in-Verlängerungsoption gegen den ordre public zu vermeiden.

Zusammengefasst verlangen die fünf *Portmann*-Kriterien für die Wirksamkeit einer einseitigen Opt-in-Verlängerungsoption, dass

(1) das potenzielle Maximum der Dauer des Vertrages nicht übermäßig ist,
(2) die Option durch den Berechtigten mit einer angemessenen Frist vor dem Auslaufen des ursprünglichen Vertrages ausgeübt wird,
(3) der ursprüngliche Vertrag die im Falle der Ausübung der Opt-in-Verlängerungsoption für den Verlängerungszeitraum geschuldete erhöhte Vergütung festlegt,
(4) der Vertragsinhalt nicht in einer Situation endet, die eine vertragsschließende Partei von der Gnade der anderen vertragschließenden Partei abhängig macht und
(5) die Opt-in-Verlängerungsoption eindeutig im ursprünglichen Vertrag niedergelegt ist, so dass sich der Spieler bei Unterzeichnung der Bedeutung dieser Regelung in vollem Umfang bewusst wird.

Atletico Peñarol hatte trotz der Unterstützung durch den Gutachter vor dem CAS keinen Erfolg. Der CAS hielt die Opt-in-Verlängerungsoption für unwirksam. Die *Portmann*-Kriterien spielten in der Folge aber in der Rechtsprechung des CAS und des DRC eine erhebliche Rolle.[522] Von wenigen Ausnahmen

519 CAS 2004/A/678 vom 20.05.2005, *Apollon Kalamarias F. C.* v. *Davidson Oliveira Morais.*

520 CAS 2005/A/983 & 984 vom 12.07.2006, *Club Atlético Peñarol/Carlos Heber Bueno Suarez, Cristian Gabriel Rodriguez Barrotti & Paris Saint-Germain.*

521 *Portmann,* Causa Sport 2006, 200.

522 Dazu *Spera,* Asser International Sports Law Blog | The Validity of Unilateral Extension Options in Football, https://www.asser.nl/SportsLaw/Blog/post/explor

abgesehen[523], setzten sich die sportrechtlichen Entscheidungen von DRC und CAS in der Folge jeweils mit den *Portmann*-Kriterien auseinander.

In der nur drei Monate später ergangenen Entscheidung *Panathinaikos Football Club v. Sotirios Kyrgiakos* vom 10.10.2006[524] befasste sich der CAS erneut mit der einseitigen Opt-in-Verlängerungsoption. Verein und Spieler hatten zwei Opt-in-Verlängerungsoptionen zugunsten des Vereins, einmal für zwei Jahre, einmal für ein weiteres Jahr vereinbart. Die Gesamtlaufzeit einschließlich etwaiger Verlängerungen betrug fünf Jahre. Der CAS stellte fest, dass das Regelwerk der FIFA keine Aussage zur Wirksamkeit derartiger vertraglicher Vereinbarungen treffe. Dagegen halte das griechische Sportgesetz 2725/99 die Vereinbarung einseitiger Opt-in-Verlängerungsoptionen ausdrücklich für zulässig. Der CAS hielt fest, dass sowohl seiner als auch der Rechtsprechung der FIFA keine Hinweise darauf zu entnehmen seien, dass derartige Regelungen unabhängig von den Umständen immer absolut unwirksam seien. In allen Entscheidungen habe der jeweilige Spruchkörper die konkrete Situation betrachtet, um dann zu entscheiden, ob die vereinbarte Opt-in-Verlängerungsoption aufrechterhalten bleiben könne oder nicht. Eine fünfjährige Bindung des Fußballspielers sei jedenfalls nicht unangemessen (Kriterium 1). Weiter wies das Gericht daraufhin, dass der Spieler bei Ausübung der Opt-in-Verlängerungsoption durch den Verein eine substanzielle Erhöhung seines Einkommens um 25 % sowie des versprochenen Bonus um 66,6 % erhielt, die sich am Ende – im letzten der fünf Vertragsjahre – in einer Verdoppelung sowohl der Vergütung als auch des Bonus niederschlage (Kriterium 3). Diese Umstände führten zur Erkenntnis des Schiedsgerichts, dass die Bedingungen des Vertrages vernünftig und fair seien. Die Steigerung der Vergütung sei der Preis dafür, dass der Spieler dem Verein die Optionen eingeräumt habe. Deshalb müsse der zu entscheidende Fall auch von den bislang entschiedenen Fällen unterschieden werden. Im Ergebnis hielt der CAS die vereinbarte Option für wirksam.

Auch die DRC knüpfte in den folgenden Entscheidungen an die *Portmann*-Kriterien an. In der Entscheidung *Lucian Sanmartean/Panathinaikos Athen* hatte sich die DRC mit einer schriftlich vereinbarten Opt-in-Verlängerungsoption zu befassen, bei deren Ausübung durch den Club das Gehalt des Spielers pro Jahr um 20.000 US-$ ansteigen sollte.[525] Die DRC nahm Bezug auf die Entscheidung des CAS in der Sache *Club Atletico Peñarol* v. *Carlos Heber Bueno Suarez, Christian Gabriel Rodriguez Barotti* und *Paris Saint-Germain*[526] und maß die einseitige

ing-the-validity-of-unilateral-extension-options-in-football-part-2-the-view-of-the-drc-and-the-cas-by-saverio-spera, Teil 2, zuletzt abgerufen am 10.07.2022.

523 DRC Nr. 58860 vom 07.05.2008.

524 CAS 2005/A/973.

525 DRC vom 12.01.2007 (n. v.), zit. nach *de Weger*, The Jurisprudence of the FIFA Dispute Resolution Chamber, 168 ff.

526 CAS 2005/A/983, 984.

Opt-in-Verlängerungsoption an den *Portmann*-Kriterien. Da die Frist zur Ausübung der Option – fünf Tage vor Ende der Transferperiode – zu kurz war (Kriterium 2), die Erhöhung der Vergütung des Spielers im ersten Jahr lediglich 9 % und im zweiten Jahr 8,33 % betrug (Kriterium 3) und der Spieler auf die Option nicht ausreichend deutlich hingewiesen worden war (Kriterium 5), hielt die Kammer die Option im konkreten Fall für unwirksam.

Während also die ersten Entscheidungen sich um die Anwendung und Präzisierung der *Portmann*-Kriterien auf die einseitige Opt-in-Verlängerungsoption bemühten, sah sich ein anderer Spruchkörper des CAS in einer Entscheidung zum Vertrag eines minderjährigen Fußballspielers[527] veranlasst, die *Portmann*-Kriterien – obiter – in Zweifel zu ziehen.[528]

Gegenstand eines am 09.01.2009 entschiedenen Falles[529] war eine Opt-in Verlängerungsoption für zwei Spielzeiten von jeweils einem Jahr. Der Spieler sollte zwar eine Erhöhung des Gehalts bei Ausübung der Opt-in-Verlängerungsoption durch den Verein von 20 % erhalten. In dem betroffenen Land sahen nach den Feststellungen des CAS aber die zwingend anzuwendenden Vertragsformulare eine einseitige Opt-in-Verlängerungsoption zu Gunsten des Clubs vor, so dass der Spieler die Opt-in-Verlängerungsoption akzeptieren musste, wenn er in diesem Land Fußball spielen wollte. Da der Spieler in dieser Konstellation keine Wahl hatte, kann es nicht verwundern, dass die Kammer die Opt-in-Verlängerungsoption für unwirksam hielt. Sie sah sich zu dem Hinweis veranlasst, dass die *Portmann*-Kriterien für die Beurteilung der Wirksamkeit einer einseitigen Opt-in-Verlängerungsoption nicht bindend seien. Auch wenn alle Kriterien erfüllt seien, heiße dies nicht, dass eine Opt-in-Verlängerungsoption im konkreten Fall wirksam sei. Maßgeblich seien vielmehr – auch bei Erfüllung der Kriterien – die Umstände des Einzelfalles. Sei der Spieler, wie im vorliegenden Fall, gezwungen, eine entsprechende Klausel im Arbeitsvertrag hinzunehmen, wenn er in dem betreffenden Land spielen wolle, sei diese Klausel unwirksam. Eine nähere Auseinandersetzung mit einseitigen Opt-in-Verlängerungsoptionen erfolgte in der Rechtsprechung der DRC in der Folge nicht mehr.[530]

In einer weiteren Entscheidung des CAS zu diesem Fragenkreis[531] hielt das Gericht fest, einseitige Opt-in-Verlängerungsoptionen seien nicht per se unwirksam. Die Wirksamkeit könne nur von Fall zu Fall entschieden werden, wobei die

---

527 CAS 2006/A/1157 *Club Atlético Boca Juniors v. Genoa Cricket and Football Club S. p. A.*

528 Vgl. auch CAS 2013/A/3260 *Gremio Football Porto Aegrense v. Maximiliano Gastón López.*

529 DRC Nr. 19174 vom 09.01.2009.

530 DRC Nr. 07132435 v. 31.07.2013; DRC Nr. 07141003 v. 30.07.2014.

531 CAS 2014/A/3852, *Ascoli Calcio 1898 S. p. A. v. Papa Waigo N'diave & Al Wahda Sports and Cultural Club.*

Portmann-Kriterien – auch wenn es sich nicht um „absolute rules" handle – in die Betrachtung einbezogen werden müssten. Da die Bindung des Spielers nur drei Jahre betrug und sein Gehalt sich im Zeitraum der Verlängerung – je nach Ligazugehörigkeit des Clubs – um das Drei- bzw. Fünffache erhöhte, hielt der Spruchkörper die Opt-in-Verlängerungsoption im Ergebnis für wirksam.

Schließlich befasste sich die DRC in der Entscheidung vom 18.03.2016[532] mit einer „verdeckten" einseitigen Verlängerungsoption, also einer Klausel, die der Vereinbarung im Fall *Heinz Müller* entsprach. Die DRC verwies darauf, dass die Zahl der Einsätze des Spielers als Voraussetzung für das Entstehen der vermeintlich beiderseitigen Verlängerungsoption ausschließlich unter dem Einfluss des Arbeitgebers stehe. Daraus schloss die Kammer, dass es sich bei der Vereinbarung um eine Unilateral Extension Option handle, und unterwarf die Klausel der entsprechenden Kontrolle. Da der Arbeitgeber für den Optionszeitraum keine höhere Vergütung zugesagt habe, hielt die Kammer die Opt-in-Verlängerungsoption für unwirksam.

bb. Nationale Rechtsordnungen

Ein Blick in europäische und außereuropäische Rechtsordnungen zeigt, dass ein gesetzliches Verbot von einseitigen Opt-in-Verlängerungsoptionen keineswegs die Regel ist.[533] Lediglich in der Schweiz und in Spanien werden einseitige Opt-in-Verlängerungsoptionen immer für unzulässig gehalten. Dagegen favorisieren einschlägige nationale Regelungen in Ländern, vor allem wenn sich Tarifverträge zum professionellen Fußball finden, eine unter dem Vorbehalt der Angemessenheit stehende Zulässigkeit der Vereinbarung von einseitigen Opt-in-Verlängerungsoptionen.

---

532 DRC Nr. 03161408-E vom 18.03.2016: In this regard, the Chamber took note that although in theory both parties could unilaterally extend the contract by simply notifying the other party within the deadline established in the contract, the right to unilaterally extend the contract would only come into existence in case the imposed condition was met, i. e. that the player plays in at least 25 first division league matches during the season 2014-2015, which decision as explained above lies in the hands of the Claimant.

533 *Spera*, Asser International Sports Law Blog | The Validity of Unilateral Extension Options in Football, https://www.asser.nl/SportsLaw/Blog/post/the-validity-of-unilateral-extension-options-in-football-part-1-a-european-legal-mess-by-saverio-spera, zuletzt abgerufen am 10.07.2022.

aaa. Wirksamkeit von einseitigen Opt-in-Verlängerungsoptionen

Die Kollektivvereinbarung 2009 Nr. 557/09[534] in *Argentinien* lässt für die zwischen Verein und Spieler abzuschließenden Arbeitsverträge eine Opt-in-Verlängerungsoption um ein oder zwei Jahre bei Spielern zwischen 16 und 20 Jahren zu. Bei Spielern, die das 21. Lebensjahr erreicht haben, kommt eine Option nur für ein weiteres Jahr in Betracht. Zu wirksamen Ausübung der Option muss die Gesamtvergütung um 20 % angehoben werden (Art. 6.1 Ziff. 1.4).[535]

In *Belgien* besteht eine ausdifferenzierte, tarifvertragliche Regelung in Art. 15 des Tarifvertrages aus dem Jahr 2013 über die Arbeitsbedingungen des bezahlten Fußballspielers.[536] In einer Vorbemerkung wird die Option als einseitige Vertragsklausel beschrieben, die grundsätzlich unwirksam ist. In §§ 2–5 des Artikels werden die Voraussetzungen beschrieben, unter denen die Opt-in-Verlängerungsoption nicht als „einseitige" Regelung anzusehen und die entsprechende Vereinbarung deshalb wirksam ist. Gemäß Art. 13 § 2 muss die Opt-in-Verlängerungsoption *schriftlich vor Arbeitsaufnahme* vereinbart werden. Zwingend ist die Aufnahme der *Dauer der Verlängerung*, die für den Verlängerungszeitraum vereinbarte *Erhöhung des Gehalts* und die *Frist zur Ausübung* der Option in den schriftlichen Vertrag. Alternativ kann zur Gehaltserhöhung und zur Frist für die Ausübung der Option auch auf die Regelungen des Tarifvertrages verwiesen werden. Gemäß § 3 darf die Laufzeit der Option die ursprüngliche vertragliche Laufzeit nicht überschreiten. Die Dauer des Vertrages insgesamt einschließlich der Verlängerung darf im Höchstmaß fünf Jahre, bei Spielern unter 18 Jahren, die weniger als 20.000 € pro Saison verdienen, drei Jahre betragen; für Spieler, die am Beginn einer Saison noch keine 18 Jahren alt sind und vom Club selbst ausgebildet wurden, darf der Optionszeitraum zwei Jahre betragen, auch wenn die ursprüngliche Vertragslaufzeit kürzer war. Aus Art. 13 § 4 ergibt sic0h die Höhe der für die Einräumung der Opt-in-Verlängerungsoption zu vereinbarenden Kompensation zu Gunsten des Spielers. Die Optionsklausel muss entweder eine Erhöhung des Festgehalts von mindestens 15 % und der Spiel- und Auflaufprämien von 5 % oder des Festgehalts von 20 % vorsehen. Begrenzt wird die notwendige Gehaltserhöhung durch den

534 https://www.kollektivvertrag.at/kv/fussball-bundesliga-oesterreich-arb-ang, zuletzt abgerufen am 10.07.2022.

535 Colucci/Hendrickx/*Delfino*, Regulating Employment Relationships in Professional Football a Comparative Analysis, 26 (Argentinien); *Leuba/Fox/de Dios Crespo Pérez/Acosta Perez/de Weger*, Contractual Stability: Unilateral Options, in: Wild, CAS and Football: Landmark Cases, 118.

536 https://www.lacsc.be/docs/default-source/acv-csc-docsitemap/6000-centrales/6330-acv-voeding-en-diensten-sporta-csc-alimentation-et-services-sporta/6500-sporta/cct-du-07-06-2006-relative-aux-conditions-de-travail-du-footballeurs-remunere.pdf?sfvrsn=e3e7074a_2, zuletzt abgerufen am 10.07.2022.

Betrag von 20.000 €.[537] Mit der Ausübung der Option befasst sich § 5: Der Club muss die Option bis spätestens 31.03. per Einschreiben ausüben. Eine mehrjährige Option kann nach § 5 Abs. 2 nur insgesamt, nicht lediglich für einen Teil der Optionszeit ausgeübt werden. Bei Gehaltsrückständen ist dem Verein die Ausübung der Option untersagt. Hält eine Optionsregelung die Bedingungen des Art. 13 nicht ein, ergeben sich die Rechtsfolgen aus § 6: Der Spieler kann sich entweder auf die Nichtigkeit der Option berufen – und ist damit frei, einen Vertrag mit einem neuen Arbeitgeber zu schließen – oder er kann die Option bestätigen, wobei dann die Bedingungen des Tarifvertrages, insbesondere die zwingenden Gehaltserhöhungen nach § 4 auf den Vertrag Anwendung finden.

Die arbeitsrechtlichen Regelungen für den Sport in *Italien* finden sich im Gesetz 91/1981. Darüber hinaus besteht ein Kollektivvertrag[538] nach dessen Art. 2 § 2 Optionsvereinbarungen sowohl zu Gunsten des Clubs als auch zu Gunsten des Spielers zulässig sind, soweit diejenige Partei, die die Option gewährt, eine Gegenleistung erhält und die Gesamtdauer des Vertrages fünf Jahre nicht überschreitet. Im Ergebnis setzt die Wirksamkeit einer Option zu Gunsten des Clubs im italienischen Arbeitsrecht voraus, dass das Gehalt des Spielers sich für den Verlängerungszeitraum erhöht, dieser also eine *Optionsprämie* erhält.[539]

Art. 90 § 3 des *griechischen* Sportgesetzes 2725/99[540] hält die Vereinbarung einseitiger Opt-in-Verlängerungsoptionen ausdrücklich für zulässig unter der Voraussetzung, dass die Bedingungen für den Verlängerungszeitraum festgelegt sind.[541]

In *Großbritannien* gibt es keine gesetzlichen, tarifvertraglichen oder verbandsrechtlichen Regelungen zur Opt-in-Verlängerungsoption. Diese Regelungen werden aber für zulässig gehalten.[542]

---

537 *Spera*, Asser International Sports Law Blog | The Validity of Unilateral Extension Options in Football, https://www.asser.nl/SportsLaw/Blog/post/the-validity-of-unilateral-extension-options-in-football-part-1-a-european-legal-mess-by-saverio-spera; *Colucci/Hendrickx*, Regulating Employment Relationships in Professional Football a Comparative Analysis, 46.

538 https://www.assocalciatori.it/sites/default/files/attachment/pagina/Accordo%20collettivo%20AIC%20-%20Lega%20Serie%20A.pdf, zuletzt abgerufen am 10.07.2022.

539 *Spera*, Asser International Sports Law Blog | The Validity of Unilateral Extension Options in Football, https://www.asser.nl/SportsLaw/Blog/post/the-validity-of-unilateral-extension-options-in-football-part-1-a-european-legal-mess-by-saverio-spera; *Colucci*, in: Colucci/Hendrickx, Regulating Employment Relationships in Professional Football a Comparative Analysis, 201.

540 https://www.e-nomothesia.gr/kat-athlitismos/n-2725-1999.html, zuletzt abgerufen am 10.07.2022.

541 CAS 2005/A/973 vom 10.10.2006.

542 Colucci/Hendrickx/*Parish*, Regulating Employment Relationships in Professional Football a Comparative Analysis, 129, 138; *O'Leary*, Employment and Labour Relations Law in the Premier League, NBA and International Rugby Union, 204.

Auch nach *niederländischem* Recht kann die Vereinbarung einer Opt-in-Verlängerungsoption zulässig sein.[543] Das Schiedsgericht des KNVB entschied in der Sache *AFC Ajax N. V. v. Hatem Belgacem Trabelsi*, dass eine einseitige Opt-in-Verlängerungsoption zugunsten von Ajax Amsterdam wirksam sei.[544]

Das *österreichische* ABGB enthält in § 1159c ABGB ebenso wie das deutsche BGB in § 622 Abs. 6 eine Regelung zur Kündigungsgleichheit zwischen Arbeitgeber und Arbeitnehmer. Ursprünglich ging die herrschende Meinung in Österreich auch davon aus, die Vereinbarung einseitiger Opt-in-Verlängerungsoptionen verstoße gegen § 1159c ABGB sowie das Verbot sittenwidriger Vereinbarungen (§ 879 ABGB).[545]

Heute steht die überwiegende Auffassung in Österreich dagegen auf dem Standpunkt, diese Vertragsklauseln seien nicht unter allen Umständen unwirksam. Im professionellen Sport bestünden besondere Bedingungen, die eine differenzierte Betrachtung geböten.[546]

Niederschlag hat diese Auffassung im Kollektivvertrag zwischen der Österreichischen Fußball-Bundesliga und dem Österreichischen Gewerkschaftsbund (BL-KollV) gefunden. Anders als in der Bundesrepublik – dort existieren im Sport bislang keine Tarifverträge[547] – besteht in Österreich für den professionellen Fußball dieser Kollektivvertrag, der wie der Tarifvertrag in der Bundesrepublik nach §§ 2 ff. Arbeitsverfassungsgesetz (ArbVG) der Festlegung von Beschäftigungsbedingungen unter Beachtung branchentypischer Besonderheiten dient.[548]

Der Kollektivvertrag enthält eine ausdrückliche Regelung zu einseitigen Opt-in-Verlängerungsoptionen. Er geht in § 6 Abs. 4 von der grundsätzlichen Zulässigkeit dieser Gestaltung aus. Zum 01.07.2018 aktualisierten die Kollektivvertragsparteien den Kollektivvertrag und gaben ihm den heutigen Wortlaut:[549] Die Regelung

---

543 Colucci/Hendrickx/*Van Megen*, Regulating Employment Relationships in Professional Football a Comparative Analysis, 249, 254.

544 Zitiert nach *de Weger*, The Jurisprudence of the FIFA Dispute Resolution Chamber, 189, Fn. 47.

545 *Thaurer*, Arbeitsrechtliche Probleme beim Berufsfußballer in Österreich, 53; *Müller*, ZAS 2007, 213.

546 *Brodil/Dullinger*, ecolex 2016, 511, 512 ff.; *Friedrich*, Berufssportrecht VIII: Aktuelle Rechtsfragen des Berufssports, 73, 95 ff.; Berger/Hattenberger/Kietaibl/*Kietaibl*, RECHT SPORTlich, 47, 48 ff.; *Holzer*, ZAS 2015, 148, 157f.; a. A.: *Schneider*, Causa Sport 2016, 386, 391; *Egger*, SpuRt 2017, 61, 63 f.

547 Fischinger/Reiter/*Fischinger*, Das Arbeitsrecht des Profisports, § 15, Rn. 1 ff.; *Heink/Hemmeter*, SpuRt 2015, 192 ff.

548 Bundesgesetz vom 14.12.1973, betreffend die Arbeitsverfassung (Arbeitsverfassungsgesetz – ArbVG), StF: BGBl. Nr. 22/1974 (NR: GP XIII RV 840 AB 993, 94. BR: 327.)

549 https://www.kollektivvertrag.at/kv/fussball-bundesliga-oesterreich-arb-ang, zuletzt abgerufen am 10.07.2022, vgl. *Dullinger/Schwertner*, SpuRt 2019, 156 ff.

macht offensichtlich Anleihen bei den *Portmann*-Kriterien: Die mögliche Dauer des einmaligen Optionszeitraums wird sowohl relativ auf diejenige des Grundvertrages (der nicht über zwei Saisons hinausgehen darf) als auch absolut auf eine Saison beschränkt. Die Option muss so ausgestaltet sein, dass sie spätestens sechs Wochen vor Auslaufen des Grundvertrages auszuüben ist. Schließlich erfordert die Wirksamkeit der Vereinbarung einer Option einen angemessenen Ausgleich durch Erhöhung des Entgelts des Spielers. Für die Bewertung der Angemessenheit soll der Zeitpunkt des Abschlusses des Grundvertrages maßgeblich sein.

§ 6 Abs. 4 des Kollektivvertrages war auch bereits Gegenstand der Rechtsprechung. In der „*Causa Onisiwo*" haben das *Oberlandesgericht Wien*[550] und der *Oberste Gerichtshof*[551] die dort streitgegenständliche, im Arbeitsvertrag enthaltene Opt-in-Verlängerungsoption zu Gunsten des Arbeitgebers an § 6 Abs. 4 des Kollektivvertrages gemessen und die Option für unwirksam gehalten. Die Gerichte haben nicht angenommen, dass § 6 Abs. 4 wegen Verstoßes gegen höherrangiges Recht – § 1159c ABGB – unwirksam ist, sondern die individuell vereinbarte Opt-in-Verlängerungsoption wegen Verstoß gegen die Vorgaben des § 6 Abs. 4 BL-KollIV verworfen.[552]

Auch in *Polen* ist die einseitige Opt-in-Verlängerungsoption im Verbandsrecht des polnischen Fußballverbandes ausdrücklich für zulässig erklärt.[553] Die Wirksamkeit der Vereinbarung einer einseitigen Opt-in-Verlängerungsoption ist von Bedingungen abhängig, die denjenigen des österreichischen Kollektivvertrages ähneln. Die Option darf nicht für eine längere Dauer binden als der Grundvertrag. Bei mehr als einjähriger Grundlaufzeit muss von der Option spätestens drei Monate, bei bis zu einjähriger Grundlaufzeit einen Monat vor Ablauf geltend gemacht werden. Als Kompensation muss der Spieler im Optionszeitraum mindestens eine Vergütung von 120 % der Vergütung der Grundlaufzeit zu ansonsten gleichwertigen Bedingungen erhalten.

bbb. Unwirksamkeit von einseitigen Opt-in-Verlängerungsoptionen

In der *Schweiz* regelt Art. 335a OR eine Parität der Kündigungsfristen:

> Für Arbeitgeber und Arbeitnehmer dürfen keine verschiedenen Kündigungsfristen festgesetzt werden; bei widersprechender Abrede gilt für beide die längere Frist.

550 OLG Wien. 26.04.2016 – 8 Ra 18/16 z, ARD 6513/2016.

551 öOGH 28.10.2016 – 9 ObA 88/16 f, SpuRt 2017, 61 f.

552 *Egger*, SpuRt 2017, 62–64; *Reisinger*, DRdA 2011, 112.

553 Uchwała nr III/54 z dnia 27 marca 2015 roku Zarządu Polskiego Związku Piłki Nożnej-Minimalne Wymagania dla standardowych kontraktów zawodników w sektorze zawodowej piłki nożnej; Laskowski in: www.football-legal.com; vgl. Anhang; ich danke Dr. phil. Gerd Lenga, Stuttgart für die Übersetzung.

Das Schweizerische Recht ist allerdings insofern ein Sonderfall, als es die Regelung im Sinne einer absoluten[554] Parität interpretiert: Anders als § 622 Abs. 6 BGB gilt Art. 335a OR nicht nur zu Gunsten des Arbeitnehmers, sondern auch des Arbeitgebers.[555] Darüber hinaus verstößt nicht nur die einseitige Opt-in-Verlängerungsoptionen gegen Sinn und Zweck der Kündigungsparität und ist als Umgehung des Art. 335a Abs. 1 Schweizerisches Obligationenrecht unwirksam.[556] Gleiches soll für die zweiseitige Option gelten, da bei Ausübung der Option keine Rede mehr von Parität der Arbeitsvertragsparteien sein könne[557] sowie im Falle der automatischen einsatzabhängigen Verlängerung.[558]

Die am 01.07.2012 in Kraft getretene Neufassung von Art. 8 des Bundesgesetzes gegen den unlauteren Wettbewerb hat eine (offene) Inhaltskontrolle von allgemeinen Geschäftsbedingungen im Bereich „b2c" eingeführt. Es ist aber bislang nicht erkennbar, dass Opt-in-Verlängerungsoptionen aus dem Anwendungsbereich des § 335a OR in die Angemessenheitskontrolle gelangt wären.

Die Arbeitsverhältnisse professioneller Fußballspieler in *Spanien* werden im Königlichen Dekret 1006/1085 geregelt.[559] Ausdrückliche Regelungen zur Zulässigkeit von Opt-in-Verlängerungsoptionen finden sich nicht. Zur Dauer der Arbeitsverträge bestimmt dessen Art. 6, dass die Verträge befristet sind. Verlängerungen können von den Vertragsparteien vor Auslaufen des Vertrages vereinbart werden. Daneben existieren kollektive Vereinbarungen, die allerdings ebenfalls davon ausgehen, dass Verlängerungen von Arbeitsverträgen nur durch gegenseitige Vereinbarung zustande kommen können.[560]

---

554 *Portmann,* Causa Sport 2006, 200, 203 f.

555 BasK/ *Vischer/Müller,* Der Arbeitsvertrag, § 24, Rn. 39; *Portmann,* Causa Sport 2006, 200, 203 f.; dagegen de lege lata *Vonplon,* Kündigungsschutz im Arbeitsrecht, 298 f.; *Berenstein,* SJZ 1984, 108 ff. unter Hinweis auf RGZ 68, 317; *Triponez,* Ungleiche Kündigungsfristen und einseitige Kündigungsbeschränkungen, 112 ff.

556 BG 03.04.1990, BGE 116 II 145, BG 15.04.1970 BGE 96 II 52, *Annen/Grunder,* Causa Sport 2012, 326, 327; *Kleiner,* Der Spielervertrag im Berufsfussball, 891 ff.; *del Fabro,* SJZ 1938/1939, 379 f.; *Thaler,* Causa Sport 2008, 456, vgl. auch Beschluss der Qualifikationskommission der Swiss Football League vom 10.07.2008, Causa Sport 2008, 356.

557 *Annen/Grunder,* Causa Sport 2012, 326, 327; BG 03.04.1990, BGE 116 II 145.

558 *Annen/Grunder,* Causa Sport 2012, 326, 327 ff.

559 *Spera,* The Validity of Unilateral Extension Options in Football, Part 1 und 2, in https://www.asser.nl/SportsLaw/Blog/post/exploring-the-validity-of-unilateral-extension-options-in-football-part-2-the-view-of-the-drc-and-the-cas-by-saverio-spera, zuletzt abgerufen am 10.07.2022.

560 *Spera,* The Validity of Unilateral Extension Options in Football, Part 1 und 2, in https://www.asser.nl/SportsLaw/Blog/post/exploring-the-validity-of-unilateral-extension-options-in-football-part-2-the-view-of-the-drc-and-the-cas-by-saverio-spera, zuletzt abgerufen am 10.07.2022.

cc. Zwischenergebnis

Es zeigt sich, dass über die „Ansichten der beteiligten Verkehrskreise“ das Recht des längst globalisierten Sports – die lex sportiva – Einfluss auf die Anwendung deutschen Rechts nehmen kann. Dies spricht angesichts der weltweit – unter bestimmten Voraussetzungen – anerkannten Verwendung nicht für eine generelle Unwirksamkeit der einseitigen Opt-in-Verlängerungsoption.

Die in der Rechtsprechung des CAS sowie der DRC Ausdruck findenden Gedanken zur einseitigen Opt-in-Verlängerungsoption lassen sich wie folgt zusammenfassen:

- Einseitige Opt-in-Verlängerungsoptionen werden von der sportrechtlichen Rechtsprechung grundsätzlich kritisch gesehen.
- Obwohl die sportrechtliche Rechtsprechung häufig auf das Schweizerische Recht rekurriert, bedeutet das aber nicht, dass Opt-in-Verlängerungsoptionen grundsätzlich unwirksam wären. Es kommen auch Konstellationen in Betracht, in denen eine Opt-in-Verlängerungsoption wirksamer Vertragsbestandteil sein kann.
- Entscheidend ist immer der jeweilige Einzelfall.
- In jedem Fall setzt die Wirksamkeit
  - die Wahlfreiheit des Spielers,
  - die Ausübung innerhalb angemessener Frist,
  - eine Kompensation der Option in Form einer substanziellen Erhöhung der Vergütung sowie
  - ausdrückliche Hinweise im ursprünglichen Vertrag voraus.

Gesetzliche und tarifvertragliche Regelungen, die zwischen den Tarifvertragsparteien zu in der Branche üblichen Regelungen die Anschauungen festlegen, kommen bezüglich der einseitigen Opt-in-Verlängerungsoption einhellig zum Ergebnis, dass diese Optionen unter bestimmten Voraussetzungen wirksam sein können.

Gemeinsam ist allen Regelungen, dass die einseitige Opt-in-Verlängerungsoption nur dann wirksam sein soll, wenn dieses Recht ausreichend vergütet wird.

Auch ohne tarifvertragliche Regelung ergeben sich in den meisten Rechtsordnungen – von der Rechtslage in der Schweiz und Spanien abgesehen – Anhaltspunkte dafür, dass Opt-in-Verlängerungsoption nicht per se unwirksam sind, sondern bei angemessener formaler Ausgestaltung und Gewährleistung einer Kompensation in Form einer substanziell erhöhten Vergütung wirksam sein können.

c. Angemessene Kompensation

Wesentliches Ergebnis der Analyse der Anschauungen der beteiligten Verkehrskreise ist, dass die Vereinbarung einseitiger Opt-in-Verlängerungsoptionen zwar kritisch zu betrachten, die Unwirksamkeit dieser Regelungen aber keineswegs zwangsläufig ist. Vielmehr lässt sich den Anschauungen der beteiligten Verkehrskreise entnehmen, dass bei der Angemessenheitskontrolle relevant ist, ob der Verwender für ihn günstige Abweichungen vom dispositiven Gesetzesrecht durch Vorteile für den Klauselgegner ausgleicht.[561] Der Gedanke der angemessenen Kompensation findet sich nicht nur in der lex sportiva, sondern auch in der deutschen Rechtsprechung.[562]

Für die kompensatorische Natur gesetzlicher Vorgaben gibt es vielfältige Beispiele (aa.). Voraussetzung für eine wirksame Kompensation ist zunächst, dass Vor- und Nachteil sachlich derart zusammenhängen, dass eine Gesamtregelung angenommen werden kann (sog. Kopplungsgebot, bb.),[563] der Klauselgegner über das durch die ihn benachteiligende Klausel betroffene Rechtsgut überhaupt disponieren kann (cc.), die Ausgleichsleistung in die Abwägung einbezogen werden kann, § 307 Abs. 3 BGB (sog. Preisargument), (dd.) und der Vorteil der Höhe (ee.) und dem Zeitpunkt der Leistung nach (ff.) einen angemessenen Ausgleich darstellt.[564]

aa. Beispiele kompensatorischer Regelungen

§ 307 Abs. 1 BGB und die Rechtsprechung zur Angemessenheit von Laufzeitregelungen[565] und Optionsrechten[566] weisen mit der ausdrücklichen Erwähnung des „angemessenen Ausgleichs" auf die Möglichkeit hin, nachteilige vertragliche Regelungen zu kompensieren und dadurch deren Angemessenheit zu erreichen:

Auch der Gesetzgeber greift zur Kompensation, um eine Vertragsgestaltung wirksam werden zu lassen, wenn er die Wirksamkeit der Vereinbarung eines nachvertraglichen Wettbewerbsverbots davon abhängig macht, dass der Patron dem Handlungsgehilfen gemäß §§ 74 Abs. 2, 74b Abs. 1 HGB eine Karenzentschädigung

561 Staudinger/*Krause*, Anh. zu § 310, Rn. 214; Staudinger/*Wendland*, § 307 BGB, Rn. 125 ff.; Ulmer/Brandner/Hensen/*Fuchs*, AGB-Recht, § 307 BGB, Rn. 151 ff., *Stoffels*, AGB-Recht, Rn. 487.

562 ArbG Nürnberg 04.06.2007 – 3 Ga 32/07 (*Andre Mijatovic*), dagegen *Lange* SpuRt 2011, 98, 99.

563 Ulmer/Brandner/Hensen/*Fuchs*, AGB-Recht, §§ 307 BGB, Rn. 151.

564 Staudinger/*Wendland*, § 307 BGB, Rn. 125.

565 BGH 15.03.2018 – III ZR 126/17, Rn. 20: „Eine Klausel in einem Fernüberwachungsvertrag, die eine Vertragslaufzeit von 72 Monaten vorsieht, benachteiligt den Kunden unangemessen, wenn der Vertrag keine Regelungen enthält, die einen angemessenen Ausgleich für die lange vertragliche Bindung darstellen könnten, wie etwa günstigere (Preis-)Konditionen oder besondere außerordentliche Kündigungsmöglichkeiten"; BGH 08.03.1984 – IX ZR 144/83 (Direktschulvertrag).

566 BGH 03.11.1999 – VIII ZR 269/98 (Verlängerungsoptionsklausel in formularmäßigem Tankstellenvertrag); BGH 25.04.2001 – VIII ZR 135/00 (zehnjährige Bezugsbindung in formularmäßigem Bierlieferungsvertrag); BAG 04.03.2004 – 8 AZR 196/03; BAG 31.08.2005 – 5 AZR 545/04.

bezahlt.[567] Es handelt sich um eine Kompensation nach dem von *Voßkuhle*[568] als solches bezeichneten „Konzeptwechselmodell“:

Durch die Vereinbarung eines nachvertraglichen Wettbewerbsverbots wird die Berufsausübungsfreiheit des Arbeitnehmers beeinträchtigt. Der Ausgleich erfolgt durch eine Geldzahlung, die ihrerseits in den Schutzbereich des Art. 14 GG fällt.[569]

Hinzuweisen ist weiter auf die Generalklausel des § 138 BGB. Das dieser Vorschrift innewohnende Abwägungsgebot bezieht kompensatorische Effekte in die Gesamtbetrachtung einer Beeinträchtigung ein. Zu Bierlieferungsverträgen etwa hat die Rechtsprechung regelmäßig darauf verwiesen, dass höhere Gegenleistungen der Brauerei auch längere Vertragsbindungen des Gastwirts rechtfertigen können.[570]

Schließlich erwog die vertragsgestaltende Literatur zum Immobilien-/Bauträgerkaufvertrag, ob die Verpflichtung zur Zahlung eines Bindungsentgelts durch den Verkäufer, das dem Käufer unabhängig davon verbleibe, ob der Kaufvertrag zustande komme oder nicht, zur Zulässigkeit der Vertragsgestaltung führe. Während die einen Stimmen davon ausgingen, dass das Bindungsentgelt zur Angemessenheit der Regelung führen könne,[571] meinten andere, die Vereinbarung des Bindungsentgelts entziehe die Bindungsabrede insgesamt gemäß § 307 Abs. 3 Satz 1 BGB der Klauselkontrolle, da Bindung und Bindungsentgelt Hauptleistungspflichten eines Optionsvertrages seien.[572]

Im Zusammenhang mit der Opt-in-Verlängerungsoption in den Arbeitsverträgen professioneller Fußballspieler hat diesen Ansatz auch bereits das Arbeitsgericht Nürnberg in der Sache *Mijatovic* verfolgt, als es ausführte, die Opt-in-Verlängerungsoption sei im damals entschiedenen Fall durch eine erhöhte Arbeitsvergütung abgegolten worden.[573]

bb. Sachlicher Zusammenhang, Kopplungsgebot

Welcher Zusammenhang zwischen einer benachteiligenden vertraglichen Vereinbarung und deren Kompensation durch Ausgleichsleistungen bestehen muss, ist umstritten.[574] Ob eine angemessene Kompensation tatsächlich einen

567 *Bieder,* Kompensatorische Vertragsgestaltung, 56 f.; *Oetker,* Das Dauerschuldverhältnis und seine Beendigung, 509.

568 *Voßkuhle,* Kompensationsprinzip, 206 f.

569 *Bieder,* Kompensatorische Vertragsgestaltung, 75.

570 BGH 08.04.1992 – VIII ZR 94/91, Rn. 23, BGH 17.01.1979 – VIII ZR 262/77, Rn. 21; allgemein zur Kompensation zeitlicher Bindungen *Oetker,* Das Dauerschuldverhältnis und seine Beendigung, 508 f.

571 *Herrler/Suttmann,* DNotZ 2010, 883, 885.

572 *Walter,* NotBZ 2012, 81, 87.

573 ArbG Nürnberg 04.06.2007 – 3 Ga 32/07 (*Andre Mijatovic*); dagegen: *Lange,* SpuRt 2011, 98, 100 f.

574 Ulmer/Brandner/Hensen/*Fuchs,* AGB-Recht, § 307 BGB, Rn. 151 ff.

Sachzusammenhang voraussetzt oder nicht,[575] kann für die Beurteilung einer einseitigen Opt-in-Verlängerungsoption offenbleiben. Soweit die Kompensation unmittelbar an die arbeitsrechtlich eingegangene Bindung anknüpft, ergibt sich der Zusammenhang offensichtlich.

Ob der Arbeitnehmer einen langfristigen Arbeitsvertrag schließt und in diesem Rahmen bindend über seine Arbeitskraft gegen eine Vergütung verfügt, ob er ein nachvertragliches Wettbewerbsverbot nach den §§ 110 GewO, 74 ff. HGB eingeht und dadurch – gegen Karenzentschädigung – auf die Verwertung von Teilen seiner Arbeitskraft, inhaltlich und zeitlich, verzichtet, ob er gegen Gewährung einer Arbeitsplatzgarantie oder einer Gehaltserhöhung der Verlängerung der Kündigungsfrist auf drei Jahre zustimmt[576] oder ob er gegen die Bezahlung eines Optionspreises eine einseitige Bindung eingeht: In allen genannten Beispielen steht die Vergütung in engem sachlichem Zusammenhang mit der eingegangenen Bindung. Die Vergütung von Bindungen des Arbeitnehmers ist das Paradigma der im Synallagma stehenden Kompensation einer Beschränkung.

cc. Rechtsgutsdisponibilität als Kompensationsvoraussetzung

Die Wirksamkeit einer vertraglichen Regelung durch Kompensation kommt nur insoweit in Betracht, als der Klauselgegner befugt ist, über das Rechtsgut zu verfügen.[577] In Bezug auf die Berufsfreiheit ist eine Disposition des Arbeitnehmers möglich, wie bereits die grundsätzliche Anerkennung der Bindungswirkung von Arbeitsverträgen zeigt. Der Arbeitnehmer kann sich an einen Arbeitsvertrag im Rahmen der gesetzlichen Höchstlaufzeiten und der Arbeitszeitgesetze binden und dadurch seine Arbeitskraft – auch im Hinblick auf künftige Zeiträume – verwerten, die über den Arbeitsvertrag zum kommerzialisierbaren Wirtschaftsgut wird.[578]

Auch eine noch weitergehende Disposition – im Rahmen eines nachvertraglichen Wettbewerbsverbots gegen Karenzentschädigung – ist möglich.

Deshalb lag es auch auf der Hand, dass das BAG bei der Beurteilung der Angemessenheit einer für beide Parteien des Arbeitsvertrages und deshalb nach seiner Auffassung nicht gegen § 622 Abs. 6 BGB verstoßenden, auf drei Jahre verlängerten Kündigungsfrist ausdrücklich bemerkte, dass diese Regelung deshalb unwirksam sei, weil der Nachteil für den Arbeitnehmer

---

575 Ablehnend: *Bieder,* Kompensatorische Vertragsgestaltung, 330 ff.

576 BAG 26.10.2017 – 6 AZR 158/16, Rn. 34

577 *Bieder,* Kompensatorische Vertragsgestaltung, 134.

578 BVerfG 07.02.1990 – 1 BvR 26/84 – (Handelsvertreter), Rn. 44; *Bieder,* Kompensatorische Vertragsgestaltung, 134; Festschrift Ulmer/*Kirchhoff,* 1211; vgl. auch BAG 25.04.2013 – 8 AZR 453/12 *(Florian Brügmann),* Rn. 29 f.; *Vogt,* Befristungs- und Optionsvereinbarungen im professionellen Mannschaftssport, 152 ff., Kleinebrink, DB 2020, 170, 172.

„weder durch die Arbeitsplatzgarantie noch durch die Gehaltserhöhung"

aufgewogen worden sei.[579] Die Möglichkeit einer entsprechenden Kompensation für die Verwertung der Arbeitskraft durch den Arbeitnehmer bedurfte als Selbstverständlichkeit keiner Begründung.

dd. Kein Totalverbot kalkulatorischer Erwägungen bei der AGB-Kontrolle

Fragt man nach der Angemessenheit einer Kompensation als Gegenleistung für eine nachteilige vertragliche Regelung, muss man sich damit auseinandersetzen, inwieweit im Rahmen der Angemessenheitskontrolle auch das Äquivalenzverhältnis von Leistung und Gegenleistung der Überprüfung unterliegt. Auch wenn ein günstiger Preis keine unangemessenen allgemeinen Geschäftsbedingungen rechtfertigen kann (Unbeachtlichkeit des Preisarguments[580]), heißt das nicht, dass eine Kompensation und deren Höhe im Rahmen der Angemessenheitskontrolle keine Berücksichtigung fände.[581] Vielmehr gehört gerade im Rahmen der Generalklausel des § 307 Abs. 1 BGB die Angemessenheit einer Ausgleichsregelung auch der Höhe nach zum Prüfungsprogramm.[582]

Gemäß § 307 Abs. 1 BGB gebietet die angemessene Ausgestaltung einer Optionsklausel, dass die vertragschließenden Parteien an Chancen und Risiken der Entwicklung des Spielers jeweils angemessen beteiligt werden. Der Arbeitgeber erwirbt mit der einseitigen Opt-in-Verlängerungsoption eine Erhöhung des Werts seiner Investition. Er gewinnt die Flexibilität, die Investition – erweist sie sich als nicht erfolgreich – abbrechen zu können, behält aber die Chance, im Falle einer positiven Entwicklung an den Wertsteigerungen des Spielers zu profitieren. Dieses Chancen-Risiko-Verhältnis muss sich, soll eine einseitige Opt-in-Verlängerungsoption angemessen sein, komplementär auch beim Spieler wiederfinden. Realisiert sich die positive Entwicklung und tritt die Bindung des Spielers ein, muss dies durch eine erhöhte Vergütung abgegolten werden.

---

579 BAG 26.10.2017 – 6 AZR 158/16, Rn. 34.

580 MüKo/*Wurmnest*, § 307 BGB, Rn. 46; BeckOGK/*Eckelt*, § 307 BGB Rn. 90; jurisPK-BGB/*Lapp/Salamon*, § 307 BGB, Rn. 48; HK-BGB/*Schulte-Nölke*, § 307, Rn. 14.

581 Ebenso: *Vogt*, Befristungs- und Optionsvereinbarungen im professionellen Mannschaftssport, 171 f.; Die Reichweite des Preisarguments verkennt *Lindhorst*, SpuRt 2007, 215, in seiner Anmerkung zur Entscheidung des ArbG Nürnberg in der Sache *Mijatovic*, siehe oben § 7 II.

582 *Bieder*, Kompensatorische Vertragsgestaltung, 325; aus der Rechtsprechung: BGH 08.03.1984 – IX ZR 144/83; BGH 03.11.1999 – VIII ZR 269/98; BGH 25.04.2001 – VIII ZR 135/00; BAG 04.03.2004 – 8 AZR 196/03; BAG 31.08.2005 – 5 AZR 545/04; zur Kompensation des Nachrangs eines Darlehens durch einen über dem Marktzins liegenden Vertragszins: *Poelzig*, WM 2014, 917, 925 f.

Dementsprechend sehen die Regelung des griechischen Sportgesetzes, die tarifvertraglichen Regelungen in Österreich, Belgien, Italien, und Argentinien, die verbandsrechtliche Regelung in Polen sowie die *Portmann*-Kriterien auch vor, dass die Erhöhung einer Vergütung im Optionszeitraum und damit die Partizipation des Spielers an den realisierten Chancen Voraussetzung für die Annahme der Angemessenheit einer Klausel ist.

Ganz ähnlich erfolgt die Bewertung in der sportrechtlichen Rechtsprechung des DRC und des CAS. Die problematische, weil einseitig die Interessen des Clubs in den Vordergrund stellende Opt-in-Verlängerungsoption kann nur dann wirksam sein, wenn sie zugunsten des Spielers durch eine entsprechende Vergütungsregelung kompensiert wird.

ee. Höhe des Ausgleichs

Es bleibt die Frage nach der Höhe des angemessenen Ausgleichs für die Einräumung einer einseitigen Opt-in-Verlängerungsoption.

Oben wurde gezeigt, dass die in der Praxis verwendeten Klauseln das Gehalt des Spielers im Optionszeitraum um einen bestimmten Prozentsatz erhöhen. Die Regelungen gehen deshalb davon aus, dass die Leistung des Spielers im Optionszeitraum eine höhere Gegenleistung rechtfertigt, dass deren Wert also erhöht ist. Andererseits binden die Klauseln die im Optionszeitraum zu beanspruchende, angemessene Vergütung an die für die Grundlaufzeit vereinbarte Vergütung und schließen damit an die von den Parteien des Arbeitsvertrages ursprünglich gefundene Äquivalenz von Arbeitsleistung und Vergütung an.

Die Regelung im BL-KollV gibt – anders als die argentinischen,[583] belgischen[584] und polnischen[585] Pendants mit dem Erfordernis der mindestens 20%igen Erhöhung – keinen konkreten Prozentsatz. Der oben im Einzelnen dargestellten verbandsrechtlichen Rechtsprechung lässt sich entnehmen, dass eine Erhöhung der

583 *Colucci/Hendricks*, Regulating Employment Relationships in Professional Football a Comparative Analysis, 26; *Leuba/Fox/de Dios Crespo Pérez/Acosta Perez/de Weger*, Contractual Stability: Unilateral Options, in: Wild, CAS and Football: Landmark Cases, 118.

584 *Spera*, Asser International Sports Law Blog | Exploring the Validity of Unilateral Extension Options in Football, https://www.asser.nl/SportsLaw/Blog/post/exploring-the-validity-of-unilateral-extension-options-in-football-part-2-the-view-of-the-drc-and-the-cas-by-saverio-spera.

585 https://www.pzpn.pl/public/system/files/site_content/635/1010-Uchwa%C5%82a%20nr%20III%2054%20Minimalne%20Wymagania%20dla%20standardowych%20kontrakt%C3%B3w%20zawodnik%C3%B3w%20w%20sektorze%20zawodowej%20pi%C5%82ki%20no%C5%BCnej.pdf; zuletzt abgerufen am 10.07.2022.

Vergütung im Optionszeitraum um das Drei- bis Fünffache,[586] von 25 %[587] bzw. 20 %[588] ausreichend sein kann. 9 % bzw. 8,33 % sollen dagegen nicht ausreichen.[589]

Anhaltspunkte dafür, wie die entsprechenden Werte zustande kommen, ergeben sich weder aus den Tarifverträgen noch aus der Rechtsprechung des CAS oder der DRC.[590]

Ein Ansatz zur Annäherung an zur Feststellung der Angemessenheit einer Kompensation geeignete Maßstäbe könnte der Versuch einer objektiven betriebswirtschaftlichen Bewertung der Möglichkeit zur einseitigen Verlängerung des Arbeitsvertrages darstellen. Einen sich ergebenden Wert könnten die vertragsschließenden Parteien angemessen durch Erhöhung der vom Spieler im Optionszeitraum zu beanspruchenden Vergütung verteilen. Die zur Verfügung stehenden betriebswirtschaftlichen Bewertungsverfahren sind allerdings – wie nachfolgend darzustellen ist – mit kaum überwindbaren Problemen verbunden (aaa.).

Als Alternative kommt für die Gewährleistung der Angemessenheit der Kompensation einer einseitigen Verlängerungsmöglichkeit eine an dem Gehaltsgefüge der Mannschaft orientierte Erhöhung der Vergütung im Optionszeitraum in Betracht (bbb.).

aaa. Erhöhung der Vergütung nach dem Wert der Option

Dieser Ansatz befindet sich zunächst insoweit auf sicherem Grund, als nach allen in der Betriebswirtschaft Verwendung findenden Bewertungsansätzen und -verfahren die Handlungsspielräume des Managements während der Laufzeit der Investition – hier der arbeitsvertraglichen Bindung des professionellen Fußballspielers – deren Wert erhöhen.[591] Der Wert dieser Handlungsspielräume

586 CAS 2014/A/3852, Ascoli Calcio 1898 S. p. A. v. Papa Waigo N'diave & Al Wahda Sports and Cultural Club v. 11.01.2016.

587 CAS 2005/A/973.

588 DRC Nr. 19174 vom 09.01.2009.

589 DRC vom 12.01.2007 (n. v.), zit. nach *de Weger*, The Jurisprudence of the FIFA Dispute Resolution Chamber, 168 f.

590 Die Justitiarin der Österreichischen Fußball-Bundesliga, Frau Dr. Kedelc-Korn, teilte gegenüber dem Verfasser in einer E-Mail mit: […] „Die Klubs nutzen die Möglichkeit in unterschiedlicher Intensität (Top-Klubs machen eher weniger Gebrauch davon, kleinere Klubs dafür mehr). Mangels entsprechender Judikatur gibt es allerdings in Bezug auf die „angemessene Erhöhung“ keine Rechtssicherheit. Unsere Empfehlung an die Klubs ist daher, eine Erhöhung von zumindest 15–30 % vorzusehen, was konkret immer im Einzelfall zu beurteilen ist (insb. Entwicklung und Alter des Spielers sowie die Höhe des Entgelts).“ […]

591 *Götz*, Realoptionsbasierte Bewertung von Investitionen im Profifußball, in: Sigloch/Klimmer, Unternehmen Profifußball – Vom Sportverein zum Kapitalmarktunternehmen, 109.

und -alternativen lässt sich mit dem Realoptionsansatz erfassen, der die *Flexibilitätswerte* einer Investition in die Bewertung integriert.[592] Die Möglichkeit, auf sich ändernde ökonomische Rahmenbedingungen und neu gewonnene Informationen zu reagieren, erhöht den Wert einer Investition.[593] Der Realoptionswert stellt den Wert der Handlungsspielräume dar.

Auch die Feststellung des Werts der Handlungsspielräume setzt indes am Wert des Wirtschaftsgutes an, auf das sich diese Handlungsspielräume beziehen, also an dem Wert der (Arbeits-)Leistung des Spielers für den Verein. Die insoweit zur Verfügung stehenden Bewertungsmethoden erweisen sich für die Bewertung der Arbeitsleistung eines Spielers als weitgehend ungeeignet:

Die Bewertung der Arbeitsleistung eines Spielers auf der Grundlage des *Substanzwerts* geht davon aus, dass ein Arbeitgeber für den zu bewertenden Vermögensgegenstand nicht mehr bezahlen wird, als er für dessen identische Rekonstruktion aufwenden muss. Da bei diesem Verfahren alle relevanten Kostenbestandteile zugeordnet und quantifiziert werden müssen, ist dieses Verfahren für die Bewertung der Leistung eines Spielers nur eingeschränkt geeignet. Der Substanzwert ist für die hier zu überprüfenden Anwendungsfall praktisch kaum zu ermitteln.[594]

Eine Annäherung gelingt praxistauglich auch nicht mit dem *Ertragswert.* Dieser Wert basiert auf dem Kapitalwertkalkül. Das Kapitalwertverfahren berechnet den Vermögenszuwachs zum Zeitpunkt des Investitionsbeginns. Das Verfahren stellt die Summe der mit der Arbeitsleistung des Spielers verbundenen abgezinsten jährlichen Zahlungsströme dar und errechnet aus dem Saldo den Kapitalwert der Leistung des Spielers, der mit dem Kapitalwert alternativer Investitionsmöglichkeiten verglichen werden kann. Da die Bewertung von Spielerleistungen und die danach notwendige Zuordnung der finanziellen Wertbeiträge, die ein Team in komplexen Teamsportarten generiert, nicht auf den einzelnen Spieler allokierbar ist, ist auch dieses Verfahren wenig praxistauglich.[595]

---

592 Ein erstes Bewertungsverfahren entwickelten *Black* und *Scholes* im Jahre 1973, *Black/Scholes*, 637 ff. In der Praxis findet die im Anschluss von *Cox, Ross* und *Rubinstein* entwickelte, auf Binominalbäumen basierende Approximationsmethode Verwendung; *Cox/Ross/Rubinstein*, Option Pricing, 229–263.

593 *Hommel/Baecker/Lehmann*, Marktorientierte Investitionsrechnung bei Unsicherheit, Flexibilität und Irreversibilität. Eine Systematik der Bewertungsverfahren, in: Hommel/Baecker/Lehmann, Reale Optionen, Konzepte, Praxis und Perspektiven strategischer Unternehmensfinanzierung, 114.

594 Galli/Albert/Elter/Gömmel/Holzhäuser/Straub/*Galli*, Zur Investition in professionelle Fußballspieler, Marktgestützte finanzielle Spielerbewertung im Teamsport, Sportmanagement, 680 f.

595 *Galli*, Marktgestützte finanzielle Spielerbewertung im Teamsport, in: Galli, Albert, Elter, Gömmel, Holzhäuser, Straub, Sportmanagement, 679 f.; *Götz*, Realoptionsbasierte Bewertung von Investitionen im Profifußball, in: Sigloch/Klimmer, Unternehmen Profifußball – Vom Sportverein zum Kapitalmarktunternehmen, 108 f.;

Schließlich bleibt noch die Bestimmung eines *Marktwerts*[596], der den tatsächlich am Markt erzielbaren Wert wiedergeben und der sich aus einschlägigen Veröffentlichungen ergeben soll. Hier werden zwar von verschiedensten Seiten Daten angegeben.[597] Freilich ist die Herkunft der der Bewertung zugrunde gelegten Daten kaum einmal nachvollziehbar.[598]

bbb. Erhöhung der Vergütung nach der Einordnung in das Mannschaftsgefüge

Da sich der Wert der Arbeitsleistung eines professionellen Fußballspielers und damit auch der Wert einer einseitigen Option zur Verlängerung der vertraglichen Verpflichtung nach betriebswirtschaftlichen Bewertungsmethoden objektiv nicht feststellen lässt, bedarf es geeigneterer Maßstäbe, anhand derer sich die Höhe des angemessenen Ausgleichs für die ungleichen Bindungen bemessen lassen können.

Ein von den bisher in den Blick genommenen betriebswirtschaftlichen Bemessungsmethoden abweichender gedanklicher Ansatz zur Feststellung der Angemessenheit der Kompensation einer einseitigen Verlängerungsoption folgt aus der (Sozial-)Struktur einer Fußballmannschaft und dem sich daran anschließenden Gehaltsgefüge. Im professionellen Mannschaftssport lassen sich die Spieler in Kategorien einteilen, die Hinweise für die Bewertung der Leistung der Spieler für den Arbeitgeber geben. Ausgangspunkt dieser Kategorienbildung ist die von den Verantwortlichen einzuschätzende sportliche Leistungsfähigkeit. Zu dieser sportlichen Leistungsfähigkeit treten weitere Kriterien – Führungsfähigkeit, Belastbarkeit, Resilienz u. a. m. – hinzu, die den Wert des einzelnen Spielers im sozialen Gefüge „Mannschaft" im Hinblick auf die Erreichung der gesetzten sportlichen Ziele ausmachen. Bei erfolgreichen Mannschaften spricht man von dem „gesunden Mix" aus erfahrenen und jungen und erfolgshungrigen Spielern.

Hommel/Baecker/Lehmann, Marktorientierte Investitionsrechnung bei Unsicherheit, Flexibilität und Irreversibilität. Eine Systematik der Bewertungsverfahren, in: Hommel/Baecker/Lehmann, Reale Optionen, Konzepte, Praxis und Perspektiven strategischer Unternehmensfinanzierung, 19 ff.; *Littkemann/Fietz/Krechel*, Instrumente zum Controlling von Spielerinvestitionen im Profifußball, in: Schewe, Littkemann, Sportmanagement, Der Profi-Fußball aus ökonomischer Perspektive, 175.

596 *Galli*, Marktgestützte finanzielle Spielerbewertung im Teamsport, in: Galli/Albert/Elter/Gömmel/Holzhäuser/Straub, Sportmanagement, 678 ff.; Statische und dynamische Investitionsrechnungsmethoden unterscheiden *Littkemann/Fietz/Krechel*, Instrumente zum Controlling von Spielerinvestitionen im Profifußball, in: Schewe, Littkemann, Sportmanagement, Der Profi-Fußball aus ökonomischer Perspektive, 168.

597 Bspw.: transfermarkt.de.

598 So die Marktwerte auf transfermarkt.de, dem CIES Football Observatory und den ebenfalls öffentlich zugänglichen Marktwerten von KPMG.

Eine Kategorisierung durch die Vereinsverantwortlichen könnte beispielhaft wie folgt aussehen:

- Ausbildungsspieler
- Ergänzungsspieler
- Stammspieler
- Leistungsträger/Nationalspieler
- Routinier

Jede Kategorie ist mit bestimmten Gehaltserwartungen sowohl von Arbeitnehmer- als auch von Arbeitgeberseite verbunden. Die Spieler vergleichen ihr Gehalt mit dem Gehalt ihrer Mannschaftskollegen.[599] Untechnisch formuliert: Die Arbeitnehmer sind mit dem Gehalt in der Regel dann einverstanden und empfinden es als angemessen, wenn es nicht hinter dem Gehalt eines nach ihrer Stellung im Mannschaftsgefüge vergleichbaren Spielers zurückbleibt.[600]

Die Vereine achten – nicht ausschließlich im wirtschaftlichen Interesse, sondern auch zur Wahrung des „sozialen Friedens" innerhalb der Mannschaft – auf die Gehaltsstrukturen. So ist im Rahmen der vom FC Bayern München angestrebten Vertragsverlängerung mit dem österreichischen Weltklassefußballer David Alaba an die Öffentlichkeit gelangt, dass die Gehaltsstrukturen der professionellen Spieler bestimmten Grundentscheidungen folgen. Das Gehaltsgefüge soll in vier Stufen ausgebildet sein: An der Spitze der Pyramide stehen Robert Lewandowski, Thomas Müller, Leroy Sané und Manuel Neuer, die mit ihren Gehältern von 15 bis 20 Mio. € pro Jahr auch die Grenze in Betracht kommender Vergütung beschreiben.[601] In die zweite Gruppe ordnen sich die Spieler um Joshua Kimmich und Serge Gnabry mit einem jährlichen Einkommen von zehn bis 15 Millionen Euro ein. Weitere Gehaltsgrenzen sind bei bis zu zehn Millionen Euro und bis zu fünf Millionen Euro Jahresgehalt installiert, wobei die unterste Kategorie hoffnungsvollen Spielern wie Tanguy Nianzou oder auch Fiete Arp vorbehalten ist.[602] Dass hinter dieser

---

599 Bspw.: FC-Bayern – Behind the legend, Staffel 1, Folge 3, ab 42:48, *Gnabry*: „Wenn der [Démbelé] kommt, setze ich mich freiwillig da draußen [gemeint ist die Ersatzbank] hin. *Kimmich*: „Mit deinem Gehalt setzt du dich gar nirgends hin! *Sané*: [lacht laut]; https://www.tz.de/sport/fc-bayern/gehalt-fcbayern-muenchen-geld-spieler-stars-wer-verdient-wie-viele-millionen-91230943.html, zuletzt abgerufen am 10.07.2022.

600 Vgl. dazu die Auseinandersetzungen um die Dotierung von Scottie Pippen bei den Chicago Bulls: https://www.sport1.de/news/us-sport/nba/2020/04/nba-was-michael-jordan-scottie-pippen-bis-heute-uebel-nimmt, zuletzt abgerufen am 10.07.2022.

601 https://www.stern.de/sport/fussball/david-alaba--hasan-salihamidzic-erteilt-gehaltsforderung-klare-absage-9419048.html, zuletzt abgerufen am 10.07.2022.

602 https://www.goal.com/de/meldungen/bayern-muenchen-news-sml-geruechte-fcb-heute-mittwoch/1pjw77p1xwcit16tagitd7ahsn; https://sportbild.bild.de/bild-plus/

Struktur die sportliche Leistungsfähigkeit und die noch erwartete Entwicklung des jeweiligen Spielers stehen, bedarf keines gesonderten Nachweises.

Durch Ausbildung von Kategorien kann das unjuristische und subjektive Kriterium der Zufriedenheit des Arbeitnehmers mit dem Arbeitsentgelt im Vergleich mit den Mannschaftskameraden als Ausgangspunkt für eine objektiv angemessene Kompensation herangezogen werden.

Der in der Ausbildung befindliche Jugendspieler wird sich im Gehaltsgefüge nicht mit einem Stammspieler oder gar einem Nationalspieler vergleichen. Er wird aber darauf achten, dass sein Gehalt nicht erheblich von demjenigen anderer Ausbildungsspieler abweicht. Schließlich ist das Gehalt, das der Arbeitgeber dem Arbeitnehmer zu zahlen bereit ist, ein wesentliches Kriterium der sozialen Einordnung in das Mannschaftsgefüge.

Für die Bewertung der einseitigen Verlängerungsoption ergibt sich auf diesen Grundlagen Folgendes:

Das Interesse des Arbeitgebers an einer Verlängerungsoption besteht in der Flexibilität. Tritt die bei Vertragsschluss erhoffte individuelle Entwicklung nicht ein, wird die Verlängerungsoption nicht geltend gemacht.

Ist der Spieler aber erfolgreich und erfüllt er die in ihn gesetzten Hoffnungen, will der Verein verlängern. Folgerichtig muss er dann aber auch die Vergütung für den Optionszeitraum bezahlen, die den dann erfüllten Erwartungen entspricht.

Enttäuscht der Spieler zwar die Erwartungen und der Verein entschließt sich aber dennoch, die Option zu ziehen, muss der Verein „in den sauren Apfel beißen“ und zumindest das durchschnittliche Gehalt der Spieler bezahlen, in die sich der Spieler zum Abschluss des Arbeitsvertrages (also zumindest in die nächsthöhere Kategorie) hineinentwickeln sollte. Die Ausübung der Option muss also auch bei enttäuschten Erwartungen mit einer angemessenen Vergütung einhergehen. Außerdem verbleibt dem Verein immer die Möglichkeit, den Vertrag mit dem Spieler zu geringeren Konditionen – dann aber konsensual – zu novellieren.

Zur Veranschaulichung folgendes Beispiel:

Der 17-jährige Spieler S ist als Ausbildungsspieler für eine Grundlaufzeit von drei Jahren verpflichtet. Die Parteien vereinbaren eine Verlängerungsoption von zwei Jahren. Der Verein erwartet in der dreijährigen Grundlaufzeit, dass sich der Spieler vom Ausbildungsspieler bis zum Ergänzungsspieler entwickelt und zumindest in der überwiegenden Anzahl der Pflichtspiele dem Kader angehört.

Die Vergütungsregelung für den Optionszeitraum muss – um angemessen zu sein – diese vom Verein erwarteten und für den Spieler prognostizierten Leistungen des Spielers in der Grundlaufzeit abbilden. Erwartet der Verein – im günstigen Fall – die Entwicklung vom Ausbildungsspieler zum Ergänzungs- und schließlich zum Stammspieler, muss der Verein für den Fall der Ausübung der Option auch die

bundesliga/vereine/bayern-muenchen/fc-bayern-muenchen-neue-gehalts-obergrenze-77145204.sport.html, Paywall, abgerufen am 10.07.2022.

Vergütung bezahlen, die ein Ergänzungs- oder Stammspieler durchschnittlich zu beanspruchen hat.

Aus der Perspektive des Vereins berücksichtigt die Anknüpfung der angemessenen Vergütung im Optionszeitraum an das bestehende Gehaltsgefüge der Mannschaft einerseits die Leistungsfähigkeit des Vereins. Darin findet Ausdruck, dass zum Beispiel Arminia Bielefeld ein anderes Gehalt für einen Stammspieler zahlt als der FC Bayern München.

Aus dem Blickwinkel des Spielers wird im Falle der Ausübung der Option dessen Leistungsentwicklung angemessen in Rechnung gestellt, weil der Arbeitgeber ein nicht wesentlich abweichendes Gehalt für vergleichbare Spieler der Mannschaft auch bezahlt.

Nur auf den ersten Blick ein Sonderfall ist die mit dem Routinier vereinbarte einseitige Opt-in-Verlängerungsoption. Denn der Routinier hat seine sportliche Entwicklung abgeschlossen und steht vor seinem Karriereende. Die bei Vertragsschluss übereinstimmend antizipierte Entwicklung ist also nicht, dass der Spieler sein Leistungsniveau weiter steigert. Die übereinstimmende Erwartung der vertragschließenden Parteien besteht vielmehr darin, dass der Routinier auch über die Grundlaufzeit des Vertrages hinaus das Leistungsniveau trotz seines fortgeschrittenen Alters erhalten kann. Dementsprechend ist die angemessene Kompensation für den Routinier der Erhalt des – trotz des erwarteten Leistungsabfalls – bezogenen Gehalts aus der Grundlaufzeit auch im Verlängerungszeitraum.

ccc. Zwischenergebnis

Dass das Problem der betragsmäßigen Festlegung eines angemessenen Optionspreises nicht durch eine allgemeingültige Festlegung auf (z. B.) eine bestimmte prozentuale Erhöhung des Gehalts im Optionszeitraum oder ein bestimmtes Bindungsentgelt bei Vertragsschluss gelöst werden kann, ist naheliegend. Die Lebenssachverhalte sind zu vielfältig. Die Entwicklungen insbesondere junger Spieler verlaufen nicht gleichförmig. Eine pauschale Festlegung wird demgemäß keine belastbaren Ergebnisse erzielen können.

Der hier verfolgte kautelarjuristische Ansatz verlagert das Problem zeitlich vor den Vertragsschluss und fügt jeden Vertrag in das Gehaltsgefüge der Mannschaft ein. Er liefert einen konkreten für alle Mannschaften gleichermaßen durchführbaren Ansatz. Dabei müssen die Verantwortlichen nichts tun, was sie bei der Zusammenstellung der Mannschaften nicht ohnehin tun: Die sportlichen Verantwortlichen bilden für die Arbeitsvertragsparteien nachvollziehbare Kategorien im bestehenden Gehaltsgefüge und orientieren daran das Gehalt der Arbeitnehmer (hier: im Optionszeitraum).[603]

603 Zur konkreten Ausgestaltung der Klausel unten, § 28.

d. Maß der Verlängerung

aa. Relatives Maß

Im Fall der automatischen Verlängerung eines Bahncard-Vertrages hatte das *AG Neuss* noch angenommen, eine automatische Verlängerung um das Doppelte der ursprünglichen Vertragslaufzeit sei gemäß § 307 BGB unwirksam.[604] Der *BGH* sah das anders: Es gebe keinen Grundsatz, dass die Dauer der stillschweigenden Verlängerung nicht länger sein darf als die ursprüngliche Grundlaufzeit.[605]

bb. Absolutes Maß

§ 309 Nr. 9b BGB beschränkt die zulässige Dauer automatischer Vertragsverlängerungen, soweit sie über ein Jahr hinaus gehen. Die Vorschrift findet auch Anwendung, wenn die Verlängerung nicht stillschweigend erfolgt, sondern – wie im Falle der Opt-in-Verlängerungsoption – einer ausdrücklichen Erklärung des Verwenders bedarf.[606]

Allerdings findet § 309 Nr. 9 BGB auf Arbeitsverträge keine Anwendung, da nach dem Arbeitsvertrag nicht der Verwender die regelmäßigen Dienstleistungen erbringt[607]. Dennoch kommt den Klauselverboten der §§ 308, 309 BGB über ihren unmittelbaren Anwendungsbereich hinaus eine Ausstrahlungswirkung auf den allgemeinen Maßstab der Angemessenheit nach § 307 BGB zu.[608] Gerade für § 309 Nr. 9 BGB ist in der Rechtsprechung anerkannt, dass die Norm auch in Bezug auf von ihr nicht erfasste Dauerschuldverhältnisse eine Wertungsgrundlage für die Angemessenheitsprüfung darstellt.[609]

Der Tarifvertrag in Belgien belässt es bei der zulässigen fünfjährigen Dauer der Bindung des Sportlers und beschränkt die Bindung für Spieler unter 18 Jahren auf drei Jahre. Dafür spricht, dass für die zeitliche Bindung des Arbeitnehmers in den §§ 624 BGB, 15 TzBfG Sonderregelungen bestehen, die die Höchstdauer einer arbeitsvertraglichen Bindung festlegen. Die maximal zulässige Bindung des Arbeitnehmers ergibt sich auch im Falle der Vereinbarung einer einseitigen Opt-in-Verlängerungsoption aus diesen spezialgesetzlichen Vorgaben.[610]

---

604 AG Neuss 09.05.2014 – 84 C 2066/13.

605 BGH 15.04.2010 – Xa ZR 89/09 (*Bahncard*); *Müller/Schmitt*, NJW 2017, 1991, 1992 f.

606 Ulmer/Brandner/Hensen/*Christensen*, AGB-Recht, § 309 Nr. 9, Rn. 16 unter Hinweis auf BGH 03.11.1999 – VIII ZR 269/98; Staudinger/*Coester-Waltjen*, § 309 Nr. 9, Rn. 19.

607 Ulmer/Brandner/Hensen/*Christensen*, AGB-Recht, § 309 Nr. 9, Rn. 11 am Ende.

608 Ulmer/Brandner/Hensen/*Fuchs*, AGB-Recht, § 307, Rn. 163 ff.

609 BGH 08.03.1984 – IX ZR 144/83, Rn. 24; BGH 04.12.1996 – XII ZR 193/95, Rn. 15.; BGH 15.04.2010 – Xa ZR 89/09 Bahncard; zum Urheberrecht LG Heidelberg 09.01.2014 – 2 O 211/13, Rn. 27.

610 So die tarifvertragliche Regelung in Belgien mit einer Ausnahme für junge Spieler; BAG 25.04.2013 – 8 AZR 453/12 *(Florian Brügmann)*.

Dagegen regelt der Kollektivvertrag der Österreichischen Fußball-Bundesliga für die einseitige Opt-in-Verlängerungsoption eine zeitliche Beschränkung der mit der Ausübung der Option für den Spieler verbundenen Vertragsbindung von nur einer Saison nach der Grundlaufzeit. Das entspricht der Auffassung im deutschen Schrifttum zu § 309 Nr. 9b BGB, wonach regelmäßig ein gegenüber der Erstlaufzeit kürzerer Verlängerungszeitraum sachgerecht sei, weil der Verwendungsgegner anders als beim ursprünglichen Vertragsschluss über die Verlängerung häufig nicht bewusst entscheide.[611] Dass dieses Argument in Bezug auf die Arbeitsverträge professioneller Fußballspieler kaum Bedeutung haben dürfte, ist vor dem Hintergrund der vielfach beratenen Profis nachvollziehbar. Dennoch wird der vorsichtige Vertragsgestalter im Bemühen um den sichersten Weg daher eine Opt-in-Verlängerungsoption über zwölf Monate hinaus nicht vorsehen.[612]

e. Ausübungsfrist (§ 309 Nr. 9c BGB)

Dass eine Ausübungsfrist einzuhalten ist, liegt nicht ohne Weiteres auf der Hand. So gelangt die Rechtsprechung zum durch die Entscheidung des Arbeitgebers über dessen Inanspruchnahme bedingten[613] nachvertraglichen Wettbewerbsverbot und zum Vorvertrag auf Abschluss eines nachvertraglichen Wettbewerbsverbots[614] zu dem Ergebnis, dass der Arbeitgeber die Ansprüche auf Abschluss des Wettbewerbsverbots bis zur Kündigung bzw. bis zum Abschluss eines Aufhebungsvertrages geltend machen kann.[615] Zwar erkennt die Rechtsprechung, dass in diesen Fallgestaltungen die Verpflichtung zur Wettbewerbsenthaltung gegen Zahlung der Entschädigung von einer Entscheidung des Arbeitgebers abhängt und damit potestativen Charakter hat. Benachteiligend für den Arbeitnehmer sei, dass die Entscheidung des Arbeitgebers ungewiss ist, so dass er bei seiner Planung weder von einem Wettbewerbsverbot mit Entschädigung noch von der Zulässigkeit eines Wettbewerbs ausgehen könne.[616]

---

611 Ulmer/Brandner/Hensen/*Christensen*, AGB-Recht, § 309 Nr. 9, Rn. 17.

612 Ebenso ohne nähere Begründung *Vogt*, Befristungs- und Optionsvereinbarungen im professionellen Mannschaftssport, 171.

613 ErfK/*Oetker*, § 74 HGB, Rn. 12.

614 Aufgrund der speziellen Regelung in den §§ 74 ff. HGB finden die §§ 307 ff. BGB auf die Vereinbarung nachvertraglicher Wettbewerbsverbote keine Anwendung, *Bauer/Diller*, Wettbewerbsverbote, Rn. 356; abweichend *Koch*, RdA 2006, 28 ff. der einen Verstoß gegen § 307 Abs. 1 BGB nur dann annimmt, wenn sich das vereinbarte Wettbewerbsverbot bereits zum Zeitpunkt des Vertragsschlusses als Verstoß gegen Treu und Glauben darstellt. Erweise es sich nachträglich als unangemessen, verbleibe es bei § 74a Abs. 1 HGB.

615 BAG 19.12.2018 – 10 AZR 130/18, Rn. 35.

616 BAG 19.12.2018 – 10 AZR 130/18, Rn. 35.

Eine gesonderte Ausübungsfrist nimmt das BAG aber nicht an. Eine unbillige Erschwerung des Fortkommens des Arbeitnehmers gemäß § 74a Abs. 1 Satz 2 HGB und eine daraus resultierende Unverbindlichkeit des Wettbewerbsverbots gemäß § 75d HGB ergebe sich erst, wenn der Arbeitgeber die Erfüllung des nachvertraglichen Wettbewerbsverbots noch nach der Kündigung des Arbeitsverhältnisses oder nach Abschluss eines Aufhebungsvertrages verlangen könne.[617]

Für die der Inhaltskontrolle unterliegenden einseitigen Opt-in-Verlängerungsoptionen ist demgegenüber auf die Wertungen des § 309 Nr. 9 c. ff. BGB zu rekurrieren. Zweck dieser Regelung ist, dass der Optionsberechtigte in angemessener Zeit vor dem Auslaufen des Vertrages seine Entscheidung treffen muss, um dem Spieler, kommt es nicht zur Vertragsverlängerung, noch ausreichend Gelegenheit zu geben, einen neuen Verein zu finden. Dieser Rechtsgedanke kehrt deshalb auch zu Recht in den tarifvertraglichen und verbandsrechtlichen Regelungen wieder, wenn gefordert wird, dass die Ausübung der Option in einer angemessenen Frist vor dem Auslaufen des ursprünglichen Vertrages – nach dem BL-KollV sechs Wochen[618] vor Auslaufen des Grundvertrages – auszuüben ist.[619]

3. *Zwischenergebnis: Übertragung des Verwendungsrisikos nur gegen Kompensation*

Bei der Gesamtabwägung der Interessen der Parteien ist auf der Grundlage der beiderseitigen Interessen und des Abwägungsmaterials festzustellen, ob der Verwender durch die einseitige Opt-in-Verlängerungsoption missbräuchlich eigene Interessen auf Kosten seines Vertragspartners durchzusetzen versucht, ohne auch dessen Belange zu berücksichtigen und ihm einen angemessenen Ausgleich zuzugestehen.

Die mit der Einräumung einer einseitigen Opt-in-Verlängerungsoption verbundene *Flexibilität* für den Optionsberechtigten erhöht einseitig den Wert seiner Investition, indem es das *Verwendungsrisiko* für den Optionszeitraum auf den Arbeitnehmer verlagert. Diese Werterhöhung ermöglicht der Spieler durch die Zustimmung zu einer längeren Beschränkung seiner wirtschaftlichen Bewegungsfreiheit (Mobilitätsinteresse).

Voraussetzung für die Wirksamkeit dieser Klausel, die das Hauptleistungsversprechen des Arbeitnehmers ausgestalten bzw. modifizieren und die ausschließlich die Interessen des Optionsberechtigten bedient, ist ein angemessener Ausgleich oder eine Kompensation in Form eines Optionspreises. Das jedenfalls folgt nach dem Subsidiaritätsgrundsatz aus den Anschauungen der beteiligten Verkehrskreise.

---

617 BAG 19.12.2018 – 10 AZR 130/18, Rn. 35.

618 https://www.kollektivvertrag.at/kv/fussball-bundesliga-oesterreich-arb-ang, zuletzt abgerufen am 10.07.2022.

619 LG München 21.12.1995 – 7 O 19667/94, BB 1996, Beil. 9, S. 10.

Insbesondere die tarifvertraglichen Regelungen, die die Zulässigkeit von einseitigen Opt-in-Verlängerungsoptionen annehmen und die Bedingungen der Wirksamkeit formulieren, können im Arbeitsrecht das Urteil über die Angemessenheit vorformulierter Vertragsklauseln beeinflussen.[620] Unter dem Aspekt der Angemessenheit nach § 307 BGB ist die Kompensation einer einseitigen Opt-in-Verlängerungsoption anzunehmen, wenn der Spieler im Optionszeitraum die Vergütung erhält, die dem erwarteten Status innerhalb der Gehaltsstruktur des Mannschaftsgefüges entspricht.

Auch dann, wenn eine Opt-in-Verlängerungsoption kompensiert wird, muss das Maß der Verlängerung angemessen sein. Die Ausübungsfrist muss so gestaltet sein, dass der Spieler – zieht der Berechtigte die Option nicht – ausreichend Zeit hat, sich auf das Ende des Vertrages einzustellen.

V. Transparenzkontrolle der einseitigen Opt-in-Verlängerungsoption gemäß § 307 BGB

Neben der Angemessenheitskontrolle unterliegt eine Vereinbarung über eine einseitige Opt-in-Verlängerungsoption auch der Transparenzkontrolle nach § 307 Abs. 1 S. 2 BGB.

Diesem Bedürfnis dienen die aus den einschlägigen Tarifverträgen und den verbandsrechtlichen Regelungen hervorgehenden Schriftform- und sonstigen Deutlichkeitserfordernisse, wie zum Beispiel das *Portmann*-Kriterium Nr. 5 oder § 6 BL-KollV.

Darüber hinaus dient es der Transparenz, wenn der Arbeitgeber die Opt-in-Verlängerungsoption mit den sonstigen Regelungen über die Laufzeit des Vertrages nicht an unterschiedlichen Stellen im Vertrag regelt, wo sie der Klauselgegner möglicherweise nicht vermutet, sondern in einer einheitlichen Laufzeitregelung zusammenfasst.[621]

VI. Ergebnis: Wirksamkeit einseitiger Opt-in-Verlängerungsoptionen bei angemessener Kompensation und Verlängerung

Zusammenfassend ergibt sich, dass die vergütete einseitige Opt-in-Verlängerungsoption zu Gunsten des Arbeitgebers wirksam sein kann, wenn die Option – wie oben dargestellt – durch betragsmäßige Orientierung des Gehalts im Optionszeitraum an einem durchschnittlichen Gehalt eines der Vergleichsspieler der jeweiligen Kategorie, der der Spieler angehört, angemessen kompensiert wird.

---

620 Staudinger/*Krause*, Anh. zu § 310, Rn. 235.

621 *Müller/Schmitt*, NJW 2017, 1991, 1995.

Die Verlängerung, die durch die Option erreicht wird, soll zwölf Monate nicht übersteigen und eine angemessene Ausübungsfrist enthalten.

§ 14 Verstoß gegen § 138 BGB i. V. m. Art. 12 GG

In einem letzten Schritt ist zu prüfen, ob die Vereinbarung einer einseitigen Opt-in-Verlängerungsoption in Arbeitsverträgen professioneller Fußballspieler, für die der Spieler eine Vergütung in Form eines Optionspreises erhält, aufgrund Verstoßes gegen die guten Sitten gemäß § 138 BGB nichtig ist. Das ist bereits aufgrund des Vorrangs der Angemessenheitsprüfung nach den §§ 307 ff. BGB nicht der Fall (I.). Im Übrigen verbietet Art. 12 GG die Bindungen des Arbeitnehmers innerhalb bestimmter Grenzen nicht (II.).

I. § 138 BGB neben der AGB-Kontrolle

Fischinger hat zu Recht darauf hingewiesen, dass für § 138 BGB nach Eröffnung der Angemessenheitskontrolle durch das Schuldrechtsmodernisierungsgesetz nach den Maßstäben des § 310 Abs. 3 Nr. 2 BGB nur noch insoweit Raum bleibt, als es um die nach § 307 Abs. 3 BGB kontrollfreien Hauptleistungspflichten[622] geht oder keine vorformulierten Vertragsbedingungen vorliegen, die nicht Gegenstand der Untersuchung sind.[623]

II. Art. 12 GG

1. Abwehrrecht

Das in Art. 12 Abs. 1 GG gewährleistete Grundrecht auf freie Wahl des Arbeitsplatzes schützt den Einzelnen in seinem Entschluss, eine konkrete Beschäftigungsmöglichkeit in einem gewählten Beruf zu ergreifen, beizubehalten oder auch aufzugeben. In seiner Abwehrfunktion richtet sich das Grundrecht auf den Schutz des Bürgers gegen staatliche Beschränkungen.[624] Indes verbietet das Grundrecht der Berufsfreiheit nicht jeden Eingriff in die Freiheit der Berufswahl und -ausübung. Das Bundesverfassungsgericht hat mit seinem Apotheken-Urteil die 3-Stufen-Theorie eingeführt und damit Leitlinien der Verhältnismäßigkeitsprüfung für Eingriffe in die Berufsfreiheit vorvollzogen.[625] Zu unterscheiden sind objektive und subjektive Einschränkungen des Grundrechts.

622 Siehe hierzu oben § 12.

623 Staudinger/*Fischinger*, § 138 BGB, Rn. 574 f.

624 ErfK/*Schmidt*, Einl. GG, Rn. 25; Sachs/*Sachs*, vor Art. 1 GG, Rn. 78 ff.

625 BVerfG 11.06.1958 –1 BvR 596/56.

2. *Schutzpflicht aus Art. 12 GG*

Für den vorliegenden Zusammenhang arbeitsvertraglicher Vereinbarungen steht nicht die Abwehrfunktion des Art. 12 GG gegen staatliche Eingriffe, sondern die Schutzfunktion des Grundrechts und seine Ausstrahlungswirkung in das Arbeitsrecht im Vordergrund.[626]

a. Grundlagen

Art. 12 GG kommt zwar keine unmittelbare Drittwirkung zu. Das in den Grundrechten verkörperte Wertesystem wirkt aber über die Generalklauseln, insbesondere die §§ 138, 242 BGB, in das Zivilrecht hinein.[627]

Im Zusammenhang mit den Bindungen des Arbeitnehmers an einen Arbeitsvertrag hat das BAG insbesondere zu Rückzahlungsklauseln und Wettbewerbsverboten aus Art. 12 GG einen in die Generalklausel des § 138 BGB hineinwirkenden grundrechtlichen Mobilitätsschutz abgeleitet.[628]

Sofern eine Regelung in die freie Wahl des Arbeitsplatzes mit ähnlichen Wirkungen eingreift wie eine objektive Zulassungsschranke in die Freiheit der Berufswahl[629], ist sie nur zur Sicherung eines entsprechend wichtigen Gemeinschaftsgutes und zur Wahrung des Grundsatzes der Verhältnismäßigkeit zulässig.[630]

b. Eingriff in den Schutzbereich der Berufsfreiheit

Wird der Arbeitnehmer an seinen Arbeitsplatz gebunden, ist das Recht, diesen Arbeitsplatz aufzugeben und einen neuen Arbeitsplatz zu wählen, beschnitten.[631]

aa. Kienass-*Entscheidung*

Die Annahme, in der Vereinbarung einer einseitigen Opt-in-Verlängerungsoption zu Gunsten des Vereins liege ein Verstoß gegen § 138 BGB i. V. m. Art. 12 GG, knüpft an die oben dargestellten Auffassungen zum Verstoß der überkommenen Transfersysteme gegen Art. 12 GG an,[632] die in der *Kienass*-Entscheidung des BAG aus dem Jahr 1996[633] gipfelten.

---

626 ErfK/*Schmidt,* Einl. GG, Rn. 33 ff.

627 BVerfG 15.01.1958 – 1 BvR 400/51, Rn. 25 ff.; BVerfG 19.10.1993 – 1 BvR 567/89, Rn. 48; u. a.; *Böckenförde,* Der Staat 1990, 1 ff., 10 ff.; *Classen,* AöR 122 (1997) 65, IV. 1. a.; *Dürig*; FS Nawiasky, 157, 176 f.; *Jarass,* AöR 110 (1985), 363, 364 ff.

628 ErfK/*Schmidt,* Art. 12 GG, Rn. 34.

629 BVerfG 07.02.1990 – 1 BvR 26/84.

630 Ebenso: BVerfG 24.04.1991 – 1 BvR 1341/90, Rn. 60, BVerfGE 84, 133–160.

631 BGH 29.06.1962 – 1 AZR 343/61, NJW 1962, 1981, 1983.

632 Siehe oben Kapitel 2.

633 BAG 20.11.1996 – 5 AZR 518/95.

Kurz nach der *Bosman*-Entscheidung hatte das BAG ausgesprochen, dass die Verpflichtung des aufnehmenden Vereins nach Art. 59 der damaligen Spielordnung des *Deutschen Eishockey-Bundes*, an den abgebenden Verein eine Entschädigung für Aus- und Weiterbildungskosten zu bezahlen, jedenfalls insoweit wegen Verstoßes gegen die guten Sitten nach § 138 Abs. 1 BGB nichtig sei, als eine Entschädigung auch beim Wechsel solcher Spieler verlangt werden könne, deren Arbeitsverhältnis mit dem abgebenden Verein geendet hatte. Ein Berufssportler, dessen Vereinswechsel von einer Transferentschädigung abhängig gemacht werde, sei tatsächlich in einem erheblichen Umfang in seinem beruflichen Fortkommen und damit in seiner Berufsfreiheit behindert. Ermögliche es die verbandsrechtliche Regelung, eine Transferentschädigung selbst dann zu fordern, wenn der Spieler nicht mehr arbeitsvertraglich an seinen bisherigen Verein gebunden ist, so verstoße dies gegen Art. 12 GG.

Die Stimmen, die eine Übertragung dieser Entscheidung auf die einseitige Opt-in-Verlängerungsoption annahmen, meinten, zu dieser Vertragsgestaltung greife der Club nur, um die für ihn nachteiligen Folgen der Aufhebung der Transfersysteme abzuschwächen.[634] Die sich hierauf beziehende Verpflichtung des Spielers im Arbeitsvertrag sei daher nach § 138 Abs. 1 BGB nichtig.[635]

bb. Vertragliche Bindungen als Verwirklichung der Berufsfreiheit

Ohne Zweifel hindert die Ausübung des Optionsrechts den Spieler daran, den Arbeitgeber zu wechseln und einen für ihn (noch) besseren Vertrag mit einem anderen Arbeitgeber einzugehen. Auch die Nichtausübung der Option durch den Arbeitgeber behindert den Spieler, bleibt er doch gegebenenfalls bis zum spätestmöglichen Zeitpunkt der Ausübung der Opt-in-Klausel im Unklaren über seine vertragliche Zukunft.[636]

Ungeachtet dessen greift die einseitige Opt-in-Verlängerungsoption ebenso wenig wie der Abschluss eines langfristigen Arbeitsvertrages[637] in die freie Wahl des Arbeitsplatzes mit ähnlichen Wirkungen ein wie eine objektive Zulassungsschranke. Denn die Bindung des Spielers ergibt sich – anders als im Falle der überkommenen Transfersysteme – nicht aus einer objektiven Beschränkung durch kollektive Verbandsregelungen, sondern aus einer mit dem Vertragsschluss einhergehenden subjektiven Bindung. Der Spieler ist nicht nach Auslaufen seines Vertrages, sondern auf der Grundlage eines bestehenden Vertrages gebunden. Durch diesen Arbeitsvertrag macht der Spieler gerade von seiner grundrechtlich

---

634 *Fischinger;* FS Moll, 117, 122.

635 BAG 20.11.1996 – 5 AZR 518/95, Rn. 41 f.

636 *Vogt,* Befristungs- und Optionsvereinbarungen im professionellen Mannschaftssport, 153.

637 Soweit sich die Befristungsdauer in den gesetzlichen Grenzen bewegt, §§ 624 BGB, 15 TzBfG.

gewährleisteten Berufsfreiheit Gebrauch.[638] Bedingung der Gewährleistung der Berufsfreiheit ist, dass der Arbeitnehmer durch Eingehen einer Verpflichtung gegenüber einem Arbeitgeber über seine Arbeitskraft disponieren kann. Die Möglichkeit, die Bindungen eines Arbeitsvertrages einzugehen, ist Voraussetzung der Kommerzialisierung der Arbeitskraft und damit der Verwirklichung der Freiheit, den Arbeitsplatz zu wählen.[639]

Der professionelle Fußballspieler darf sich vor dem Hintergrund von Berufsfreiheit und Eigentumsgewährleistung vertraglich binden und dadurch den Wert seiner Arbeit realisieren. Die Arbeitskraft des Arbeitnehmers stellt ein kommerzialisierbares Wirtschaftsgut dar, über das der Arbeitnehmer disponieren kann.[640] Diese mit dem Arbeitsvertrag verbundene willentliche Aufgabe von Freiheit wird im Synallagma durch die vom Arbeitgeber zu zahlende Vergütung kompensiert. Der Arbeitsvertrag ist Ausdruck der grundrechtlichen Freiheit der Parteien eines Arbeitsvertrages, durch diesen Vertrag für sich neues, verbindliches Recht zu begründen.[641] Die rechtsgeschäftliche Selbstbindung führt zwar zu einer Beschränkung beruflicher Mobilität, ist aber zugleich Ausübung individueller Freiheit.[642]

cc. Grenze der Vertragsfreiheit

Der Spieler darf sich zwar binden, hat aber auch in diesem Rahmen das Interesse, dass seine wirtschaftliche Bewegungsfreiheit und sein Recht auf freie Wahl seines Arbeitsplatzes nicht über Gebühr beschränkt werden.

aaa. Schranken

Dem entspricht, dass die Vertragsfreiheit nicht schrankenlos gewährt ist. Die Grenzen der Vertragsfreiheit zieht der Gesetzgeber. Insbesondere dann, wenn es an einem annähernden Kräftegleichgewicht der Beteiligten fehlt, also bei gestörter Vertragsparität, gebietet Art. 12 GG, dass der Gesetzgeber im Zivilrecht Vorkehrungen zum Schutz der Berufsfreiheit gegen vertragliche Beschränkungen schafft.[643] Die Ausfüllung der Generalklausel erfolgt bei Arbeitsverträgen im Lichte von Art. 12 GG.[644]

638 BAG 25.04.2013 – 8 AZR 453/12 *(Florian Brügmann)*, Rn. 29 f.; *Vogt*, Befristungs- und Optionsvereinbarungen im professionellen Mannschaftssport, 152 ff., zur Verwirklichung der Grundrechte durch Eingehen von Verträgen allgemein: *Kirchhoff*, FS Ulmer, 1211; *Kleinebrink*, DB 2020, 170, 172.

639 *Bieder*, Kompensatorische Vertragsgestaltung, 134.

640 *Bieder*, Kompensatorische Vertragsgestaltung, 135 ff.

641 *Kirchhoff*, FS Ulmer, 1211.

642 BVerfG 07.02.1990 – 1 BvR 26/84 (Handelsvertreter), Rn. 44.

643 BVerfG 07.02.1990 – 1 BvR 26/84 (Handelsvertreter), Rn. 47 f.

644 Staudinger/*Coester*, § 307, Rn. 18; Staudinger/*Krause*, Anh. zu § 310 BGB, Rn. 208 ff.

Auch unabhängig von der Vergütung, insbesondere deren Höhe, dürfen die Einschränkungen des Spielers über ein bestimmtes Maß nicht hinausgehen. Deshalb hat der Gesetzgeber die absolute Dauer von Arbeitsverhältnissen begrenzt (§ 622 Abs. 5 BGB, 15 Abs. 4 TzBfG) und das Kündigungsrecht nach § 624 BGB vorgesehen. Soweit diese Grenzen aber eingehalten sind, ist der grundrechtlich gebotenen Berufsfreiheit ausreichend Rechnung getragen.[645]

bbb. Kein Verbot von Bindungen außerhalb des arbeitsrechtlichen Synallagmas

Das schließt allerdings Bindungen des Arbeitnehmers nicht prinzipiell aus. Das Gesetz kennt in den Regelungen zum Wettbewerbsverbot des Arbeitnehmers § 110 Satz 2 GewO i. V. m. §§ 74 ff. HGB Normen, die eine Bindung des Arbeitnehmers sogar über die Beendigung des Arbeitsverhältnisses hinaus erlauben. Das Leitbild der §§ 74 ff. HGB lässt sich in den folgenden zwei Kernaussagen zusammenfassen:[646]

- Der Arbeitnehmer ist ohne besondere Vereinbarung nach seinem Ausscheiden aus einem Beschäftigungsverhältnis völlig frei in seiner beruflichen Entfaltung.

- Eine die Berufsfreiheit nach der Beendigung des Arbeitsverhältnisses beschränkende Vereinbarung ist – von den Fällen objektiver Nutzlosigkeit abgesehen (§ 74a Abs. 1 HGB) – grundsätzlich zulässig, soweit sie kompensiert wird.

Für die vertragliche Bindung des Arbeitnehmers muss dies erst recht gelten. Als subjektive, aus dem Arbeitsvertrag resultierende Bindung ist die durch eine einseitige Verlängerungsoption vermittelte Bindung kein Eingriff in den Schutzbereich des Art. 12 GG, sondern – ebenso wie der Abschluss eines Arbeitsvertrages – dessen Verwirklichung.

Durch die Kombination von Befristung und Option und durch die Ausübung der Option wird der Arbeitnehmer nicht stärker in seiner Berufsfreiheit eingeschränkt als durch eine sich im Rahmen von 14 TzBfG bewegende, ursprünglich für den Zeitraum von Grundlaufzeit einschließlich Optionszeitraum vereinbarte Befristung. Ein Eingriff in die Berufsfreiheit liegt damit in der Ausübung der Option richtigerweise nicht.[647]

Außerdem hat der Gesetzgeber mit § 624 BGB die Frage der Grundrechtskollision durch arbeitsvertragliche Bindung durch die Einräumung eines Kündigungsrechts nach Ablauf von fünf Jahren gelöst.[648]

645 Staudinger/*Fischinger*, § 138 BGB, Rn. 600.

646 *Bieder*, Kompensatorische Vertragsgestaltung, 230 f.

647 LAG Köln 20.11.1998 – 11 Sa 125/98, Rn. 15.; so auch *Fischinger*, FS Moll, 121.

648 LAG Köln 20.11.1998 – 11 Sa 125/98, Rn. 15.

III. Zwischenergebnis

Richtig ist zwar, dass die vermehrte Verwendung dieser Klauseln nach der *Bosman*-Entscheidung deren wirtschaftlichen Folgen für die Clubs insbesondere in bilanzieller Hinsicht abschwächen sollte. Das Eingehen von Bindungen durch den Arbeitgeber will Art. 12 GG in seiner Ausstrahlungswirkung auf § 138 BGB aber gerade nicht verhindern, sondern ermöglichen. Vom Arbeitnehmer im Rahmen der Berufsfreiheit eingegangene Bindungen stellen deshalb keinen ungerechtfertigten Eingriff in den Schutzbereich des Grundrechts, sondern dessen Verwirklichung dar.[649] Es kommt auch – soweit ersichtlich – zu Recht niemand auf den Gedanken, die weitere Folge der *Bosman*-Entscheidung, die Verlängerung der Vertragslaufzeiten, könne in die Freiheit des professionellen Fußballspielers, in sein durch § 138 BGB i. V. m. Art. 12 GG geschütztes Recht auf freie Wahl seines Arbeitsplatzes und sein berufliches Fortkommen eingreifen.[650] § 138 BGB i. V. m. Art. 12 GG wird durch die mit einer einseitigen Opt-in-Verlängerungsoption eintretende vertragliche Bindung daher ebenso wenig berührt wie die europarechtliche Arbeitnehmerfreizügigkeit.[651]

Weitere Argumente, die die Eingriffe in die Berufsfreiheit zu rechtfertigen versucht haben, wie die Frage, ob Fußballvereine als Tendenzbetriebe zu beurteilen sein könnten[652] oder der Gesichtspunkt der Kompensation für erbrachte

---

649 BAG 25.04.2013 – 8 AZR 453/12 (*Florian Brügmann*), Rn. 29 f.; *Vogt*, Befristungs- und Optionsvereinbarungen im professionellen Mannschaftssport, 152 ff.

650 Was nicht bedeutet, dass die Wertungen des Art. 12 GG nicht an anderer Stelle, zum Beispiel im Rahmen der Inhaltskontrolle nach §§ 307 ff. BGB und den insoweit erforderlichen Interessenabwägungen, wieder Wirkung entfalten können, dazu unten § 14 II.

651 *Fischinger*, FS Moll, 117, 122.

652 NJW 1979, 2582, 2583: „Der in den genannten Bestimmungen des Lizenzligastatuts enthaltene Verstoß gegen das Grundrecht des Art. 12 GG ist auch nicht durch andere überragende Interessen des DFB oder der Vereine legitimiert. Solche Interessen wären insofern denkbar, als die Fußballvereine nach den Regeln über Tendenzbetriebe beurteilt werden könnten, deren Tendenz im Betreiben und Fördern des Fußballsports zu sehen wäre [...]. Auch unter diesem Gesichtspunkt wäre eine Einschränkung des in Art. 12 gewährleisteten Grundrechtes aber nur denkbar, wenn sie durch die ideellen Zielrichtungen des Sportbetriebes, nicht aber durch wirtschaftliche Gesichtspunkte bedingt wären [...]. Gerade die Regelungen über den Vereinswechsel und die Transferentschädigungen dienen aber eindeutig nur wirtschaftlichen Belangen der Vereine und keinesfalls der Förderung und Aufrechterhaltung des Sportbetriebes als solchem. Soweit in diesem Zusammenhang angeführt wird, ohne Erhalt von Transferentschädigungen wären die Vereine wirtschaftlich nicht existenzfähig und insbesondere nicht zur Heranbildung des Spielernachwuchses in der Lage, betrifft dies auch wieder mehr die wirtschaftliche als die ideelle Seite des Fußballsports."

Ausbildungskosten,[653] können für die Beurteilung der Frage, ob durch die Gestaltung eines Vertrages mit einseitiger Verlängerungsoption ein Eingriff in die Berufsfreiheit gerechtfertigt werden kann, außen vor bleiben; sie führen insofern nicht weiter.

§ 15 Rechtmäßigkeit der Kaufoption nach Leihe

Durch die „Leihe" wird der Spieler vorübergehend an einen anderen Verein abgegeben. Der abgebende Verein stellt den Spieler dem aufnehmenden Verein für Training und Wettkampf zur Verfügung. Die Parteien vereinbaren das Ruhen des Arbeitsverhältnisses mit dem abgebenden Verein und zugleich eine Wiederauflebensklausel für den Fall der Beendigung der Leihe. Mit dem aufnehmenden Verein vereinbart der Spieler einen befristeten Arbeitsvertrag.[654]

Gegenstand der vertraglichen Vereinbarung zwischen den Vereinen, die zivilrechtlich einen Vertrag eigener Art darstellt, ist damit weder die Übertragung eines Rechts (bisherige Spielerlaubnis) noch die Überlassung der eigenen Spielerlaubnis zur Nutzung beim Vertragspartner und insbesondere auch nicht eine Arbeitnehmerüberlassung, da es zum Abschluss eines Arbeitsvertrages mit dem aufnehmenden Verein kommt.[655]

653 NJW 1979, 2582, 2583: „Auf jeden Fall ist nicht ersichtlich, daß vorrangige ideelle Interessen die Einschränkung des Grundrechtes des Art. 12 GG durch das Lizenzspielerstatut im allgemeinen [...] rechtfertigen könnten. Dies ergibt sich auch nicht etwa daraus, dass der Bekl. sich darauf beruft, dem Kl. Gelegenheit gegeben zu haben, durch die Tätigkeit bei ihm [...] seine [...] Fähigkeiten als Spieler weiterentwickelt [...] zu haben. [...] die Rechtsprechung [hat] gewisse Einschränkungen des Grundrechts des Art. 12 GG lediglich in Form vertraglicher Kündigungsbeschränkungen für den Arbeitnehmer in dem Fall für gerechtfertigt gehalten, in dem der Arbeitgeber Gelegenheit für berufliche Fortbildung unter voller Lohn- oder Gehaltsfortzahlung gewährt und unter Umständen sogar weitere Kosten dieser Fortbildungsmaßnahme getragen hat. Sie hat jedoch selbst in diesen Fällen mit Art. 12 GG nur für vereinbar gehalten, daß unter Berücksichtigung der Umstände des Einzelfalles nach Treu und Glauben dem Arbeitnehmer zuzumuten sein könne, Vereinbarungen über eine gewisse Bindung an den Arbeitgeber unter Auslassung einiger Kündigungsmöglichkeiten einzuhalten oder an diesen im Falle vorzeitiger Kündigung die verauslagten Unkosten zurückzuzahlen."

654 BFH 27.05.2009 – I R 86/07, BFHE 225, 126, BStBl II 2010, 120, Rn. 14; Fischinger/Reiter/*Reiter*, Das Arbeitsrecht des Profisports, § 11, Rn. 21 ff., 33 ff.; *Bohnau*, Der Vereinswechsel des Lizenzfußballspielers in arbeitsrechtlicher Betrachtung, 181 ff.

655 BFH 27.05.2009 – I R 86/07, BFHE 225, 126; BStBl II 2010, 120, Rn. 14; Fischinger/Reiter/*Reiter*, Das Arbeitsrecht des Profisports, § 11, Rn. 21.

In Bezug auf die arbeitsrechtlichen Verpflichtungen, die dem Geschäft zur Bindung des Spielers zugrunde liegen müssen, entspricht die „Kaufoption" wie oben bereits ausgeführt[656] in ihrer wirtschaftlichen Wirkung der einseitigen Opt-in-Verlängerungsoption. Auch die rechtlichen Rahmenbedingungen entsprechen sich.

I. Gestaltungen

Naheliegend sind zwei unterschiedliche Gestaltungsoptionen.

> Beispiel:
> Der hoffnungsvolle Spieler wird vom FC Bayern München für die maximale Vertragslaufzeit von fünf Jahren verpflichtet. Nach dem ersten Jahr zeigt sich, dass die Entwicklung des Spielers nicht im antizipierten Tempo abläuft. Der Verein beschließt, den Spieler zu „verleihen", damit dieser bei Bayer 04 Leverkusen Spielpraxis sammeln kann. Die Vereine vereinbaren eine „Leihe" von zwei Jahren mit einer Kaufoption für den aufnehmenden Verein nach Ende der Leihe. Der Spieler und Bayer 04 Leverkusen vereinbaren
> a) bereits einen Vierjahresvertrag. Abhängig von der Entscheidung über die Ausübung der Option ist der Vertrag auflösend bedingt.
> b) einen Zweijahresvertrag mit einer Opt-in-Verlängerungsoption um zwei Jahre für den aufnehmenden Verein.

An dem Beispiel wird deutlich, dass der Terminus „Kaufoption nach Leihe" ausschließlich das Verhältnis zwischen den Vereinen, „Verleiher und Entleiher" betrifft. Für das Rechtsverhältnis zwischen Arbeitgeber und Arbeitnehmer kommt gestalterisch eine einseitige Opt-in-Verlängerungsoption oder eine Bedingung (auflösende Bedingung für den abgebenden Verein, aufschiebende Bedingung mit dem aufnehmenden Verein) in Betracht.

Die Vereine müssen die Kaufoption des aufnehmenden Vereins entweder mit einem langfristigen Vertrag oder mit einer Verlängerungsoption im Arbeitsvertrag mit dem Spieler flankieren, um den Spieler in die Vereinbarungen der Vereine einzubeziehen und die Vereinbarung damit zum Erfolg zu führen.

II. Ergebnis

Damit kann festgehalten werden, dass sich relevante – nicht bereits im Rahmen der einseitigen Opt-in-Verlängerungsoption erörterte – Probleme für die Kaufoption nach Leihe nicht ergeben.

---

656 Siehe oben § 1 II Ziff. 3.

§ 16 Rechtsfolge der Unwirksamkeit der einseitigen Opt-in-Verlängerungsoption

Im Ergebnis kann die Vereinbarung einer einseitigen Opt-in-Verlängerungsoption bei einer den oben genannten Kriterien genügenden Ausgestaltung angemessen sein. Für den Fall der Unangemessenheit stellt sich aber die Frage nach der Rechtsfolge. Dass die unangemessene Klausel unwirksam ist, steht außer Streit (I.). Diskutiert wird aber, ob die Vereinbarung einer unwirksamen Option die Rechtsfolge haben kann, dass dem Spieler eine entsprechende Option zusteht (II.). Schließlich sind noch sekundäre Ansprüche des Klauselgegners bei Verwendung unwirksamer Optionsregelungen in den Blick zu nehmen (III.).

I. Unwirksamkeit nach § 306 BGB

Die Rechtsfolge der Unangemessenheit einer Klausel in allgemeinen Geschäftsbedingungen regelt § 306 BGB.

Die Reichweite der Unwirksamkeit der Klausel ergibt sich aus dem sog. „Blue-pencil-Verfahren". Unbedenkliche, sprachlich und inhaltlich abtrennbare Teile einer Klausel bleiben wirksam.[657] Die Praxis gestaltet Opt-in-Verlängerungsoptionen als selbständige Regelungen, so dass sich die Unwirksamkeit im Falle der Unangemessenheit ausschließlich auf die Option bezieht und insbesondere nicht die Befristung des Vertrages ergreift.

II. Option für den Spieler in analoger Anwendung von § 89 Abs. 2 HGB?

Im Falle der Vereinbarung einer gegen § 307 BGB verstoßenden einseitigen Opt-in-Verlängerungsoption stellt sich die Frage, ob die Unwirksamkeit eine angemessene Rechtsfolge ist. Denn der Arbeitgeber, der eine solche Regelung in den Arbeitsvertrag einbezieht, sieht sich damit (nur) dem Risiko ausgesetzt, dass die Option entfällt, wenn sich der Sportler wehrt, um den Bindungen der Option zu entgehen. Der Arbeitgeber hat dagegen die Chance, dass der Sportler die Vereinbarung – ungeachtet ihrer Unwirksamkeit – nicht angreift. Offensichtlich um diesem Ergebnis zu entgehen, sieht § 6 des einschlägigen Tarifvertrages in Belgien für den Sportler eine Art „Meistbegünstigung" vor.[658] Er hat zwischen der Unwirksamkeit und einer eigenen Opt-in-Verlängerungsoption die Wahl. Aus der unwirksamen

657 BGH 13.02.2020 – IX ZR 140/19, Rn. 26; BAG 03.12.2019 – 9 AZR 44/19, Rn. 26 mit weiteren Nachweisen; MüKo/*Spinner*, BGB, § 611a, Rn. 69.

658 https://www.lacsc.be/docs/default-source/acv-csc-docsitemap/6000-centrales/6330-acv-voeding-en-diensten-sporta-csc-alimentation-et-services-sporta/6500-sporta/cct-du-07-06-2006-relative-aux-conditions-de-travail-du-footballeurs-remunere.pdf?sfvrsn=e3e7074a_2, zuletzt abgerufen am 10.07.2022.

einseitigen Opt-in-Verlängerungsoption wird – bei entsprechendem Interesse des Arbeitnehmers – eine zweiseitige Option.[659]

Auch in der Bundesrepublik behalfen sich Rechtsprechung[660] und Literatur[661] zur Korrektur des als unrichtig empfundenen Ergebnisses mit einer Analogie zum Handelsvertreterrecht. Der Verstoß gegen § 622 Abs. 6 BGB führe in entsprechender Anwendung des § 89 Abs. 2 S. 2 HGB auch für den Arbeitnehmer zu einem Optionsrecht.

Das Arbeitsgericht Ulm schloss in der Sache *Marc Lerandy//SC Pfullendorf*[662] an eine frühere Rechtsprechung des BAG an, wonach unterschiedliche Kündigungsfristen nicht zur Nichtigkeit der Absprache führen, sondern der Arbeitnehmer analog § 89 Abs. 2 Satz 2 HGB seinerseits in den Genuss der längeren Kündigungsfrist komme.[663] Angewendet auf die Opt-in-Verlängerungsoption meinte das Arbeitsgericht – ohne dass dies im Ergebnis relevant für die Entscheidung wurde –, dies müsse dazu führen, dass im Falle einer unwirksamen, einseitigen Opt-in-Verlängerungsoption auch dem Optionsgeber eine entsprechende Option zustehe.[664]

Nachdem sich § 89 Abs. 2 HGB mit Kündigungsfristen befasst, kommt allenfalls eine analoge oder rechtsgedankliche Anwendung der Norm auf den Fall einer unwirksamen einseitigen Verlängerungsoption in Betracht.

Die Analogie setzt eine planwidrige Regelungslücke (1.) voraus. Die Schließung dieser Lücke durch die analog anzuwendende Regelung verlangt weiter, dass der Gesetzgeber bei einer Interessenabwägung nach den Grundsätzen, von denen er sich bei Erlass der herangezogenen Norm hat leiten lassen, zum gleichen Abwägungsergebnis gekommen wäre (2.).[665]

1. *Planwidrige Regelungslücke*

Erste Voraussetzung für die Analogie ist das Bestehen einer Regelungslücke.

Diese könnte darin bestehen, dass der Verwender bei Anwendung des § 306 BGB im Falle der Unwirksamkeit einer einseitigen Opt-in-Verlängerungsoption

---

659 Vgl. auch die Anwendung des § 75d HGB auf das in einem Vorvertrag vereinbarte sowie das bedingte („potestative") nachvertragliche Wettbewerbsverbot nach der ständigen Rechtsprechung des BAG, BAG 19.12.2018 – 10 AZR 130/18, Rn. 33 ff.; BAG 14.07.2010 – 10 AZR 291/09, Rn. 18.

660 ArbG Ulm 14.11.2008 – 3 Ca 244/08 *(Marc Lerandy)*, Rn. 33.

661 *Preis/Kramer*, DB 1993,2125 (2128).

662 Siehe oben § 7 II Ziff. 1.

663 BAG 02.06.2005 – 2 AZR 296/04, Rn. 14 ff.; von dieser Rechtsprechung hat das BAG mittlerweile Abstand genommen BAG 18.10.2018 – 2 AZR 374/18, Rn. 47 ff.

664 ArbG Ulm 14.11.2008 – 3 Ca 244/08 *(Marc Lerandy)*, Rn. 33.

665 *Larenz*, Methodenlehre der Rechtswissenschaft, 370 ff.; *Fikentscher*, Methoden des Rechts, Band III, 718 ff.; *Rudnik*, Die Gesetzesumgehung in der Rechtsprechung des Bundesarbeitsgerichts, 40 ff.; Grüneberg/*Grüneberg*, Einleitung, Rn. 48.

(nur) auf die gesetzliche Lage zurückfällt. Die Einbeziehung einer Opt-in-Verlängerungsoption scheint sich als risikoloser „Genuss ohne Reue" zu erweisen. Da die Nichtigkeit der einseitigen Verlängerungsoption jedenfalls für den Fall, dass der Spieler am Vertrag festhalten will, keine angemessene Regelung darstellt, kommt das Bestehen einer Regelungslücke in Betracht.

Genauerer Betrachtung hält das nicht stand: Gemäß § 306 Abs. 2 BGB gelten an Stelle der unwirksamen Klausel die gesetzlichen Vorschriften. Eine geltungserhaltende Reduktion der unwirksamen Klausel auf den mit den §§ 305 ff. BGB gerade noch zulässigen Inhalt ist im Rechtsfolgensystem des § 306 BGB nicht vorgesehen.[666]

Ausnahmsweise kommt aber eine ergänzende Vertragsauslegung in Betracht, wenn die Unwirksamkeit der Klausel eine ergänzungsbedürftige Lücke hinterlässt, für die Ergänzung geeignete gesetzliche Vorschriften fehlen und die ersatzlose Streichung der Klausel keine sachgerechte Lösung bereithält.[667] Soweit eine ergänzende Vertragsauslegung in den Fällen erwogen wird, in denen der Entfall einer Klausel dazu führt, dass das Vertragsgefüge einseitig zu Lasten des Verwenders verschoben wird, gerät die ergänzende Vertragsauslegung zwar in Konflikt mit dem Verbot der geltungserhaltenden Reduktion.[668] Dieses Verbot schützt nach seinem Sinn und Zweck aber den Verwendungsgegner. Der Verwender soll nicht die Grenzen zulässiger Gestaltungen „austesten" können, und dies ohne Risiko, weil er allenfalls wieder auf den zulässigen Gehalt der Klausel zurückfallen kann. Soweit der Entfall einer Klausel zu unangemessenen Lösungen zu Lasten des Verwendungsgegners führt, kann also das Verbot der geltungserhaltenden Reduktion den Weg zu einer ergänzenden Vertragsauslegung nicht versperren.[669]

Aus diesem Grund ist für die Fälle des „Miet-[670] und Lohnwuchers[671]" anerkannt, dass die Reduzierung der Klausel auf das gerade noch zulässige Maß möglich ist. Bei dem sog. Lohnwucher ist eine Erhöhung des wucherisch vereinbarten Arbeitsentgelts auf die übliche Vergütung nach § 612 Abs. 2 BGB oder – bei Tarifbindung – auf die nach dem Tarifvertrag zu leistende Vergütung nach den Grundsätzen über das fehlerhafte Arbeitsverhältnis notwendig.[672]

---

666 BAG 03.12.2019 – 9 AZR 44/19, Rn. 28 mit weiteren Nachweisen; BGH 06.10.2021 – XI ZR 234/20; ausführlich zum Verhältnis des Verbots der geltungserhaltenden Reduktion und der ergänzenden Vertragsauslegung *Schlewing*, RdA 2011, 92 ff.

667 BAG 28.11.2007 – 5 AZR 992/06, Rn. 26 ff.; MüKo/*Spinner*, § 611a BGB, Rn. 69.

668 Grüneberg/*Grüneberg*, § 306, Rn. 12; ErfK/*Preis*, §§ 305–310 BGB, Rn. 104.

669 BGH 15.02.2019 – V ZR 77/18, Rn. 27 ff.; EuGH 26.03.2019 – C-70/17 und C-179/17, Rn. 64.

670 Staudinger/*Fischinger*, § 138, Rn. 188 f.; Grüneberg/*Ellenberger*, § 138 BGB, Rn. 76.

671 Grüneberg/*Ellenberger*, § 138 BGB, Rn. 75; wegen § 612 Abs. 2 BGB differenzierend: Staudinger/*Fischinger*, § 138 Rn. 191, 564.

672 BeckOK BGB/*Wendtland*, § 138 BGB, Rn. 58.

Im Zusammenhang mit der Aufnahme einer gegen § 307 BGB verstoßenden, einseitigen Opt-in-Verlängerungsoption zu Gunsten des Vereins kann der Spieler deshalb auf dem Weg der ergänzenden Vertragsauslegung die angemessene Vergütung der Option erreichen, soweit er das Interesse hat, an dem Vertrag auch im Optionszeitraum festzuhalten. Es fehlt daher bereits an einer planwidrigen Regelungslücke.

2. Vergleichbare Interessenlage

Auch an der vergleichbaren Interessenlage fehlt es jedenfalls nach dem neueren Verständnis der Rechtsprechung.

§ 89 Abs. 2 S. 2 HGB betrifft die Kündigung durch den Unternehmer und setzt den Grundsatz der Fristenparität zulasten des Unternehmers durch. Die Norm soll die Kündigung durch den Unternehmer gegenüber dem Handelsvertreter durch seine Unterwerfung der mit dem Handelsvertreter vereinbarten längeren Kündigungsfristen erschweren.

Das BAG ist der Anwendung des § 89 Abs. 2 Satz 2 HGB auf die unwirksame Opt-in-Verlängerungsoption – allerdings ohne eingehende Begründung – bereits in der Sache *Heinz Müller* entgegengetreten.[673] Ganz deutlich gemacht hat das BAG seine Abkehr von der Anwendung des Rechtsgedankens aus § 89 HGB bei einem Verstoß gegen § 622 Abs. 6 BGB in der Entscheidung vom 18.10.2018. § 622 Abs. 6 BGB schützt danach allein das Interesse des Arbeitnehmers an „gleicher Mobilität". Zweck der Norm ist, dass sich der Arbeitnehmer von den Bindungen des Arbeitsvertrages in ebenso kurzer Frist lösen können soll wie der Arbeitgeber. § 622 Abs. 6 BGB soll gerade nicht die Kündigung durch den Arbeitgeber erschweren, sondern die Kündigung durch den Arbeitnehmer erleichtern.[674] Während § 89 Abs. 2 HGB einen „relativen Mindestbestandsschutz" für den Handelsvertreter sichern wolle, sichere § 622 Abs. 6 BGB nur eine „relative Mindestmobilität".[675]

Für den Fall der Unwirksamkeit der Verlängerungsoption nach § 307 BGB kann nichts anderes gelten. Denn die Unangemessenheit ergibt sich – wie oben ausgeführt – aus dem Umstand, dass die nicht vergütete Verlängerungsoption nach dem über § 307 Abs. 2 Nr. 1 BGB einfließenden Rechtsgedanken des § 622 Abs. 6 BGB der Angemessenheitsprüfung nicht standhält und deshalb unwirksam ist. Da der Rechtsgedanke des § 622 Abs. 6 BGB aber nur den Schutz der Mindestmobilität des Arbeitnehmers zum Ziel hat, kommt der mit § 89 HGB verbundene erweiterte Bestandsschutz nicht zum Zuge.

---

673 BAG 16.01.2018 – 7 AZR 312/16 *(Heinz Müller)*; *Fischinger*, FS Moll, 117, 123.

674 Küttner/*Eisenmann*, Personalbuch, Abschn. 251 (Kündigungsfristen), Rn. 14; *Kindler*, NZA 2000, 746.

675 BAG 03.07.2019 – 10 AZR 300/18, Rn. 39.

3. *Zwischenergebnis*

Die analoge Anwendung des § 89 Abs. 2 Satz 2 HGB auf die unwirksame einseitige Verlängerungsoption scheitert sowohl an einer fehlenden planwidrigen Regelungslücke als auch an der vergleichbaren Interessenlage.

III. Schadensersatz bei unwirksamer einseitiger Opt-in-Verlängerungsoption

Es entspricht allgemeiner Auffassung, dass ein Verwender allgemeiner Geschäftsbedingungen durch die Verwendung unwirksamer Klauseln seine vorvertragliche Pflicht zur Rücksichtnahme gegenüber seinem Vertragspartner verletzen und sich bei Verschulden diesem gegenüber schadensersatzpflichtig machen kann (§ 280 Abs. 1, § 241 Abs. 2, § 311 Abs. 2 BGB).[676] Rechtsfolge der Vereinbarung einer unwirksamen einseitigen Opt-in-Verlängerungsoption ist in diesem Fall also nicht nur deren Unwirksamkeit, sondern auch ein Schadensersatzanspruch, wenn der Spieler die unwirksame Option für bindend hält und ihm deshalb die Vorteile eines für den Optionszeitraum günstigeren Vertrages verloren gehen, wobei ggf. § 254 BGB zu berücksichtigen sein wird.

IV. Zwischenergebnis

Für die einzelnen in Betracht kommenden Konstellationen ergibt sich, dass § 306 BGB angemessene Rechtsfolgen bereithält:

Wehrt sich der Spieler gegen eine unangemessene einseitige Verlängerungsoption, führt deren Unwirksamkeit zu deren Entfall. Der Spieler erreicht seine Mobilität (oder Freiheit) und kann mit einem anderen Arbeitgeber kontrahieren.

Möchte der Spieler dagegen auch im Optionszeitraum für den Verein weiterspielen, wehrt er sich also nicht gegen die verlängerte Vertragslaufzeit, ergibt sich das Risiko des Arbeitgebers daraus, dass der Spieler mit dem Argument, die erhöhte Vergütung ergebe sich aus ergänzender Vertragsauslegung, die Feststellung einer angemessen erhöhten Vergütung gerichtlich geltend machen könnte.

Fühlt sich der Spieler – etwa aufgrund fehlerhafter rechtlicher Einschätzung – gebunden, obwohl die Optionsregelung § 307 BGB nicht standhält, ergeben sich Schadensersatzansprüche aus der Verletzung vorvertraglicher Pflichten auf Ersatz desjenigen Schadens, der dadurch entstanden ist, dass dem Spieler die Möglichkeit auf Abschluss eines anderen lukrativeren Vertrages entgangen ist.

676 Zur unwirksamen Endrenovierungsklausel im Mietvertrag BGH 27.05.2009 – VIII ZR 302/07, Rn. 10.

§ 17 Einseitig den Arbeitnehmer begünstigende Opt-in-Verlängerungsoption

Keinen rechtlichen Bedenken begegnet es, wenn der Arbeitnehmer in den Verhandlungen zu seinen Gunsten die Aufnahme einer einseitigen Opt-in-Verlängerungsoption in den Arbeitsvertrag erreicht, beispielsweise in dem Bestreben, den Vertrag nur verlängern zu können, wenn der Arbeitgeber die Liga hält. Zwar sind derartige Vereinbarungen noch nicht Gegenstand von Rechtsprechung und Literatur gewesen, die Wirksamkeit einer solchen Regelung im Arbeitsvertrag zu Gunsten des Spielers lässt sich aber unter keinem erdenklichen Gesichtspunkt in Frage stellen. Weder die Arbeitnehmerfreizügigkeit noch Art. 12 GG sind durch derartige Vertragsgestaltungen berührt. Selbst wenn man entgegen der hier vertretenen Auffassung § 622 Abs. 6 BGB über den Wortlaut hinaus allgemein auf Kündigungserschwerungen anwenden würde, käme § 622 Abs. 6 BGB bei der einseitigen Opt-in-Verlängerungsoption *zugunsten des Spielers* nicht zur Anwendung, weil diese Vorschrift nur Erschwerungen zulasten des Arbeitnehmers/Dienstverpflichteten erfasst.[677] Der AGB-Kontrolle unterliegen derartige Regelungen nicht, weil sie – sollten sie einmal Eingang in einen Arbeitsvertrag finden – nicht vom Arbeitgeber vorgegeben sind.

677 Zur Vorgängervorschrift § 67 Abs. 4 HGB a. F. bereits RG 01.05.1908, RGZ 68, 317 ff., dazu näher unten § 11.

Kapitel 4 Rechtmäßigkeit bedingter Vertragsgestaltungen

Gegenstand des folgenden vierten Kapitels sind zunächst Vereinbarungen von vom Eintritt weiterer Voraussetzungen abhängiger, hier als „qualifiziert" bezeichneter, automatischer Verlängerungen des Arbeitsvertrages. Diese aufschiebend bedingten Vertragsgestaltungen sind in der Praxis derart vielfältig und komplex, dass die Überprüfung aller denkbaren Gestaltungen den Umfang der vorliegenden Arbeit sprengen würde. Den Anfang macht daher beispielhaft die Untersuchung der relevantesten und problematischsten (weil „missbrauchsgeneigtesten") Gestaltung von automatischen Vertragsverlängerungen, die von der Zahl der Einsätze eines Spielers abhängen (§ 18). Im Anschluss soll auf die weiteren bekannt gewordenen Gestaltungen nur punktuell differenziert eingegangen werden (§ 19). Bevor in § 21 die Rechtsfolgen unwirksamer Bedingungen erörtert werden, folgt in § 20 eine Auseinandersetzung mit auflösend bedingten Vertragsgestaltungen.

§ 18 Einsatzabhängige automatische Vertragsverlängerungen

Die Verlängerung eines Arbeitsvertrages kann von der Zahl der Einsätze des Spielers in einer Saison abhängig gemacht werden:[678]

> Sollte der Spieler in der Spielzeit ... in mindestens 17 Meisterschafts-Pflichtspielen zum Einsatz gekommen sein, verlängert sich der Vertrag um ein weiteres Jahr.

Nach Ausführungen zur Vertragsgestaltung und zu Anwendungsfragen im Zusammenhang mit der Klausel (I.) wird in II. geprüft, ob qualifizierte automatische Verlängerungen gegen gesetzliche Verbote der Art. 45 AEUV, §§ 74 ff. HGB und § 622 Abs. 6 BGB verstoßen. Da das im Ergebnis nicht der Fall ist, erfolgt anschließend unter III. die Kontrolle der entsprechenden Klauseln an den Maßstäben der §§ 305 ff. BGB.

I. Vertragsgestaltung

Unterschiedliche Laufzeiten des Arbeitsvertrages für die vertragsschließenden Parteien lassen sich durch Einbindung von aufschiebenden Bedingungen erreichen. Die Parteien können eine Vereinbarung über eine Vertragsverlängerung über die Grundlaufzeit hinaus vereinbaren, die erst durch Eintritt eines bestimmten

---

678 *Wertenbruch*, SpuRt 2004, 134 ff.; aus der Rechtsprechung BGH 16.01.2018 – 7 AZR 312/16 *(Heinz Müller)*; ArbG Nürnberg 28.03.2006 – 7 Sa 405/05 *(Andre Mijatovic)*.

Ereignisses – hier die Zahl der Einsätze eines Spielers in Pflichtspielen – in Kraft gesetzt werden soll. Der Vertrag verlängert sich, wenn das Ereignis eintritt. Bei dieser Gestaltung besteht nur ein Schuldverhältnis, das erst mit Eintritt der aufschiebenden Bedingung verlängert wird.[679]

Nach dem Grundsatz der Vertragsfreiheit können die Parteien in ihrem Arbeitsvertrag frei darüber entscheiden, welche Einsatzzahl in welcher Mannschaft und in welchen Wettbewerben erreicht werden muss oder von welchen weiteren sportlichen oder wirtschaftlichen Rahmenbedingungen die Fortsetzung des Arbeitsvertrages abhängig sein soll. Jedenfalls tritt die Verlängerung nicht ein, wenn der Spieler die vereinbarte Mindesteinsatzzahl nicht erreicht.

II. Verstoß gegen gesetzliche Verbote

1. Verstoß gegen Art. 45 AEUV

Die in Art. 45 AEUV geregelte Arbeitnehmerfreizügigkeit wird durch die mit einer qualifizierten automatischen Verlängerung verbundene vertragliche Bindung des Sportlers nicht betroffen. Wie oben im Einzelnen ausgeführt, verbietet Art. 45 AEUV die arbeitsvertragliche Bindung des Spielers nicht.[680] Ebenso wenig wie die befristete Bindung berührt der aufschiebend bedingte Arbeitsvertrag oder dessen aufschiebend bedingte Verlängerung den Schutzbereich dieser Normen.[681]

2. Verstoß gegen Artt. 101, 102 AEUV

Auch insoweit kann auf die Ausführungen zu einseitigen Opt-in-Verlängerungsoptionen verwiesen werden.[682]

3. Verstoß gegen §§ 74 ff. HGB

Die aufschiebend bedingte Verlängerung des Arbeitsvertrages stellt auch kein *nachvertragliches* Wettbewerbsverbot dar, sondern verlängert die Bindung des Arbeitnehmers bei fortbestehendem Entgeltanspruch.[683]

---

679 BGH 28.09.1962 – V ZR 8/61; BGH 21.04.1967 – V ZR 75/64; BGH 07.04.1978– V ZR 141/75; *Casper*, Der Optionsvertrag, 43.

680 Siehe oben § 8.

681 BAG 25.04.2013 – 8 AZR 453/12, Rn. 29 f. *(Florian Brügmann)*; *Vogt*, Befristungs- und Optionsvereinbarungen im professionellen Mannschaftssport, 152 ff.

682 Siehe oben § 9.

683 So bereits: *Rybak*, Das Rechtsverhältnis zwischen dem Lizenzfußballspieler und seinem Verein, 244; LAG Köln 20.11.1998 – 11 Sa 125/98, Rn. 19.

4. *Verstoß gegen § 622 Abs. 6 BGB*

Wie in § 3 gezeigt, können eine vertragsschließende Partei des Arbeitsvertrages einseitig begünstigende Laufzeitregelungen auch durch bedingte Verlängerungen gestaltet werden. Ob bedingte Verlängerungen von Arbeitsverträgen gemäß § 622 Abs. 6 BGB einem gesetzlichen Verbot unterliegen, ist nach den Maßstäben zu prüfen, die auch in Bezug auf die einseitige Opt-in-Verlängerungsoption zum Einsatz gekommen sind.[684]

a. *Wortlaut*

Auch bei der Vereinbarung einer bedingten Verlängerung geht es nicht um die Parität von Kündigungsfristen, sondern um eine Verlängerung der Bindung. Eine unmittelbare Anwendung der Vorschrift scheidet aus.

b. *Analoge Anwendung*

Entsprechend den zur einseitigen Opt-in-Verlängerungsoption gefundenen Ergebnissen[685] ist festzustellen, dass § 622 Abs. 6 BGB auch auf die bedingte Verlängerung nicht analog anwendbar ist. Ebenso wenig wie bei der einseitigen Opt-in-Verlängerungsoption kommt nach Eröffnung der AGB-Kontrolle noch eine entsprechende Anwendung der Vorschrift in Betracht.

c. *Zwischenergebnis: Kein gesetzliches Verbot für die Vereinbarung qualifizierter, automatischer Verlängerungen*

§ 622 Abs. 6 BGB verbietet nach seinem Wortlaut die Vereinbarung qualifizierter automatischer Verlängerungen nicht. Es gilt das zur einseitigen Opt-in-Verlängerungsoption Ausgeführte entsprechend.

III. Verstoß gegen § 21 TzBfG

1. *Direkte Anwendung scheidet aus*

Das Teilzeit- und Befristungsgesetz findet auf diese Gestaltung keine Anwendung. § 21 i. V. m. § 14 Abs. 1 TzBfG ermöglicht die Vereinbarung *auflösend* bedingter Arbeitsverträge unter den gleichen Voraussetzungen wie die Befristung von Arbeitsverträgen, da die rechtlichen Maßstäbe bei Zweckbefristung und auflösender Bedingung gleich sind.[686]

---

684 Siehe oben Kapitel 3.

685 Siehe oben § 12.

686 ErfK/*Müller-Gloege*, § 21 TzBfG, Rn. 1.

Über *aufschiebend* bedingte Arbeitsverträge trifft das TzBfG und im Besonderen § 21 TzBfG gerade keine Aussage.[687]

2. Keine analoge Anwendung

Weder ist eine planwidrige Regelungslücke erkennbar, noch sind die Interessenlagen der Vertragsparteien bei auflösender und aufschiebender Bedingung vergleichbar.

Die auflösende Bedingung ist nur denkbar für bereits bestehende Verträge. Eine auflösende Bedingung setzt einen Arbeitsvertrag voraus, der durch Bedingung aufgelöst werden kann. Die aufschiebende Bedingung betrifft notwendig einen Zeitpunkt, zu dem eine vertragliche Bindung (bewusst) gerade nicht besteht. Wirksam unter auflösenden Bedingungen stehende Arbeitsverträge stehen damit zu Recht unter dem rechtlichen Vorbehalt des Sachgrundes, aufschiebende Bedingungen nicht.[688]

IV. AGB-Kontrolle am Beispiel der einsatzabhängigen, automatischen Verlängerung ohne Vergütung

Die von der Zahl der Einsätze des Spielers abhängige, bedingte Verlängerung des Arbeitsvertrages ist damit ebenfalls nach den Maßstäben der §§ 307 ff. BGB zu prüfen.

1. Klauselverbote ohne Wertungsmöglichkeit (§ 309 BGB)

§ 309 Nr. 9 BGB findet keine Anwendung, da beim Arbeitsverhältnis nicht der Arbeitgeber als Verwender die regelmäßigen Dienstleistungen zu erbringen hat.[689]

2. Klauselverbote mit Wertungsmöglichkeit (§ 308 BGB)

a. § 308 Nr. 1 BGB

Unwirksam sind nach § 308 Nr. 1 BGB Bestimmungen in allgemeinen Geschäftsbedingungen, durch die sich der Verwender unangemessen lange oder nicht hinreichend bestimmte Fristen für die Annahme oder Ablehnung eines Angebots vorbehält. Es stellt sich die Frage, ob die qualifizierte automatische Verlängerung – anders als die Opt-in-Verlängerungsoption im eigentlichen Sinne – unter dieses Klauselverbot fällt.

---

687 Hessisches Landesarbeitsgericht 09.06.2017 – 10 Sa 1554/16, Rn. 53.

688 Zur Entwicklung der Rechtsprechung: ErfK/*Müller-Glöge*, § 21 TzBfG, Rn. 1.

689 Siehe oben § 13 IV Ziff. 2.

aa. Wortlaut

Eine unmittelbare Anwendung kommt auch bei qualifizierten automatischen Verlängerungen nicht in Betracht. Soweit die Verlängerung des Vertrages insgesamt und nicht die einzelne Willenserklärung eines Vertragspartners von der Zahl der Einsätze des Spielers abhängt, fallen Angebot und Annahme nicht auseinander. Der Annehmende behält sich keine unangemessen lange Frist zur Annahme vor.[690]

bb. Analoge Anwendung

Scheidet eine unmittelbare Anwendung des § 308 Nr. 1 BGB auf die bedingte Verlängerung aus, so ist weiter zu prüfen, ob eine entsprechende Anwendung geboten ist.

Ob § 308 Nr. 1 auch dann Anwendung findet, wenn das Zustandekommen des Vertrages von einer aufschiebenden Bedingung abhängig gemacht wird, ist umstritten.[691] Einzelne Stimmen in der Literatur sind der Auffassung, der Zweck des § 308 Nr. 1 BGB, nachdem der Klauselgegner vor unangemessen langen Schwebezuständen zu schützen sei, erfasse auch die Vertragsgestaltungen, in denen der Verwender sich lediglich aufschiebend bedingt binde.[692] Das gelte jedenfalls dann, wenn diese Bedingung ausschließlich im Einflussbereich des Verwenders liege.[693]

Andere Stimmen meinen, für die Anwendung des § 308 Nr. 1 BGB im Falle eines bedingten Vertrages bestehe kein Bedürfnis. Die Gestaltungen seien der Angemessenheitsprüfung nach der Generalklausel des § 307 BGB zu unterziehen.[694]

aaa. Planwidrige Regelungslücke

Methodisch ist insoweit zunächst die Frage zu stellen, ob eine Regelungslücke besteht. Das ist nach den oben gefundenen Ergebnissen bereits zweifelhaft.[695]

bbb. Vergleichbare Interessenlage

Bejahte man dagegen eine Regelungslücke als Grundlage einer Analogie, würde es jedenfalls an der vergleichbaren Interessenlage fehlen. Der Rechtsprechung des BGH ist eine klare Differenzierung zwischen bedingten Vertragserklärungen

---

690 Wolf/Lindacher/Pfeiffer/*Dammann*, § 308 Nr. 1 BGB, Rn. 24.

691 Staudinger/*Coester-Waltjen*, § 308 Nr. 1, Rn. 10; Wolf/Lindacher/Pfeiffer/*Dammann*, § 308 Nr. 3 BGB, Rn. 17.

692 OLG Karlsruhe 26.01.1995 – 9 U 68/94, NJW-RR 1995, 504 zu einem Pachtvertrag. Der BGH hat diesen Ansatz erwähnt, aber nicht weiter kommentiert; BGH 08.12.2010– VIII ZR 343/09, Rn. 15.

693 Wolf/Lindacher/Pfeiffer/*Dammann*, AGB-Recht, § 308 Nr. 1, Rn. 24.

694 Ulmer/Brandner/Hensen/*Schmidt*, AGB-Recht, § 308, Rn. 10.

695 Siehe oben § 12 III.

einerseits (1.) und bedingten Verträgen andererseits (2.) zu entnehmen. Auf bedingte Verträge findet § 308 Nr. 1 BGB keine Anwendung (3.).

(1) Bedingte Willenserklärungen

§ 308 Nr. 1 BGB ist im Zusammenhang mit § 147 Abs. 2 BGB zu lesen.[696] Geschützt werden soll der Klauselgegner vor Vertragsgestaltungen, nach denen Angebot und Annahme auseinanderfallen und dadurch ein Schwebezustand entsteht. Ganz deutlich wird das in der bislang letzten Entscheidung des 5. Zivilsenats aus der Serie von Urteilen zur Angemessenheit der Bindung an Angebote zum Abschluss eines Bauträgervertrages. Danach soll § 308 Nr. 1 BGB auf die Vereinbarung einer aufschiebenden Bedingung eines *Angebots* anzuwenden sein. Der Senat hält es für unerheblich, ob die aufschiebende Bedingung eines Angebots zu einer Verlängerung der Annahmefrist des §147Abs.2BGB um den Zeitraum führt, in welchem der Bedingungseintritt typischerweise erwartet werden könne,[697] oder die Annahmefrist erst mit dem Eintritt der Bedingung beginne.[698] § 308 Nr.1 BGB erfasse zwar nach seinem Wortlaut nur Bestimmungen, durch die sich der Verwender unangemessen lange oder nicht hinreichend bestimmte Fristen für die Annahme oder Ablehnung eines Angebots vorbehalte. Das Klauselverbot sei aber weit auszulegen und gelte für alle vorformulierten Erklärungen, mit denen sich der Verwender über den in § 147 Abs.2 BGB bestimmten Zeitpunkt hinaus die Annahme vorbehalte. Vom Klauselverbot umfasst seien deshalb auch Vereinbarungen über die aufschiebende Bedingung eines *Angebots* des Vertragspartners des Verwenders. Auch diese Vertragsgestaltungen führen nach Auffassung des 5. Senats zu einem unangemessen langen Schwebezustand, vor dem § 308 Nr. 1 BGB den Vertragspartner des Verwenders schützen will.[699]

(2) Bedingte Verträge

Auf der anderen Seite hat der 8. Zivilsenat des BGH in einer Entscheidung aus dem Jahr 2010 deutlich gemacht, dass § 308 Nr. 1 BGB auf aufschiebend bedingte Formularverträge nicht anwendbar ist. Zugrunde lag ein Sachverhalt, in dem sich ein Verwender in einem Formularvertrag zum Erwerb von Anteilen an einem Immobilienfonds unter verschiedenen aufschiebenden Bedingungen – unter anderem der Erreichung eines bestimmten Prozentsatzes verkaufswilliger Gesellschafter sowie der Sicherstellung der Finanzierung der Kaufpreise – verpflichtete. Das Oberlandesgericht Köln als Vorinstanz hatte die aufschiebende Bedingung unter anderem an § 308 Nr. 1 BGB gemessen.[700] Der 8. Senat erwähnte dies in seinem Urteil,

---

696 Siehe oben § 12 II 2.

697 Wolf/Lindacher/Pfeiffer/*Dammann*, AGB-Recht, § 308 Nr. 1 BGB, Rn. 17.

698 OLG Düsseldorf 16.01.2004 – I-17 U 5073, NZG 2005, 352, 354.

699 BGH 07.06.2013 – V ZR 10/12, Rn. 19 f.

700 OLG Köln 03.11.2009 – 15 U 60/09, BeckRS 2010, 30975 unter II. 2 a) bb) (2).

kommentierte § 308 Nr. 1 BGB aber mit keinem Wort, schloss die Anwendung des § 308 Nr. 3 BGB in Fällen der aufschiebenden Bedingung[701] aus und maß die Vertragsgestaltung an § 307 BGB.[702]

(3) Keine Anwendung des § 308 Nr. 1 BGB auf bedingte Verträge

Der BGH unterscheidet also: Führt die Gestaltung dazu, dass § 147 BGB in seinem Kern berührt ist, greift § 308 Nr. 1 BGB ein. § 308 Nr. 1 BGB soll den Schwebezustand erfassen, der daraus resultiert, dass eine Partei eine vertragsbegründende Willenserklärung abgibt und gebunden ist, die andere Partei – der Verwender – sich die korrespondierende, zum Vertrag führende Willenserklärung hingegen vorbehält. In Fällen der Vereinbarung einer aufschiebenden Bedingung ist § 147 BGB damit nur dann berührt, wenn sich die Bedingung auf eine Willenserklärung – *Angebot* oder *Annahme* – bezieht, wenn die Bedingung also zu einer „sukzessiven Beurkundung von Angebot und Annahme" führt.[703]

Betrifft die Bedingung dagegen nicht die Willenserklärung einer vertragsschließenden Partei, sondern den *Vertrag* als Ganzes, entsteht zwar auch ein Schwebezustand. Es liegt aber eine „einaktige" Vertragsbegründung vor.[704] Der Schwebezustand resultiert nicht aus dem Auseinanderfallen von Angebot und Annahme, betrifft nicht den Regelungsbereich des § 147 Abs. 2 BGB und damit auch nicht des § 308 Nr. 1 BGB.

Daraus ist die Schlussfolgerung zu ziehen, dass § 308 Nr. 1 BGB, soweit eine für die analoge Anwendung erforderliche Regelungslücke überhaupt bejaht werden kann, keinesfalls sämtliche denkbaren Schwebezustände, von denen es im BGB viele gibt[705], ergreift, sondern nur diejenigen Schwebezustände, die sich aus einem Auseinanderfallen von Angebot und Annahme ergeben.[706] Nicht erfasst von § 308 Nr. 1 BGB werden diejenigen Schwebezustände, die sich daraus ergeben, dass der Vertrag an sich oder eine Vertragsverlängerung unter einer aufschiebenden Bedingung stehen.

b. § 308 Nr. 3 BGB

§ 308 Nr. 3 BGB ist zwar über die Überschrift „Rücktrittsvorbehalt" hinaus auch auf andere Lösungsrechte des Verwenders – wie zum Beispiel eine auflösende (Wollens-)Bedingung – anzuwenden.[707] Obgleich sich mit auflösender und

---

701 Dazu § 12 II.

702 BGH 08.12.2010 – VIII ZR 343/09, Rn. 15.

703 BGH 27.09.2013 – V ZR 52/12, Rn. 17.

704 BGH 27.09.2013 – V ZR 52/12, Rn. 17.

705 *Herrler/Suttmann*, DNotZ 2010, 883, 892; *Müller/Klühs*, RNotZ 2013, 81, 89.

706 BGH 06.06.2013 – V ZR 10/12, Rn. 23.

707 BGH 08.12.2010 – VIII ZR 343/09, Rn. 14; BAG 27.07.2005 – 7 AZR 488/04, Rn. 25; Ulmer/Brandner/Hensen/*Schmidt*, AGB-Recht, § 308 Nr. 3, Rn. 1.

aufschiebender Bedingung kautelarjuristisch dieselben Ziele erreichen lassen, findet § 308 Nr. 3 BGB nur auf die auflösende, nicht aber auf die aufschiebende Bedingung Anwendung.[708]

Den Grund für diese unterschiedliche Behandlung findet der BGH darin, dass § 308 Nr. 3 BGB nur Regelungen erfasse, die dem Verwender die Möglichkeit geben, sich ohne sachlichen Grund von einer bereits bestehenden Leistungspflicht zu lösen. Bei Abschluss eines aufschiebend bedingten Vertrages bestehe eine solche Bindung gerade noch nicht, weil die Leistungspflicht vom Eintritt der Bedingung abhängig gemacht worden ist.[709] § 308 Nr. 3 BGB findet auf die bedingte Verlängerung folglich keine Anwendung.

Unabhängig von den vorstehenden Erwägungen scheitert die Anwendung des § 308 Nr. 3 BGB auf die qualifizierte automatische Verlängerung von Arbeitsverträgen professioneller Fußballspieler jedenfalls daran, dass die Norm auf Dauerschuldverhältnisse und damit auf Arbeitsverträge keine Anwendung findet.[710]

3. *Angemessenheitskontrolle § 307 BGB*

Die qualifizierte automatische bedingte Verlängerung des Arbeitsvertrages ist daher an den Maßstäben des § 307 BGB zu messen.[711]

a. *Einschränkung wesentlicher Rechte und Pflichten mit Gefährdung des Vertragszwecks (§ 307 Abs. 2 Nr. 2 BGB)*

Das Regelbeispiel des § 307 Abs. 2 Nr. 2 BGB ist auch auf die in Form einer Bedingung gestalteten Laufzeitklausel nicht anwendbar.[712]

b. *Abweichen von wesentlichen Grundgedanken der gesetzlichen Regelung (§ 307 Abs. 2 Nr. 1 BGB)*

Insoweit gelten die obigen Ausführungen entsprechend.

aa. *Absolute Laufzeit*

Auch die qualifizierte, automatische Verlängerung unterliegt den Laufzeitklauseln, für die es außerhalb der §§ 624, BGB 15 TzBfG keine gesetzlichen Grenzen gibt.

---

708 BGH 08.12.2010 – VIII ZR 343/09 mit den Vorinstanzen OLG Köln 03.11.2009 – 15 U 60/09 und LG Köln 03.04.2009 – 16 O 148/08.

709 BGH 08.12.2010 – VIII ZR 343/09, Rn. 16.

710 Ulmer/Brandner/Hensen/*Fuchs/Bieder*, AGB-Recht, Anh. § 310, Rn. 56; Clemenz/Kreft/Krause/*Roloff*, § 308 Nr. 3, Rn. 24.

711 BGH 08.12.2010 – VIII ZR 343/09, Rn. 17 ff.; ebenso OLG Köln 03.11.2009 – 15 U 60/09, BeckRS 2010, 30975 unter II. 2 a) bb) (1).

712 Siehe oben § 12 III Ziff. 2.

bb. Verwendungsrisiko

Oben[713] wurde ausgeführt, dass das Verwendungsrisiko gerade in den Arbeitsverträgen professioneller Fußballspieler der vertraglichen Gestaltung durch – ggf. auch mehrfache – Befristungen zugänglich ist. Ebenso wie die einseitige Verlängerungsoption begründet die automatische, von der Zahl der absolvierten Spiele abhängige Verlängerung eine Abbruchoption für den Arbeitgeber für den Fall des – bereits bei Vertragsschluss definierten – Misserfolgs.[714] Wenn die mit einer potestativen Wirkung versehene einseitige Opt-in-Verlängerungsoption – der Arbeitgeber hat die freie Wahl, ob er verlängert oder nicht – zulässig ist, gilt dies unter dem Aspekt der Verschiebung des Verwendungsrisikos erst recht für die einsatzabhängige automatische Verlängerung.

cc. Gesetzliches Leitbild des § 622 Abs. 6 BGB

Für die an die Zahl der Einsätze anknüpfende Verlängerung des Arbeitsvertrages gelten die obigen Ausführungen entsprechend.[715] Der Rechtsgedanke des § 622 Abs. 6 BGB, der die Beschränkungen der Mindestmobilität des Arbeitnehmers durch gegen die Norm verstoßende Ausgestaltung der Kündigungsfristen regeln will, erfasst die durch finanzielle Anreize erzeugten Bindungen nicht. Andere Beschränkungen der durch § 622 Abs. 6 BGB gewährleisteten Mindestmobilität des Arbeitnehmers, zu denen auch die automatischen einsatzabhängigen Verlängerungen gehören, verstoßen gegen das gesetzliche Leitbild des § 622 Abs. 6 BGB und sind damit gemäß § 307 Abs. 2 Nr. 1 BGB unwirksam.

dd. Zwischenergebnis

Die in Formulararbeitsverträgen vereinbarte einsatzabhängige automatische Verlängerung des Arbeitsvertrages des professionellen Fußballspielers ohne Vergütung verstößt gegen das gesetzliche Leitbild gemäß § 307 Abs. 2 Nr. 1 BGB in Verbindung mit § 622 Abs. 6 BGB und ist daher unwirksam.

V. Vergütete einsatzabhängige automatische Verlängerung

Auch wenn Vertragsklauseln, die eine einsatzabhängige automatische Verlängerung des Arbeitsvertrages mit einer Vergütung für den Sportler vorsehen, nicht bekannt geworden sind, soll sich nachfolgend der Vollständigkeit halber die entsprechende Angemessenheitsprüfung nach § 307 Abs. 1 BGB anschließen. Da die Bindung aufgrund finanzieller Anreize dem Leitbild des § 622 Abs. 6 BGB nicht unterfällt, sind derartige Vertragsgestaltungen an § 307 Abs. 1 BGB zu messen.

---

713 § 3.

714 § 3 II.

715 Siehe § 17 II Ziff. 3.

1. *Unangemessene Benachteiligung entgegen den Geboten von Treu und Glauben (§ 307 Abs. 1 BGB)*

a. Benachteiligung

Die einsatzabhängige automatische Verlängerung bindet einseitig den Spieler. Für den Fall, dass der Arbeitgeber den Spieler in der vereinbarten Zahl von Spielen einsetzt, ist der Spieler verpflichtet. Ohne diese Regelung wäre der Spieler frei, sich einen neuen Arbeitsplatz zu suchen.

b. Abwägung

aa. Interessen

Der Arbeitgeber erreicht durch die Vereinbarung einer einsatzabhängigen Verlängerung des Arbeitsvertrages eine Abbruchoption. Sie verschafft ihm die Möglichkeit, dass der Vertrag endet, wenn der Spieler entsprechend dem bei Vertragsschluss definierten Maß keinen Erfolg hat.[716] Die Klausel schafft damit – ebenso wie die einseitige Opt-in-Verlängerungsoption[717] – Flexibilität für den Arbeitgeber: Hat der Spieler den vorab definierten Erfolg, verlängert sich der Vertrag, tritt der Erfolg nicht ein, kann der Arbeitgeber die Investition abbrechen und muss dann das Verwendungsrisiko im Verlängerungszeitraum nicht tragen.

Die Interessen des Spielers können entgegengesetzt sein. Ist der Spieler erfolgreich, könnte er möglicherweise bei einem anderen Verein einen besser dotierten Vertrag erreichen. Bleibt der Erfolg dagegen aus, ist auch die Nachfrage reduziert, so dass (vielleicht) das Interesse an einer längeren Bindung besteht, zu der es aufgrund der Abbruchoption des Arbeitgebers nicht kommt.

bb. Bewertung

aaa. Möglichkeit der Einflussnahme durch den Sportler

Für die Angemessenheit der Klausel scheint zunächst der Umstand zu streiten, dass der Spieler durch seine sportliche Leistung Einfluss auf den Eintritt der Bedingung hat. Die Rechtsprechung hält aufschiebende Bedingungen in anderen Konstellationen regelmäßig für konform mit § 307 Abs. 1 BGB: Die Vereinbarung einer aufschiebenden Bedingung soll jedenfalls dann einer Inhaltskontrolle nach § 307

---

716 Zu diesem Gedanken Fischinger/Orth/*Fischinger/Golücke*, COVID 19 und Sport, Teil 2, Rn. 45 ff.; *Fischinger*, Anpassung einer vertraglich vereinbarten Verlängerungsoption bei pandemiebedingtem Saisonabbruch, SpuRt 2021, 109.

717 Fischinger/Reiter/*Fischinger*, Das Arbeitsrecht des Profisports, § 10, Rn. 57.

Abs. 1 Satz 1 BGB standhalten, wenn der Arbeitnehmer auf ihren Eintritt maßgeblichen Einfluss hat.[718]

Auf die Situation des Profifußballers lässt sich diese Rechtsprechung nicht übertragen. Denn der Spieler hat im Profisport aus dem aus dem Persönlichkeitsrecht abzuleitenden Beschäftigungsanspruch nur einen Anspruch auf Teilnahme am Trainingsbetrieb der Profimannschaft, nicht dagegen auf Einsätze in Pflichtspielen.[719] Der Arbeitgeber ermächtigt regelmäßig den Trainer, die für Training und Wettkampf erforderlichen Weisungen – insofern wird das Direktionsrecht auf den Trainer übertragen – zu erteilen.[720] Es entspricht einhelliger Ansicht, dass der sportlich verantwortliche Trainer die Aufstellung seiner Mannschaft im Spiel an taktischen Kriterien orientieren und dementsprechend Spieler im Wettkampf unberücksichtigt lassen darf. Die Entscheidungen der sportlichen Leitung sind praktisch nicht justiziabel. Ein darüber hinausgehender individueller Anspruch auf Teilnahme an Pflichtspielen ergibt sich nach dem Sinn und Zweck der Beschäftigungspflicht nicht.

Im Einzelfall ist ein Verstoß gegen § 162 BGB denkbar[721], wenn der Spieler die Einsatzzahl aufgrund Entscheidungen der sportlichen Leitung aus sachfremden Erwägungen verfehlt. Die Hürden sind aber sowohl in rechtlicher als auch in tatsächlicher Hinsicht für den Spieler hoch. Die Rechtsprechung ermittelt auf der Grundlage einer umfassenden, auf den Einzelfall bezogenen Würdigung des Verhaltens der den Bedingungseintritt beeinflussenden Vertragspartei nach Anlass, Zweck und Beweggrund unter Berücksichtigung aller Umstände des Einzelfalles, welches Verhalten von einem loyalen Vertragspartner erwartet werden konnte.[722]

Sofern bei der Entscheidung des Trainers keine sachfremden, sondern sportliche Erwägungen allein maßgeblich waren, kann eine treuwidrige Bedingungsverhinderung nicht vorliegen. Der Arbeitgeber ist auch nicht aufgrund einer Rücksichtnahmepflicht nach § 241 Abs. 2 BGB gehalten, sportliche Erwägungen

---

718 Hessisches LAG 09.06.2017 – 10 Sa 1554/16 für den Fall der Vorlage eines Führungszeugnisses durch den Arbeitnehmer als Bedingung für die Wirksamkeit des Vertrages.

719 Stopper/Lentze/*Breucker/Wüterich*, Handbuch Fußball-Recht, Kap. 9, Rn. 81b.

720 Stopper/Lentze/*Breucker/Wüterich*, Handbuch Fußball-Recht, Kap. 9, Rn. 99.

721 Zur missbräuchlichen Ausübung des Direktionsrechts: Fischinger/Reiter, *Reiter*, Das Arbeitsrecht des Profisports, § 7, Rn. 125 f.; *Fischinger/Unger*, SpuRt 2019, 202 ff.; Stopper/Lentze/*Breucker/Wüterich*, Handbuch Fußball-Recht, Kap. 9, Rn. 99; keine Rücksichtnahmepflicht nach § 241 Abs. 2 BGB, die den Arbeitgeber dazu zwingen könnte, sportliche Erwägungen bei der Entscheidung über die Mannschaftszusammenstellung zurückzustellen: BAG 16.01.2018 – 7 AZR 312/16, Rn. 35; BAGE 161, 283–298; zum „Motivmix“ aus wirtschaftlichen und sportlichen Motiven: LAG Nürnberg 28.03.2006 – 7 Sa 405/05 *(Andre Mijatovic).*

722 BAG 23.09.2014 – 9 AZR 827/12, Rn. 32.

bei der Entscheidung über die Mannschaftszusammenstellung zurückzustellen, um die Voraussetzungen für das Entstehen der Verlängerung zu schaffen.[723] Selbst wenn neben sportlichen auch wirtschaftliche Motive für die Nichtberücksichtigung eine Rolle spielten, folgt daraus nach der Rechtsprechung keine Treuwidrigkeit im Sinne des § 162 BGB.[724]

Die Nichtberücksichtigung aus rein wirtschaftlichen Motiven war noch nicht Gegenstand der Rechtsprechung. Ausgehend davon, dass die Übertragung des Direktionsrechts auf den Trainer vorrangig im sportlichen Interesse erfolgt und in der Annahme, dass dahingehende Vorbehalte in Arbeitsverträgen – soweit ersichtlich – nicht vereinbart werden, dürfte die Grenze der Treuwidrigkeit möglicherweise erreicht sein, wenn nicht weitere Umstände (z. B. wirtschaftliche Not des Arbeitgebers) hinzutreten. Auch wenn eine solche Fallgestaltung einmal in Betracht kommen wird, kommt zu den rechtlichen Problemen hinzu, dass es dem sich ungerecht behandelt fühlenden Spieler kaum einmal gelingen wird, die Voraussetzungen des § 162 BGB zu beweisen.

Der Spieler hat im Ergebnis auf die Zahl seiner Einsätze tatsächlich nur einen untergeordneten Einfluss. Er muss die versprochene Leistung bis zur Ausübungsfrist konstant in der gesamten Vertragslaufzeit erbringen, um die Einsatzzahl zu erreichen und die Bedingung zu erfüllen.[725]

bbb. Flexibilität durch Verlagerung des Verwendungsrisikos

Für den Club liegt der Sinn der einsatzabhängigen automatischen Verlängerung darin, dass diese Art der automatischen Verlängerung eine erfolgsabhängige Verlängerung darstellt, bei der der Verwender im Vorhinein, das heißt bei Abschluss des ursprünglichen Arbeitsvertrages, den Erfolg und damit die Voraussetzung der Verlängerung definiert. Die dadurch vermittelten Handlungsalternativen führen zu einem gesteigerten Wert der Investition durch Verlagerung des Verwendungsrisikos für den Verlängerungszeitraum, der zu kompensieren ist.

Die Vorteile im Rahmen der Umsetzung der Vertragsklausel liegen auf Seiten des Arbeitgebers. Die Voraussetzung der automatischen Verlängerung kann – je nach Ausgestaltung und vor allem Handhabung durch den Arbeitgeber – potestativen Charakter haben und von der Wollensbedingung nicht mehr zu unterscheiden sein, da der Arbeitgeber einem vom Arbeitnehmer nicht zu kontrollierenden und auch nicht justiziablen Einfluss auf die Zahl der Einsätze und damit auch auf das Eingreifen des Automatismus hat.[726] Der Annahme, die einsatzabhängige

---

723 BAG 16.01.2018 – 7 AZR 312/16, Rn. 35.

724 LAG Nürnberg 28.03.2006 – 7 Sa 405/05 *(Andre Mijatovic)*; siehe dazu auch *Fischinger/Unger*, SpuRt 2019, 202 ff.

725 Zu den Rechtsproblemen um den pandemiebedingten Saisonabbruch: *Fischinger*, SpuRt 2021, 112 ff. (Teil 1), 157 ff. (Teil 2).

726 *Fischinger*, FS Moll, 117, 126 ff.

automatische Verlängerung entspreche in den Wirkungen einer einseitigen Opt-in-Verlängerungsoption, jedenfalls für die Fälle, in denen der Eintritt der Voraussetzung vom Willen eines Vertragspartners abhängt, ist nicht zu widersprechen. Aufgrund des Einflusses des Vereins auf die Zahl der Einsätze, die nicht zwingend von der Leistung des Spielers, sondern auch von sonstigen (insbesondere ökonomischen) Erwägungen abhängig gemacht werden kann, ist die Verlängerung des Vertrages in der Hand des Arbeitgebers.[727]

Mit dem Gewinn von Flexibilität verbunden ist die Verlagerung des Verwendungsrisikos für den Verlängerungszeitraum auf den Spieler. Über den Einfluss des Arbeitgebers auf die Zahl der Einsätze des Spielers erreicht der Club eine einseitige Bindung des Spielers, von der der Club jeweils nach Bedarf Gebrauch machen kann oder nicht.

ccc. Höhe der Vergütung

Der Verein wird diese Vertragsgestaltung nach den hier getroffenen Annahmen und den sich daraus ergebenden Folgen nur wählen, wenn die beiderseitigen Erwartungen der vertragschließenden Parteien dahin gehen, dass sich der Spieler wie erwartet – zum Beispiel zum Stammspieler – entwickelt. Denn der Verein kann seine Erwartung mittels der Zahl der absolvierten Spiele nur dann artikulieren, wenn es sich um eine verhältnismäßig hohe Anzahl handelt, der Spieler also ständig berücksichtigt wird. Je geringer die vertraglich vereinbarte Anzahl der absolvierten Spiele zur Auslösung des Automatismus ist, desto größer ist die Abhängigkeit von Zufällen (Verletzung, Sperren etc.).

Entwickelt sich der Spieler wie gewünscht zum Stammspieler und greift der Automatismus ein, muss die Klausel – um angemessen zu sein – mindestens das durchschnittliche Gehalt eines Stammspielers vorsehen.

Insoweit kann auf die oben gefundenen Ergebnisse zur Angemessenheit der Kompensation verwiesen werden.

cc. Zwischenergebnis: Angemessenheit bei Kompensation

Aus dem potestativen Charakter der Regelung folgt damit nicht, dass die einsatzabhängige automatische Verlängerung immer unwirksam wäre. Im Gegenteil: Der Spieler, der über seine Arbeitskraft und seine Lebenszeit wirtschaftlich verfügen darf, kann sich die Möglichkeit für den Verein, den Vertrag im günstigen Fall zu verlängern, „abkaufen“ lassen.

Wertenbruch hat Recht[728]: Die Rechtslage bei einsatzabhängigen Verlängerungsklauseln ist nicht anders als bei der Opt-in-Verlängerungsoption. Ebenso wie eine

727 *Wertenbruch,* SpuRt 2004, 134 ff.; siehe auch Fischinger/Reiter/*Fischinger,* Das Arbeitsrecht des Profisports, § 10, Rn. 57.

728 Fischinger/Reiter/*Fischinger,* Das Arbeitsrecht des Profisports, § 10, Rn. 57; *Wertenbruch,* SpuRt 2004, 134 ff.

einseitige Opt-in-Verlängerungsoption kann – bei angemessener Kompensation – auch die durch die Zahl der Einsätze bedingte automatische Verlängerung angemessen im Sinne des § 307 Abs. 1 BGB sein.

2. *Transparenzkontrolle der bedingten Verlängerung gemäß § 307 BGB*

Insoweit kann auf die Ausführungen zur Transparenz im Rahmen der Vereinbarung einer einseitigen Opt-in-Verlängerungsoption Bezug genommen werden.[729]

Auch Verlängerungen, die unter einer Bedingung stehen, müssen schriftlich, deutlich und an den zu erwartenden Stellen im Vertrag geregelt werden.[730]

VI. Zwischenergebnis

Die von der Zahl der Einsätze eines Spielers abhängige automatische Verlängerung des Arbeitsvertrages unterliegt somit denselben Maßstäben wie die einseitige Opt-in-Verlängerungsoption zu Gunsten des Vereins. Der Arbeitgeber erhält über die Verlängerungsklausel eine Abbruchoption, die das Verwendungsrisiko auf den Arbeitnehmer verschiebt und damit – um angemessen zu sein – zu vergüten ist.

§ 19 Weitere qualifizierte automatische Verlängerungen

Die weiteren Bedingungen für eine automatische Verlängerung des Arbeitsvertrages, die aus der Rechtsprechung bekannt geworden sind, folgen den entsprechenden Maßstäben. Lediglich die Abwägung nach § 307 Abs. 1 BGB bedarf wegen der mit den verschiedenen Klauseln verbundenen Verlagerung des Verwendungsrisikos gesonderter Betrachtung.

I. Von wirtschaftlichen Voraussetzungen abhängige automatische Verlängerung

1. *Vertragsgestaltung*

Bekannt geworden ist eine Vertragsgestaltung, die die Verlängerung des Spielervertrages an die Verlängerung des Vertrages mit dem Hauptsponsor band[731]:

729 Siehe oben § 13 V.

730 *Müller/Schmitt*, NJW 2017, 1991, 1995.

731 LAG Thüringen 20.12.2016 – 1 Sa 59/16.

> Der Vertrag zwischen dem Spieler und der [...] verlängert sich automatisch, wenn der Hauptsponsor [...] seinen Sponsor[en]vertrag auch für die betreffende Saison 2015–2016 zu gleichen oder verbesserten Konditionen mit der [...] auch verlängert.

Zunächst vertrat der berufungsbeklagte Spieler die Auffassung, die Vereinbarung sei mit dem Befristungsrecht nicht vereinbar, weil unzulässigerweise das Wirtschaftsrisiko der Klägerin auf ihn abgewälzt werde.

Das Gericht rekurrierte auf die Entscheidungen zum Befristungsrecht und führte aus, dass eine gegen das Befristungsrecht verstoßende Vereinbarung nicht die Nichtigkeit der Abrede zur Folge habe, sondern nur dazu führe, diese als unbefristet zu werten. Das sei aber zur Abwehr des Klageziels – Rechtsschutz des wechselwilligen Spielers gegen die Feststellungsklage des Vereins, das Vertragsverhältnis habe sich verlängert – unzureichend.[732]

Im Ergebnis hat das Landesarbeitsgericht die vertragliche Regelung für wirksam gehalten. Es handle sich um eine aufschiebend bedingte Verlängerungsvereinbarung, die nicht von der freien Entscheidung des Arbeitgebers abhängig sei und deshalb über eine reine Potestativbedingung – in der hier gewählten Terminologie wäre es richtig, von einer Wollensbedingung zu sprechen – hinausgehe.[733] Die Klausel habe auch nicht die Wirkung einer einseitigen Option, da die Verlängerung des Sponsorenvertrages nicht im Belieben des Arbeitgebers steht.[734]

2. Unangemessene Benachteiligung entgegen den Geboten von Treu und Glauben (§ 307 Abs. 1 BGB)

Das Gericht meint, allein der Umstand, dass die Verlängerung des Vertrages von der wirtschaftlichen Situation des Arbeitgebers abhängig gemacht wird, ändere an der Wirksamkeit nichts.[735] Diese Auffassung ist unter dem Aspekt der prinzipiellen Zuordnung des Verwendungsrisikos zum Arbeitgeber zweifelhaft:

a. Benachteiligung

Die vertragliche Bindung des Spielers ist – ausgehend von der Beschränkung der Freiheit – aus der ex-ante Sicht zunächst einmal nachteilig. Der Spieler ist durch die Klausel im Falle des Eintritts ihrer Voraussetzungen gebunden, ohne dass er sich aus dieser Bindung lösen kann, obwohl ggf. für den Spieler günstigere Angebote vorliegen könnten. Die Klausel beschränkt – auch wenn der Verein zur Zahlung der Vergütung verpflichtet bleibt – das Mobilitätsinteresse des Spielers.

---

732 LAG Thüringen 20.12.2016 – 1 Sa 59/16, Rn. 36.

733 LAG Thüringen 20.12.2016 – 1 Sa 59/16, Rn. 33.

734 LAG Thüringen 20.12.2016 – 1 Sa 59/16, Rn. 37.

735 *Fischinger*, FS Moll, 117, 130 ff.

b. Angemessenheit bei Kompensation

Ebenso wie bei der einsatzabhängigen Verlängerung liegt bei der Vereinbarung einer vom weiteren Engagement eines Sponsors abhängigen Verlängerung eine Verlagerung des Verwendungsrisikos vor. Der Arbeitgeber verschiebt auch im Rahmen dieser Regelung sein unternehmerisches Risiko des Misserfolges seiner wirtschaftlichen Bemühungen auf den Sportler. Er bedingt sich eine Flexibilität hinsichtlich der Dauer des Vertrages und Beendigungsmöglichkeiten bei Verfehlen wirtschaftlicher Ziele aus. Diese ist zwar nicht per se unzulässig. Ebenso wie die vom sportlichen Erfolg abhängige automatische Verlängerung eines Arbeitsvertrages stellt die durch wirtschaftliche Voraussetzungen bedingte Verlängerung aber ein einseitiges, mit einer Erhöhung des Kapitalwerts der Investition[736] verbundenes Recht des Arbeitgebers dar und kann demgemäß nur bei ausreichender Kompensation wirksam vereinbart werden.

c. Höhe der Kompensation

Anders als in den bereits behandelten Fällen ist für diese Verlagerung des Verwendungsrisikos keine Lösung innerhalb des Gehaltsgefüges der Mannschaft möglich, weil der Verein insgesamt erfolgreich oder nicht erfolgreich ist.

Ein möglicher Anknüpfungspunkt wäre also – etwa im Falle des Aufstiegs – die Orientierung an der Gehaltsstruktur der nächsthöheren Liga.

Im Falle des Erreichens des Europäischen Wettbewerbs könnte eine Orientierung an den zusätzlichen Einnahmen des Vereins (Fernsehgelder, Zuschauereinnahmen etc.) erfolgen.

Dass dies kaum praktikabel ist, bedarf keiner weiteren Erörterung. Der vorsichtige Klauselverwender wird diese Gestaltung schon deshalb nicht wählen, weil eine direkte Verknüpfung der Gehaltsstrukturen mit den wirtschaftlichen Rahmenbedingungen des Arbeitgebers in aller Regel nicht gewünscht sein wird.

II. Vom Mannschaftserfolg abhängige automatische Verlängerung

1. Vertragsgestaltung

Das Landesarbeitsgericht Mecklenburg-Vorpommern hatte über folgende Klausel zu entscheiden:[737]

> Der Vertrag verlängert sich automatisch um ein weiteres Jahr/Saison bis 30.06.2016, wenn die erste Herrenmannschaft in der Saison 2014/2015 auf einem einstelligen Tabellenplatz (1 bis 9) abschließt und/oder in die dritte Liga aufsteigt.

---

736 Siehe oben § 3.

737 LAG Mecklenburg-Vorpommern 05.04.2016 – 2 SaGa 1/16, Rn. 3.

Denkbar sind diese Klauseln sowohl als automatische Verlängerungen, also ohne weitere Erklärung oder „Wollensbedingung“, als auch als Bedingungen für die Möglichkeit der Ausübung einer Option. Im letzteren Fall ist die Verlängerung des Vertrages aufschiebend bedingt.[738] Die Klausel bindet beide Seiten des Arbeitsvertrages.

2. Verschiebung des Verwendungsrisikos (§ 307 Abs. 1 BGB)

Die Klausel begünstigt im Ergebnis ebenfalls den Arbeitgeber. Zwar weist die Abhängigkeit einer Verlängerung vom Mannschaftserfolg nicht die Missbrauchsmöglichkeiten auf, die mit der Anknüpfung an die Zahl der Einsätze verbunden sind.[739] Denn mit dem Mannschaftserfolg liegen gleichgerichtete Interessen der Arbeitsvertragsparteien vor, was bei der Einsatzzahl – wie ausgeführt – nicht immer der Fall ist.

Auch hier überträgt der Arbeitgeber aber das vom Arbeitnehmer letztlich nur eingeschränkt zu beeinflussende Verwendungsrisiko. Zwar ist diese Flexibilität gegenüber der potestativen Wirkung der einseitigen Opt-in-Verlängerungsoption eingeschränkt. Dennoch findet eine Verschiebung des Verwendungsrisikos zulasten des Arbeitnehmers statt. Der Arbeitgeber hat den Spieler für den Fall, dass sich die Saison wie erhofft und in der Klausel beschrieben entwickelt, weiterhin an sich gebunden. Erfüllen sich die Erwartungen nicht, endet das Vertragsverhältnis und die Belastungen aus dem Vertrag sind beendet. Der Arbeitgeber verlagert mit dieser Klausel im Ergebnis sein unternehmerisches Risiko auf den Arbeitnehmer und verschafft sich eine über einen für beide Seiten gleichermaßen befristeten Vertrag hinausgehende Flexibilität, die unter dem Aspekt des § 307 Abs. 1 BGB gegenüber dem Spieler zu vergüten ist.

3. Höhe des Ausgleichs

Wie im Fall der vom wirtschaftlichen Erfolg abhängigen automatischen Verlängerung hat auch diese Klausel nicht die individuelle Entwicklung des Spielers im Blick, sondern den sportlichen und damit in aller Regel den damit einhergehenden wirtschaftlichen Erfolg des Vereins.

Die vom Mannschaftserfolg abhängigen automatischen Verlängerungen sind also verdeckte, auf den wirtschaftlichen Erfolg des Vereins Bezug nehmende Verlängerungsklauseln und entsprechend zu behandeln.

Die rechtssichere Gestaltung ist im Übrigen nur um den Preis einer vollständigen wirtschaftlichen Transparenz der Kalkulation möglich.

---

738 *Fischinger*, FS Moll, 117, 128 ff.

739 Siehe oben § 17 V Ziff. 1.

III. Zwischenergebnis

Bedingte qualifizierte Verlängerungen wälzen das Verwendungsrisiko auf den Arbeitnehmer ab und schaffen für den Arbeitgeber Flexibilität bei Eintreten bestimmter unerwünschter Bedingungen.

Diese Klauseln – betreffen sie die Einsatzzahl, den sportlichen oder den wirtschaftlichen Erfolg – haben in ökonomischer Hinsicht die Wirkungen von Abbruchoptionen, erhöhen den Wert der Investition des Arbeitgebers in den Spieler und sind entsprechend angemessen zu vergüten.

Die von den Leistungen des Spielers, insbesondere seiner Zahl der Einsätze abhängigen Verlängerungen, sind entsprechend den oben zu den zur vergüteten einseitigen Opt-in-Verlängerungsoption gefundenen Ergebnissen zu behandeln.

Die vom Mannschaftserfolg und von den wirtschaftlichen Erfolgen des Vereins abhängigen automatischen Verlängerungen sind vor dem Hintergrund der hier gefundenen Ergebnisse nicht praktikabel.

§ 20 Rechtmäßigkeit auflösend bedingter Vertragsgestaltungen

I. Vertragsgestaltung

Auflösende Bedingungen finden sich in vielen Arbeitsverträgen des professionellen Sports. Dabei geht es diesen Vertragsgestaltungen in aller Regel nicht darum, den Arbeitsvertrag *an Stelle der üblichen Befristung* mit einer auflösenden Bedingung zu versehen, was kautelarjuristisch durchaus denkbar erscheint.

Vielmehr versuchen die Arbeitgeber im Sport in diesen Fällen *neben der und zusätzlich zur Befristung*[740] für bestimmte Umstände – wie zum Beispiel den Abstieg aus der Liga, die Beeinträchtigung der wirtschaftlichen Leistungsfähigkeit des Vereins oder den sportlichen Misserfolg – eine Beendigung des Arbeitsvertrages vor Ablauf der eigentlichen Befristung zu erreichen. Mit dem Eintritt des vereinbarten Ereignisses soll der ohnehin befristete Arbeitsvertrag sein vorzeitiges Ende finden.

Die unter auflösender Bedingung stehenden befristeten Arbeitsverträge des professionellen Fußballs sind damit (immer) einer doppelten Überprüfung des Vorliegens der Sachgründe aus § 14 TzBfG (hier Eigenart der Arbeitsleistung), sowohl für die auflösende Bedingung als auch für die Höchstbefristung, unterworfen.

II. Verstoß gegen gesetzliche Verbote

Verstöße dieser Vertragsgestaltungen gegen gesetzliche Verbote sind nicht ersichtlich.

740 Fischinger/Reiter/*Fischinger*, Das Arbeitsrecht des Profisports, § 10, Rn. 24 ff.

III. Verstoß gegen Teilzeit- und Befristungsgesetz

Die Zulässigkeit auflösend bedingter Arbeitsverhältnisse war lange Jahre umstritten (a.). In § 21 TzBfG liegt mittlerweile eine gesetzliche Regelung vor (b.).

1. Zulässigkeit auflösend bedingter Arbeitsverträge

a. Vor Erlass des Teilzeit- und Befristungsgesetzes

aa. Sachgrund

Bereits in einem Urteil vom 17.05.1962 übertrug der Zweite Senat die im Urteil aus dem Jahr 1960 zur Befristung entwickelten Grundsätze auf ein auflösend bedingtes Arbeitsverhältnis.[741]

Zum professionellen Fußball entschied das BAG im Jahr 1981 über die Klausel eines Arbeitsvertrages, wonach das Arbeitsverhältnis automatisch enden sollte, wenn der Arbeitgeber vom Deutschen Fußballbund wegen wirtschaftlicher Leistungsunfähigkeit keine Lizenz erhalte. Die auflösende Bedingung stelle eine objektiv funktionswidrige Umgehung des § 626 BGB dar und bürde dem Arbeitnehmer vollständig das vom Arbeitgeber zu tragende Beschäftigungsrisiko, hier Verwendungsrisiko, auf.[742] In Anlehnung an seine Rechtsprechung zur Befristung ging das BAG davon aus, dass auch auflösende Bedingungen in einem Arbeitsvertrag – teilweise auch unter besonders strengen Anforderungen[743] – sachlich gerechtfertigt sein könnten.[744] Die Maßstäbe für befristete Arbeitsverträge einerseits und auflösend bedingte Arbeitsverträge andererseits glich die Rechtsprechung einander an.[745] Im Jahr 2002 schließlich entschied das BAG über den Vertrag des Bundesligatrainers *Winfried Schäfer*, der mit dem Verein *Tennis Borussia Berlin* vereinbart hatte, dass der Arbeitsvertrag im Falle des Abstiegs aus der Bundesliga endet. Diese auflösende Bedingung hielt das BAG für wirksam, weil sie im Interesse des Trainers gelegen habe.[746]

bb. Umgehung von Kündigungsfristen

Zusätzlich zu den bei der Befristung auftretenden Fragen stellte sich bei der auflösenden Bedingung das Problem der Umgehung der Kündigungsfristen gemäß

741 BAG 17.05.1962 – 2 AZR 354/60; BAG 19.12.1974 – 2 AZR 565/73; ausführlich: *Rudnik*, Die Gesetzesumgehung in der Rechtsprechung des Bundesarbeitsgerichts, 202 ff.

742 BAG 09.07.1981 – 2 AZR 788/78.

743 BAG 24.09.1997 – 7 AZR 669/96.

744 BAG 09.02.1984 – 2 AZR 402/83; BAG 20.12.1984 – 2 AZR 3/84.

745 BAG 12.02.1992 – 7 AZR 100/91; BAG 17.11.1998 – 9 AZR 542/97; BAG 02.12.1998 – 7 AZR 644/97; BAG 23.02.2000 – 7 AZR 126/99.

746 BAG 04.12.2002 – 7 AZR 492/01.

§ 622 BGB. Da die auflösende Bedingung das Arbeitsverhältnis ohne Berücksichtigung von Fristen beendet, bestand über die Gestaltung die Möglichkeit, von den zwingenden Mindestkündigungsfristen des § 622 BGB abzuweichen. Einige Stimmen in der Literatur hielten die auflösende Bedingung eines Arbeitsverhältnisses deshalb generell für unzulässig.[747]

Nach der Rechtsprechung setzte die Wirksamkeit der auflösenden Bedingung neben dem Bestehen eines sachlichen Grundes voraus, dass der Zeitpunkt der Beendigung des Arbeitsverhältnisses für den Arbeitnehmer frühzeitig erkennbar war.[748] Andernfalls sei die Vereinbarung einer auflösenden Bedingung wegen Umgehung der zwingenden Mindestkündigungsfristen unwirksam. Das führe dann aber nicht zu einem unbefristeten Arbeitsverhältnis, sondern zu einer Auslauf- oder Ankündigungsfrist. Zweck der Kündigungsfristen sei, dass sich der Arbeitnehmer auf das Ende des Arbeitsverhältnisses einstellen könne.[749]

b. Teilzeit- und Befristungsgesetz

§§ 15 Abs. 2, 21 TzBfG hat die Parallelität von befristeten und auflösend bedingten Arbeitsverträgen nun positiv geregelt.

Zur Vermeidung der Umgehung von Kündigungsfristen endet das Arbeitsverhältnis gemäß § 15 Abs. 2 TzBfG frühestens zwei Wochen nach schriftlicher Unterrichtung des Arbeitnehmers durch den Arbeitgeber. Tritt die Beendigung vorher ein, wird das Ende des Arbeitsverhältnisses hinausgeschoben.[750]

Aus dem Verweis auf § 14 Abs. 1 TzBfG folgt die Zulässigkeit einer auflösenden Bedingung mit Sachgrund. Ein sachgrundlos zweckbefristetes oder auflösend bedingtes Arbeitsverhältnis ist nicht möglich.[751]

Als möglicher Sachgrund kommt der Wunsch des Arbeitnehmers gemäß § 14 Abs. 1 S. 2 Nr. 6 TzBfG (aa.) und – wie bei der Befristung auch – die Eigenart der Arbeitsleistung gemäß § 14 Abs. 1 Satz 2 Nr. 4 TzBfG (bb.) in Betracht.

aa. § 14 Abs. 1 Satz 2 Nr. 6 TzBfG

Als Sachgrund für die Vereinbarung einer auflösenden Bedingung – zum Beispiel im Falle der sogenannten Ligaklauseln – kommt in Sonderfällen der Wunsch des

---

747 *Hromadka*, RdA 1983, 88 ff.; *Enderlein*, RdA 1998, 90.

748 BAG 25.08.1999 – 7 AZR 75/98; BAG 12.06.11987 – 7 AZR 8/86; BAG 26.03.1986 – 7 AZR 599/84.

749 BAG 26.03.1986 – 7 AZR 599/84; *Rudnik*, Die Gesetzesumgehung in der Rechtsprechung des Bundesarbeitsgerichts, 264.

750 BAG 12.08.2015 – 7 AZR 592/13, Rn. 28; Fischinger/Reiter/*Fischinger*, Das Arbeitsrecht des Profisports, § 10, Rn. 27.

751 Fischinger/Reiter/*Fischinger*, Das Arbeitsrecht des Profisports, § 10, Rn. 25; ErfK/*Müller-Glöge*, § 21 TzBfG, Rn. 3.

Arbeitnehmers gemäß §§ 21, 14 Abs. 1 Satz 2 Nr. 6 TzBfG in Betracht.[752] Die Befristung auf Wunsch des Arbeitnehmers ist als ein in der Person des Arbeitnehmers liegender (Sach-)Grund i. S. d. § 14 Abs. 1 S. 2 Nr. 6 TzBfG anerkannt. Zur Vermeidung missbräuchlicher Gestaltungen ist jeweils im Einzelfall genau zu prüfen, ob die Aufnahme wirklich dem Wunsch des Arbeitnehmers entspricht.[753] Voraussetzung für die Wirksamkeit ist, dass der Arbeitnehmer selbst bei Angebot eines unbedingten Vertrages nur einen auflösend bedingten vereinbart hätte. Wenn das der Fall ist, ist durch eine solche auflösende Bedingung die Arbeitnehmerfreizügigkeit nach Art. 45 AEUV ebenso wenig verletzt wie § 622 Abs. 6 BGB. Selbst wenn der Arbeitnehmer im Einzelfall die Aufnahme einer solchen Regelung verlangen sollte, läge eine Individualvereinbarung vor, die nicht der Kontrolle nach §§ 305 ff. BGB unterliegt.

bb. § 14 Abs. 1 Satz 2 Nr. 4 TzBfG

Außerhalb des Sonderfalles des § 14 Abs. 1 Satz 2 Nr. 6 TzBfG hält *Fischinger* und mit ihm die herrschende Auffassung die Vereinbarung einer auflösenden Bedingung, die an die Ligazugehörigkeit, die wirtschaftliche Befindlichkeit des Arbeitgebers oder den sportlichen (Miss-)Erfolg anknüpft, für unwirksam.[754] Mangels Anwendbarkeit einer anderen Ziffer des Katalogs des § 14 Abs. 1 Satz 2 TzBfG lässt sich der nach §§ 21, 14 TzBfG erforderliche Sachgrund in diesen Fällen nur mit der Nr. 4 „Eigenart der Arbeitsleistung“ begründen.

Jedenfalls in den Fällen, in denen der Arbeitgeber zusätzlich zu der mit der Befristung des Arbeitsverhältnisses bereits verbundenen Übertragung des Unternehmerrisikos während der vereinbarten Befristung weitere unternehmerische Risiken – wie den sportlichen oder wirtschaftlichen Erfolg – auf den Sportler zu übertragen sucht[755], wird man der herrschenden Meinung nicht widersprechen können. Durch die Entscheidung des BAG in der Sache *Heinz Müller*[756] ist nur die Befristung selbst durch einen Sachgrund getragen. Weitere Beendigungstatbestände innerhalb des bereits befristeten Arbeitsverhältnisses sollen dem

752 BAG 18.01.2017 – 7 AZR 236/15; BAG 04.12.2002 – 7 AZR 492/01; LAG Düsseldorf 20.11.2008 – 11 SaGa 23/08; Fischinger/Reiter/*Fischinger*, Das Arbeitsrecht des Profisports, § 10, Rn. 30 ff.; so vor Inkrafttreten schon BAG. 04.12.2002 – 7 AZR 492/01, Rn. 14; zum Arbeitsvertrag von *Winfried Schäfer* mit *Tennis Borussia Berlin*: Siehe unten § 19; Fischinger/Reiter/*Fischinger*, Das Arbeitsrecht des Profisports, § 10, Rn. 31 f.

753 Zu den strengen Voraussetzungen der Wunschbefristung: BeckOK ArbR/*Bayreuther*, § 14 TzBfG, Rn. 62; BAG 18.01.2017 – 7 AZR 236/15, Rn. 30 ff.

754 Fischinger/Reiter/*Fischinger*, Das Arbeitsrecht des Profisports, § 10, Rn. 37 mit weiteren Nachweisen.

755 Siehe oben § 3.

756 BAG 16.01.2018 – 7 AZR 312/16.

Arbeitgeber zusätzliche Abbruchoptionen einräumen, die dem Wirtschaftsrisiko des Arbeitgebers zuzuordnen sind. Diese Regelungen übertragen über die mit der Befristung verbundene Verschiebung des Wirtschafts- bzw. Verwendungsrisikos nach der zulässigen Befristung hinaus dieses Risiko in weiterem Umfang auf den Arbeitnehmer. Für diese Fälle besteht der vom Bundesarbeitsgericht in der Sache *Heinz Müller* erkannte Sachgrund offensichtlich nicht. Für die über die Befristung hinausgehende Verlagerung des Wirtschaftsrisikos auf den Arbeitnehmer lässt § 14 Abs. 1 Satz 2 Nr. 4 TzBfG keinen Raum.

2. Ergebnis

Im Ergebnis sind die bekannt gewordenen Klauseln, nach denen unter bestimmten Voraussetzungen – Abstieg, fehlende finanzielle Leistungsfähigkeit des Vereins, sportlicher Misserfolg – Arbeitsverträge professioneller Fußballspieler auflösend bedingt sein sollen und diese zusätzlichen Beendigungsgründe neben die Befristung des Arbeitsvertrages treten sollen, nicht gemäß §§ 21, 14 Abs. 1 Satz 2 Nr. 6 TzBfG vom Sachgrund der Eigenart der Arbeitsleistung getragen. Solche Regelungen sind deshalb nur dann rechtmäßig, wenn ein entsprechender ernsthafter Wunsch des Arbeitnehmers gemäß § 14 Abs. 1 Satz 2 Nr. 4 TzBfG besteht.

Einer Überprüfung dieser Klauseln an den §§ 307 ff. BGB bedarf es danach nicht mehr.

§ 21 Rechtsfolge der Unwirksamkeit aufschiebender und auflösender Bedingungen

Ist eine Vereinbarung einer auflösenden Bedingung während des befristeten Arbeitsvertrages nach den vorstehenden Maßstäben unwirksam, führt dies nach §§ 21, 16 TzBfG dazu, dass die auflösende Bedingung entfällt. Der Vertrag endet daher mit der vereinbarten Frist, ohne dass eine vorzeitige Beendigung möglich ist. An dieser Rechtsfolge dürfte es liegen, dass die auflösende Bedingung praktisch keine Anwendung findet, sondern die Gestaltung zur Einräumung von Flexibilität für den Club in der Regel über die einseitige Opt-in-Verlängerungsoption oder einsatzabhängige automatische Verlängerungsklauseln erfolgt.

Kapitel 5 Rechtmäßigkeit zweiseitiger Verlängerungsoptionen

Die zweiseitige Opt-in-Verlängerungsoption für die vertragschließenden Parteien ohne weitere Voraussetzungen entspricht in ihrer Wirkung einer zweiseitigen Opt-out-Verlängerung, allerdings mit „umgekehrter“ Handlungslast. Während bei der zweiseitigen Opt-out-Verlängerung das Schweigen der vertragschließenden Parteien zur Verlängerung führt, muss zumindest eine der vertragschließenden Parteien bei der zweiseitigen Opt-in-Verlängerungsoption tätig werden, um eine Verlängerung des Arbeitsvertrages herbeizuführen.[757]

Es zeigt sich aber ein wesentlicher Unterschied: Während bei der zweiseitigen Opt-in-Verlängerungsoption der Spieler keine sichere Möglichkeit hat, der Bindung im Optionszeitraum zu entgehen, liegt der Ball bei der zweiseitigen Opt-out-Verlängerungsoption für die Bindung im Optionszeitraum allein beim Spieler.

Der Sonderfall der von weiteren Voraussetzungen abhängigen qualifizierten zweiseitigen Opt-in-Verlängerungsoption wird in § 23 behandelt.

§ 22 Einfache zweiseitige Opt-in-Verlängerungsoption

Die von weiteren Voraussetzungen unabhängige zweiseitige Opt-in-Verlängerungsoption gibt beiden Vertragsparteien das Recht, den Vertrag zum Beispiel um ein weiteres Jahr zu verlängern. Wenn eine der Parteien die zweiseitige Option ausübt, wird die andere Partei unabhängig von ihrem Willen vertraglich verpflichtet. Der Fortbestand des Arbeitsvertrages hängt – wie auch bei der einseitigen Option – einseitig vom Willen einer Partei ab.[758]

Kautelarjuristisch handelt es sich um eine Option im engeren Sinne, da den Parteien ein Gestaltungsrecht zur Verlängerung des Arbeitsvertrages eingeräumt wird.[759] Rechtsprechung und Literatur beschäftigten sich vor allem vor dem Hintergrund der früher in den Musterarbeitsverträgen verwendeten Klausel des „Paragraph 11“ mit dieser Art der Laufzeitklausel. Im Lichte dieser Klausel, die im Zusammenhang mit der erwarteten Aufhebung des Transfersystems stand, muss diese Rechtsprechung beurteilt werden.

Literatur und Rechtsprechung haben die Zulässigkeit dieser Klauseln unterschiedlich beurteilt. Begründet wird die Ansicht, die Option sei unwirksam, etwa von dem *ArbG Dortmund* mit den bereits bekannten Argumenten:

---

757 Siehe oben § 1 II.

758 *Annen*, CaS 2012, 326, 327.

759 MüKo/*Busche*, vor § 145 BGB, Rn. 70.

- Ungerechtfertigter Eingriff in Art. 12 GG und eine damit einhergehende Nichtigkeit der Klausel nach § 138 BGB[760];
- Umgehung von Art. 39 AEUV und Artikel 12 Abs. 1 GG[761] mit der bereits oben erörterten[762] These, die Klausel habe erkennbar den einzigen Zweck, aus dem erstrebten Vereinswechsel des Spielers eine Transferentschädigung herauszuschlagen.[763]

Die Argumente der Rechtsprechung haben auch in der Literatur Zuspruch erfahren.[764]

Das ArbG Dortmund stand unter dem zeitlichen Einfluss der *Bosman*-Entscheidung und betraf außerdem § 11 Abs. 4 des Mustervertrages, dem die Bemühung der Abfederung der wirtschaftlichen Folgen der erwarteten Aufhebung des Transfersystems „auf die Stirn geschrieben" stand. Die Rechtsprechung lässt sich nicht generalisierend übertragen und überzeugt damit im Hinblick auf heute vereinbarte zweiseitige Optionen nicht. So haben sich die kritischen Stimmen (im Ergebnis zu Recht) nicht durchgesetzt. Die Klauseln werden in der jüngeren Rechtsprechung und Literatur – wie nachfolgend geschildert – für rechtmäßig gehalten.

I. Kein gesetzliches Verbot

Weder die europarechtliche Arbeitnehmerfreizügigkeit noch Art. 12 GG oder durch einfaches Gesetz – § 74 ff. HGB[765], TzBfG – werden durch die mit einer zweiseitigen Option verbundene Bindung des Arbeitnehmers betroffen.[766]

Ein nachvertragliches Wettbewerbsverbot kann in der beiderseitigen Opt-in-Klausel nicht gesehen werden. Die Ausübung der Option durch den Verein ist gerade keine nachvertragliche Bindung, sondern eine Bindung durch ein bestehendes – aber verlängertes – Arbeitsverhältnis. Entschädigungslos wäre das Wettbewerbsverbot auch nicht, da die Vergütung auch im Optionszeitraum geschuldet wird.

Da mit der Klausel weder eine Befristung noch eine auflösende Bedingung des Arbeitsverhältnisses vereinbart wird, ist das TzBfG nicht anwendbar, wobei

760 ArbG Dortmund 10.03.1998 – 6 Ga 15/98, Rn. 61; ArbG Dortmund 19.05.1998 – 6 Ca 1111/98, Rn. 65 ff.

761 ArbG Dortmund 10.03.1998 – 6 Ga 15/98, Rn. 62; ArbG Dortmund 19.05.1998 – 6 Ca 1111/98, Rn. 65 ff.

762 Siehe oben § 8 II Ziff. 2.

763 ArbG Dortmund 10.03.1998 – 6 Ga 15/98, Rn. 65; ArbG Dortmund 19.05.1998 – 6 Ca 1111/98, Rn. 66 ff.

764 *Menke*, NJW 2007, 2820, 2822.

765 *Fischinger*, FS Moll, 117, 119.

766 Siehe oben § 14 II.

der durch die Klausel verlängerte Arbeitsvertrag dem TzBfG wiederum genügen muss.[767]

Zwar hat das Arbeitsgericht Dortmund in der Entscheidung *Stefan Klos* eine Unwirksamkeit angenommen. Dieses Urteil hat aber in der Rechtsprechung keine Nachfolge gefunden und wurde in der Berufung durch das LAG Hamm aufgehoben.[768]

Aus der verbandsrechtlichen Rechtsprechung zur Wirksamkeit der zweiseitigen Opt-in-Verlängerungsoption gibt es nur eine einzige Entscheidung des CAS, die die Vereinbarung für zulässig hält.[769]

Da im Falle einer zweiseitigen Opt-in-Verlängerungsoption für die Parteien des Arbeitsvertrages keine Unterschiede im Hinblick auf die Beendigung des Vertrages bestehen, ergeben sich insoweit aus § 622 Abs. 6 BGB keine Probleme.

Ein Verstoß gegen Art. 12 GG kommt schon aus den oben genannten Erwägungen[770] bei der zweiseitigen Option (erst recht) nicht in Betracht. Zudem hat das LAG Köln[771] zutreffend festgestellt, dass

> die Einräumung des Gestaltungsrechts für beide Parteien eine sachgerechte Regelung der Risikostreuung herbeiführt.[772]

II. Keine Umgehung des *Bosman*-Urteils

Die teilweise auch im Rahmen der zweiseitigen Opt-in-Verlängerungsoption vertretene Ansicht, die Gestaltung habe ausschließlich den Zweck, eine für die Erzielung einer Ablösesumme notwendige Verhandlungsposition zu schaffen, stößt auf die oben geäußerten, durchgreifenden Einwände. Die Umgehung eines Urteils kann nur dann zu einer Unwirksamkeit der Klausel führen, wenn das Urteil ausnahmsweise eine über die inter partes Wirkung hinausgehende Rechtsfortbildung mit Verbotscharakter hätte.[773]

Es ist zwar auch nicht ausgeschlossen, dass ein Club eine Verlängerungsoption zu diesem Zwecke missbraucht. Allein die Möglichkeit eines Missbrauchs eines vertraglich eingeräumten Rechts kann allerdings richtigerweise nicht (automatisch)

---

767 *Fischinger*, FS Moll, 118.

768 Siehe oben § 6 I.

769 CAS 2010/O/2132, *Shakhtar Donetsk v. Ilson Pereira Dias Junior.*

770 Siehe oben § 14 II.

771 LAG Köln 20.11.1998 – 11 Sa 125/98, Rn. 15.

772 Unter Verweis auf das Gutachten von *Hanau/Kania*, Gutachten zu Wirksamkeit und Anwendungsbereich von § 11 Abs. 4 des DFB-Musterarbeitsvertrages, unter B II 2 b cc., unveröffentlicht; das Akteneinsichtsgesuch des Verfassers ergab, dass die Gerichtsakte bei dem LAG Köln inzwischen vernichtet worden ist.

773 Siehe oben § 8 II Ziff. 2.

dazu führen, dass eine dahingehende Gestaltung ausgeschlossen sein soll bzw. die Möglichkeit zum Missbrauch auch tatsächlich ergriffen wird.[774]

Aus dem Grundsatz der Vertragsfreiheit ergibt sich weiter, dass vor einem Verbot einer Vertragsgestaltung wegen einer potenziell bestehenden Missbrauchsgefahr versucht werden müsste, Missbrauch zu verhindern bzw. zumindest zu identifizieren und effektiv zu sanktionieren.[775] Als Instrument steht den Gerichten die Ausübungskontrolle gemäß § 242 BGB zur Verfügung. Erkennt ein Gericht im Einzelfall, dass von einer ausbedungenen Option nur Gebrauch gemacht wurde, um dem Verein eine Verhandlungsposition im Hinblick auf eine zu erzielende Ablösesumme zu gewähren, kann das Gericht die Klausel aufgrund ihrer Treuwidrigkeit für unwirksam halten.[776]

Der Vergleich mit der Befristungsrechtsprechung zeigt, dass der Spieler durch eine einseitige Verlängerungsmöglichkeit des Arbeitgebers nicht stärker in seiner Mobilität beschränkt wird als durch eine von vornherein vereinbarte entsprechend längere Befristung.[777] Der Spieler übt seine Berufsfreiheit durch die Eingehung vertraglicher Bindungen aus.[778]

III. § 622 Abs. 6 BGB

Da bei einer beiderseitigen Verlängerungsoption ohne weitere Voraussetzungen beide Parteien des Arbeitsvertrages in Bezug auf dessen Laufzeit gleiche Rechte haben, kommt ein Verstoß nicht in Betracht. Das BAG geht davon aus, dass die Verlängerung einer Kündigungsfrist für den Arbeitgeber durch die entsprechende Verlängerung der Kündigungsfrist für den Arbeitnehmer kompensiert werden kann.[779] Entsprechend wird man davon ausgehen dürfen, dass auch die Opt-in-Verlängerungsoption zu Gunsten des Arbeitgebers durch ein symmetrisches Recht für den Arbeitnehmer ausreichend kompensiert wird.

IV. AGB-Kontrolle

1. *Klauselverbote*

Klauselverbote aus §§ 309 (a.) und 308 BGB (b.) greifen nicht ein.

---

774 *Fischinger*, Haftungsbeschränkungen im Bürgerlichen Recht, 258 f.; *Fischinger*, FS Moll, 120.

775 *Fischinger*, FS Moll, 120.

776 Siehe oben § 8 II Ziff. 2.

777 LAG Köln 20.11.1998 – 11 Sa 125/98, Rn. 15.

778 Siehe oben § 13 IV Ziff. 2.

779 BAG 03.07.2019 – 10 AZR 300/18, Rn. 39.

a. Klauselverbote ohne Wertungsmöglichkeit (§ 309 BGB)

Auf beiderseitige Opt-in-Verlängerungsoptionen in Arbeitsverträgen professioneller Fußballspieler findet § 309 Nr. 9 BGB keine Anwendung, da beim Arbeitsverhältnis nicht der Arbeitgeber als Verwender die regelmäßigen Dienstleistungen zu erbringen hat.[780]

b. Klauselverbote mit Wertungsmöglichkeiten (§ 308 BGB)

Ebenso wenig wie die Vereinbarung einer einseitigen fällt die zweiseitige Option unter § 308 Nr. 1 BGB. Die Opt-in-Verlängerungsoption hat keinen Schwebezustand zur Folge, der aus dem Auseinanderfallen von Angebot und Annahme resultiert.[781]

2. § 307 BGB

a. Abweichen von wesentlichen Grundgedanken der gesetzlichen Regelung (§ 307 Abs. 2 Nr. 1 BGB)

Insoweit kann auf die obigen Ausführungen[782] verwiesen werden. Außerhalb der für Arbeitsverträge spezifischen absoluten Beschränkungen der §§ 624 BGB, 15 TzBfG bestehen für die Laufzeit von Verträgen keine gesetzlichen Vorgaben.

Soweit sich der Arbeitsvertrag einschließlich des Optionszeitraums im Rahmen der zulässigen absoluten Laufzeit bewegt, weicht die Vereinbarung einer zweiseitigen Verlängerungsoption nicht von den wesentlichen Grundgedanken der gesetzlichen Regelung ab.

b. Einschränkung wesentlicher Rechte und Pflichten mit Gefährdung des Vertragszwecks (§ 307 Abs. 2 Nr. 2 BGB)

Auf die beiderseitige Opt-in-Verlängerungsoption findet dieses Regelbeispiel keine Anwendung.[783] Es fehlt für die Anwendung von § 307 Abs. 2 Nr. 2 BGB nicht an Regelungen im dispositiven Recht. Das Arbeitsrecht verfügt über ein ausdifferenziertes Regelungssystem. Eine Freizeichnung von Kardinalpflichten liegt ebenfalls nicht vor.

---

780 Siehe oben § 13 IV Ziff. 2.

781 Siehe oben § 10 II, § 11 I. 2.; so im Ergebnis auch OLG Hamm 10.03.2011 – I-21 U 123/10 BeckRS 2011, 22783.

782 Siehe oben § 12 III Ziff. 3.

783 Siehe oben § 12 III Ziff. 2.

c. Unangemessene Benachteiligung entgegen den Geboten von Treu und Glauben (§ 307 Abs. 1 BGB)

Auch wenn die Klauselverbote der §§ 308 und 309 BGB nicht direkt einschlägig sind, wirken die gesetzlichen Wertungen, die den einzelnen Klauselverboten der §§ 308, 309 BGB zugrunde liegen, auf die Abwägung in § 307 BGB zurück.[784] Die in den Klauselverboten Ausdruck findende Regelungsabsicht des Gesetzgebers ist bei der Abwägung nach § 307 BGB zu berücksichtigen.[785]

Zweiseitige Opt-in-Verlängerungsoptionen geben den vertragsschließenden Parteien grundsätzlich äquivalente Rechte. Dass diese Regelungen in allgemeinen Geschäftsbedingungen dennoch Bedenken begegnen können, ergibt sich insbesondere aus § 309 Nr. 9 BGB. Auch wenn § 309 Nr. 9 BGB auf Arbeitsverträge keine Anwendung findet, ist der Norm doch zu entnehmen, dass der Gesetzgeber die spezifische Kontrolle von AGB-Regelungen zur Laufzeit von Dauerschuldverhältnissen für erforderlich gehalten hat. Zwar kann auf Arbeitsverträge aufgrund der speziellen Regelungen in §§ 624 BGB, 15 TzBfG die in § 309 Nr. 9 a) BGB vorgesehene absolute Laufzeitbegrenzung auch im Rahmen der Wertung gemäß § 307 BGB keine Berücksichtigung finden. Relevant können für die zweiseitige Opt-in-Verlängerungsoption aber die zeitliche Begrenzung der Bindung von stillschweigenden Vertragsverlängerungen in § 309 Nr. 9b BGB (aa.) und die Absicherung einer Kündigungsfrist gemäß § 309 Nr. 9c BGB (bb.) werden.[786]

aa. Maß der stillschweigenden Verlängerung

§ 309 Nr. 9b BGB lässt sich die Wertung des Gesetzgebers entnehmen, dass stillschweigende Vertragsverlängerungen bis zu einem Jahr regelmäßig hinzunehmen sind.[787]

Macht der Sportler von der – beiden Seiten eingeräumten – Opt-in-Verlängerungsoption Gebrauch, wird er tätig. Eine „stillschweigende“ oder automatische Verlängerung liegt nicht vor, so dass der Schutzzweck des § 309 Nr. 9 b) BGB nicht betroffen ist.

Anders stellt es sich aber dar, wenn der Club die Option zieht. In diesem Fall verlängert sich der Vertrag ohne Zutun des Sportlers. Aus seiner Sicht ist diese Form der Verlängerung an die automatische oder stillschweigende Verlängerung zumindest angenähert. Die automatischen Verlängerungen sind aber mit dem besonderen Risiko für den Arbeitnehmer verbunden, dass er sie nicht hinreichend zur Kenntnis nimmt. Ebenso wie bei der einseitigen Verlängerungsoption wird

784 BGH 08.03.1984 – IX ZR 144/83, Rn. 24; BGH 04.12.1996 – XII ZR 193/95, Rn. 15; LG Heidelberg 09.01.2014 – 2 O 211/13, Rn. 27.

785 BGH 04.12.1996 – XII ZR 193/95, Rn. 16.

786 *Oetker*, Das Dauerschuldverhältnis und seine Beendigung, 624 f.

787 Staudinger/*Coester*, § 307 BGB, Rn. 12.

man sich deshalb als Verwender bei der insoweit wirkungsgleichen zweiseitigen Verlängerungsoption aus Vorsichtsgründen auf einen Zeitraum von zwölf Monaten beschränken.

bb. Ausübungsfrist

§ 309 Nr. 9c BGB gewährleistet, dass die Entscheidung über die Verlängerung in engem zeitlichem Zusammenhang mit der ursprünglichen Vertragsbeendigung fallen muss. Die Ausübungsfrist hat eine doppelte Schutzrichtung:

Zum einen müssen die vertragschließenden Parteien rechtzeitig vor Auslaufen des Arbeitsverhältnisses ihre Entscheidung treffen, damit sich die jeweils andere Partei darauf einstellen kann.

Andererseits darf die Ausübungsfrist aber nicht so lange vor dem Ende der ursprünglichen Vertragslaufzeit liegen, dass der Vertragspartner noch nicht übersehen kann, ob die Fortsetzung des Arbeitsverhältnisses für ihn sinnvoll ist oder nicht.

Den Grundsätzen vorsichtiger Gestaltung entsprechend wird man deshalb in Anlehnung an § 309 Nr. 9 c BGB einen Zeitraum von drei Monaten wählen.

cc. Unangemessenheit

Im Übrigen ist bei Vereinbarung von Verlängerungen für beide Seiten des Arbeitsvertrages eine unangemessene Benachteiligung des Arbeitnehmers gemäß § 307 Abs. 1 BGB nicht erkennbar. Eine *angemessene Kompensation* im Sinne des § 307 Abs. 1 BGB kann nicht nur in einer Geldleistung liegen, sondern auch darin, dass dem durch eine Regelung benachteiligten Vertragspartner in sachlichem Zusammenhang eine Begünstigung gewährt wird.[788] Wenn nach § 622 Abs. 6 BGB für die Kündigung durch den Arbeitnehmer keine längeren Fristen als für die Kündigung durch den Arbeitgeber vereinbart werden dürfen, bedeutet dies nichts anderes, als dass eine längerfristige Verpflichtung des Arbeitnehmers möglich wird, wenn der Arbeitgeber diese Verpflichtung durch eine ebenso lange Kündigungsfrist kompensiert.[789] Dementsprechend kann auch die Kompensation eine Option zugunsten des Vereins in einer zugunsten des Spielers eingeräumten Option liegen. Es handelt sich um eine „rechtliche Kompensation durch funktionsgleiche Regelung“.[790]

---

788 BAG 03.07.2019 – 10 AZR 300/18, Rn. 39.

789 *Bieder*, Kompensatorische Vertragsgestaltung, 56.

790 Ulmer/Brandner/Hensen/*Fuchs*, AGB-Recht, § 307, Rn. 151.

IV. Ergebnis

Rechtliche Bedenken gegen die Vereinbarung zweiseitiger Opt-in-Verlängerungsoptionen für einen Optionszeitraum von einem Jahr mit einer Ankündigungsfrist von drei Monaten ergeben sich nicht.

§ 23 Verdeckte einseitige Opt-in-Verlängerungsoption

Beispiel einer solchen Vertragsgestaltung ist die Klausel, die Gegenstand des Arbeitsvertrages zwischen dem *FSV Mainz 05* und *Heinz Müller* war:

> Verein UND Spieler haben die Option, den bestehenden Vertrag bis zum 30.06.2015 zu verlängern. Voraussetzung hierfür ist der Einsatz des Spielers in mindestens 23 Bundesligaeinsätzen in der Saison 2013/2014. Die Wahrnehmung der Option ist spätestens vier Wochen nach dem 23. Einsatz per Einschreiben oder gegen Empfangsquittung in schriftlicher Form mindestens von einer Partei (Spieler oder Verein) zu erklären.

Die Opt-in-Verlängerungsoption steht zwar auf den ersten Blick beiden Parteien des Arbeitsvertrages zu. Durch die Voraussetzung des Einsatzes des Spielers in mindestens 23 Bundesligaeinsätzen ist diese Opt-in-Verlängerungsoption aber an die qualifizierte automatische Verlängerung angenähert.

Die einsatzabhängige zweiseitige Opt-in-Verlängerungsoption hat demnach die Funktionsweise einer einseitigen Opt-in-Verlängerungsoption zu Gunsten des Vereins. Durch die Voraussetzungen, die für das Entstehen des Optionsrechts vereinbart sind, formuliert der Arbeitgeber seine „Abbruchoption". Wird die vereinbarte Einsatzzahl nicht erreicht, hat auch der Spieler nicht die Möglichkeit, von seinem Optionsrecht Gebrauch zu machen.

Auch wenn es sich formal um eine zweiseitige Opt-in-Verlängerungsoption handelt, vermittelt die vereinbarte Voraussetzung für die Verlängerung – die Zahl der Einsätze – eine einseitige Bindung des Spielers und damit eine Flexibilität für den Arbeitgeber, die den Kapitalwert der Investition erhöht und deshalb wirksam ist, wenn sie angemessen kompensiert wird.

Dementsprechend stuft die DRC diese Klauseln als Unilateral Extension Option ein und unterwirft sie den in ihrer ständigen Rechtsprechung festgelegten Wirksamkeitsanforderungen, insbesondere einer Erhöhung der Vergütung im Optionszeitraum.[791]

Arens meint, die Option als Gestaltungsrecht sei auch vor dem Hintergrund unwirksam, dass Gestaltungsrechte in der Regel bedingungsfeindlich seien und der Kündigungsschutz unterlaufen werde.[792] Die Vereinbarung einer aufschiebenden Bedingung sei nur wirksam, wenn der Eintritt der Bedingung allein vom

---

791 DRC vom 18.03.2016, Nr. 03161408-E.

792 *Arens*, SpuRt 1997, 41, 44.

Willen des Kündigungsempfängers abhänge. Soweit der Eintritt der Bedingung im Einflussbereich des Kündigenden oder eines Dritten liege, sei die Bedingung unwirksam.

Diese Meinung verkennt, dass (nur) die *Ausübung* des Gestaltungsrechts bedingungsfeindlich ist. Die Ausübung der Option, also die Erklärung, den Vertrag verlängern zu wollen, wird aber nicht unter Bedingung gestellt. Die Ausübung erfolgt unbedingt bei Vorliegen der Voraussetzungen.

§ 24 Rechtsfolge der Unwirksamkeit

Die Frage nach der Rechtsfolge der Unwirksamkeit stellt sich somit nur bei der verdeckten einseitigen Opt-in-Verlängerungsoption. Insoweit gelten die obigen Ausführungen zur offenen einseitigen Opt-in-Verlängerungsoption in § 16.

Kapitel 6 Zweiseitige Opt-out-Verlängerung

§ 25 Zweiseitige Opt-out-Verlängerung

Im Gegensatz zu der zweiseitigen Opt-in-Verlängerungsoption steht in diesem Fall beiden Vertragsparteien gleichermaßen die Möglichkeit zu, den Vertrag durch Erklärung zu beenden. Die Gestaltung ist also vergleichbar mit der Situation einer beiderseitigen Kündigungsmöglichkeit zum Ende der Grundlaufzeit des befristeten Arbeitsvertrages.[793]

Klauseln, die die automatische Verlängerung eines Vertrages vorsehen, wenn der Vertragspartner den Vertrag nicht kündigt, sollen vorgeblich dem Rationalisierungsinteresse des Verwenders bei unterstelltem Verlängerungswillen des Vertragspartners dienen.[794]

Zweifel an der Wirksamkeit solcher zweiseitigen Opt-out-Verlängerungen ergeben sich aus dem Umstand, dass der Vertragspartner des Verwenders einer solchen Regelung über die Verlängerung und deren Maß, anders als über die ursprüngliche Vertragslaufzeit, häufig nicht bewusst entscheidet.[795] Nicht selten spekuliert beispielsweise der Betreiber eines Fitness-Studios bei der Aufnahme einer Verlängerung des Vertrages im Falle des Schweigens auf die mangelnde Sorgfalt des Vertragspartners in eigenen Angelegenheiten, also auf das Übersehen oder Versäumen der Kündigungsfrist.[796] Zweiseitige Opt-out-Verlängerungen sind deshalb unter dem Aspekt der AGB-Kontrolle kritisch, wie sich aus der Aufnahme in den Klauselkatalog des § 309 BGB in dessen Nr. 9 ergibt.

Ob dieses Szenario in den obersten Spielklassen und für von Beratern umgebene Spitzenspieler realistisch ist, darf mit guten Gründen bezweifelt werden. Bekannt geworden ist jedenfalls der Fall des Spielers *Charles Takyi*. Der *FC St. Pauli* verpasste die Frist zur Optionsausübung in der Saison 2011/2012 mit der Folge, dass der Spieler den Verein möglicherweise hätte ablösefrei verlassen können.[797]

---

793 *Annen*, Cas 2012, 326, 327.

794 Staudinger/*Coester*, § 307 BGB, Rn. 535.

795 BeckOGK/*Zschieschack*, § 307 BGB, Rn. 4; Ulmer/Brandner/Hensen/*Christensen*, AGB-Recht, § 309 Nr. 9, Rn. 17.

796 Begründung zum Entwurf eines Gesetzes zur Regelung des Rechts der Allgemeinen Geschäftsbedingungen (AGB-Gesetz), BT-Drs. 7/3919, S. 37; *Wais*, NJW 2018, 1997; *Müller/Schmitt*, NJW 2017, 1991.

797 https://www.spox.com/de/sport/fussball/bundesliga/1105/Artikel/charles-takyi-und-gerald-asamoah-vor-abgang-st-pauli-marcel-koller-helmut-schulte.html, zuletzt abgerufen am 10.07.2022; https://www.goal.com/de/news/827/bundesliga/2011/05/04/2470779/fc-st-pauli-verschl%C3%A4ft-vertragsoption-bei-charles-takyi,

Im Ergebnis dürften – anders als im Vertrag über die Nutzung eines Fitness-Studios – die mit der Gestaltung verbundenen Gefahren in den Arbeitsverträgen professioneller Fußballspieler eher zu vernachlässigen sein.[798] Es ist nicht davon auszugehen, dass ein professioneller Spieler oder seine Berater solche Klauseln und ihre Wirkungen aus dem Blick verlieren.[799]

Aufgrund der Verbreitung derartiger Klauseln in den Arbeitsverträgen professioneller Fußballspieler sollen die Verlängerungsklauseln daher nachfolgend ebenfalls einer rechtlichen Überprüfung unterzogen werden.

I. Kein gesetzliches Verbot

Für eine Unzulässigkeit von zweiseitigen Opt-out-Verlängerungen sind normative Anhaltspunkte nicht erkennbar.[800] Vielmehr ergibt sich aus § 309 Nr. 9 BGB im argumentum e contrario, dass zweiseitige Opt-out-Verlängerungen nur unter bestimmten Voraussetzungen als unangemessen anzusehen sind.[801]

II. AGB-Kontrolle

Das europäische Recht hält automatische Vertragsverlängerungen grundsätzlich für unbedenklich. Aus lit. h. des für die Mitgliedsstaaten gemäß Art. 3 Abs. 3 der Klausel-Richtlinie[802] unverbindlichen Anhangs ergibt sich, dass eine automatische Vertragsverlängerung bei Schweigen des Verbrauchers nur dann unzulässig ist, wenn der Termin für die Widerspruchsmöglichkeit des Verbrauchers ungebührlich weit vom Ablaufzeitpunkt des Vertrages entfernt liegt. Die Verlängerung selbst hält die Richtlinie nicht für ein Problem.[803]

---

zuletzt abgerufen am 10.07.2022; https://www.transfermarkt.de/st-pauli-vergisst-die-option-zu-ziehen-takyi-abloesefrei/view/news/61879, zuletzt abgerufen am 10.07.2022.

798 Dazu unten § 24.

799 Vgl. aber die Berichterstattung zum Spieler *Charles Takyi* im Jahr 2011 und der versehentlichen Nichtausübung einer Opt-in-Verlängerungsoption. Der Spieler ging und war dann zunächst vereinslos: https://www.goal.com/de/news/827/bundesliga/2011/05/04/2470779/fc-st-pauli-verschl%C3%A4ft-vertragsoption-bei-charles-takyi, zuletzt abgerufen am 10.07.20222.

800 *Fischinger*, FS Moll, 117, 118 ff.

801 Gegen ein Verbot, aber für eine Pflicht zur Kündigungserinnerung de lege ferenda auch *Wais*, NJW 2018, 1777, 1781 mit Hinweisen auf legislative Vorbilder.

802 Richtlinie 93/13/EWG des Rates vom 05.04.1993 über missbräuchliche Klauseln in Verbraucherverträgen Amtsblatt Nr. L 095 vom 21.04.1993 0029–0034, https://eur-lex.europa.eu/legal-content/de/ALL/?uri=CELEX%3A31993L0013, zuletzt abgerufen am 10.07.2022.

803 *Wais*, NJW 2018, 1777, 1778.

1. *Klauselverbote*

a. *Klauselverbote ohne Wertungsmöglichkeit (§ 309 BGB)*

§ 309 Nr. 9 BGB findet auch insoweit keine Anwendung, als die Dienstleistungen im Arbeitsvertrag des professionellen Fußballspielers nicht vom Verwender erbracht werden. Die Wertungen des § 309 Nr. 9 BGB finden jedoch im Rahmen der Angemessenheitsprüfung des § 307 Abs. 1 BGB Eingang.

b. *Klauselverbote mit Wertungsmöglichkeiten (§ 308 BGB)*

aa. *§ 308 Nr. 1 BGB*

Zweiseitige Opt-out-Verlängerungen fallen nicht unter § 308 Nr. 1 BGB. Die zweiseitige Opt-out-Verlängerung begründet keinen unangemessen langen Schwebezustand zu Lasten des Klauselgegners. Das liegt nicht daran, dass der Klauselgegner seinerseits durch Kündigung den Schwebezustand beendigen kann. Die Situation ist nicht anders zu beurteilen als der Fall der Bindung an ein widerrufliches Angebot.[804] Entscheidend ist vielmehr, dass die zweiseitige Opt-out-Verlängerung keinen Schwebezustand zur Folge hat, der aus dem Auseinanderfallen von Angebot und Annahme resultiert.[805]

bb. *§ 308 Nr. 5 BGB*

§ 308 Nr. 5 BGB verbietet unter der Überschrift „Fingierte Erklärungen" Bestimmungen, wonach eine Erklärung des Vertragspartners des Verwenders bei Unterlassung einer bestimmten Handlung als abgegeben gilt, sofern dem Kunden nicht eine angemessene Frist zur Abgabe einer ausdrücklichen Erklärung eingeräumt wird und der Verwender sich nicht verpflichtet, bei Beginn der Frist auf die besondere Bedeutung des Verhaltens besonders hinzuweisen.

Allerdings beruht die Vertragsverlängerung mangels rechtzeitiger Kündigung nicht auf einer fingierten Erklärung, sondern auf einer bereits bei Abschluss des Vertrages für den Fall des „Schweigens" getroffenen Vereinbarung. Zweiseitige Opt-out-Verlängerungen unterfallen daher nicht dem Anwendungsbereich des § 308 Nr. 5 BGB.[806]

Im Übrigen würde die Anwendung des § 308 Nr. 5 BGB auf die zweiseitige Opt-out-Verlängerung nicht zu einem über den durch § 309 Nr. 9 BGB vermittelten Schutz des Klauselgegners führen. Bei einem Dauerschuldverhältnis mit einer Grundlaufzeit von 24 Monaten und einer Kündigungsfrist gemäß § 309 Nr. 9c BGB

---

804 BGH 07.06.2013 – V ZR 10/12, Rn. 18.

805 Siehe oben § 10 II, § 11 I. 2.; OLG Hamm 10.03.2011 – I-21 U 123/10, BeckRS 2011,22783.

806 BGH 15.04.2010 – Xa ZR 89/09, Rn. 14; BGH 04.12.1996 – XII ZR 193/95, Rn. 7; BGH 29.04.1987 – VIII ZR 251/86 Rn. 26.

von drei Monaten hat der Verbraucher 21 Monate Zeit, der Verlängerung zu widersprechen, was als angemessen im Sinne des § 308 Nr. 5a BGB anzusehen ist.[807]

2. *§ 307 BGB*

Bezüglich des Abweichens von wesentlichen Grundgedanken nach § 307 Abs. 2 Nr. 1 BGB kann auf die obigen Ausführungen[808] verwiesen werden. Außer den absoluten Beschränkungen der §§ 624 BGB, 15 TzBfG bestehen für die Laufzeit von Verträgen keine gesetzlichen Vorgaben.

Auf zweiseitige Opt-out-Verlängerungen findet das Regelbeispiel des § 307 Abs. 2 Nr. 2 BGB keine Anwendung.[809]

Fraglich ist aber, ob in der Gestaltung eine unangemessene Benachteiligung entgegen den Geboten von Treu und Glauben nach § 307 Abs. 1 BGB liegen kann. Auch wenn die Klauselverbote der §§ 308 und 309 BGB nicht direkt einschlägig sind, wirken die gesetzlichen Wertungen, die den einzelnen Klauselverboten der §§ 308, 309 BGB zugrunde liegen, auf die Abwägung in § 307 BGB zurück.[810] Die in den Klauselverboten Ausdruck findende Regelungsabsicht des Gesetzgebers ist bei der Abwägung nach § 307 BGB zu berücksichtigen.[811]

Zweiseitige Opt-out-Verlängerungen geben den vertragsschließenden Parteien – ebenso wie die zweiseitige Opt-in-Verlängerungsoption – grundsätzlich äquivalente Rechte. Dass diese Regelungen in allgemeinen Geschäftsbedingungen dennoch Bedenken begegnen können, ergibt sich insbesondere aus § 309 Nr. 9 BGB.

Der Gesetzgeber hat die Problematik automatischer Fortsetzungen eines Vertragsverhältnisses vor dem Hintergrund des Dispositions- und Freiheitsschutzes des Vertragspartners des Verwenders erkannt und die Dispositionsfreiheit nicht nur durch die Laufzeitbegrenzung nach § 309 Nr. 9a BGB, die für Arbeitsverträge aufgrund spezieller Sonderregelungen der §§ 624 BGB, 15 TzBfG auch wertungsmäßig keine Anwendung finden kann, sondern auch durch eine Beschränkung stillschweigender Vertragsverlängerungen in § 309 Nr. 9b BGB (aa.) und durch die Absicherung einer Kündigungsfrist gemäß § 309 Nr. 9c BGB (bb.) geschützt.[812]

---

807 *Wais*, NJW 2018, 1777, 1779.

808 Siehe oben § 12 III.

809 Siehe oben § 12.

810 BGH 08.03.1984 – IX ZR 144/83, Rn. 24; BGH 04.12.1996 – XII ZR 193/95, Rn. 15.; LG Heidelberg 09.01.2014 – 2 O 211/13, Rn. 27.

811 BGH 04.12.1996 – XII ZR 193/95, Rn. 16.

812 *Oetker*, Das Dauerschuldverhältnis und seine Beendigung, 624 f.

a. Maß der Verlängerung

§ 309 Nr. 9b BGB lässt sich die Wertung des Gesetzgebers entnehmen, dass stillschweigende Vertragsverlängerungen bis zu einem Jahr regelmäßig hinzunehmen sind.[813]

Insoweit gelten die Ausführungen zur zulässigen Dauer einer ein- oder zweiseitigen Opt-in-Verlängerungsoption entsprechend.[814] Zwar gelten für die zeitliche Bindung des Arbeitnehmers Höchstfristen der §§ 624 BGB, 15 TzBfG.[815] Automatische Verlängerungen sind aber mit dem besonderen Risiko für den Arbeitnehmer verbunden, dass er sie nicht hinreichend zur Kenntnis nimmt. Auch zweiseitige Opt-out-Verlängerungen wird man deshalb ebenso wie Opt-in-Verlängerungsoptionen aus Vorsichtsgründen auf einen Zeitraum von zwölf Monaten beschränken müssen

b. Ausübungsfrist

§ 309 Nr. 9c BGB gewährleistet, dass die Entscheidung über die Verlängerung in engem zeitlichem Zusammenhang mit der ursprünglichen Vertragsbeendigung fallen muss. Der Anhang der Klausel-Richtlinie,[816] der gemäß § 3 Abs. 3 RL ohne Verbindlichkeit für die Mitgliedsstaaten potenziell unwirksame Klauseln aufzählt, befasst sich in lit. h. mit Klauseln zur Vertragslaufzeit und dort mit zweiseitigen Opt-out-Verlängerungen. Unwirksam sind danach Klauseln für den Fall, dass

> .... ein befristeter Vertrag automatisch verlängert wird, wenn der Verbraucher sich nicht gegenteilig geäußert hat und als Termin für diese Äußerung des Willens des Verbrauchers, den Vertrag nicht zu verlängern, ein vom Ablaufzeitpunkt dieses Vertrages ungebührlich weit entferntes Datum festgelegt wurde.

Unabhängig davon, dass die Klauselrichtlinie des europäischen Rechts auf Arbeitsverträge keine Anwendung findet,[817] hat sie für diesen Aspekt von zweiseitigen Opt-out-Verlängerungen und die Auslegung des § 309 BGB bzw. des § 307 BGB Bedeutung.

---

813 Staudinger/*Coester*, § 307 BGB, Rn. 12.

814 Siehe oben § 13 IV.

815 Mit diesem Argument hatte das BAG keine Bedenken gegen die im Fall *Florian Brügmann* vereinbarte Option, BAG 25.04.2013 – 8 AZR 453/12, Rn. 32.

816 Richtlinie 93/13/EWG des Rates vom 05.04.1993 über missbräuchliche Klauseln in Verbraucherverträgen Amtsblatt Nr. L 095 vom 21.04.1993 0029–0034, https://eur-lex.europa.eu/legal-content/de/ALL/?uri=CELEX%3A31993L0013, zuletzt abgerufen am 10.07.2022.

817 *Bieder*, Kompensatorische Vertragsgestaltung, 43; *Hümmerich/Holthausen*, NZA 2002, 172, 173.

Ansonsten gilt für die Ausübungsfrist das zu den Verlängerungsoptionen Ausgeführte entsprechend.[818] Den Grundsätzen vorsichtiger Gestaltung entsprechend wird man deshalb in Anlehnung an § 309 Nr. 9 c BGB einen Zeitraum von drei Monaten wählen.

III. Ergebnis

Auch wenn der professionelle Fußballspieler und sein Berater in der Regel zweiseitige Opt-out-Verlängerungen und deren Wirkung im Blick haben sollten, sind zweiseitige Opt-out-Verlängerungen nur für einen Optionszeitraum von einem Jahr und mit einer Ausübungsfrist von drei Monaten zulässig.

§ 26 Rechtsfolge der Unwirksamkeit

Anstelle einer unwirksamen, weil zu langen Laufzeitregelung[819] tritt nicht die zulässige Höchstfrist, da hierdurch das Risiko der Verwendung der unwirksamen Klausel auf null reduziert würde.[820] Die zweiseitige Verlängerungsoption bzw. zweiseitige Opt-out-Verlängerung ist zu streichen („blue pencil test").

Der Verwender einer unwirksamen Formularklausel kann sich nach § 310 Abs. 3 Nr. 1 BGB nicht auf die von ihm in den Vertrag eingeführte Klausel berufen. Die Inhaltskontrolle schafft lediglich einen Ausgleich für die einseitige Inanspruchnahme der Vertragsfreiheit durch den Klauselverwender. Sie dient aber nicht dem Schutz des Klauselverwenders vor den von ihm selbst eingeführten Formularbestimmungen. Der Verwender einer unwirksamen Klausel kann sich deshalb gegenüber dem Vertragspartner nicht auf die Unwirksamkeit berufen.[821]

Dieser Umstand führt dazu, dass bei unwirksamen zweiseitigen Klauseln ein Nachteil nur für den Verein als Klauselverwender eintreten kann. Der Spieler könnte bei Voraussetzung der Option im Falle der qualifizierten Klausel die Option ziehen, ohne befürchten zu müssen, im Prozess wegen der Unwirksamkeit der Klausel zu unterliegen.

Der Verwender ist jedenfalls beim Dienstvertrag auf die gesetzliche Lage der §§ 620, 621 BGB zurückgeworfen.[822]

818 Siehe oben § 13 IV.

819 Zu den Schwierigkeiten beim Auffinden der geeigneten Rechtsfolgen übermäßiger Laufzeitbindungen *Oetker*, Das Dauerschuldverhältnis und seine Beendigung, 544 ff.

820 Ulmer/Brandner/Hensen/*Christensen*, AGB-Recht, § 309 Nr. 9, Rn. 21.

821 BAG 27.10.2005 – 8 AZR 3/05, Rn. 16; LAG Köln 29.02.2012 – 9 Sa 1464/11, Rn. 25; LAG Köln 21.08.2013 – 11 Sa 171/13, Rn. 18.

822 Ulmer/Brandner/Hensen/*Christensen*, AGB-Recht, § 309 Nr. 9, Rn. 21; BGH 03.11.1999 – VIII ZR 269/98, Rn. 46.

Kapitel 7 Zusammenfassung der Ergebnisse und Gestaltungsvorschlag

§ 27 Zusammenfassung der Ergebnisse

I. Phänomenologie und wirtschaftliche Bedeutung

1. Einseitig eine Partei begünstigende Laufzeitregelungen vermitteln Lern- bzw. Abbruchoptionen und damit Handlungsspielräume für diesen Vertragspartner. Diese Vertragsgestaltungen sichern deshalb nicht nur die Amortisation einer Investition, sondern erhöhen deren Kapitalwert. Die Optionsberechtigten verfolgen das Ziel der *Flexibilisierung* des Arbeitsvertrages.
   Beiden Seiten des Vertrages zur Verfügung stehende Rechte, wie zum Beispiel die zweiseitige Opt-out-Verlängerung, führen zu äquivalenten Rechten und nicht zu erweiterter Flexibilität für eine Seite.
2. Klauseln, die dazu dienen, den Arbeitgeber einseitig zu bevorteilen, indem sie ihm Flexibilität im Hinblick auf die Vertragslaufzeit versprechen, verlagern das – grundsätzlich vom Arbeitgeber zu tragende – Verwendungsrisiko auf den Profisportler.

II. Bestandsaufnahme: Die Entwicklung von Rechtsprechung und Literatur zu ein- und zweiseitigen Opt-in-Verlängerungsoptionen – vom gesetzlichen Verbot zur Inhaltskontrolle

1. Die Diskussion zur Rechtmäßigkeit von ein- und zweiseitigen Opt-in-Verlängerungsoptionen entwickelte sich parallel zu den Bedenken gegen die Wirksamkeit der Transfersysteme. Das Verbindungselement war die zweiseitige Opt-in-Verlängerungsoption des „Paragraph 11", der vom DFB zum Schutz der Vereine nach der *Baake*-Entscheidung eingeführt worden war und nach dem Ende der Transfersysteme nach der *Bosman*-Entscheidung praktisch relevant wurde.
2. Die von Rechtsprechung und Literatur behandelten rechtlichen Argumente gegen die Wirksamkeit der zweiseitigen Opt-in-Verlängerungsoption des „Paragraph 11",
   - die Umgehung von Art. 45 AEUV bzw. der *Bosman*-Rechtsprechung,
   - der Eingriff in die durch § 138 BGB i. V. m. Art. 12 GG geschützte Freiheit des Spielers zur Wahl seines Arbeitsplatzes,
   - der Verstoß gegen das Verbot des entschädigungslosen, nachvertraglichen Wettbewerbsverbots,

wurden in die Debatte über die rechtliche Zulässigkeit der einseitigen Opt-in-Verlängerungsoption übernommen.

3. Nach der Schuldrechtsreform konzentrierte sich die Diskussion auf einen möglichen Verstoß gegen die in § 622 Abs. 6 BGB Ausdruck findenden Rechtsgedanken sowie – nach der Eröffnung der AGB-Kontrolle im Arbeitsrecht ab 2002 – die Angemessenheitskontrolle nach §§ 307 ff. BGB. Ungeklärt blieb aber, ob einseitige Opt-in-Verlängerungsoptionen weiter als Kündigungserschwerungen und Verstoß gegen den Rechtsgedanken des § 622 Abs. 6 BGB unwirksam oder an den §§ 305 ff. BGB zu messen sind.

III. Rechtmäßigkeit einseitiger Opt-in-Verlängerungsoptionen

1. Da die Bindung des Spielers aufgrund eines Vertrages keinen Eingriff in die Arbeitnehmerfreizügigkeit darstellt, ist Art. 45 AEUV durch eine vertraglich eingegangene Bindung, sei es nun ein langfristiger Vertrag oder eine Opt-in-Verlängerungsoption, nicht betroffen.
2. In der Vereinbarung einer einseitigen Opt-in-Verlängerungsoption ist weder ein Wettbewerbsverstoß auf der Grundlage einer Verhaltenskoordinierung erkennbar, noch liegt in der Einräumung und Verwendung von Verlängerungsoptionen eine Wettbewerbsbeschränkung. Die Vereinbarung einseitiger Opt-in-Verlängerungsoptionen zu Gunsten des Arbeitgebers verletzt Artt. 101, 102 AEUV nicht.
3. Die einseitige Opt-in-Verlängerungsklausel ist nicht nach § 74 Abs. 2 HGB unverbindlich, da sie keine Regelung für die Zeit nach Beendigung des Arbeitsvertrages enthält und aufgrund der Vergütungspflicht auch nicht entschädigungslos ist.
4. Auf die einseitige Opt-in-Verlängerungsoption ist § 622 Abs. 6 BGB weder direkt noch analog anwendbar. Die analoge Anwendung des § 622 Abs. 6 BGB scheidet nach Öffnung der AGB-Kontrolle für Arbeitsvertragsbedingungen aus. Die vormals vorhandene planwidrige Regelungslücke als Grundlage für die analoge Anwendung des § 622 Abs. 6 BGB hat der Gesetzgeber durch die §§ 307 ff. BGB geschlossen. Die Unzulässigkeit der einseitigen Opt-in-Verlängerungsoption lässt sich damit nicht mehr begründen. Diese Erkenntnis ist für die Diskussion um die Verlängerungsoption neu. Die sich stellenden Folgefragen sind demnach ebenfalls Neuland. Weder wurden diese Klauseln bislang einer eingehenden AGB-Kontrolle unterzogen, noch wurde die Frage der Übertragung des Wirtschaftsrisikos auf den Arbeitnehmer durch diese Art der Vertragsgestaltung in der sportarbeitsrechtlichen Literatur thematisiert.
5. Die Vereinbarung einer Opt-in-Verlängerungsoption ist nicht kontrollfrei nach § 307 Abs. 3 BGB. Das gilt auch dann, wenn für die Einräumung der Option ein Optionspreis durch den Begünstigten bezahlt wird.
6. Das Recht des Arbeitgebers, den Arbeitsvertrag einseitig zu verlängern, kann in allgemeinen Geschäftsbedingungen nicht dadurch vereinbart werden, dass

Angebot und Annahme zeitlich auseinanderfallen, also „sukzessiv“ abgegeben werden. Das gilt jedenfalls dann, wenn zwischen Angebot und Annahme ein Zeitraum von drei Monaten oder mehr liegt. Die Gestaltung von den Arbeitgeber begünstigenden Laufzeitregelungen im Wege der den Sportler bindenden Festofferte scheitert an § 308 Nr. 1 BGB. Kein von § 308 Nr. 1 BGB erfasster Schwebezustand liegt dagegen vor, wenn Angebot und Annahme der vertragsschließenden Parteien nicht auseinanderfallen, sondern – wie im Falle der einseitigen Opt-in-Verlängerungsoption – die Verlängerung Folge der Ausübung eines vertraglich eingeräumten Gestaltungsrechts ist: Der Anwendungsbereich des § 308 Nr. 1 BGB ist von dieser „einaktigen“ Gestaltung nicht betroffen.

7. Soweit die mit einer einseitigen Opt-in-Verlängerungsoption verbundene Bindung des Arbeitnehmers ohne Vereinbarung eines Optionspreises erfolgt, verstoßen die entsprechenden vertraglichen Vereinbarungen gemäß § 307 Abs. 2 Nr. 1 BGB gegen das sich aus § 622 Abs. 6 BGB ergebende gesetzliche Leitbild. Die in allgemeinen Geschäftsbedingungen ohne Gewährung einer Optionsprämie als Gegenleistung zu Gunsten des Arbeitgebers ausbedungene Opt-in-Verlängerungsoption ist aufgrund der unangemessenen Beeinträchtigung des Mobilitätsinteresses des Arbeitnehmers unwirksam.
8. Dagegen hat das BAG zuletzt immer wieder deutlich gemacht, dass sich das Telos des § 622 Abs. 6 BGB nicht auf Bindungen des Arbeitnehmers erstreckt, die durch finanzielle Anreize begründet werden. Übertragen auf die Vertragsgestaltung der einseitigen Opt-in-Verlängerungsoption ergibt sich die Schlussfolgerung, dass die Unangemessenheit einer angemessen vergüteten Opt-in-Verlängerungsoption sich nicht mit einem Verstoß gegen das gesetzliche Leitbild des § 622 Abs. 6 BGB begründen lässt.
9. Da einseitige Bindungen des Arbeitnehmers aufgrund finanzieller Anreize von den § 622 Abs. 6 BGB zugrunde liegenden Rechtsgedanken (§ 307 Abs. 2 Nr. 1 BGB) nicht erfasst werden, ist der Anwendungsbereich des § 307 Abs. 1 BGB eröffnet. Nach den nach dem Subsidiaritätsgrundsatz in der lex sportiva Ausdruck findenden Anschauungen der beteiligten Verkehrskreise setzt die Angemessenheit voraus, dass
   - der Arbeitgeber die für den Sportler mobilitätsbeschränkende Laufzeitregelung aufgrund der dadurch gewonnenen Flexibilität und Erhöhung des Wertes seiner Investition durch einen angemessenen Ausgleich in Form eines Optionspreises kompensiert,
   - das Maß der Verlängerung angemessen und
   - die Ausübungsfrist so gestaltet ist, dass der Spieler ausreichend Zeit hat, sich auf das Ende des Vertrages einzustellen.
10. Der Höhe nach ist die Kompensation angemessen, wenn der Arbeitgeber für den Optionszeitraum eine Vergütung an den Sportler bezahlt, die den zum Zeitpunkt der Vereinbarung der Option erhofften, gemeinsamen Entwicklungen der vertragsschließenden Parteien entspricht. Danach ist eine Vergütung angemessen, wenn der Sportler die Vergütung erhält, die nach dem Gehaltsgefüge der Mannschaft dem Entwicklungsstand des Spielers entspricht, bei

dessen Eintritt der Arbeitgeber aus seinem Standpunkt bei Vertragsschluss die Option ziehen wollte.

11. Vom Arbeitnehmer im Rahmen der Berufsfreiheit eingegangene vertragliche Bindungen stellen keinen ungerechtfertigten Eingriff in den Schutzbereich des Grundrechts aus Art. 12 GG, sondern dessen Verwirklichung dar. § 138 BGB i. V. m. Art. 12 GG wird durch die mit einer einseitigen Opt-in-Verlängerungsoption eintretende vertragliche Bindung daher nicht berührt.
12. Die „Kaufoption nach Leihe" betrifft ausschließlich das Verhältnis zwischen den Vereinen. Die hier erörterten gestalterischen Möglichkeiten werden benötigt, um der Vereinbarung zwischen den Vereinen zur Umsetzung zu verhelfen.
13. Für den Fall der Unwirksamkeit der einseitigen Opt-in-Verlängerungsoption hält § 306 BGB angemessene Rechtsfolgen bereit. Das gilt sowohl für den Fall, dass sich der Spieler gegen eine Klausel zur Wehr setzt, als auch für den Fall, dass er am Vertrag festhalten will. Der Rückgriff auf eine analoge Anwendung des § 89 HGB ist aufgrund Fehlens einer Regelungslücke nicht geboten.
14. Die Vereinbarung einer einseitigen Opt-in-Verlängerungsoption zugunsten des Spielers begegnet aus rechtlicher Sicht keinen Bedenken.

IV. Rechtmäßigkeit bedingter Vertragsgestaltungen

1. Bei Vereinbarung einer von der Zahl der Einsätze eines Spielers abhängigen automatischen Verlängerung erhält der Arbeitgeber ebenso wie bei der einseitigen Opt-in-Verlängerungsoption eine Abbruchoption und damit Flexibilität. Bei Vorliegen vorab festgelegter Voraussetzungen verlagern diese Klauseln das Verwendungsrisiko auf den Arbeitnehmer. Diese Vereinbarungen unterliegen daher im Ergebnis denselben Maßstäben wie die einseitige Opt-in-Verlängerungsoption zu Gunsten des Vereins.
2. Auch andere im Interesse des Arbeitgebers bedingte Verlängerungen wälzen das Verwendungsrisiko auf den Arbeitnehmer ab und schaffen für den Arbeitgeber Flexibilität bei Eintreten bestimmter unerwünschter Bedingungen. Diese Klauseln haben in ökonomischer Hinsicht die Wirkungen von Abbruchoptionen, erhöhen den Wert der Investition des Arbeitgebers in den Spieler und sind entsprechend angemessen zu vergüten.
3. Die auflösende Bedingung von befristeten Arbeitsverträgen unterliegt nach dem Teilzeit- und Befristungsgesetz besonderen gesetzlichen Anforderungen. Für zu der Befristung hinzutretende weitere Verlagerungen des Verwendungsrisikos auf den Arbeitnehmer fehlt es an dem nach dem Teilzeit- und Befristungsgesetz erforderlichen Sachgrund. Eine Ausnahme gilt, wenn der Arbeitnehmer die Aufnahme der auflösenden Bedingung – zum Beispiel der Zugehörigkeit der Mannschaft zu einer bestimmten Liga – ausdrücklich und ernsthaft wünscht.

V. Rechtmäßigkeit zweiseitiger Verlängerungsoptionen

1. Zweiseitige Opt-in-Verlängerungsoptionen für einen Optionszeitraum von einem Jahr mit einer Ankündigungsfrist von drei Monaten sind zulässig.
2. Die Erkenntnis, dass die einseitige Option und die beiderseitige einsatzabhängige Option im Grundsatz an denselben Maßstäben zu messen sind, spielt bisher nur in der Rechtsprechung des DRC eine Rolle. Die einsatzabhängige zweiseitige Opt-in-Verlängerungsoption hat die Funktionsweise einer einseitigen Opt-in-Verlängerungsoption zu Gunsten des Vereins. Durch die Voraussetzungen, die für das Entstehen des Optionsrechts vereinbart sind, formuliert der Arbeitgeber seine „Abbruchoption". Auch wenn es sich formal um eine zweiseitige Opt-in-Verlängerungsoption handelt, vermittelt die vereinbarte Voraussetzung für die Verlängerung – die Zahl der Einsätze – eine einseitige Bindung des Spielers und damit eine Flexibilität für den Arbeitgeber, die den Kapitalwert der Investition erhöht. Zweiseitige von einer Mindesteinsatzzahl abhängige Verlängerungsoptionen sind deshalb in Wahrheit keine zweiseitigen, sondern – wie dies in der Rechtsprechung der DRC bereits erkannt wurde – einseitige oder „verdeckte einseitige" Verlängerungsoptionen. Die Begrifflichkeit wird durch die vorliegende Arbeit eingeführt. Diese Erkenntnis hat zur Konsequenz, dass die zweiseitigen einsatzabhängigen Verlängerungsoptionen analog den einseitigen Opt-in-Verlängerungsoptionen zu behandeln sind und diese Klauseln deshalb wirksam sind, wenn sie angemessen kompensiert werden.

VI. Zweiseitige Opt-out-Verlängerung

1. Zweiseitige Opt-out-Verlängerungen sind nur für einen Optionszeitraum von einem Jahr und mit einer Ausübungsfrist von drei Monaten zulässig.
2. Im Falle der Unwirksamkeit einer zweiseitigen Opt-out-Verlängerungsoption ist der Verwender auf die gesetzliche Lage der §§ 620, 621 BGB zurückgeworfen.

§ 28 Gestaltungsvorschlag einer einseitigen Opt-in-Verlängerungsoption

Da nach den gefundenen Ergebnissen die Vereinbarung einer einseitigen Opt-in-Verlängerungsoption für den Arbeitgeber wirtschaftlich die für ihn günstigste Vertragsgestaltung ist, könnte eine zulässige Gestaltung wie folgt lauten:

> § 1 Laufzeit des Vertrages
> 1. Beginn und Ende
> Der Vertrag beginnt am [...] und endet am [...] („Grundlaufzeit")
> 2. Opt-in-Verlängerungsoption
> Die vertragsschließenden Parteien streben an, dass sich der Spieler während der Grundlaufzeit des Vertrages vom [...] (zum Beispiel Ergänzungsspieler) zum [...] (zum Beispiel Stammspieler) entwickelt.

Vor diesem Hintergrund räumt der Spieler dem Verein das Recht ein, diesen Vertrag durch einseitige Erklärung um ein Jahr („Optionszeitraum") zu den nachfolgend festgelegten Bedingungen zu verlängern.
a. Form der Ausübung der Option
Die Erklärung des Vereins, dass er von der Option Gebrauch machen will, bedarf der Schriftform.
b. Ausübungsfrist
Die Erklärung des Vereins, dass er von der Option Gebrauch machen will, muss spätestens drei Monate vor dem Vertragsende gemäß § 1 Ziff. 1 beim Spieler zugegangen sein.
c. Konditionen für den Optionszeitraum
Für den Optionszeitraum erhält der Spieler eine feste Vergütung in Höhe von [...] €

> (Durchschnitt der Vergütungen der für den Optionszeitraum erwarteten Kategorie innerhalb des Mannschaftsgefüges (Stammspieler, Leistungsträger etc.) zum Zeitpunkt des Abschlusses dieses Vertrages)

sowie folgende Prämien:
[...]

> (durchschnittliche Prämien der für den Optionszeitraum erwarteten Kategorie innerhalb des Mannschaftsgefüges (Stammspieler, Leistungsträger etc.) zum Zeitpunkt des Abschlusses dieses Vertrages).

Der Durchschnitt ergibt sich aus sämtlichen Spielergehältern/Prämien der Kategorie innerhalb des Mannschaftsgefüges, wobei jeweils das höchste und das niedrigste Gehalt der Spieler der entsprechenden Kategorie gestrichen wird.

Anhang

§ 29 Griechisches Sportgesetz[823]

ΝΟΜΟΣ ΥΠ'ΑΡΙΘ. 2725/1999 ΦΕΚ 121/Α/17-6-1999 Ερασιτεχνικός και επαγγελματικός αθλητισμός και άλλες διατάξεις.	GESETZ NR. 2725/1999 Regierungsblatt 121/A/17-6-1999 Amateur- und Profisport und andere Bestimmungen.
[...]	[...]
Άρθρο 90 Χρονική διάρκεια του συμβολαίου	**Artikel 90 Vertragsdauer**
2. Η χρονική διάρκεια του συμβολαίου αθλητή με αμοιβή ή επαγγελματία αθλητή δεν επιτρέπεται, με ποινή ακυρότητας, να είναι μικρότερη από έξι (6) μήνες και μεγαλύτερη από πέντε (5) χρόνια. Σε κάθε περίπτωση η λήξη Ι7ΐς χρονικής διάρκειας του συμβολαίου πρέπει να συμπίπτει με ιην τελευταία, πριν από την έναρξη της με ιαγραφικής περιόδου, ημέρα.	2. Die Vertragsdauer eines Athleten mit Vergütung oder eines Profisportlers darf nicht weniger als sechs (6) Monate und mehr als fünf (5) Jahre betragen, wobei eine Nichtigkeitsstrafe verhängt wird. In jedem Fall muss der Ablauf der 7. Vertragslaufzeit mit dem letzten Tag vor Beginn der Vertragslaufzeit zusammenfallen.

823 https://www.e-nomothesia.gr/kat-athlitismos/n-2725-1999.html, zuletzt abgerufen am 10.07.2022.

§ 30 Tarifverträge

I. Argentinien[824]

Convenio Colectivo de Trabajo N°557/09 **Entre la Asociación del Fútbol Argentino y Futbolistas Argentinos Agremiados**	**Tarifvertrag Nr. 557/09** **Zwischen dem argentinischen Fußballverband und Gilde argentinische Fußballspieler**
Artículo 5°. Plazo de duración de los contratos: El plazo de duración de los contratos será el siguiente: 5.1. Contrato profesional promocional: 5.1.1. El club con futbolistas que hayan cumplido dieciséis (16) o más años de edad, inscriptos a su favor en el registro o incorporados por transferencia de su contrato o incorporados por ser libres de contratación, podrá celebrar con dichos futbolistas contrato promocional profesional por un (1) año de duración con las siguientes opciones de prórroga: 1) Con futbolistas que hayan cumplido 16 años, por un año de duración, con posible opción del club para prorrogarlo por uno o dos años más. [...]	Artikel 5 Laufzeit der Verträge Die Laufzeit der Verträge wird wie folgt festgelegt: 5.1 Professioneller Fördervertrag 5.1.1. Ein Verein kann mit Spielern, die das sechzehnte (16.) Lebensjahr vollendet haben [...] einen professionellen Fördervertrag für die Dauer von einem (1) Jahr mit den folgenden Verlängerungsoptionen abschließen: 1) Mit Spielern, die das 16. Lebensjahr vollendet haben, für die Dauer von einem Jahr, mit einer möglichen Option für den Verein, für ein oder zwei weitere Jahre zu verlängern. [...]

824 http://www.agremiados.com.ar/noticias/73/convenio-colectivo-de-trabajo.html, zuletzt abgerufen am 10.07.2022.

5.2. Contrato a plazo fijo: 5.2.1. El club, con futbolistas que hayan cumplido dieciséis (16) o más años de edad, inscriptos a su favor en el registro o incorporados por transferencia de su contrato o incorporados por ser libres de contratación, podrá celebrar contratos de trabajo a plazo fijo sin prórroga alguna, por un plazo mínimo de un (1) año y máximo de cinco (5) años (art. 93 LCT).	5.2 Befristeter Vertrag: 5.2.1 Der Verein kann mit Fußballspielern, die das sechzehnte (16.) Lebensjahr vollendet haben, [...] befristete Arbeitsverträge ohne jegliche Verlängerung für eine Mindestdauer von einem (1) Jahr und eine Höchstdauer von fünf (5) Jahren abschließen (Art. 93 LCT).
Artículo 6°. 1. Contrato profesional promocional: Aplicación y vigencia. Sistema de prorrogas. 1.1. El régimen será aplicable a los contratos que se suscriban con futbolistas comprendidos entre los 16 y 21 años de edad cumplidos a la fecha de la firma de contrato. 1.2. El club que resuelva prorrogar el contrato deberá comunicarlo al futbolista por telegrama colacionado o carta documento, nunca más allá del treinta y uno (31) de mayo del año inmediato siguiente en el caso de opción por la primera prórroga y nunca más allá del treinta (30) de abril del año siguiente en el caso de la opción por	Artikel 6° (1) Verträge der Berufsspieler Anwendungsbereich und Gültigkeit 1.1 Die Regelung gilt für Verträge, die mit Spielern abgeschlossen werden, die am Tag der Vertragsunterzeichnung zwischen 16 und 21 Jahre alt sind. 1.2 Will der Verein den Vertrag verlängern, teilt er dies dem Spieler [...] mit, und zwar im Falle der ersten Verlängerungsoption spätestens bis zum 31.05. des Folgejahres und im Falle der zweiten Verlängerungsoption spätestens bis zum 30.04. des Folgejahres. Die vorstehenden Bestimmungen gelten für laufende Verträge, die am dreißigsten (30.) Juni 2009 und in den Folgejahren auslaufen. 1.3. [...]

la segunda prórroga. Lo dispuesto precedentemente será aplicable a los contratos vigentes y con vencimiento al treinta (30) de junio de 2009 y años subsiguientes. 1.3. [...] 1.4. Para poder ejercer eficazmente el derecho a prorrogar el contrato el club deberá abonar al futbolista, a partir del mes de julio, un aumento igual al veinte por ciento (20 %) de la remuneración total por todo concepto, pactada en el contrato registrado en la AFA y en el que, eventualmente, no se hubiera registrado. Lo dispuesto precedentemente será aplicable a los contratos vigentes y con vencimiento al treinta (30) de junio de 2009 y años subsiguientes.	1.4. Um das Recht auf Vertragsverlängerung wirksam auszuüben, muss der Verein dem Spieler ab Juli eine Erhöhung in Höhe von zwanzig Prozent (20 %) der Gesamtvergütung [...] zahlen, die [...] vereinbart wurden. Die vorstehenden Bestimmungen gelten für Verträge, die am 30.06.2009 und in den Folgejahren in Kraft sind und auslaufen.

II. Belgien[825]

COMMISSION PARITAIRE NATIONALE DES SPORTS CCT du 2 juillet 2013 CONDITIONS DE TRAVAIL DU FOOTBALLEUR RÉMUNÉRÉ	NATIONALE GEMEINSAME SPORTKOMMISSION CCT vom 2. Juli 2013 ARBEITSBEDINGUNGEN DES BEZAHLTEN FUSSBALLER
[...]	[...]
Article 15.	Artikel 15

825 https://www.lacsc.be/docs/default-source/acv-csc-docsitemap/6000-centrales/6330-acv-voeding-en-diensten-sporta-csc-alimentation-et-services-sporta/6500-sporta/cct-du-07-06-2006-relative-aux-conditions-de-travail-du-footballeurs-remunere.pdf?sfvrsn=e3e7074a_2, zuletzt abgerufen am 10.07.2022.

L'option est une clause contractuelle spécifique au secteur du football. Les parties déclarent qu'une option unilatérale n'est pas valable. La clause d'option n'est toutefois pas à considérer comme unilatérale lorsqu'elle satisfait aux conditions suivantes	Die Option ist eine vertragsspezifische Vertragsklausel im Bereich des Fußballs. Die Parteien erklären, dass eine einseitige Option nicht wirksam ist. Die Optionsklausel sollte jedoch nicht als einseitig angesehen werden, wenn sie folgenden Bedingungen genügt:

III. Italien[826]

ACCORDO COLLETTIVO Tra FEDERAZIONE ITALIANA GIUOCO CALCIO (F.I.G.C.), LEGA NAZIONALE PROFESSIONISTI SERIE A (L.N.P. A) e l'ASSOCIAZIONE ITALIANA CALCIATORI (A.I.C.) ex art. 4 DELLA LEGGE 23 marzo 1981, n. 91 e successive modificazioni	KOLLEKTIVE VEREINBARUNG unter ITALIENISCHE FUSSBALLFÖDERATION (FIGC), NATIONALE LEAGUE SERIE A PROFESSIONALS (LNP A) und der ITALIAN FOOTBALL ASSOCIATION (AIC) ex Art. 4 DES GESETZES 23. März 1981, n. 91 und folgende Änderungen
ARTICOLO 2 **– Forma del contratto individuale. Patti limitativi della libertà professionale.**	**ARTIKEL 2** **– Form des Einzelvertrags. Begrenzung der Vereinbarungen über die berufliche Freiheit.**
2.2. Ai sensi dell'art. 4, sesto comma, della legge 23 marzo 1981 n° 91 e successive modificazioni sono nulli i patti di non concorrenza o comunque limitativi della libertà professionale del Calciatore per il periodo successivo alla risoluzione del Contratto.	2.2. Gemäß Art. 4(6) des Gesetzes Nr. 91 vom 23. März 1981 in seiner geänderten Fassung sind Wettbewerbsverbote oder Vereinbarungen, die die berufliche Freiheit des Spielers einschränken, für die Zeit nach Beendigung des Vertrags nichtig.

826 https://www.assocalciatori.it/sites/default/files/attachment/pagina/Accordo%20collettivo%20AIC%20-%20Lega%20Serie%20A.pdf, zuletzt abgerufen am 10.07.2022.

Sono ammessi i patti di opzione a favore sia della Società sia del Calciatore, alla duplice condizione che sia previsto un corrispettivo specifico a favore di chi concede l'opzione e che il limite di durata complessiva del Contratto, costituita, tale durata complessiva, dalla somma della durata nello stesso prevista e dall'eventuale prolungamento rappresentato dall'opzione (a prescindere dalla durata del rapporto *inter partes*, che è cosa diversa dal Contratto), non superi la durata massima prevista dalla legge. Non sono consentiti patti di prelazione, né il Contratto può essere integrato, durante lo svolgimento del rapporto, con tali pattuizioni.	Optionsvereinbarungen zugunsten des Unternehmens und des Spielers sind unter der doppelten Bedingung zulässig, dass eine bestimmte Gegenleistung zugunsten des Optionsgebers vorgesehen ist und dass die Gesamtdauer des Vertrags, die sich aus der Summe der darin vorgesehenen Dauer und einer etwaigen Verlängerung durch die Option zusammensetzt (unabhängig von der Dauer des Interpartes-Verhältnisses, das sich vom Vertrag unterscheidet), die gesetzlich vorgesehene Höchstdauer nicht überschreitet. [...]

IV. Österreich

Kollektivvertrag
für Fußballspieler/innen der Österreichischen Fußball-Bundesliga

Stand 1. Juli 2018

Redaktionelle Anmerkungen Quelle: Hinterlegte Fassung beim Bundesministerium für Arbeit, Soziales und Konsumentenschutz

abgeschlossen zwischen

der Österreichischen Fußball-Bundesliga (im Folgenden kurz „ÖFBL" genannt), 1130 Wien, Rotenberggasse 1, in Wahrnehmung ihrer Aufgaben gern. § 3 Abs. 2 der Satzungen der ÖFBL, in der jeweils gültigen Fassung, angeschlossenen ordentlichen und einfachen Mitglieder (im Folgenden kurz „Klub" genannt)

und

dem ÖGB, younion_Die Daseinsgewerkschaft, Fachgruppe Vereinigung der Fußballer, 1090 Wien, Maria-Theresien-Straße 11 (im Folgenden kurz „Gewerkschaft" genannt) wie folgt:

§ 1. Geltungsbereich
Dieser Kollektivvertrag regelt das Arbeitsverhältnis der Fußballspieler zu den Klubs und gilt

1.) räumlich für das gesamte Bundesgebiet der Republik Österreich.
2.) persönlich für alle in den Bewerben der ÖFBL tätigen Klubs (sowohl ordentliche als auch einfache Mitglieder und deren allenfalls verbundene Unternehmen) einerseits und für alle bei diesen Klubs in den Bewerben der ÖFBL beschäftigten Spieler/Spielerinnen andererseits.
3) fachlich für den gesamten Fußballsport.

[...]

§ 6. Dienstverträge (Spielerverträge)
1) Dienstverträge (Spielerverträge) müssen schriftlich abgeschlossen werden, wobei die Verwendung des von der ÖFBL und Gewerkschaft gemeinsam erstellten Mustervertrages empfohlen wird.

2) Die mehrfache Aneinanderreihung von zeitlich befristeten Dienstverträgen (Spielerverträgen) ist zulässig.

3.) Im Falle der einvernehmlichen Spielerleihe i. S. d. Regulativs für die dem ÖFB angehörigen Vereine und Spieler wird das Dienstverhältnis zum verleihenden/abgebenden Klub unterbrochen, sofern Klub und Spieler dies schriftlich vereinbaren. Mangels einer solchen Vereinbarung gilt die gesamte Zeit der Verleihung als beim verleihenden Klub verbracht, sofern keine für den Spieler günstigere Regelung vereinbart wird. Dies gilt nicht für Abfertigungsansprüche bei Dienstverhältnissen, die unter das betriebliche Mitarbeitervorsorgegesetz (BMVG) fallen.

4.)[827] Die Einräumung von durch einseitige Erklärung auszuübenden Gestaltungsrechten betreffend die Dauer von Dienstverhältnissen (sog. Optionen) ist unter nachfolgenden Voraussetzungen zulässig:

a) Die Dauer des Optionszeitraums ist nicht länger als jene des Grundvertrages.

---

827 Ursprünglich hatte § 6 Abs. 4 folgenden Wortlaut (vgl. öOGH 28.10.2016 – 9 ObA 88/16 f, SpuRt 2017, 61): § 6 Dienstverträge (Spielerverträge)

1.) [...]
4.) Die Einräumung von durch einseitige Erklärung auszuübenden Gestaltungsrechten betreffend die Dauer von Dienstverhältnissen (sog. Optionen) ist nur zulässig, wenn sie jedem Vertragsteil gleichwertige Ansprüche einräumt und auch die Art der Ausübung des Optionsrechts für beide Teile an gleichwertige Bedingungen geknüpft ist (z. B. einseitige Vertragsverlängerungsmöglichkeit durch den Club bei bereits vorab festgesetzter Gehaltserhöhung für den Spieler oder sonstiger gleichwertiger Verbesserungen für den Spieler, wobei stets die besonderen Umstände des Einzelfalles (Alter des Spielers, Dauer der Vertragsverlängerung) zu berücksichtigen sind). Für die Bewertung der Gleichwertigkeit ist der Zeitpunkt des Vertragsabschlusses maßgeblich.

b) Die Dauer des Grundvertrages ist nicht länger als 2 Saisonen.

c) Der Optionszeitraum beträgt max. 1 Saison („1+1“, „1,5+1“ oder „2+1“).

d) Pro Spieler darf im Rahmen eines ununterbrochenen Dienstverhältnisses (in diesem Zusammenhang werden Spielerleihen beim verleihenden Klub nicht als Unterbrechung angesehen) mit einem Klub nur einmalig eine Option vereinbart werden.

e) Die Option ist spätestens 6 Wochen vor Auslaufen des Grundvertrages auszuüben.

f) Im Grundvertrag ist ein angemessener Ausgleich durch entsprechende Entgelterhöhung oder sonstige gleichwertige Verbesserungen unter Berücksichtigung des Alters, der bisherigen Berufserfahrung und des Beschäftigungsausmaßes des Spielers sowie der besonderen Umstände des Einzelfalles festzulegen. Für die Bewertung der Angemessenheit ist der Zeitpunkt des Abschlusses des Grundvertrages maßgeblich.

Der Grundvertrag gilt als für 1 Saison abgeschlossen, wenn dieser bis zum Ende der Sommertransferzeit in Kraft tritt und zumindest bis zum darauffolgenden 31.05. abgeschlossen wird. Selbes gilt für einen Grundvertrag, welcher bis zum Ende der Wintertransferzeit in Kraft tritt und zumindest bis zum darauffolgenden 31.12. abgeschlossen wird.

Bei Teilzeitdienstverhältnissen ist eine Optionseinräumung unter o.a. Voraussetzungen nur zulässig, sofern durch die Optionsausübung unabhängig von der Berücksichtigung der Angemessenheit im Einzelfall gern. lit. f.) zumindest der für den Optionszeitraum geltende Mindestlohn eines Vollzeitdienstverhältnisses vereinbart wird.

5.) Dienstverträge haben ausnahmslos alle vereinbarten Bezüge auszuweisen. Bezüge, die im Dienstvertrag nicht ausdrücklich ausgewiesen sind, gelten als nicht vereinbart. Monatsbezug und Sonderzahlungen dürfen bei einem Durchrechnungszeitraum von 52 Wochen (01.06. bis 31.05., bei kürzerer Vertragsdauer gilt diese als Durchrechnungszeitraum) einen durchschnittlichen Betrag von EURO 1.300,– brutto ab 01.07.2018, EURO 1.500 ab 01.07.2019 und EURO 1.550 ab 01.07.2020 pro Zahlung nicht unterschreiten. Diese Mindestzahlung beinhaltet daher neben dem Monatsbezug (Fixum) auch die variablen Entgeltsbestandteile (Leistungsprämien) und alle Sachbezüge. Bei eingeschränkter Arbeitsverpflichtung (Teilzeitbeschäftigung i. S. v. § 1 O Abs. 3) gilt diese Mindestlohnregelung entsprechend aliquot.

6.) Wird dem Spieler bis zum Ende der Nachwuchs-Spielberechtigung seitens des Klubs schriftlich die Möglichkeit einer Ausbildung eingeräumt, wird die rechtliche Vermutung aufgestellt, dass bis zum absolvierten 5. Einsatz in der höchsten Spielklasse bzw. 10. Einsatz in der zweithöchsten Spielklasse lediglich 30 % der Tätigkeit in diesem Fall als Arbeitsleistung (das heißt als fremdnützig) gewertet werden. Die

Mindestlohnregelung gilt entsprechend aliquot. Gezählt wird jeder Einsatz ab der ersten begonnenen Minute des Spielers pro Spiel am Spielfeld. Eine Spielberichtsnennung ist als 1/2 Einsatz der jeweiligen Spielklasse zu werten. Einsätze bei mehreren Klubs werden zusammengezählt (kumuliert).

[...]

§ 31 Verbandsrechtliche Regelung in Polen

Uchwała nr III/54 z dnia 27 marca 2015 roku Zarządu Polskiego Związku Piłki Nożnej – Minimalne Wymagania dla standardowych kontraktów zawodników w sektorze zawodowej piłki nożnej	**Beschluss Nr. III/54 vom 27. März 2015 des Vorstands des polnischen Fußballverbandes – Mindestanforderungen für Standardverträge für Spieler im professionellen Bereich Fußball**
Na podstawie art. 36 § 1 pkt 9) Statutu PZPN uchwala się następujące przepisy regulujące stosunki pomiędzy klubem piłkarskim a zawodnikiem profesjonalnym:	Auf der Grundlage des Art. 36 § 1 Punkt 9) des PZPN-Statuts werden die folgenden Bestimmungen über die Beziehungen erlassen zwischen einem Fußballverein und einem Profispieler
MINIMALNE WYMAGANIA DLA STANDARDOWYCH KONTRAKTÓW ZAWODNIKÓW W SEKTORZE ZAWODOWEJ PIŁKI NOŻNEJ 1	MINDESTANFORDERUNGEN FÜR STANDARDAUFTRAGNEHMER VON SPIELERN PROFESSIONELLER FUSSBALLBEREICH
[...]	[...]
ART. 7. – PRZEDŁUŻENIE KONTRAKTU NA CZAS OZNACZONY	ART. 7 – VERLÄNGERNG DES VERTRAGS FÜR EINE BESTIMMTE ZEIT
1. Strony mogą przedłużyć okres obowiązywania Kontraktu na czas oznaczony za porozumieniem stron.	1. Die Parteien können den Zeitraum des Bestehens vertraglicher Verpflichtungen für eine nach Vereinbarung der Parteien bestimmte Zeit verlängern.
2. Kontrakt może zawierać Opcję jednostronnego przedłużenia Kontraktu na poniżej wskazanych, dookreślonych jednoznacznie w Kontrakcie i spełnionych łącznie warunkach:	2. Der Vertrag kann eine Option auf eine einseitige Verlängerung des Vertrages zu den unten aufgeführten, im Vertrag eindeutig bestimmten und kumulativ erfüllten Bedingungen enthalten:

a. okres przedłużenia nie będzie dłuższy niż okres obowiązywania Kontraktu, z zachowaniem zasad określonych w art. 6 ust 2 lit a Uchwały, chyba że Zawodnik w drodze odrębnego, pisemnego oświadczenia, stanowiącego załącznik do Kontraktu, złoży wniosek o dłuższy okres przedłużenia Kontraktu;	a. der Zeitraum für die Verlängerung wird, unter Wahrung der in Art. 6 Abs. 2 lit. a des Beschlusses bestimmten Grundsätze, nicht länger sein als der Zeitraum des Bestehens vertraglicher Verpflichtungen, es sei denn, dass der Sportler durch eine separate schriftliche Erklärung, die Anlage zum Vertrag ist, einen Antrag auf Verlängerung des Vertrages für einen längeren Zeitraum stellt;
b. pisemne oświadczenie Klub o skorzystaniu z Opcji zostanie doręczone Zawodnikowi najpóźniej w terminie 3 miesięcy przed zakończeniem pierwotnego okresu obowiązywania Kontraktu, w przypadku Kontraktu zawartego na okres powyżej 12 miesięcy albo najpóźniej w terminie 1 miesiąca przed zakończeniem pierwotnego okresu obowiązywania Kontraktu, w przypadku Kontraktu zawartego na okres nie dłuższy niż 12 miesięcy włącznie;	b. die schriftliche Erklärung, mit der die Option gezogen wird, wird dem Sportler in dem Fall, dass der Vertrag für einen Zeitraum von mehr als 12 Monaten abgeschlossen wurde, fristgerecht spätestens 3 Monate vor Beendigung des ursprünglichen Zeitraums des Bestehens vertraglicher Verpflichtungen ausgehändigt, oder, für den Fall, dass der Vertrag für einen Zeitraum von insgesamt nicht mehr als 12 Monaten abgeschlossen wurde, fristgerecht spätestens 1 Monat vor Beendigung des ursprünglichen Zeitraums des Bestehens vertraglicher Verpflichtungen;
c. za okres przedłużonego Kontraktu w drodze Opcji, Zawodnik otrzyma wynagrodzenie indywidualne należne z tytułu profesjonalnego uprawiania piłki nożnej w wysokości nie niższej niż 120 % tego wynagrodzenia za ostatni rok pierwotnego okresu obowiązywania Kontraktu oraz inne świadczenia pieniężne i niepieniężne – na warunkach nie gorszych od obowiązujących za ostatni rok pierwotnego okresu obowiązywania Kontraktu;	c. für den Zeitraum eines aufgrund einer Option verlängerten Vertrages erhält der Sportler eine individuelle Vergütung für das beruflich betriebene Fußballspiel in Höhe von nicht weniger als 120 % dieser Vergütung für den letzten Zeitraum des ursprünglichen Zeitraumes des Bestehens vertraglicher Verpflichtungen sowie andere Leistungen in Geld oder Sachen – zu Bedingungen, die nicht schlechter sind als die im letzten Jahr des ursprünglichen Zeitraumes des Bestehens vertraglicher Verpflichtungen;

d. Zawodnik zrzeknie się uprawnienia do zawarcia przyszłego Kontraktu z innym klubem piłkarskim na 6 miesięcy przed wygaśnięciem dotychczasowego Kontraktu, w okresie poprzedzającym możliwość skorzystania przez Klub z Opcji albo zobowiąże się do zapłaty kary umownej na rzecz Klubu, nie wyższej niż 50 % wynagrodzenia indywidualnego należnego Zawodnikowi z tytułu profesjonalnego uprawiania piłki nożnej ustalonego zgodnie z ust. 2c powyżej, płatnej w przypadku podpisania przez Zawodnika przyszłego Kontraktu z innym Klubem przed złożeniem oświadczenia przez Klub wynikającego z Opcji. Wyklucza się możliwości zastrzeżenia w Kontakcie odszkodowania przewyższającego wysokość kary umownej.	d. der Sportler verzichtet für die 6 Monate vor Ablauf des seitherigen Vertrages auf sein Recht, einen zukünftigen Vertrag mit einem anderen Fußballklub abzuschließen, oder er verpflichtet sich zur Zahlung einer vereinbarten Strafe zu Gunsten des Klubs, die nicht höher ist als die individuelle, dem Sportler zustehende Vergütung für das beruflich betriebene, entsprechend Art. 2c oben festgelegte Fußballspiel zahlbar im Falle der Unterzeichnung durch den Sportler eines zukünftigen Vertrages mit einem anderen Klub vor Abgabe der aus der Option stammenden Erklärung durch den Klub. Die Möglichkeit, sich in dem Vertrag einen die Vertragsstrafe übersteigenden Ersatz vorzubehalten, ist ausgeschlossen.